SCRIPTORVM CLASSICORVM
BIBLIOTHECA OXONIENSIS

OXONII
E TYPOGRAPHEO CLARENDONIANO

TITI LIVI

AB VRBE CONDITA

RECOGNOVIT
ET ADNOTATIONE CRITICA INSTRVXIT
ROBERTVS MAXWELL OGILVIE
ACADEMIAE BRITANNICAE SOCIVS

TOMVS I. LIBRI I–V

OXONII
E TYPOGRAPHEO CLARENDONIANO

Oxford University Press, Walton Street, Oxford OX2 6DP

OXFORD LONDON GLASGOW
NEW YORK TORONTO MELBOURNE WELLINGTON
KUALA LUMPUR SINGAPORE JAKARTA HONG KONG TOKYO
DELHI BOMBAY CALCUTTA MADRAS KARACHI
NAIROBI DAR ES SALAAM CAPE TOWN

ISBN 0 19 814661 2

First published 1974
Reprinted 1979

Printed in Great Britain
at the University Press, Oxford
by Eric Buckley
Printer to the University

PRAEFATIO EDITORIS

IAM sexaginta anni praeterlapsi sunt ex quo R. S. Conway et W. F. Walters, uiri de Liuio optime meriti, editionem suam librorum I–V in lucem protulerunt. Illi primi historiam textus Liuiani e tenebris reuocauerunt ut apparatum uere criticum conficerent, grauissimi cuiusque codicis lectiones accurate disponerent. Quis tamen dubitet quin per tantum temporis spatium multi multa expedierint? Itaque in hac altera editione suscipienda satis scio et quantum priores eruditi iam contulerint et quantum posteri etiam nunc allaturi sint.

Qualis autem fuerit textus a Liuio ipso scriptus, quando et quomodo corruptelae ei irrepere coeperint, in obscuro est relinquendum. Veri simile habetur Liuium primo libros I–V inter annos 29 et 27 a.C. composuisse, deinde alteram editionem, in quam pauca adiecerit (cf. 4. 20. 5–11), diuulgasse. Mox uero tam formidulosa lectoribus uidebatur illorum uoluminum moles ut et in summaria cogerentur (Martial. 14. 190–1; C. M. Begbie, *Class. Quart.* 17 (1967), 332 recentissime totam hanc rem tractauit)[1] et librorum decades inter manus hominum tractatae quaeque suum fatum haberent. Quin etiam licet percontari an quisquam fere ex antiquis alios quam libros primae Decadis legere solitus sit. Hos certe plerumque grammatici citant, hos rhetores, hos patres Christiani. Quae testimonia parum tamen ad textum recensendum uel constituendum usui sunt (cf. 1. 21. 3, 31. 1). Quintilianus uero unus nos docet initium operis iam mutatum esse cum scribit (9. 4. 74): 'T. Liuius hexametri exordio coepit: *Facturusne operae*

---

[1] Vide etiam P. L. Schmidt, *Iulius Obsequens und das Problem der Livius-Epitome* (Mainz, 1968).

pretium sim. Nam ita edidit, estque melius quam quomodo emendatur.'

Itaque restat ut codices ipsos inspiciamus.

Codices qui ante Symmachum scripti sunt

1. 𝔓 = Pap. Ox. xi. 1379 (Oxoniensis Bodleianus lat. class. f. 5), saeculi quarti, qui Oxyrhynchi inuentus fragmenta 1. 5. 7 (*regi*)*am uenire* . . . 1. 6. 1 *ut geniti* ita continet ut nihil inopinati praebeat. Vide etiam E. A. Lowe, *Cod. Lat. Antiqu.* ii. 247.

2. *V* = Codex Veronensis, Bibliothecae capitularis Veronensis xl (38), saeculi quinti, qui saeculo octauo ineunte in Monasterio Luxouiensi S. Gregorii Moralibus rescriptus est. Praeter sexaginta quinque folia quae fragmenta Vergilii et scholiorum Vergilianorum et Euclidis et philosophi alicuius continent, sexaginta folia fragmenta librorum III–VI conseruauerunt, ita tamen obscurata ut pleraque non sine magno labore legi possint. Primus quod scio antiquum Liuii textum examinauit Blum (*Rh. Mus.* 2 (1828), 336 et seq.). At neque hic neque ceteri qui eadem uestigia indagauerunt (Detlefsen, *Philologus* 14 (1859); A. G. Zumpt, *De Liuianorum librorum . . . codice antiquissimo Veronensi* (1859)) multum profecerunt donec T. Mommsen ipse denuo codicem recognouit et in *Phil. hist. Abhandlungen d. k. Akad. d. Wiss. zu Berlin* (1868, 31–215 = *Ges. Schr.* 7 (1909), 96 et seq.) edidit. Qui per largiorem uenenorum chymicorum usurpationem multa et patefecit et postea in perpetuum obscurauit. Ceterum ego radiis qui infrarubri uocantur usus pauca enucleare potui. Fragmentum primum incipit a 3. 6. 5 *ueniat ut anno*, ultimum desinit ad 6. 7. 1 *Latinorum Herni*(*corumque*).

De auctoritate huius codicis non solum T. Mommsen sed etiam W. Jung (*De Fide Codicis Veronensis* (Hanover, 1881) et C. Knight (*Class. Quart.* 8 (1914), 166–80) disputarunt. Vide etiam E. A. Lowe, *Cod. Lat. Antiqu.* iv (Oxford, 1947), 499.

Codices Symmachiani

ANNO 401 nostrae salutis Q. Aurelius Symmachus ad amicum suum Valerianum scribebat: 'munus totius Liuiani operis quod spopondi etiam nunc diligentia emendationis moratur' (*Epist.* 9. 13). Quod munus, ut apparet ex subscriptionibus plurimis codicibus librorum primae Decadis additis, tribus uiris mandabatur. Nam ita in subscriptionibus, quas H. Bloch (*The Conflict between Paganism and Christianity*, 215 et seq.) nuper tractauit, memoratur:

i. Nicomachus Flauianus u.c. III praefect. urbis emendaui apud Hennam.

ii. Nicomachus Dexter u.c. emendaui ad exemplum parentis mei Clementiani.

iii. Victorianus u.c. emendabam domnis Symmachis.

Flauianus autem primam urbis praefecturam annis 392–4 nostrae salutis tenebat; Dexter anno 431 inscriptionem insculpendam curauit in qua patrem suum *praef. urbi saepius* nominauit (*C.I.L.* vi. 1783); de Clementiano nihil, quod reperiam, cognitum est.[1] Si quis locum 'apud Hennam' in Sicilia requirat, fortasse in eam uillam quae hodie 'Piazza Armerina' uocatur oculos intendat.

Omnes nostri codices qui supersunt praeter Veronensem ex fonte Symmachiano deriuantur. Quantam Symmachis gratiam debeamus inde facile conspicitur si codicem Mediceum (*M*) perscruteris. In promptu est antiquos illos editores non solum duos, si non plures, textus in unum conflauisse sed suas proprias adnotationes etiam adiecisse (cf. 7. 20. 3, 8. 15. 7: uide L. Voit, *Philologus* 91 (1936), 309 et seq.). Quae dittographiae praecipue in *M* delitescunt; ut in apparatu critico notatur apud 1. 14. 9, 1. 22. 5, 1. 23. 6, 1. 27. 9, 1. 30. 7, 1. 32. 11, 1. 36. 5, 1. 42. 2, 1. 53. 3, 2. 7. 6,

---

[1] *Parentis*, ut fere semper apud scriptores illius aetatis, non 'patris' sed 'adfinis' significat.

2. 15. 3, 2. 18. 11, 2. 20. 5, 2. 28. 2, 2. 34. 11, 2. 37. 3,
2. 41. 4, 2. 50. 1, 2. 56. 2, 3. 24. 5, 3. 24. 6, 3. 26. 9, 3. 31. 5,
3. 32. 3, 3. 34. 5, 3. 35. 7, 3. 37. 6, 3. 41. 4 (*bis*), 3. 44. 4,
3. 51. 7, 3. 53. 3, 3. 62. 2, 4. 4. 5, 4. 6. 3, 4. 7. 7, 4. 13. 6,
4. 13. 7, 4. 16. 5, 4. 21. 10, 4. 23. 1, 4. 24. 6, 4. 35. 4,
4. 44. 7, 4. 44. 10, 4. 60. 2, 5. 3. 4, 5. 6. 15, 5. 12. 4, 5. 16. 1,
5. 21. 9. Manifestum et insigne lectionis hoc modo dupli-
candae exemplum apud 3. 26. 9 traditur ubi *V satin salue*, *M*
sat iam satisne salua essent omnia in saluem, ceteri paene codices
satisne salua essent omnia scripserunt: scilicet *M*, *satin salue* et
satisne salua essent omnia coniungendo, per uocem corruptam
iam (id est, *i.a.* uel *in alio libro*) significauit se ad alterum
codicem confugisse (Heraeus, *Rh. Mus.* 82 (1933), 315).

Duae codicum Symmachianorum familiae dispici possunt quarum altera etiam in duas classes diuiditur.[1]

I. *Classis* μ

3. *M* = Codex Mediceus (Bibl. Laurentianae Plut. lxiii.
19), libros decem XXVII quaternionibus (ccx foliis) continens
(in membranis egregiis binis columnis scriptus), qui a
quattuor librariis scriptus est quorum unus quaternioni
decimo nomen suum *Leo Diac(onus)* subscripsit.

Leo quidem ff. 53v–76v (3. 9. 1–71. 8) et ff. 163v–210v
(8. 14. 1–10. 47. 7) sua manu scripsit. Sed, quod maioris
momenti est, *M* nonnullis adnotationibus instructus est
quae ad res Italiae septentrionalis adeo pertinent (ut
1. 28. 9 *ultima Tulli locutio ad Metium. Hec ipsa deberet esse in*
archiepiscopum Mediolanensem; 5. 44. 4 *qualis erat forma*
Gallorum, huiuscemodi est et Alamannorum) ut G. Billanovich
(*Italia medioevale e umanistica* 2 (1959), 103 et seq.) dilucide
perspexerit eum a Ratherio, Episcopo Veronensi, ante
annum 968 procuratum esse. Constat enim Leonem
quendam iis temporibus diaconum ecclesiae cathedralis

[1] De tota hac re uide nunc A. H. McDonald, *Catalogus Translationum et*
Commentariorum (ed. P. O. Kristeller, The Catholic Universities of
America Press, Washington, D.C.), 2 (1971), 331–3.

Veronensis fuisse. Ceterum ex hoc *M* largissime de fonte
Symmachiano hausisse uideres quod plurimis dittographiis
et adnotationibus antiquis ornatus est (de quo supra
tractaui). Cuius si non pater, ut ita dicam, at auus certe
fuisse debet codex uncialibus litteris scriptus qui ad recen-
sionem Symmachianam quam proxime accessit.

4. *Vorm.* = Codex Vormatiensis, nunc deperditus, ex
Beati Rhenani excerptis cognitus in editione Frobeniana
secunda quam una cum Gelenio anno 1535 Basileae parauit.
Haec excerpta, quae ad 1. 20. 2 incipiunt, ad 6. 28. 7 desi-
nunt, quia codex, ut testatur Rhenanus, utrimque decurtatus
erat, comprobant codicem paene gemellum fuisse Medicei,
fortasse a Ratherio eodem tempore susceptum et Regi Ottoni
Primo circa a. nostrae salutis 967 donatum. Lectiones tamen
Vormatiensis numquam citaui nisi ubi Mediceus ipse man-
cus aut corruptus est.

5. Nesciocui eiusdem classis codici aditus uidetur fuisse
Petrarcae qui codicem Agennensem, de quo infra disputa-
tur, et partim scripsit et penitus correxit. Ex plurimis locis
tria tantum exempla elegi: 4. 21. 10 Heluam A^2 (Petrarca),
Ed. Frob. 1535 (*Vorm.*): heluam heluium *M*: heluium *cett.*;
4. 44. 5 ualuissent MA^2: ualuisse *cett.*; 5. 16. 8 capti uatis
MA^2: captiui uatis $E^cO^cPU^c$: captiuitatis *EO*: captiuiatis *H*.
G. Billanovich, uir quo nemo in his studiis doctior est, arguit
Petrarcam apographum codicis *M*, a Simone Arretino circa
a. 1328 exscriptum, adhibuisse (*op. cit.* 147 et seq.).

II*a. Classis* λ

6. *H* = Codex Harleianus (Musei Britannici Harl. 2672),
saeculi x exeuntis, qui octo libros continet uiginti tribus
quaternionibus, centum octoginta octo foliis. Etsi nesciamus
ubi scriptus sit, conicias et ex scribarum manu et ex primae
inscriptione paginae, quae docet codicem saeculo xv a
Cardinali Nicolao Cusano Hospitali suo ad flumen Mosel-
lam in dioecesi Treuirensi donatum esse, eum in confinio

Galliae Germaniaeque ortum esse. Scriptus est lineis per paginam continuis sed, quod uoces saepissime perperam diuisae sunt, elucet codicem ab exemplari unciali non longe abesse.

7. *W* = bifolium in Archiuio Ciuitatis Hessiorum Marburgensis nuper repertum (*Rh. Mus.* 114 (1971), 209), saeculi XI, qui 5. 35. 5 *nullam iniuriam* . . . 5. 39. 2 *postquam nihil* et 6. 2. 11]*icorum Romanis* . . . 6. 6. 1 *ab Licinio* continet. Scriptum est binis columnis, quae triginta nouem lineas capiunt. Quem codicem libenter crediderim in Fuldae Monasterio olim locatum esse, quod et cum codice Thuaneo,[1] a Seruato Lupo, qui per octo fere annos Fuldae permanebat, scripto castigatoque, et cum codice quodam Fuldensi, quo Fr. Modius in editione sua anni 1588 utebatur, quam proxime cohaeret. Praeterea minime mirum si hoc bifolium inscribitur 'Meineringhëuser heb Register 1641', cum Bibliotheca Fuldensis anno 1632 inter res bellicas dispersa sit.

8. *K* = fragmenta in Regia Bibliotheca Hauniae reperta (MS 2ZT) quae continent 2. 7. 7 *submissa*—2. 7. 11 *nobis*, 2. 8. 1 *regni*—2. 9. 1 *perfu(gerant)*, 2. 9. 2 *(ha)bere*—2. 10. 3 *praesidio*, 2. 10. 10 *obtineret*—2. 11. 1 *ripisque*, 2. 11. 4 *adoriundi*— 2. 11. 8 *ipse*: sunt tamen manca et saepe perobscura. Haec fragmenta, quae inter annos 1912 et 1937 in lucem prodierunt, cum liber Ioannis Vaudi (*Variarum Quaestionum Libri II*, Francofurti anno 1595 expressus) nouis tegumentis glutinatus esset, ad paginas colligandas adhibebantur. Quamquam subscribitur *Erich Krabbe C:* (uidelicet Erik Krabbe, Christiani filius, uir nobilis (1593–1659), qui regis Danici et amicus et minister fuit), non constat unde eum ipsum librum, nedum haec fragmenta membranacea, adeptus sit. Hoc tamen pro certo habere licet codicem

---

[1] J. Dianu, *Tite-Live, étude et collation du manuscrit* 5726 *de la Bibliothèque Nationale* (1895); Loup de Ferrières, *Correspondance* (ed. L. Levillain, *Les Classiques de l'histoire de France au Moyen Âge*), 1 (1927), v–vi; C. H. Beeson, *Lupus of Ferrières* (Mediaeval Academy of America, 1930), 3. Qui codex, quamquam libros VI–IX medo continet, iure ab editoribus omnibus adhibetur.

ipsum saeculo nono exeunte minusculis litteris monasterio
Corbiensi scriptum esse (B. Bischoff, *Mittelalterlichen
Studien*, 58). Cum recordaris scribis Corbiensibus ad
bibliothecam Caroli Magni aditum fuisse, parum mirum
est si *K* eiusdem stirpis et *W* esse uideatur. Nam quod
nihil (2. 9. 3) conseruat, quam uocem *PFU* omittunt, et
momento mea (2. 7. 10), ut *MHO*, scribit, facile consentias
eum ad fontem classis λ quam proxime accessisse.

Cum Conway et Walters tum J. Bayet, qui Liuium
auspiciis societatis Gulielmi Budaei edidit, alios huius
familiae codices adhibuerunt, inter quos sunt:

R = Codex Romanus (Bibl. Vaticanæ Vat.-lat. 3329,
   saeculi XI)

D = Codex Dominicanus (Bibl. Laurentianae Florentiae,
   S. Marci 326, saeculi XI)

L   Codex Leidensis (Bibl. Vniuersitatis Leidensis
   B.P.L. 6A, saeculi XII ineuntis)

A = Codex Agennensis (Musei Britannici Harl. 2493,
   saeculi XIII), qui correctus est et a Petrarca (uide
   supra) et a Laurentio Valla (*A*³) (G. Billanovich,
   Journal of the Warburg and Courtauld Institutes, 14
   (1951), 173 et seq.).

Ego tamen mihi persuasi omnes hos codices non primariae
auctoritatis esse sed praetermittendos esse, quod nihil
habeant quod non in *H(WK)* iam antea extiterit (*Class.
Quart.* 7 (1957), 71–2).

II*b. Classis* π

9. *E* = Codex Einsiedlensis (Bibl. Monasterii S. Benedicti
Einsiedlensis 348, saeculi X), binis columnis scriptus. Sex
tantum quaterniones habet, ut nunc est, quorum primus
siglo ./. ad finem notatus est, ceteri deinceps siglo *I, K, L,
M, N*; exstat in primo usque ad 1. 28. 2, in ceteris a 4. 30. 14
usque ad 6. 36. 3. Ex ratione partium quae supersunt cum
totius operis magnitudine comparatarum apparet partem

iam deperditam (1. 28. 2–4. 30. 14) paene ad amussim
septem quaterniones compleuisse.

Correcturas subiit primum a scribis ipsis in sua cuiusque
parte, tum ab aequali nescioquo (E^c) qui lectiones ex fonte
classi λ pertinenti hausit (de quo uide infra).

10. O = Codex Oxoniensis (Bibl. Bodleianae Auct. T.
1. 24, s.c. 20631, saeculi XI ineuntis, in confinio Galliae
Germaniaeque scriptus). Lineae per paginam continuae
sunt. Decem libros in tribus et uiginti quaternionibus scribebat, sed iam ad finem (10. 22. 2) scriba incepto desistit.
Ab exemplari autem unde descriptus erat, quod et lectiones
codici Einsiedlensi proximas et correctiones de fonte classis
λ codicum eodem modo deriuatas coniungebat, perierat
quaternio unus, 4. 30. 14–4. 57. 11 continens (Walters,
Class. Quart. 2 (1908), 210 et seq.), qui apud E exstat, ne
suspiceris O ipso codice E correcto deriuatum esse.

11. P = Codex Parisiensis (Bibliothecae Nationalis Lat.
5725, saeculi X) quaternionum XXII, lineis per paginam
continuis scriptus. Correctus est saepe a scriba ipso,
saepius etiam a uiro satis docto (P^c). Quamquam ab
origine classis π longius distat quam EO, nihilominus
exemplar eius adeo incontaminatum uidetur esse ut
plurimas lectiones, easque parum rectas, cum Mediceo
solo participet (cf. 1. 14. 3, 1. 16. 7, 1. 22. 5, 1. 23. 8,
1. 28. 8, 1. 31. 8, 1. 32. 9, 1. 35. 1, 1. 38. 6, 1. 43. 13, 1. 45. 1,
1. 45. 3, 1. 46. 8, 1. 47. 6, 1. 50. 8, 1. 50. 9, 1. 51. 9, 1. 52. 3,
1. 56. 11, 1. 57. 2, 1. 57. 9, 1. 58. 9, 2. 1. 5, 2. 5. 5, 2. 7. 11,
2. 8. 8, 2. 10. 4, 2. 12. 8, 2. 14. 4, 2. 15. 1, 2. 17. 3, 2. 17. 6,
2. 18. 1, 2. 20. 1, 2. 20. 8, 2. 21. 5, 2. 31. 1, 2. 24. 6, 2. 27. 1,
2. 28. 2, 2. 29. 1, 4, 2. 32. 2, 3, 5, 2. 35. 6, 2. 40. 11, 2. 41. 6,
2. 44. 5, 2. 44. 12, 2. 51. 7, 2. 57. 3, 2. 60. 2, 2. 64. 4, 3. 3. 7,
3. 7. 1, 3. 9. 8, 3. 14. 6, 3. 15. 4, 3. 17. 6, 3. 20. 5, 3. 22. 9,
3. 24. 9, 3. 26. 9, 3. 34. 5, 3. 35. 2, 3. 36. 9, 3. 39. 8, 3. 40. 13,
3. 47. 4, 3. 48. 1, 3. 49. 3, 3. 49. 5, 3. 53. 10, 3. 55. 1, 3. 57. 3,
4. 2. 13, 4. 3. 9, 4. 7. 4, 4. 9. 13, 4. 10. 6, 4. 12. 3, 4. 14. 3,

4. 16. 3, 4. 19. 2, 4. 39. 9, 4. 41. 2, 4. 42. 6, 4. 43. 3, 5. 4. 13).
Notabilia sunt exempla 3. 49. 5 *Appius fugit*; 4. 31. 8 *hostibus
positis ad Fidenas*.

12. *U* = Codex Vpsaliensis (Bibl. Academiae Vpsal.
C 908, saeculi x), iam ab Häggström descriptus conlatusque
(*Excerpta Liuiana*, Upsala, 1874). Duo folia desunt (1. 56. 4
impleuit . . . 2. 1. 10 in senatu), quam lacunam nescioquis
saeculi xiv scriptor ex fonte multo recentiore suppleuit.
Quae ego pro mea parte, ut memoratu indigna, neglexi.

Duo praeterea codices priores fere editores adhibebant:

F = Codex Floriacensis (Bibliothecae Nationalis Lat. 5724,
saeculi ix)

B = Codex Bambergensis (Bibliothecae Publicae Bambergensis M. iv. 8, class. 34, saeculi x).

De quibus uide A. M. Kyd (*Class. Quart.* 8 (1914), 248 et seq.).
FB non solum eisdem erroribus et *EOPU* inquinantur sed
multis locis ipsi per se adeo peius errauerunt (4. 21. 6–
50. 4 omittunt: 3. 17. 12 neue Veiens *MH*: ne ueiens *OPU*:
ne ueniens *FB*; 5. 53. 3 nunc utique *MHEPU*: tune utique
O: om. *FB*) ut, quamuis *F* inter uetustiores codices haben-
dus sit (saeculi enim noni est), paullo tamen recentiorem
textum eum conseruasse credas nec in recensendo praecipui
momenti esse. *B*, si memoratu dignum est, codicis *F*
apographum esse nequit, cum uerba *urbe nefas . . . Lucretiae*
(3. 44. 1), quae *F* omittit, ille ipse pro sua parte retineat.
   Paullo tamen grauior fortasse fuisset codex in usum
Ducis Ioannis Neapolitani saeculo x scriptus, nisi unum
tantum bifolium superesset (Vniv. Bibl. Prag. 1224 (VII A
16)). Sed quod, ut *B*, non solum *natu sit munus* (3. 35. 7) sed
etiam uerbum insequens *consensu* omittit, uereor ne de
eadem parum utili stirpe qua B deriuetur (E. A. Lowe,
The Beneventan Script (Oxford, 1914), 82–3).
   Omnes hos codices et ipse meis oculis perlegi et ex tabellis
photographicis denuo contuli.

Quicumque uult adfinitates horum codicum diligentius intellegere, animaduertat quae quisque omiserit, quae errauerit.

1. Ex sescentis locis manifestum erit aliam uiam classem μ persequi, aliam classes π et λ (quae, cum una uoce consentiunt, Δ uocandae sunt), in quibus, praeter dittographias supra memoratas, sunt: *Praef.* 3 est Δ: sit *M*; 1. 1. 3 primo Δ: primum *M*; inde Troiano Δ: Troiano inde *M*; 1. 1. 8 urbi Δ: urbis *M*; 1. 2. 6 operum mortalium Δ: mortalium operum *M*; *et al.* Neque *M* ex Δ neque Δ ex *M* oriri potest.

2. Si familiam Δ ipsam perspicias, facile cognoscas hinc *H*(*W*), illinc *EOPU* procul distare. *H* enim, exempli causa, haec omisit: 1. 56. 4 anxiis, 3. 31. 6 damnari, 3. 71. 1 ex hostibus, 4. 12. 6 Proculo, 4. 52. 4 fit. *EOPU*, contra, et suos proprios errores committunt, ut 1. 14. 8 pugnam, 1. 16. 4 alios, 4. 57. 12 consul, et alias uoces omittunt, ut 1. 10. 2 ipsi, 4. 60. 2 rei, alias inserunt, ut 1. 25. 1 armati.

3. Nec inconsulte diuines qua societate *EOPU* inter se coniungantur. Nam, quod in eadem uoce (4. 30. 14) et defit *O* et redintegratur *E*, haud paruum documentum aestimandum est hos codices paene gemellos esse, etsi non communes quoque errores fuissent (*cf.* 1. 10. 4 effundit, 1. 27. 8 erigere iubeat, 5. 18. 4 et si collegas, *et al.*). Hoc tamen animaduertendum est quod *O* in textum suum eas lectiones iam inclusit quas *E*c ex fonte, ut uidetur, classi λ coniuncto correxit. Cf. 1. 4. 8 *add.* circa *E*c*OH*; 1. 26. 5 in ius *E*c*OH*: initus *M*: intus *EPU*; 4. 60. 2 *add.* cum *E*c*OH*; 5. 1. 9 auxiliis *ME*c*OH*: in auxiliis *EPU*; 5. 5. 8 de mittendis *VM*c*E*c*OH*: dimittendis *EPU*; 5. 12. 4 rei *M*c*E*c*OH*: spei *EPU*; *et al.*

Cum *PU* tamen longius quam *EO* ab incorrupta ueritate detorti sint, ab exemplari paullo recentiore paulloque corruptiore deducti sunt. Cuius processus exempla sunt: uoces quasdam, quas habent *EO*, omittunt *PU* (4. 55. 3 nunc concienda, 5. 4. 8 cum, 5. 11. 16 deos . . . nunquam,

5. 14. 6 fuit, 5. 16. 7 est); *PU* soli dittographiam ad 1. 11. 8
(esset haberet) tradunt et permultos proprios errores
committunt (in quibus 5. 1. 8 agitare, 5. 4. 8 ciuibus,
5. 4. 12 perferri, 5. 5. 9 si differetur, 5. 11. 16 iratus, *et al.
saepissime*).

U autem, ut uidetur, integrior est quam *P*, qui uoces
quasdam ab *U* retentas ipse solus omittit: 2. 33. 6 imminentis, 3. 11. 13 quid, 5. 6. 3 adeo.

Stemma igitur codicum ita constituendum est

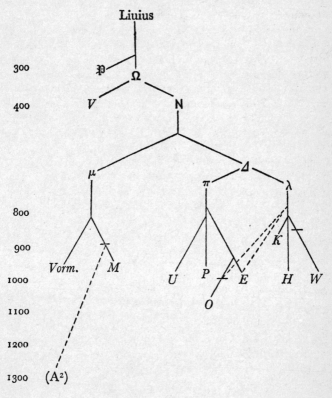

Sed 'stemmata quid faciunt'? Non, ut Walters quondam scripsit, 'malum obstinatum' sed rationem suppeditant per quam et lectiones ex codicibus seligere possis quae quam proxime ad pristinum Liuii ipsius textum accedunt et istas ex apparatu expellere quae nihil ad rem pertinent. Nam siue M et V aduersus $\varDelta$ siue $\varDelta$ et V aduersus M in uera lectione congruunt, superuacaneum est lectiones $\varDelta$ vel M codicum unoquoque tempore citare. Pariter etiam, cum V defit, siue M et λ aduersus π siue M et π aduersus λ in uera lectione cohaerent, nihil cuiquam prodest lectiones λ uel π codicum in apparatu instruere. Quam rationem in hac editione fideliter adsciui. Neque hoc silentio praetereundum est quod, si quam ueram correctionem auctores Editionis Romanae anno 1469 diuulgatae proposuerunt, etsi fieri possit ut multi, quamuis incogniti, doctores eandem in codicibus suis iam antea fecerint, tamen, ne difficultates supra modum augeam, illis certe laudem gloriamque attribui.

In rebus orthographicis eas formas semper reposui quae, quod ex epigraphicis aliisque fontibus cognosci potest, apud Liuii aequales percrebrescebant, quamquam non sum adeo occaecatus ut ignorem neque Liuium ipsum secum semper consentire et codices saepe multas et diuersas uarietates praebere.

I. De forma casuum

a. In casu Accusatiuo plurali (-*is*, -*es*), ubique -*es* posui; in codicibus tamen -*is* nonnunquam scribitur: 1. 10. 5 finis *MEUP*, 1. 27. 4 confluentis *MEPU*, 2. 5. 3 haesitantis M^cHOPU, 2. 34. 6 montis *MHOPU*, 2. 37. 9 discurrentis *PU*, 2. 46. 5 hostis *MHOP*, 2. 47. 2 hostis *OPU*, 2. 50. 9 partis *P*, 2. 63. 7 finis *MP*, 3. 7. 5 hostis *MP*, 3. 9. 4 omnis *OPU*, 3. 11. 3 comitialis *MOP*, 3. 19. 7 hostis *MOP*, 3. 22. 9 fugientis *MP*, 3. 57. 4 tollentis *MHOP*, 3. 63. 2 hostis *V*, 3. 63. 3 fortis *PU*, 3. 68. 3 hostis *OP*, 4. 3. 17 similis *M*, 4. 17. 12 confluentis *HP*, 4. 30. 13 fetialis *MP*, 4. 50. 4 interpellantis *EPU*, interpellandis *M*, 4. 50. 6 questionis *MEP*,

4. 52. 2 seditionis *MEPU*, 4. 56. 5 castigantis *V*, 5. 4. 14 repetentis *HP*, 5. 6. 12 hostis *MPU*, 5. 14. 5 omnis *MEPU*

cf. 3. 56. 8 contiones *MP pro* contionis

b. In Genetiuo nominum propriorum, uelut *Manli*, uetustiorem formam, in communium, uelut *negotii*, recentiorem, secundum Augusteae aetatis normam scripsi. Codices alias *-ii*, alias *-i* praestant: 1. 9. 12 Thalas(s)ii *MHEOP*, 1. 10. 1 Tatii *MHOP*, 1. 12. 3 Palatii *MHEPU*, 1. 12. 8 Palatii *MEPU*, 1. 14. 1 Tatii *MHEOPU*, 1. 17. 2 Tatii *MPᶜU*, 1. 18. 1 Pompilii *MEP*, 1. 22. 1 Hostilii *U*, 1. 33. 9 Feretrii *HP*, 1. 39. 5 Tullii *OU*, Tarquinii *OU*, 1. 41. 2 Seruii *MPU*, 1. 46. 4 Tarquinii *U*, 1. 46. 5 Seruii *PᶜU*, 1. 47. 1 Tullii *U*, 1. 47. 2 Tarquinii *U*, 1. 49. 2 Seruii *MᶜU*, 1. 51. 7 Tarquinii *MPU*, 1. 53. 7 Tarquinii *PU*, 1. 59. 8 Tarquinii *MP*, 1. 60. 4 Seruii *MHO*, 2. 7. 11 Publii Valerii *HU*, 2. 8. 7 Valerii *MHKOPU*, 2. 19. 10 Tarquinii *HU*, 2. 21. 5 Tarquinii *MᶜPᶜHU*, 2. 21. 7 Mercurii *U*, 2. 27. 4 Appii *PU*, 2. 27. 5 Mercurii *MHOU*, 2. 29. 7 Publii Seruilii *U*, 2. 30. 1 Appii *HU*, Verginii Largiique . . . Largii *HOPU*, Verginii *MHOPU*, 2. 30. 6 Seruilii *HOU*, 2. 31. 8 Vetusii *U*, 2. 35. 7 Attii Tullii *U*, 2. 42. 7 Cassii *MHPU*, 2. 44. 5 Appii *MHOPU*, 2. 47. 10 Fabii *HU*, 2. 51. 6 Seruilii *OU*, 2. 52. 7 Menenii *MOU*, 2. 56. 7 Appii *HU*, 2. 58. 4 Appii *HU*, 2. 59. 4 A(p)pii *MHOPU*, 2. 61. 2 Appii Claudii *HPU*, 3. 1. 4 Quintii *U*, 3. 3. 8 Quintii *U*, 3. 15. 1 Appii *OU*, 3. 17. 2 Appii Herdonii *MPU*, 3. 19. 1 Valerii *U*, 3. 19. 7 Claudii . . . Publii Valerii *U*, 3. 24. 6 Volscii *U*, 3. 29. 6 Volscii *U*, 3. 39. 2 Appii Claudii *MPU*, 3. 40. 1 Claudii *PU*, Appii *MPU*, 3. 40. 8 Conelii (*sic*) *U*, 3. 44. 7 Verginii *HOU*, Icilii *OU*, 3. 44. 9 Appii *MU*, Verginii *MHOPU*, 3. 45. 5 Icilii *U*, 3. 45. 7 Icilii *U*, 3. 46. 3, 5 Icilii *U*, 3. 48. 1 Icilii *OU*, Verginii *MHOPU*, 3. 48. 7 Appii *U*, 3. 48. 9 Icilii *U*, 3. 50. 5 Claudii *U*, 3. 50. 9 Appii *MHU*, 3. 51. 12 Siccii *U*, 3. 56. 8 Appii *U*, 3. 58. 9 Claudii Oppiique *MHOPU*, 4. 6. 7 Claudii *HOU*, 4. 16. 5 Minucii *U*, M(a)elii *MHOPU*, 4. 19. 2 Tolumnii *MOPU*, 4. 20. 3, 5 Feretrii *HEPU*, 4. 32. 4 Feretrii *Pᶜ*, Ferretrii *HP*, ferre trii *M*, 4. 32. 11 Feretrii *HEPU*, ferretrii *M*, 4. 41. 11 Postumii *EU*, Aemilii *EU*, 4. 42. 9 Hortensii *U*, 4. 43. 1 Fabii *EU*, 4. 44. 2 Antistii *U*, 4. 46. 5 Sergii *MU*, 4. 50. 1 Postumii *EPU*, 4. 53. 12 Moenenii *U*, 5. 11. 6 Sergii *MᶜEOU*, Verginii *MHEOU*, 5. 11. 15 Verginii *HeᶜPU*, Sergii *EU*, 5. 12. 12 Cornelii *HPU*, 5. 13. 10 Sergii ac Verginii *MHEOPU*,

5. 18. 4 Licinii *U*, 5. 20. 4 Licinii *PU*, 5. 20. 5 Claudii *MHEPU* cf., contra, 3. 20. 1 offici *V*, 3. 26. 12 imperi *V*, 3. 58. 1 fili *MHP*

c. In casu Vocatiuo singulari, uelut *Appi*, semper -*i* scripsi. In codicibus perraro -*ii* inuenitur: 3. 45. 11 Appii *M*, 3. 48. 4 Appii *MHP*, 3. 48. 5 Appii *M*

d. In Nominatiuis pluralibus, uelut *Fabii*, semper -*ii* scripsi. In codicibus -*i* quoque inuenies: 1. 7. 13 Potiti *MHP*, 1. 7. 14 Potiti *P*, 2. 49. 9 Fabi *P*, 2. 50. 5, 11 Fabi *P*, 4. 61. 2 Vei *MHEPU*. Attamen *hii* pro *hi* non numquam scribitur: 1. 28. 2 *MP*, 4. 34. 1 *MHP*, 4. 54. 4 *MP*

e. In Ablatiuis pluralibus, uelut *Tarquiniis*, semper -*iis* scripsi. In codicibus uariatur: 1. 7. 12 Potitis *MP*, 1. 42. 1 Tarquinis *P*, 1. 47. 4 Tarquinis *MPU*, 1. 55. 1 Gabis *M*, 1. 56. 9 Tarquinis *MP*c, 5. 12. 8 Virginis *M*, 5. 14. 7 Faleris *MHEPU*: sic fere semper Veis 2. 53. 2 *MHU*, 4. 31. 9 *MHEPU*, 4. 30. 5 *MHEPU*, 5. 1. 7 *MPU*, 5. 4. 1, 10 *MHPU*, 5. 5. 10 *MHEPU*, 5. 8. 4 *MHEPU*, 5. 8. 5 *MHPU*, 5. 15. 5 *MEPU*, 5. 19. 4 *HEPU*, 5. 19. 6 *MHEPU*, 5. 22. 3 *MHEPU*, 5. 46. 4 *MHUP*, 5. 47. 1 *PU*, 5. 47. 2 *MHPU*, 5. 48. 5 *N*, 5. 52. 4 *EPU*, 5. 54. 1 *MHEPU*

f. Etsi pro incerto habeamus quas nominis *deus* formas Liuius ipse usurpauerit in Nominatiuo et Vocatiuo plurali *di*, in Datiuo et Ablatiuo plurali *dis* semper reposui. Si quis tamen codices ipsos perscrutatur, haud ita simplex uidetur ratio scribendi.

1. *dii* 1. 4. 3. **N**, 1. 6. 4 *MEOP*, 1. 9. 3 *MEPU*, 1. 19. 3 *MEPU*, 1. 23. 9 *EPU*, 1. 32. 9 *MPU*, 1. 46. 8 *MU*, 1. 47. 4 *PU*, 1. 54. 5 *MPU*, 1. 59. 10 *MP*c, 2. 6. 7 *M*, 2. 12. 5 *P*c, 2. 46. 7 *MPU*, 3. 7. 1 *MPU*, 3. 9. 7 *MPU*, 3. 17. 3 *MPU*, 3. 19. 10 *MP*c*U*, 4. 19. 3 *MHOPU*, 5. 15. 3 *E*, 5. 15. 10 *HEPU*, 5. 17. 2 *MHEP*c*U*

2. *diis* 1. 10. 7 *MHEPU*, 1. 19. 5 *MEPU*, 1. 28. 4 *PU*, 1. 31. 3 *MPU*, 1. 31. 7 *HUP*, 1. 39. 4 *MPU*, 3. 11. 6 *MOPU*, 4. 15. 7 *MHOPU*, 4. 46. 4 *MEPU*, 5. 14. 4 *EPU*, 5. 32. 9 *MHEPU*, 5. 43. 7 *MHEPU*, 5. 51. 8 *HEPU*, 5. 51. 9 *MHEPU*, 5. 52. 17 *EPU*

g. *Plebeii, plebeiis* scripsi sed 4. 3. 13 *plebei MHPU*, 4. 9. 4 *MHPU*, 4. 16. 6 *MPU*, 4. 25. 11 *MHOPU*, 4. 54. 3 *MP*c*U* (plei *H*); 4. 6. 4 plebeis *MU* (pleis *P*), 4. 54. 2 *MPU*, 4. 56. 3 *MPU*, 4. 57. 11 *MOPU*, 5. 2. 13 *MHPU*; *cf.* 2. 56. 2.

h. In Genetiuis pluralibus talium nominum quale est *ciuitas*, formam -*ium* ubique scripsi. In codicibus tamen discerneres: 1. 9. 1

ciuitatum *MO*, 1. 17. 4 *OU*, 2. 6. 5 *OP*^c, 3. 31. 8 *O*; 3. 35. 9
optimatum *P*, 3. 66. 4 simultatum *O*(*H*). Alibi mensum (3. 24. 4
mensium *HOU*, 3. 25. 4 *OP*^c*U*) et apum (4. 33. 4 apium *PU*,
appium *M*) retinui.

i. Quamquam R. S. Conway, uir doctissimus, nominatiuum
aedis, caedis, cladis statuere conabatur, ego paullo prudentius egi:

aedes: aedis 1. 33. 9 *MHP*, 2. 21. 2 *MP*, 2. 42. 5 *HOPU*, 4. 25. 3
VMP

clades: cladis 2. 22. 4 *MP*

caedes: caedis 3. 5. 10 *MP*, 3. 22. 9 *P*

cf. sedes 5. 52. 13 (sedis *P*)

II. Quae noua ac prope insolita codices prae se ferunt, ego ad
certam normam redegi.

(1) *h* in initio uocis additum.

a. habundans *Praef.* 12 *MU*, 2. 41. 9 *MPU*, 2. 47. 4, 5. 34. 2
PU

habeo (*pro* abeo) 1. 50. 6 *P*, 1. 51. 1 *M*, 1. 53. 10 *MP*,
2. 2. 9 *MP*, 2. 15. 7 *M*, 2. 35. 6 *M*, 2. 37. 7 *M*, 2. 41. 10
M, 2. 46. 4 *M*, 2. 64. 9 *MHP*, 3. 13. 8 *P*, 3. 16. 5 *HP*,
3. 20. 3 *P*, 3. 28. 10 *M*, 3. 58. 10 *M*, 3. 60. 4 *MH*, 3. 64.
11 *M*, 4. 7. 3 *M*, 4. 10. 2 *M*, 4. 31. 5 *H*, 5. 3. 3. *P*,
5. 9. 3 *MEOP*

honus 2. 49. 1 *PU*

honeratus 2. 65. 4 *M*, 5. 34. 3 *EPU*, 5. 42. 7 *M*

humerus 1. 26. 2 *M*^c*E*, 4. 28. 8 *U*

hortus (*pro* ortus) 2. 40. 13 *M*

b. uocabula aut et haud saepissime confunduntur.

1. aut *pro* haud 1. 23. 3 *M*, 1. 33. 2 *M*, 1. 35. 5, 6 *M*, 1. 38. 6
M, 1. 42. 3 *M*, 2. 64. 9 *M*, 3. 3. 4 *M*, 3. 4. 6 *M*, 3. 13. 2
M, 3. 22. 4 *P*, 3. 24. 6 (aud) *M*, 3. 37. 2 *H*, 3. 38. 6 *H*,
3. 43. 4 *P*, 3. 72. 7 (aud) *M*, 4. 12. 8 *V*, 4. 23. 3 *M*,
4. 37. 6 *M*, 4. 48. 9 *M*, 4. 55. 7 *M*, 5. 4. 14 *M*, 5. 18. 1 *M*,
5. 33. 4 *M*.

2. haud *pro* aut 1. 43. 1 *P*, 3. 18. 4 *P*, 3. 65. 2 *H*, 4. 25. 11
PU, 5. 3. 5 *V*

c. uocabula hi/ii et his/iis semper confunduntur. Quos
laqueos si quis uult enodare, unumquemque contextum
animaduertat, inter quos sunt: 1. 5. 4, 1. 6. 3, 1. 7. 13,

1. 43. 1, 1. 48. 4, 1. 50. 7, 2. 3. 7, 2. 5. 2, 2. 8. 3, 2. 19. 2,
2. 29. 1, 2. 30. 9, 2. 36. 2, 3. 3. 4, 3. 4. 2, 3. 9. 9, 3. 24. 5,
3. 29. 3, 3. 34. 1, 3. 38. 13, 3. 39. 8, 3. 50. 12 (bis),
3. 55. 12, 3. 61. 5, 3. 64. 9, 3. 65. 3, 3. 69. 2, 3. 70. 14,
3. 72. 2, 4. 6. 3, 4. 16. 7, 4. 23. 4, 4. 26. 6, 4. 36. 5,
4. 46. 1, 4. 47. 7, 4. 48. 15, 4. 58. 2, 4. 61. 2, 4. 61. 4,
5. 3. 8, 5. 7. 12, 5. 9. 5, 5. 18. 6, 5. 33. 6, 5. 34. 1, 5. 41. 9

d. hidem, hisdem *pro* idem, iisdem: 1. 36. 8 *MH*, 1. 43. 9
MHP, 2. 12. 2 *MHO*, 3. 17. 6 *MHOP*, 3. 51. 9 *MP*,
3. 55. 11 *M*, 3. 55. 13 *MOPU*, 3. 57. 8 *U*, 3. 68. 2 *MHOP*,
4. 24. 5 *MHO*, 4. 44. 7 *MHEP*, 5. 36. 4 **N**

(2) *h* in medio uerbo additum.

coherceo 5. 5. 2 *M*

inhermis 1. 28. 8 *M*, 2. 14. 8 *M*, 2. 30. 9, 15 *M*, 3. 6. 7 *P*,
4. 10. 5 *P*

adhortus (*pro* adortus) et similia: 2. 14. 7 *MPU*, 2. 17. 2 *MP*,
2. 20. 3 *M*, 2. 20. 6, 7 *M*, 2. 30. 12 *MHOPU*, 2. 43. 4 *M*,
2. 62. 1 *MH*, 3. 8. 9 *H*, 3. 41. 1 *P*, 4. 3. 3 *MP*, 4. 27. 6 *M*,
4. 33. 9 *EP*, 4. 37. 2 *MP*, 4. 33. 3 *M*, 4. 52. 2 *E*, 4. 56. 4 *E*

sepulchra 1. 25. 4 *MEPU*, 1. 26. 11, 14 *EPU*

simulachra 4. 41. 9 *EO*

(3) inchoare *pro* incohare 1. 37. 5 *MHPU*, 3. 24. 10 *MPU*,
3. 54. 9 *MHPU*

In hoc breuiario, quod insequitur, ubicumque codices inter se
discrepant, uocis formam propono qualem existimo a Liuio
solitam esse describi:

a. rettuli: retuli 2. 31. 8 *MHOPU*, 2. 39. 10 *MHOPU*, 2. 47. 2
MHOPU, 2. 62. 4 *MHOPU*, 2. 64. 6 *PU*, 3. 33. 5 *MHOPU*,
3. 40 5 *MHOPU*, 3. 43. 6 *HOPU*, 3. 60. 11 *HOPU*, 4. 17. 10
MHOPU, 4. 33. 6 *MHU*, 4. 37. 4 *MHEPU*, 4. 45. 4
MHEPU, 5. 10. 9 *HEOᶜPU*, 5. 20. 8 *HEOPU*, 5. 22. 1
HEOPU, 5. 50. 2 *HEOU*

rettudi: retudi 2. 33. 7 *MHOPU*,

oblitteratus: obliteratus 3. 71. 7 *MP*, literas 5. 20. 2 *M*

cottidie: cotidie 3. 12. 7 *PU*, 3. 36. 1 *HOU*, 3. 47. 2 *PU*,
3. 51. 11 *OPU*, 5. 42. 8 *HEOU*

cottidianus: cotidianus 2. 27. 12 *HOPU*, 2. 42. 10 *PU*

b. opportunus: oportunus 1. 54. 8 *MOU*, 2. 12. 6 *OPU*, 2. 13. 10
MOP, 2. 35. 1 *HPU*, 2. 49. 8 *HPU*, 3. 1. 5 *HOPU*, 3. 5. 10

OPU, 3. 15. 8 *OU*, 4. 13. 6 *MHOU*, 4. 31. 3 *HEPU*,
4. 31 8 *MHEU*, 4. 55. 1 *HEPU*, 4. 57. 6 *MEU*, 5. 13. 11
EPU, 5. 54. 4 *MHEOU*

opperior: operior 5. 6. 2 *MEOP*, 4. 56. 7 *PU*

oppugnare: opugnare 5. 18. 11 *MH*, 5. 4. 11 *M*

opulentus: oppulentus 3. 57. 7 *PU*, 4. 59. 10 *H*, 5. 21. 17
PU

reperio: repperio 3. 40. 1 *HOP*

supremus: suppremus 2. 61. 9 *MHP*

c. sequuntur: secuntur 1. 12. 9 *M*, 1. 59. 2 *M*, 3. 30 1 *MU*
(sequntur *P*), 3. 52. 4 *MPU*, 4. 4. 12 *MPU*

aequus: aecus 5. 4. 8 *MP*

reliquus: relicus 2. 25. 3 *P*; reliqus 2. 25. 3 *M*, 3. 72. 7 *MP*

d. amplissime: amplissume 5. 13. 6 *M*

finitimi: finitumi 1. 21. 2 *M*c*E*c, 2. 53. 3 *HP*

proximus: proxumus 3. 3. 4 *MH*, 2. 1. 2 *M*

optimates: optumates 4. 9. 8 *MHOP*

uictima: uictuma 1. 45. 6 *MHOP*c,

tubicines: tibicines 1. 43. 7 *HOPU*, 2. 64. 10 *M*

libido: lubido 4. 4. 8 *M*

monumentum: monimentum *Praef.* 6 *O*c*E*c*U*, *Praef.* 10 *EPU*,
1. 12. 6 *O*, 1. 13. 5 *M*c*U*, 1. 36. 5 *U*, 1. 45. 4 *M*c*O*c*U*,
1. 48. 7 *U*, 1. 55. 1 *OU*, 4. 10. 7 *U*, 4. 16. 1 *U*, 5. 52. 1 *MO*
(munimenta)

recipero: recupero 1. 12. 1 *MHEOPU*, 1. 15. 6 *MEPU*,
1. 45. 3 *MHPU*, 2. 2. 6 *HU*, 2. 3. 6 *MHPU*, 2. 34. 8
MHPU, 2. 53. 4 *HP*c*U*, 3. 18. 6, 7, 10 *MHOPU*, 3. 23. 4
MOPU, 3. 53. 10 *M*c*OU*, 3. 58. 4 *MHOPU*, 3. 70. 13
MOPU, 5. 10. 2 *MHEOPU*, 5. 12. 4 *MHEOPU*, 5. 49. 3
MHEPU, 5. 49. 7 *MHEPU*, 5. 51. 3 *HU*, 5. 51. 3 *MHEPU*

e. Quinctius: Quintius 2. 56. 5, 2. 56. 14, 2. 57. 1, 2, 2. 60. 1,
2. 64. 2, 9, 3. 1. 1, 4, 6, 3. 3. 8, 9, 3. 4. 10, 3. 5. 8, 10, 13,
3. 11. 6, 3. 12. 2, 3. 19. 2, 3. 20. 4, 8, 3. 66. 1, 3. 70. 2, 10,
4. 7. 10, 4. 10. 8, 4. 17. 9 *et al. saep.*

neglego: neclego 2. 48. 7 *M*, 4. 27. 11 *HP*

nequiquam: nequicquam 2. 10. 3, 2. 13. 3, 2. 15. 5, 2. 58. 9,
2. 59. 9, 3. 18. 7, 3. 46. 10, 4. 12. 3, 4. 55. 5, 8, 5. 43. 1

querella: querela 1. 10. 1 *HOU*, 1. 59. 4 *HOP*c, 2. 35. 6 *HP*c
3. 1. 5 *P*

f. quadragesimus: quadragensimus 1. 40. 1 *M*, 3. 30. 7 *O*
(-essimus *P*), 3. 71. 6 *MP*
    tricesimus: tricensimus 3. 30. 7 *O* (-essimus *P*)
    trecentesimus: trecentessimus 3. 33. 1 *P*
    quadringentesimus: quadringentensimus *H*
    octogesimus: octagessimus 3. 71. 6 *P*
    uicesimus: uicensimus 3. 71. 6 *MP*
    semestris: semenstris 5. 4. 7 *MHEPU*
    miliens: milies 4. 2. 8 *M*ᶜ*HOU*
    septiens: septies 5. 4. 12 *MEU*

g. Vtrum Liuius *uincula/dextera* an *uincla/dextra* scripserit, parum
liquet: utraque enim forma in codicibus patet.

uincula 2. 4. 7 *U*, 3. 13. 6 *VOU*, 3. 49. 2 *MHPU*, 3. 56. 4 *U*,
    3. 56. 8 *U*, 3. 59. 2 *U*, 4. 4. 10 *MHOPU*ᶜ, 4. 26. 9 *VU*,
    4. 26. 10 *U*

dextra 1. 1. 8 *PU*, 1. 7. 11 *U*, 1. 21. 4 *MHEP*, 1. 41. 2 *P*,
    1. 48. 6 *U*, 2. 6. 10 *MHPU*, 2. 11. 9 *HU*, 2. 13. 1 *O*,
    2. 34. 3 *H*, 3. 57. 4 *O*

III (1) In compositis tritam fere uiam persecutus sum nisi quod
in his uocabulis propositionem *ad-* sequentibus non adsimulaui:

3. 46. 5 adcelero (accelero *HOU*); 2. 24. 1 adficio (afficio *HU*);
1. 1. 6 adfinitas (affinitas *MHU*); 1. 3. 2. adfirmo (affirmo *M*);
1. 9. 4 adfuisse (affirisse *M*); 1. 12. 10 adnuo (annuo *MHEP*);
2. 12. 5 adprobo (approbo *HU*); 5. 11. 2 adseculae (assec(u)lae
*E*ᶜ*U*); 4. 11. 6 adsigno (assigno *UO*); 4. 35. 6 adspiro (aspiro
MHEPU)

in his autem *ad-* sequentibus adsimulaui:

1. 8. 4 appeto (adpeto *P*); 2. 23. 15 arripio (adripio *MHP*,
2. 27. 12 **N**; cf. 2. 33. 7 abripio **N**); 5. 22. 5 attracto (adtrecto
MP); 3. 50. 5 attribuo (adtribuo *M*)

in his *con-* sequentibus non adsimulaui:

1. 1. 7 conloquium (colloquium *M*), 2. 27. 13 (colloquiis *H*);
5. 39. 10 conlatus (collatus *HOU*)

hic uero *con-* sequentibus adsimulaui:

1. 38. 1 Collatia (*passim*), 1. 38. 2 Collatinus (conlatinus *MP* et
sic fere semper), 3. 4. 4 compulsus (conpulsus *P*)

(2) De *s-* post *ex-* retinendo haec memoratu digna notaui.
    exsisto: existo 2. 32. 6 *MP*

exsilium: exilium 3. 29. 7 *MPU*

exsequi: exequi 3. 13. 3 *PU*, 3. 25. 8 *P*, 5. 40. 6 *OU*

exstitisse: extitisse 3. 12. 3 *MU*, 3. 13. 1 *MPU*, 3. 14. 4 *MU*

(3) Volturnus, Volsci, uolgus, uolnus tenemus, quamquam codices saepissime *uul-* scribunt.

IV. Sunt quae uoces errore paene inextricabili in codicibus adeo confundantur ut non operae pretium sit semper in apparatu eas memorare, in quibus sunt:

coepi/cepi 1. 9. 6, 1. 18. 7, 2. 21. 6, 2. 29. 6, 2. 30. 14, 2. 33. 5, 2. 39. 4, 2. 63. 6, 3. 7. 2, 3. 26. 1, 3. 28. 7, 3. 30. 8, 3. 46. 9, 3. 47. 2, 3. 47. 6, 3. 50. 15, 3. 59. 4, 4. 9. 13, 4. 17. 11, 4. 20. 6, 4. 27. 3, 4. 27. 11, 4. 37. 2, 4. 45. 6, 4. 51. 7, 5. 7. 13, 5. 22. 3. Cf. 5. 11. 2 incoepto *EOPU*

occipio/accipio 3. 19. 2, 3. 55. 1, 5. 9. 1, 5. 9. 8

contor/cunctor 1. 1. 7, 2. 28. 5, 5. 32. 8

V. Vtrum *plebes* an *plebs* et utrum *tribuni plebis* an *tribuni plebi* an etiam *tribuni plebei* (cf. 3. 64. 10) ipse scripsisset, Liuius, ut opinor, ne flocci quidem faciendum censuisset.

Ter quaterque fortunatus est ille cui inter montes suos patrios his aeternis studiis se dedere uacat.

R. M. OGILVIE

Dabam Errachd
Id. Sept. a.s. MDCCCCLXXII

CONSPECTVS SIGLORVM

𝔓 = Pap. Oxyrh. 1379
V = Codex Veronensis
   rescriptus
M = Codex Mediceus
Vorm. = Codex Vormatiensis
   nunc deperditus
H = Codex Harleianus

W = fragmentum codicis
   Fuldensis
K = fragmentum codicis
   Hauniensis
E = Codex Einsiedlensis
O = Codex Oxoniensis
P = Codex Parisiensis
U = Codex Vpsaliensis

Ω = consensus omnium codicum
N = consensus codicum Symmachianorum
Δ = consensus codicum *HWKEOPU*, uel eorum qui unoquoque
   loco extant
π = consensus codicum *EOPU*, uel eorum qui unoquoque loco
   extant

Gron. = I. F. Gronouius (1645)
Drak. = A. Drakenborch (1738)
   † = indicat locum desperatum
   ⟨ ⟩ = includunt supplementa textui quae credo necessaria

Hae sunt reliquiae quae supersunt codicis *V*, sed saepe mancae, semper
obscurae: 3. 6. 5 ueniat…9. 3 regium, 11.5 offerrent…14. 3 impetus
suos [cum], 18. 9 prius…22. 5 ab Aequis, 22. 8 in]de…23. 3 rapit, 23. 5
recipientis…24. 5 commea[tu, 26. 8 iugerum…27. 7 [n]ox aut, 29. 5
cum carmine…31. 2 iace[ret, 34. 6 unoquo]que…36. 1 personae, 37. 8
nobilis…38. 9 us[quam, 42. 3 inter…45. 6 ac[cendisset, 50. 13 Auen]-
tinum…51. 13 aiebant, 56. 11 et misericordia…57. 10 quib[us, 60. 10
fluctuan]tem…68. 8 Algidum, 4. 7. 2 tribunos…8. 3 an[nos, 9. 11 optumates…15. 3 po[pulo, 16. 7 et uariis…18. 2 Tolumnius, 21. 3 ro]gationem…
27. 4 acies, 33. 9 ab tergo…35. 8 ce[rtamina, 36. 3 ab urbe…37. 1 anno,
54. 3 Silius…57. 6 P. Cornelio, 57. 10 u]ero…59. 7 ne quis, 5. 2. 8
dictatoris…9. 1 ma[gistratum, 23. 6 trium[phusque…24. 10 quam, 27. 5
tui…28. 4 recenti, 30. 6 ut…33. 10 om[nia, 39. 5 barbaris…41. 10
caedem, 43. 4 frumentum…46. 6 auspicioque, 48. 9 gla]dius…51. 7
praetermissum, 52. 10 ueterum…53. 6 multitu[dinem, 54. 7 deimmou-
isse…55. 5 similis.

T. LIVI

AB VRBE CONDITA

PRAEFATIO

Factvrvsne operae pretium sim si a primordio urbis res
populi Romani perscripserim nec satis scio nec, si sciam,
dicere ausim, quippe qui cum ueterem tum uolgatam esse 2
rem uideam, dum noui semper scriptores aut in rebus certius
aliquid allaturos se aut scribendi arte rudem uetustatem
superaturos credunt. Vtcumque erit, iuuabit tamen rerum 3
gestarum memoriae principis terrarum populi pro uirili
parte et ipsum consuluisse; et si in tanta scriptorum turba
mea fama in obscuro sit, nobilitate ac magnitudine eorum
me qui nomini officient meo consoler. Res est praeterea et 4
immensi operis, ut quae supra septingentesimum annum
repetatur et quae ab exiguis profecta initiis eo creuerit ut iam
magnitudine laboret sua; et legentium plerisque haud dubito
quin primae origines proximaque originibus minus praebi-
tura uoluptatis sint, festinantibus ad haec noua quibus iam
pridem praeualentis populi uires se ipsae conficiunt: ego 5
contra hoc quoque laboris praemium petam, ut me a

Inscriptio TITI LIVI AB VRBE COND· LIBER ·I· HVIVS PRAEF *M*:
         TITI LIVI AB VRBE CONDITA LIB ·I· INCIPIT *P*:
         TITI LIVII AB VRBE CONDITA PRIMAE DECADIS INCIPIT PRIMVS LIBER
         U:
         Incip prefatio Titi Liuii In libris Antiquitatum Ab urbe
         condita *O*
   1 operae pretium sim *Sabellicus, coll. Quint.* 9. 4. 74: sim operae
pretium **N** (*sed in O inter* sim *et* operae *interposita est clausula* si a primordio
. . . perscripserim *quam suo loco restituit O*ᶜ)   3 et ipsum **N**: *ante*
ipsum *add.* me *M*ᶜˢˡ, id est me *O*ˢˡ   sit *Δ*: est *M*   eorum me *MPU*:
eorum *HOE*: eorum meo *M*ᶜ *Gron.*   meo **N**: me *M*ᶜ *Gron.*   4 sint]
sunt *M*

conspectu malorum quae nostra tot per annos uidit aetas,
tantisper certe dum prisca illa tota mente repeto, auertam,
omnis expers curae quae scribentis animum, etsi non
flectere a uero, sollicitum tamen efficere posset.

6   Quae ante conditam condendamue urbem poeticis magis
decora fabulis quam incorruptis rerum gestarum monu-
mentis traduntur, ea nec adfirmare nec refellere in animo
7 est. Datur haec uenia antiquitati ut miscendo humana
diuinis primordia urbium augustiora faciat; et si cui
populo licere oportet consecrare origines suas et ad deos
referre auctores, ea belli gloria est populo Romano ut cum
suum conditorisque sui parentem Martem potissimum ferat,
tam et hoc gentes humanae patiantur aequo animo quam
8 imperium patiuntur. Sed haec et his similia utcumque
animaduersa aut existimata erunt haud in magno equidem
9 ponam discrimine: ad illa mihi pro se quisque acriter
intendat animum, quae uita, qui mores fuerint, per quos
uiros quibusque artibus domi militiaeque et partum et
auctum imperium sit; labante deinde paulatim disciplina
uelut dissidentes primo mores sequatur animo, deinde ut
magis magisque lapsi sint, tum ire coeperint praecipites,
donec ad haec tempora quibus nec uitia nostra nec remedia
10 pati possumus peruentum est. Hoc illud est praecipue in
cognitione rerum salubre ac frugiferum, omnis te exempli
documenta in inlustri posita monumento intueri; inde tibi
tuaeque rei publicae quod imitere capias, inde foedum
11 inceptu foedum exitu quod uites. Ceterum aut me amor
negotii suscepti fallit, aut nulla unquam res publica nec
maior nec sanctior nec bonis exemplis ditior fuit, nec in
quam ciuitatem tam serae auaritia luxuriaque immi-
grauerint, nec ubi tantus ac tam diu paupertati ac par-
12 simoniae honos fuerit. Adeo quanto rerum minus, tanto

---

5 illa tota *H*: tota illa *Mπ*   9 labante *Gron.*: labente **N**   dis-
sidentes *McU*: dissidentis *OEPH*: dis*identis *M* (discidentis?): desidentes
Philelfus: discedentis *Bayet*   11 serae] sere *MH*: sera *π*: sero *dett. aliq.*
Novák, sed cf. Löfstedt, Synt. 2. 369

minus cupiditatis erat: nuper diuitiae auaritiam et abundantes uoluptates desiderium per luxum atque libidinem pereundi perdendique omnia inuexere. Sed querellae, ne tum quidem gratae futurae cum forsitan necessariae erunt, ab initio certe tantae ordiendae rei absint: cum bonis potius **13** ominibus uotisque et precationibus deorum dearumque, si, ut poetis, nobis quoque mos esset, libentius inciperemus, ut orsis tantum operis successus prosperos darent.

13 ominibus] omnibus *HE*

T. LIVI

AB VRBE CONDITA

LIBER I

1 IAM primum omnium satis constat Troia capta in ceteros saeuitum esse Troianos, duobus, Aeneae Antenorique, et uetusti iure hospitii et quia pacis reddendaeque Helenae semper auctores fuerant, omne ius belli Achiuos abstinuisse; 2 casibus deinde uariis Antenorem cum multitudine Enetum, qui seditione ex Paphlagonia pulsi et sedes et ducem rege Pylaemene ad Troiam amisso quaerebant, uenisse in 3 intimum maris Hadriatici sinum, Euganeisque qui inter mare Alpesque incolebant pulsis Enetos Troianosque eas tenuisse terras. Et in quem primum egressi sunt locum Troia uocatur pagoque inde Troiano nomen est: gens 4 uniuersa Veneti appellati. Aenean ab simili clade domo profugum sed ad maiora rerum initia ducentibus fatis, primo in Macedoniam uenisse, inde in Siciliam quaerentem sedes delatum, ab Sicilia classe ad Laurentem agrum 5 tenuisse. Troia et huic loco nomen est. Ibi egressi Troiani, ut quibus ab immenso prope errore nihil praeter arma et naues superesset, cum praedam ex agris agerent, Latinus rex Aboriginesque qui tum ea tenebant loca ad arcendam

---

1 1 fuerant *MHP*ᶜᵐ: ferunt *P*: fuerunt *OEU*   2 Pylaemene *H*: Pilemene *M*: Pylemene *EP*: Pilimene *O*: Philemene *U*   maris Hadriatici *EP*: maris adriatici *HO*: adriatici maris *M*: hadriatici maris *U* Euganeisque] Euganesque *MHEP*, i *add. M*ᶜˢˡ *E*ᶜᵐ *P*ᶜˢˡ: Euganisque *O*, i *add. O*ˢˡ: Euganiis *U*, que *add. U*ᶜˢˡ   3 primum *M, cf.* 5. 34. 8: primo *Δ*   inde Troiano] Troiano inde *M*: inde Troia *O*, *P. Burman*: no *add. O*ˢˡ   Aenean *MO*: Aeneam *HEPU*; *cf.* 1. 2. 5, 1. 3. 6   4 tenuisse *M*ᶜ*HOEP*: uenisse *M*: tendisse *U*   5 ibi] ubi *M*   ut quibus *MHOE*: in *add. M*ᶜˢˡ: in quibus *PU*: quibus *U*ᶜ   superesset] superessent *MP*

4

uim aduenarum armati ex urbe atque agris concurrunt.
Duplex inde fama est. Alii proelio uictum Latinum pacem 6
cum Aenea, deinde adfinitatem iunxisse tradunt: alii, cum
instructae acies constitissent, priusquam signa canerent 7
processisse Latinum inter primores ducemque aduenarum
euocasse ad conloquium; percontatum deinde qui mortales
essent, unde aut quo casu profecti domo quidue quaerentes
in agrum Laurentem exissent, postquam audierit multi- 8
tudinem Troianos esse, ducem Aenean filium Anchisae et
Veneris, cremata patria domo profugos, sedem conden-
daeque urbi locum quaerere, et nobilitatem admiratum
gentis uirique et animum uel bello uel paci paratum, dextra
data fidem futurae amicitiae sanxisse. Inde foedus ictum inter 9
duces, inter exercitus salutationem factam. Aenean apud
Latinum fuisse in hospitio; ibi Latinum apud penates deos
domesticum publico adiunxisse foedus filia Aeneae in matrimonium data. Ea res utique Troianis spem adfirmat 10
tandem stabili certaque sede finiendi erroris. Oppidum
condunt; Aeneas ab nomine uxoris Lauinium appellat.
Breui stirpis quoque uirilis ex nouo matrimonio fuit, cui 11
Ascanium parentes dixere nomen.

Bello deinde Aborigines Troianique simul petiti. Turnus 2
rex Rutulorum, cui pacta Lauinia ante aduentum Aeneae
fuerat, praelatum sibi aduenam aegre patiens simul
Aeneae Latinoque bellum intulerat. Neutra acies laeta ex 2
eo certamine abiit: uicti Rutuli; uictores Aborigines
Troianique ducem Latinum amisere. Inde Turnus Rutu- 3
lique diffisi rebus ad florentes opes Etruscorum Mezentium-
que regem eorum confugiunt, qui Caere opulento tum
oppido imperitans, iam inde ab initio minime laetus nouae
origine urbis et tum nimio plus quam satis tutum esset

7 percontatum] percunctatum *HOPU*   Laurentem *MO*^c: Lauren-
tinum *Δ*   8 audierit] audiuit *MO*^csl   patria domo *M*: patria et
domo *OEU*: patria et modo *H*: patria ae edomo *P*: patria edomo *P*^c
urbi] urbis *M*   9 ibi] ubi *M*   10 res utique] utique res *M*
2 1 Troianique simul petiti] -que simul *om. M*: -que *add. M*^csl

accolis rem Troianam crescere ratus, haud grauatim socia
4 arma Rutulis iunxit. Aeneas aduersus tanti belli terrorem
ut animos Aboriginum sibi conciliaret nec sub eodem iure
solum sed etiam nomine omnes essent, Latinos utramque
5 gentem appellauit; nec deinde Aborigines Troianis studio
ac fide erga regem Aenean cessere. Fretusque his animis
coalescentium in dies magis duorum populorum Aeneas,
quamquam tanta opibus Etruria erat ut iam non terras
solum sed mare etiam per totam Italiae longitudinem ab
Alpibus ad fretum Siculum fama nominis sui implesset,
tamen cum moenibus bellum propulsare posset in aciem
6 copias eduxit. Secundum inde proelium Latinis, Aeneae
etiam ultimum operum mortalium fuit. Situs est, quemcumque eum dici ius fasque est, super Numicum flumen:
Iouem indigetem appellant.

3 Nondum maturus imperio Ascanius Aeneae filius erat;
tamen id imperium ei ad puberem aetatem incolume
mansit; tantisper tutela muliebri—tanta indoles in Lauinia
erat—res Latina et regnum auitum paternumque puero
2 stetit. Haud ambigam—quis enim rem tam ueterem pro
certo adfirmet?—hicine fuerit Ascanius an maior quam hic,
Creusa matre Ilio incolumi natus comesque inde paternae
fugae, quem Iulum eundem Iulia gens auctorem nominis sui
3 nuncupat. Is Ascanius, ubicumque et quacumque matre
genitus—certe natum Aenea constat—abundante Lauinii
multitudine florentem iam ut tum res erant atque opulentam
urbem matri seu nouercae reliquit, nouam ipse aliam sub
Albano monte condidit quae ab situ porrectae in dorso urbis
4 Longa Alba appellata. Inter Lauinium et Albam Longam
coloniam deductam triginta ferme interfuere anni. Tantum

5 Aenean] enean *O*: Aeneam *MHEPU*   6 operum mortalium]
mortalium operum *M*   flumen *HOEP*c*U*: fluminum *P*: fluuium *M*
indigetem] indigitem *M*

3 2 hicine *Δ*: c *add*. *P*cs1: hiccine *M*   Ilio] Ilico *HE*   3 reliquit
MUO: n *add*. *O*s1: relinquid *P*: relinquit *HEP*c   4 coloniam deductam *Δ*: dieductam (diductam *M*c) coloniam *M*

tamen opes creuerant maxime fusis Etruscis ut ne morte
quidem Aeneae nec deinde inter muliebrem tutelam rudi-
mentumque primum puerilis regni mouere arma aut
Mezentius Etruscique aut ulli alii accolae ausi sint. Pax ita 5
conuenerat ut Etruscis Latinisque fluuius Albula, quem
nunc Tiberim uocant, finis esset.

Siluius deinde regnat Ascani filius, casu quodam in siluis 6
natus; is Aenean Siluium creat; is deinde Latinum Siluium. 7
Ab eo coloniae aliquot deductae, Prisci Latini appellati.
Mansit Siluiis postea omnibus cognomen, qui Albae regnarunt. Latino Alba ortus, Alba Atys, Atye Capys, Capye 8
Capetus, Capeto Tiberinus, qui in traiectu Albulae amnis
submersus celebre ad posteros nomen flumini dedit. Agrippa 9
inde Tiberini filius, post Agrippam Romulus Siluius a patre
accepto imperio regnat. Auentino fulmine ipse ictus regnum
per manus tradidit. Is sepultus in eo colle qui nunc pars
Romanae est urbis, cognomen colli fecit. Proca deinde
regnat. Is Numitorem atque Amulium procreat; Numitori, 10
qui stirpis maximus erat, regnum uetustum Siluiae gentis
legat. Plus tamen uis potuit quam uoluntas patris aut uerecundia aetatis: pulso fratre Amulius regnat. Addit sceleri 11
scelus: stirpem fratris uirilem interimit, fratris filiae Reae
Siluiae per speciem honoris cum Vestalem eam legisset perpetua uirginitate spem partus adimit.

Sed debebatur, ut opinor, fatis tantae origo urbis maxi- 4
mique secundum deorum opes imperii principium. Vi com- 2
pressa Vestalis cum geminum partum edidisset, seu ita rata
seu quia deus auctor culpae honestior erat, Martem incertae

6 Aenean *MU*: Aeneam *HOEP*   7 coloniae aliquot deductae *O*:
coloniae aliquo (t *add.* E^{csl}) deductae E: ali (*eras.* *M*^c) coloniae aliquo
deductae *M*: coloniae aliquo deducte *H*: coloniae aliquoteductae *P*:
aliquot coloniae eductae *U*   regnarunt] regnauerunt *M*   8 traiectu
Ed. Rom. 1469: traiecto **N**   9 fulmine] flumine *HP*: *corr.* *M*^c*P*^c
10 stirpis *MOE*: styrpis *U*: stripis *H*: stirps *P*   uetustum] ueṣṭutum
H: uetustutum *EP*: uetustum *E*^c*P*^c   11 interimit *MH*: interemit
OEPU   adimit *MHEP*: ademit *OE*^c*U*
    4 2 ui *M*^c: ut *MHOEP*: et *U*

3 stirpis patrem nuncupat. Sed nec di nec homines aut ipsam
aut stirpem a crudelitate regia uindicant: sacerdos uincta in
custodiam datur, pueros in profluentem aquam mitti iubet.
4 Forte quadam diuinitus super ripas Tiberis effusus lenibus
stagnis nec adiri usquam ad iusti cursum poterat amnis et
posse quamuis languida mergi aqua infantes spem ferentibus
5 dabat. Ita uelut defuncti regis imperio in proxima alluuie
ubi nunc ficus Ruminalis est—Romularem uocatam ferunt
6 —pueros exponunt. Vastae tum in his locis solitudines erant.
Tenet fama cum fluitantem alueum, quo expositi erant
pueri, tenuis in sicco aqua destituisset, lupam sitientem ex
montibus qui circa sunt ad puerilem uagitum cursum
flexisse; eam submissas infantibus adeo mitem praebuisse
mammas ut lingua lambentem pueros magister regii peco-
7 ris inuenerit—Faustulo fuisse nomen ferunt; ab eo ad
stabula Larentiae uxori educandos datos. Sunt qui Larentiam uolgato corpore lupam inter pastores uocatam putent;
8 inde locum fabulae ac miraculo datum. Ita geniti itaque
educati, cum primum adoleuit aetas, nec in stabulis nec ad
9 pecora segnes uenando peragrare saltus. Hinc robore
corporibus animisque sumpto iam non feras tantum
subsistere sed in latrones praeda onustos impetus facere
pastoribusque rapta diuidere et cum his crescente in dies
grege iuuenum seria ac iocos celebrare.

5   Iam tum in Palatio monte Lupercal hoc fuisse ludicrum
ferunt, et a Pallanteo, urbe Arcadica, Pallantium, dein Pala-
2 tium montem appellatum; ibi Euandrum, qui ex eo genere
Arcadum multis ante tempestatibus tenuerit loca, sollemne
allatum ex Arcadia instituisse ut nudi iuuenes Lycaeum
Pana uenerantes per lusum atque lasciuiam currerent,

2 *post* patrem *add.* esse *HP*cm   4 quadam *MHOP*c*U*: quodam
EP: quadam an *Gruter*   6 quo *Δ*: quo iam *M*   7 Larentiae
M: u *add. M*csl: Laurentiae *Δ*   Larentiam *M*: Laurentiam *Δ*
8 saltus *MEPU*: *ante* saltus *add.* circa *HOE*ci1*P*csl   9 in dies
*HOEP*c*U*: indiges *P*: *om. M, rest. M*cm
    5 1 Pallanteo] Palanteo *H*: Pallantea *OU*: Pallantio *Hertz*

quem Romani deinde uocarunt Inuum. Huic deditis ludicro 3
cum sollemne notum esset insidiatos ob iram praedae
amissae latrones, cum Romulus ui se defendisset, Remum
cepisse, captum regi Amulio tradidisse, ultro accusantes.
Crimini maxime dabant in Numitoris agros ab iis impetus 4
fieri; inde eos collecta iuuenum manu hostilem in modum
praedas agere. Sic Numitori ad supplicium Remus deditur.
Iam inde ab initio Faustulo spes fuerat regiam stirpem apud 5
se educari; nam et expositos iussu regis infantes sciebat et
tempus quo ipse eos sustulisset ad id ipsum congruere; sed
rem immaturam nisi aut per occasionem aut per necessitatem aperiri noluerat. Necessitas prior uenit: ita metu 6
subactus Romulo rem aperit. Forte et Numitori cum in
custodia Remum haberet audissetque geminos esse fratres,
comparando et aetatem eorum et ipsam minime seruilem
indolem, tetigerat animum memoria nepotum; sciscitando-
que eo demum peruenit ut haud procul esset quin Remum
agnosceret. Ita undique regi dolus nectitur. Romulus non 7
cum globo iuuenum—nec enim erat ad uim apertam par—
sed aliis alio itinere iussis certo tempore ad regiam uenire
pastoribus ad regem impetum facit; et a domo Numitoris
alia comparata manu adiuuat Remus. Ita regem obtruncat.

Numitor inter primum tumultum, hostes inuasisse urbem 6
atque adortos regiam dictitans, cum pubem Albanam in
arcem praesidio armisque obtinendam auocasset, postquam
iuuenes perpetrata caede pergere ad se gratulantes uidit,
extemplo aduocato concilio scelera in se fratris, originem
nepotum, ut geniti, ut educati, ut cogniti essent, caedem
deinceps tyranni seque eius auctorem ostendit. Iuuenes per 2
mediam contionem agmine ingressi cum auum regem

2 uocarunt] uocauerunt M   4 iis] his *HOU*   impetus *Gron.*:
impetum **N**   Numitori ad supplicium *Δ*: ad supplicium Numitori *M*
5 aperiri *M*: apperiri *H*: aperire *OEPU*   6 eo demum *Perizonius*:
eodem **N**: eo denique *Crevier*   7 uim apertam] apertam uim *M*: uim
tam apertam *O*   obtruncat **N**: optrun| [cat] ℙ: obtruncant *M*ᶜ, *Edd. uet.*

6 1 auocasset] d *add.* *M*ᶜˢˡ (= aduocasset): euocasset *U*   scelera *Δ*:
scelus *M*: sce[le|ra] ℙ   deinceps *ΔM*ᶜ: deinde *M*

salutassent, secuta ex omni multitudine consentiens uox
ratum nomen imperiumque regi efficit.

3   Ita Numitori Albana re permissa Romulum Remumque
cupido cepit in iis locis ubi expositi ubique educati erant
urbis condendae. Et supererat multitudo Albanorum Lati-
norumque; ad id pastores quoque accesserant, qui omnes
facile spem facerent paruam Albam, paruum Lauinium
4 prae ea urbe quae conderetur fore. Interuenit deinde his
cogitationibus auitum malum, regni cupido, atque inde
foedum certamen coortum a satis miti principio. Quoniam
gemini essent nec aetatis uerecundia discrimen facere
posset, ut di quorum tutelae ea loca essent auguriis legerent
qui nomen nouae urbi daret, qui conditam imperio regeret,
Palatium Romulus, Remus Auentinum ad inaugurandum
templa capiunt.

7   Priori Remo augurium uenisse fertur, sex uoltures; iamque nuntiato augurio cum duplex numerus Romulo se
ostendisset, utrumque regem sua multitudo consalutaue-
2 rat: tempore illi praecepto, at hi numero auium regnum
trahebant. Inde cum altercatione congressi certamine
irarum ad caedem uertuntur; ibi in turba ictus Remus
cecidit. Volgatior fama est ludibrio fratris Remum nouos
transiluisse muros; inde ab irato Romulo, cum uerbis
quoque increpitans adiecisset, 'Sic deinde, quicumque alius
3 transiliet moenia mea', interfectum. Ita solus potitus imperio Romulus; condita urbs conditoris nomine appellata.

    Palatium primum, in quo ipse erat educatus, muniit.
Sacra dis aliis Albano ritu, Graeco Herculi, ut ab Euan-
4 dro instituta erant, facit. Herculem in ea loca Geryone
interempto boues mira specie abegisse memorant, ac prope
Tiberim fluuium, qua prae se armentum agens nando tra-
iecerat, loco herbido ut quiete et pabulo laeto reficeret boues
5 et ipsum fessum uia procubuisse. Ibi cum eum cibo uino-

    3   iis *Ed. Rom.* 1469: his **N**
    7 1   se *HEPUM*^c: sese *MO*   4   laeto reficeret *HOE*^c*PU*: laetor
eficeret *E*: laetiores efficeret *M*

10

que grauatum sopor oppressisset, pastor accola eius loci,
nomine Cacus, ferox uiribus, captus pulchritudine boum
cum auertere eam praedam uellet, quia si agendo armentum in speluncam compulisset ipsa uestigia quaerentem
dominum eo deductura erant, auersos boues eximium
quemque pulchritudine caudis in speluncam traxit. Hercules ad primam auroram somno excitus cum gregem per- 6
lustrasset oculis et partem abesse numero sensisset, pergit
ad proximam speluncam, si forte eo uestigia ferrent. Quae
ubi omnia foras uersa uidit nec in partem aliam ferre,
confusus atque incertus animi ex loco infesto agere porro
armentum occepit. Inde cum actae boues quaedam ad de- 7
siderium, ut fit, relictorum mugissent, reddita inclusorum
ex spelunca boum uox Herculem conuertit. Quem cum
uadentem ad speluncam Cacus ui prohibere conatus esset,
ictus claua fidem pastorum nequiquam inuocans mortem
occubuit. Euander tum ea, profugus ex Peloponneso, 8
auctoritate magis quam imperio regebat loca, uenerabilis
uir miraculo litterarum, rei nouae inter rudes artium
homines, uenerabilior diuinitate creditā Carmentae matris,
quam fatiloquam ante Sibyllae in Italiam aduentum
miratae eae gentes fuerant. Is tum Euander concursu pasto- 9
rum trepidantium circa aduenam manifestae reum caedis
excitus postquam facinus facinorisque causam audiuit, habitum formamque uiri aliquantum ampliorem augustio-
remque humana intuens rogitat qui uir esset. Vbi nomen 10
patremque ac patriam accepit, 'Ioue nate, Hercules, salue,'
inquit; 'te mihi mater, ueridica interpres deum, aucturum
caelestium numerum cecinit, tibique aram hic dicatum iri
quam opulentissima olim in terris gens maximam uocet

    5 quia si *OE^cU*: quasi *MHEP*   7 relictorum . . . inclusorum
Ogilvie: relictarum . . . inclusarum **N**   uadentem ad speluncam *Δ*: ad
speluncam uadentem *M*   ui] *om. M*   mortem *Wesenberg, cf.* 2. 7. 8
et al.: morte *Δ, cf.* 29. 18. 6: *om. M, add.* morte *M^csl*   8 Peloponneso]
Poleponesso *HOP*: Poleponenso *E, add.* s *E^csl*: Peloponesso *MU*   eae
HEPU: hae *O^pcM^c*: eae eae *M*

11 tuoque ritu colat.' Dextra Hercules data accipere se omen
12 impleturumque fata ara condita ac dicata ait. Ibi tum
primum boue eximia capta de grege sacrum Herculi,
adhibitis ad ministerium dapemque Potitiis ac Pinariis,
quae tum familiae maxime inclitae ea loca incolebant,
13 factum. Forte ita euenit ut Potitii ad tempus praesto essent
iisque exta apponerentur, Pinarii extis adesis ad ceteram
uenirent dapem. Inde institutum mansit donec Pinarium
14 genus fuit, ne extis sollemnium uescerentur. Potitii ab
Euandro edocti antistites sacri eius per multas aetates
fuerunt, donec tradito seruis publicis sollemni familiae
15 ministerio genus omne Potitiorum interiit. Haec tum sacra
Romulus una ex omnibus peregrina suscepit, iam tum
immortalitatis uirtute partae ad quam eum sua fata duce-
bant fautor.

8 Rebus diuinis rite perpetratis uocataque ad concilium
multitudine quae coalescere in populi unius corpus nulla re
2 praeterquam legibus poterat, iura dedit; quae ita sancta
generi hominum agresti fore ratus, si se ipse uenerabilem
insignibus imperii fecisset, cum cetero habitu se augustio-
3 rem, tum maxime lictoribus duodecim sumptis fecit. Alii
ab numero auium quae augurio regnum portenderant eum
secutum numerum putant: me haud paenitet eorum sententiae esse quibus et apparitores et hoc genus ab Etruscis
finitimis, unde sella curulis, unde toga praetexta sumpta est,
⟨et⟩ numerum quoque ipsum ductum placet, et ita habuisse
Etruscos quod ex duodecim populis communiter creato rege
singulos singuli populi lictores dederint.

4 Crescebat interim urbs munitionibus alia atque alia ap-
petendo loca, cum in spem magis futurae multitudinis quam

  12 ibi tum *OE*: ibi dum *MHPU*   Herculi . . . dapemque *om. Δ*:
rest. P^cm iisque *Ed. Rom.* 1469: hisque **N**   sollemnium *M*: eos
ollemnium *H*: eo sollempnium *O*: eo sollemnium *E*^c: sollemnibus *EP*,
sollempnibus *UO*^csl 15 partae *Sobius*: parta **N**
  8 3 portenderant] portenderat *H*: portenderunt *U*   3 et hoc
genus **N**: et *del. Iac. Gron.* et numerum *Heumann*: numerum **N**

ad id quod tum hominum erat munirent. Deinde ne uana 5
urbis magnitudo esset, adiciendae multitudinis causa
uetere consilio condentium urbes, qui obscuram atque
humilem conciendo ad se multitudinem natam e terra sibi
prolem ementiebantur, locum qui nunc saeptus descendentibus inter duos lucos ⟨ad laeuam⟩ est asylum aperit. Eo ex 6
finitimis populis turba omnis, sine discrimine liber an
seruus esset, auida nouarum rerum perfugit, idque primum
ad coeptam magnitudinem roboris fuit. Cum iam uirium 7
haud paeniteret consilium deinde uiribus parat. Centum
creat senatores, siue quia is numerus satis erat, siue quia
soli centum erant qui creari patres possent. Patres certe ab
honore patriciique progenies eorum appellati.

Iam res Romana adeo erat ualida ut cuilibet finiti- 9
marum ciuitatium bello par esset; sed penuria mulierum
hominis aetatem duratura magnitudo erat, quippe quibus
nec domi spes prolis nec cum finitimis conubia essent. Tum 2
ex consilio patrum Romulus legatos circa uicinas gentes
misit qui societatem conubiumque nouo populo peterent: 3
urbes quoque, ut cetera, ex infimo nasci; dein, quas sua
uirtus ac di iuuent, magnas opes sibi magnumque nomen
facere; satis scire, origini Romanae et deos adfuisse et non 4
defuturam uirtutem; proinde ne grauarentur homines cum
hominibus sanguinem ac genus miscere. Nusquam benigne 5
legatio audita est: adeo simul spernebant, simul tantam in
medio crescentem molem sibi ac posteris suis metuebant.
Ac plerisque rogitantibus dimissi ecquod feminis quoque
asylum aperuissent; id enim demum compar conubium
fore. Aegre id Romana pubes passa et haud dubie ad uim 6
spectare res coepit. Cui tempus locumque aptum ut daret
Romulus aegritudinem animi dissimulans ludos ex industria

5 e] ae H: et E   ad laeuam add. H. J. Müller, sinistra H. Jordan
7 is MOEᶜPU: his HE

9 3 dein N: deinde Quint. 9. 2. 37   quas sua Aldus: qua sua N: i add.
Mᶜˢˡ (= quia sua): quam sua Pᶜ: quos sua cod. B Quint., quod sua cod. A
5 nusquam Δ: numquam M   ecquod HOE: ec quod P: eo quod PᶜU:
et quod M

7 parat Neptuno equestri sollemnes; Consualia uocat. Indici
deinde finitimis spectaculum iubet; quantoque apparatu tum
sciebant aut poterant, concelebrant ut rem claram exspecta-
8 tamque facerent. Multi mortales conuenere, studio etiam
uidendae nouae urbis, maxime proximi quique, Caeninenses,
9 Crustumini, Antemnates; iam Sabinorum omnis multitudo
cum liberis ac coniugibus uenit. Inuitati hospitaliter per
domos cum situm moeniaque et frequentem tectis urbem
10 uidissent, mirantur tam breui rem Romanam creuisse. Vbi
spectaculi tempus uenit deditaeque eo mentes cum oculis
erant, tum ex composito orta uis signoque dato iuuentus
11 Romana ad rapiendas uirgines discurrit. Magna pars forte
in quem quaeque inciderat raptae: quasdam forma excel-
lentes, primoribus patrum destinatas, ex plebe homines qui-
12 bus datum negotium erat domos deferebant. Vnam longe
ante alias specie ac pulchritudine insignem a globo Thalassi
cuiusdam raptam ferunt multisque sciscitantibus cuinam
eam ferrent, identidem ne quis uiolaret Thalassio ferri
clamitatum; inde nuptialem hanc uocem factam.
13   Turbato per metum ludicro maesti parentes uirginum
profugiunt, incusantes uiolatum hospitii foedus deumque
inuocantes cuius ad sollemne ludosque per fas ac fidem
14 decepti uenissent. Nec raptis aut spes de se melior aut
indignatio est minor. Sed ipse Romulus circumibat doce-
batque patrum id superbia factum qui conubium finitimis
negassent; illas tamen in matrimonio, in societate fortu-
narum omnium ciuitatisque et quo nihil carius humano
15 generi sit liberum fore; mollirent modo iras et, quibus fors
corpora dedisset, darent animos; saepe ex iniuria postmodum gratiam ortam; eoque melioribus usuras uiris quod
adnisurus pro se quisque sit ut, cum suam uicem functus
officio sit, parentium etiam patriaeque expleat desiderium.

6 sollemnes Consualia uocat *HOEP*: sollempnis Consualia uocauit
U: sollemnis Consualia *M* (*unde* sollemnes, Consualia *Gron.*, sollemnes,
Consualia appellata *Frigell*)   13 uiolatum *Perizonius*: uiolati **N**
14 generi *HOE*: genere *MPU*   15 dedisset *O*: dedissent *MHEPU*

Accedebant blanditiae uirorum, factum purgantium cupi- 16
ditate atque amore, quae maxime ad muliebre ingenium
efficaces preces sunt.

Iam admodum mitigati animi raptis erant; at raptarum 10
parentes tum maxime sordida ueste lacrimisque et querellis
ciuitates concitabant. Nec domi tantum indignationes continebant sed congregabantur undique ad T. Tatium regem
Sabinorum, et legationes eo quod maximum Tati nomen in
iis regionibus erat conueniebant. Caeninenses Crustumi- 2
nique et Antemnates erant ad quos eius iniuriae pars pertinebat. Lente agere his Tatius Sabinique uisi sunt: ipsi inter
se tres populi communiter bellum parant. Ne Crustumini 3
quidem atque Antemnates pro ardore iraque Caeninen-
sium satis se impigre mouent; ita per se ipsum nomen
Caeninum in agrum Romanum impetum facit. Sed effuse 4
uastantibus fit obuius cum exercitu Romulus leuique
certamine docet uanam sine uiribus iram esse. Exercitum
fundit fugatque, fusum persequitur: regem in proelio
obtruncat et spoliat: duce hostium occiso urbem primo
impetu capit. Inde exercitu uictore reducto, ipse cum factis 5
uir magnificus tum factorum ostentator haud minor, spolia
ducis hostium caesi suspensa fabricato ad id apte ferculo
gerens in Capitolium escendit; ibique ea cum ad quercum
pastoribus sacram deposuisset, simul cum dono designauit
templo Iouis fines cognomenque addidit deo: 'Iuppiter 6
Feretri,' inquit, 'haec tibi uictor Romulus rex regia arma
fero, templumque his regionibus quas modo animo metatus
sum dedico, sedem opimis spoliis quae regibus ducibusque
hostium caesis me auctorem sequentes posteri ferent.' Haec 7
templi est origo quod primum omnium Romae sacratum
est. Ita deinde dis uisum nec inritam conditoris templi
uocem esse qua laturos eo spolia posteros nuncupauit nec
multitudine compotum eius doni uolgari laudem. Bina

10 1 mitigati] miti *M*: gati *add.* *M*cs1: mitiganti *P*   3 ne *MEO*:
c *add.* *M*cs1: nec *HPU*   5 reducto] reductio *M*: *corr.* *M*c: redunto *P*:
c *P*cs1   escendit *MHP*: a *P*cs1: ascendit *M*c*OEU*

postea, inter tot annos, tot bella, opima parta sunt spolia:
adeo rara eius fortuna decoris fuit.

11   Dum ea ibi Romani gerunt, Antemnatium exercitus per
occasionem ac solitudinem hostiliter in fines Romanos incursionem facit. Raptim et ad hos Romana legio ducta
2 palatos in agris oppressit. Fusi igitur primo impetu et clamore hostes, oppidum captum; duplicique uictoria ouantem
Romulum Hersilia coniunx precibus raptarum fatigata orat
ut parentibus earum det ueniam et in ciuitatem accipiat:
ita rem coalescere concordia posse. Facile impetratum.
3 Inde contra Crustuminos profectus bellum inferentes. Ibi
minus etiam quod alienis cladibus ceciderant animi certa-
4 minis fuit. Vtroque coloniae missae: plures inuenti qui
propter ubertatem terrae in Crustuminum nomina darent.
Et Romam inde frequenter migratum est, a parentibus
maxime ac propinquis raptarum.

5   Nouissimum ab Sabinis bellum ortum multoque id maximum fuit; nihil enim per iram aut cupiditatem actum est,
6 nec ostenderunt bellum prius quam intulerunt. Consilio
etiam additus dolus. Sp. Tarpeius Romanae praeerat arci.
Huius filiam uirginem auro corrumpit Tatius ut armatos in
arcem accipiat; aquam forte ea tum sacris extra moenia
7 petitum ierat. Accepti obrutam armis necauere, seu ut ui
capta potius arx uideretur seu prodendi exempli causa ne
8 quid usquam fidum proditori esset. Additur fabula, quod
uolgo Sabini aureas armillas magni ponderis brachio laeuo
gemmatosque magna specie anulos habuerint, pepigisse eam
quod in sinistris manibus haberent; eo scuta illi pro aureis
9 donis congesta. Sunt qui eam ex pacto tradendi quod in
sinistris manibus esset derecto arma petisse dicant et fraude
uisam agere sua ipsam peremptam mercede.

12   Tenuere tamen arcem Sabini; atque inde postero die,
cum Romanus exercitus instructus quod inter Palatinum

7 opima] optima *H*: opina *P*: m *P*^{csl}

11 8 fabula *Glareanus*, *cf*. 5. 21. 8: fabule *M*: fabulae *HOEPU*,
Gruter   illi] illis *M*: *corr*. *M*^c

Capitolinumque collem campi est complesset, non prius
descenderunt in aequum quam ira et cupiditate reciperan-
dae arcis stimulante animos in aduersum Romani subiere.
Principes utrimque pugnam ciebant ab Sabinis Mettius 2
Curtius, ab Romanis Hostius Hostilius. Hic rem Romanam
iniquo loco ad prima signa animo atque audacia sustinebat.
Vt Hostius cecidit, confestim Romana inclinatur acies 3
fusaque est ad ueterem portam Palati. Romulus et ipse turba
fugientium actus, arma ad caelum tollens, 'Iuppiter, tuis' 4
inquit 'iussus auibus hic in Palatio prima urbi fundamenta
ieci. Arcem iam scelere emptam Sabini habent; inde huc
armati superata media ualle tendunt; at tu, pater deum 5
hominumque, hinc saltem arce hostes; deme terrorem 6
Romanis fugamque foedam siste. Hic ego tibi templum
Statori Ioui, quod monumentum sit posteris tua praesenti
ope seruatam urbem esse, uoueo.' Haec precatus, ueluti si 7
sensisset auditas preces, 'Hinc,' inquit, 'Romani, Iuppiter
optimus maximus resistere atque iterare pugnam iubet.'
Restitere Romani tamquam caelesti uoce iussi: ipse ad
primores Romulus prouolat. Mettius Curtius ab Sabinis 8
princeps ab arce decucurrerat et effusos egerat Romanos
toto quantum foro spatium est. Nec procul iam a porta
Palati erat, clamitans: 'Vicimus perfidos hospites, imbelles
hostes; iam sciunt longe aliud esse uirgines rapere, aliud
pugnare cum uiris.' In eum haec gloriantem cum globo 9
ferocissimorum iuuenum Romulus impetum facit. Ex equo
tum forte Mettius pugnabat; eo pelli facilius fuit. Pulsum
Romani persequuntur; et alia Romana acies, audacia regis
accensa, fundit Sabinos. Mettius in paludem sese strepitu 10
sequentium trepidante equo coniecit; auerteratque ea res
etiam Sabinos tanti periculo uiri. Et ille quidem adnuentibus
ac uocantibus suis fauore multorum addito animo euadit:

12 1 subiere] subigere *H*: subierem *P*: corr. *P*ᶜ   3 *post* fusaque est
distinxit Madvig, qui ad ueterem portam Palati *cum sequentibus coniunxit*
6 praesenti ope seruatam *Δ*: praesenti oper seruatam *M*: praesentia
perseruatam *M*ᶜ   7 ueluti si *Δ*: uelutis *M*: uelut si *M*ᶜ

Romani Sabinique in media conualle duorum montium
redintegrant proelium; sed res Romana erat superior.

13   Tum Sabinae mulieres, quarum ex iniuria bellum ortum
erat, crinibus passis scissaque ueste, uicto malis muliebri
pauore, ausae se inter tela uolantia inferre, ex transuerso
2 impetu facto dirimere infestas acies, dirimere iras, hinc
patres, hinc uiros orantes, ne se sanguine nefando soceri
generique respergerent, ne parricidio macularent partus
3 suos, nepotum illi, hi liberum progeniem. 'Si adfinitatis
inter uos, si conubii piget, in nos uertite iras; nos causa
belli, nos uolnerum ac caedium uiris ac parentibus sumus;
melius peribimus quam sine alteris uestrum uiduae aut
4 orbae uiuemus.' Mouet res cum multitudinem tum duces;
silentium et repentina fit quies; inde ad foedus faciendum
duces prodeunt. Nec pacem modo sed ciuitatem unam ex
duabus faciunt. Regnum consociant: imperium omne con-
5 ferunt Romam. Ita geminata urbe ut Sabinis tamen aliquid
daretur Quirites a Curibus appellati. Monumentum eius
pugnae, ubi primum ex profunda emersus palude equus
Curtium in uado statuit, Curtium lacum appellarunt.

6   Ex bello tam tristi laeta repente pax cariores Sabinas uiris
ac parentibus et ante omnes Romulo ipsi fecit. Itaque cum
populum in curias triginta diuideret, nomina earum curiis
7 imposuit. Id non traditur, cum haud dubie aliquanto
numerus maior hoc mulierum fuerit, aetate an dignitatibus
suis uirorumue an sorte lectae sint, quae nomina curiis
8 darent. Eodem tempore et centuriae tres equitum con-
scriptae sunt. Ramnenses ab Romulo, ab T. Tatio Titienses
appellati: Lucerum nominis et originis causa incerta est.
Inde non modo commune sed concors etiam regnum duobus
regibus fuit.

13 2 se sanguine *HEPU*: sanguine se *O*: sanguine *M, add.* se *Mᶜ sed
postea del.*   4 mouet *Mᶜ*: mo✶ut *M*: mouent *Δ*   5 equus
MHOEᶜPᶜᵐ: equos *EPU*: equum *Mᶜ*   Curtium *OEᶜ*: curtius *MHEU*:
curtios *P*, u *Pᶜˢˡ*   7 aetate] aetati *MH*   an *om. M, rest. Mᶜᵐ*
8 appellati] appellatae *M*

Post aliquot annos propinqui regis Tati legatos Lauren- 14
tium pulsant, cumque Laurentes iure gentium agerent, apud
Tatium gratia suorum et preces plus poterant. Igitur illo- 2
rum poenam in se uertit; nam Lauinii cum ad sollemne
sacrificium eo uenisset concursu facto interficitur. Eam rem 3
minus aegre quam dignum erat tulisse Romulum ferunt,
seu ob infidam societatem regni seu quia haud iniuria
caesum credebat. Itaque bello quidem abstinuit; ut tamen
expiarentur legatorum iniuriae regisque caedes, foedus inter
Romam Lauiniumque urbes renouatum est.

Et cum his quidem insperata pax erat: aliud multo pro- 4
pius atque in ipsis prope portis bellum ortum. Fidenates
nimis uicinas prope se conualescere opes rati, priusquam
tantum roboris esset quantum futurum apparebat, occupant
bellum facere. Iuuentute armata immissa uastatur agri
quod inter urbem ac Fidenas est; inde ad laeuam uersi quia 5
dextra Tiberis arcebat, cum magna trepidatione agrestium
populantur, tumultusque repens ex agris in urbem inlatus
pro nuntio fuit. Excitus Romulus—neque enim dilationem 6
pati tam uicinum bellum poterat—exercitum educit, castra
a Fidenis mille passuum locat. Ibi modico praesidio relicto, 7
egressus omnibus copiis partem militum locis circa †densa
obsita uirgulta† obscuris subsidere in insidiis iussit: cum
parte maiore atque omni equitatu profectus, id quod quaerebat, tumultuoso et minaci genere pugnae adequitando
ipsis prope portis hostem exciuit. Fugae quoque, quae
simulanda erat, eadem equestris pugna causam minus
mirabilem dedit. Et cum, uelut inter pugnae fugaeque 8
consilium trepidante equitatu, pedes quoque referret
gradum, plenis repente portis effusi hostes impulsa Romana

14 3 renouatum est Δ: renouatum M   4 occupant Δ: occupabant
M   uastatur HOEU: uastantur MP   5 quia dextra H: qua dextra
MOEP: quia dexteram U   7 densa obsita uirgulta N: densis obsitis
uirgultis Hertz, qui obscuris cum insidiis coniunxit (cf. Amm. Marc. 16. 12. 23
'clandestinis insidiis et obscuris'); cf. 21. 54. 1 'riuus ... circa obsitus ...
uirgultis'

acie studio instandi sequendique trahuntur ad locum in-
9 sidiarum. Inde subito exorti Romani transuersam inuadunt hostium aciem; addunt pauorem mota e castris signa
eorum qui in praesidio relicti fuerant. Ita multiplici
terrore perculsi Fidenates prius paene, quam Romulus
quique cum eo uiri erant circumagerent frenis equos, terga
10 uertunt; multoque effusius, quippe uera fuga, qui simu-
11 lantes paulo ante secuti erant oppidum repetebant. Non
tamen eripuere se hosti: haerens in tergo Romanus, priusquam fores portarum obicerentur, uelut agmine uno inrumpit.

15   Belli Fidenatis contagione inritati Veientium animi et
consanguinitate—nam Fidenates quoque Etrusci fuerunt—
et quod ipsa propinquitas loci, si Romana arma omnibus
infesta finitimis essent, stimulabat. In fines Romanos
excucurrerunt populabundi magis quam iusti more belli.
2 Itaque non castris positis, non exspectato hostium exercitu,
raptam ex agris praedam portantes Veios rediere. Romanus
contra postquam hostem in agris non inuenit, dimicationi
3 ultimae instructus intentusque Tiberim transit. Quem
postquam castra ponere et ad urbem accessurum Veientes
audiuere, obuiam egressi, ut potius acie decernerent quam
4 inclusi de tectis moenibusque dimicarent. Ibi uiribus nulla
arte adiutis, tantum ueterani robore exercitus rex Romanus
uicit; persecutusque fusos ad moenia hostes, urbe ualida
muris ac situ ipso munita abstinuit, agros rediens uastat,
5 ulciscendi magis quam praedae studio; eaque clade haud
minus quam aduersa pugna subacti Veientes pacem petitum

9 e castris *HOU*: castris *MP*: *add.* e *P*cm: castri *E*, castris *E*c: *add.* e *E*c
quique cum eo uiri erant *Ogilvie, coll. Verg. Aen.* 7. 682: quique cum eo
quique cum equis abierant usi erant M: quique cum eo cum equis
abierant u¹si erant *M*c: quique cum eo quisierant *P*: quique cum eo equis
ierant *P*c, *Gron.*: quique cum eo uisierant *H*: quique cum eo uisi erant
OEU, Madvig: quique cum eo equites erant *D. Heinsius*: quique auehi
cum eo uisi erant *Walters*

15 1 stimulabat *O*c*U*: stimulabant *MHOEP*   4 arte *Nannius*:
parte **N**   adiutis *Δ*: adiuti *M*   tantum ueterani *Δ*: tum ueterani *M*

oratores Romam mittunt. Agri parte multatis in centum
annos indutiae datae.

Haec ferme Romulo regnante domi militiaeque gesta, 6
quorum nihil absonum fidei diuinae originis diuinitatisque
post mortem creditae fuit, non animus in regno auito
reciperando, non condendae urbis consilium, non bello ac
pace firmandae. Ab illo enim profecto uiribus datis tantum 7
ualuit ut in quadraginta deinde annos tutam pacem haberet.
Multitudini tamen gratior fuit quam patribus, longe ante 8
alios acceptissimus militum animis; trecentosque armatos
ad custodiam corporis quos Celeres appellauit non in bello
solum sed etiam in pace habuit.

His mortalibus editis operibus cum ad exercitum recen- 16
sendum contionem in campo ad Caprae paludem haberet,
subito coorta tempestas cum magno fragore tonitribusque
tam denso regem operuit nimbo ut conspectum eius contioni abstulerit; nec deinde in terris Romulus fuit. Romana 2
pubes sedato tandem pauore postquam ex tam turbido die
serena et tranquilla lux rediit, ubi uacuam sedem regiam
uidit, etsi satis credebat patribus qui proximi steterant sub-
limem raptum procella, tamen uelut orbitatis metu icta
maestum aliquamdiu silentium obtinuit. Deinde a paucis 3
initio facto, deum deo natum, regem parentemque urbis
Romanae saluere uniuersi Romulum iubent; pacem precibus exposcunt, uti uolens propitius suam semper sospitet
progeniem. Fuisse credo tum quoque aliquos qui discer- 4
ptum regem patrum manibus taciti arguerent; manauit
enim haec quoque sed perobscura fama; illam alteram
admiratio uiri et pauor praesens nobilitauit. Et consilio 5
etiam unius hominis addita rei dicitur fides. Namque
Proculus Iulius, sollicita ciuitate desiderio regis et infensa
patribus, grauis, ut traditur, quamuis magnae rei auctor in
contionem prodit. 'Romulus,' inquit, 'Quirites, parens 6

urbis huius, prima hodierna luce caelo repente delapsus se
mihi obuium dedit. Cum perfusus horrore uenerabundusque adstitissem petens precibus ut contra intueri fas esset,
7 "Abi, nuntia" inquit "Romanis, caelestes ita uelle ut mea
Roma caput orbis terrarum sit; proinde rem militarem
colant sciantque et ita posteris tradant nullas opes huma-
nas armis Romanis resistere posse." Haec' inquit 'locutus
8 sublimis abiit.' Mirum quantum illi uiro nuntianti haec
fides fuerit, quamque desiderium Romuli apud plebem
exercitumque facta fide immortalitatis lenitum sit.

17   Patrum interim animos certamen regni ac cupido
uersabat, necdum ad singulos, quia nemo magno opere
eminebat in nouo populo, peruenerat: factionibus inter
2 ordines certabatur. Oriundi ab Sabinis, ne quia post Tati
mortem ab sua parte non erat regnatum, in societate aequa
possessionem imperii amitterent, sui corporis creari regem
uolebant: Romani ueteres peregrinum regem asperna-
3 bantur. In uariis uoluntatibus regnari tamen omnes uole-
4 bant, libertatis dulcedine nondum experta. Timor deinde
patres incessit ne ciuitatem sine imperio, exercitum sine
duce, multarum circa ciuitatium inritatis animis, uis
aliqua externa adoriretur. Et esse igitur aliquod caput
placebat, et nemo alteri concedere in animum inducebat.
5 Ita rem inter se centum patres, decem decuriis factis
singulisque in singulas decurias creatis qui summae rerum
6 praeessent consociant. Decem imperitabant: unus cum
insignibus imperii et lictoribus erat: quinque dierum spatio
finiebatur imperium ac per omnes in orbem ibat, annuum-
que interuallum regni fuit. Id ab re quod nunc quoque
7 tenet nomen interregnum appellatum. Fremere deinde
plebs multiplicatam seruitutem, centum pro uno dominos

6 uenerabundusque Δ: uenerabundus M: -ne add. Mᶜ   7 abiit
MHOEPᶜU: habiit PMᶜ   8 fides N: fidei Gron.
   17 1 ad singulos Graeuius: a singulis N; cf. 1. 43. 11, 7. 21. 2
2 aequa UPᶜ: equa PO: quia M: qua MᶜE (add. e Eᶜˢˡ = equa): de
qua H   3 regnari Lipsius: regnare N: regem Ed. Rom. 1469

factos; nec ultra nisi regem et ab ipsis creatum uidebantur
passuri. Cum sensissent ea moueri patres, offerendum ultro 8
rati quod amissuri erant, ita gratiam ineunt summa potestate
populo permissa ut non plus darent iuris quam detinerent.
Decreuerunt enim ut cum populus regem iussisset, id sic 9
ratum esset si patres auctores fierent. Hodie quoque in
legibus magistratibusque rogandis usurpatur idem ius, ui
adempta: priusquam populus suffragium ineat, in incertum
comitiorum euentum patres auctores fiunt. Tum interrex 10
contione aduocata, 'Quod bonum, faustum felixque sit,'
inquit, 'Quirites, regem create: ita patribus uisum est.
Patres deinde, si dignum qui secundus ab Romulo numeretur creariitis, auctores fient.' Adeo id gratum plebi fuit ut, 11
ne uicti beneficio uiderentur, id modo sciscerent iuberent-
que ut senatus decerneret qui Romae regnaret.

Inclita iustitia religioque ea tempestate Numae Pompili 18
erat. Curibus Sabinis habitabat, consultissimus uir, ut in
illa quisquam esse aetate poterat, omnis diuini atque
humani iuris. Auctorem doctrinae eius, quia non exstat 2
alius, falso Samium Pythagoram edunt, quem Seruio Tullio
regnante Romae centum amplius post annos in ultima
Italiae ora circa Metapontum Heracleamque et Croto-
nem iuuenum aemulantium studia coetus habuisse constat. 3
Ex quibus locis, etsi eiusdem aetatis fuisset, qua fama
in Sabinos aut quo linguae commercio quemquam ad

7 nisi Δ𝑀ᶜˢˡ: om. M   8 ea moueri M: amoueri H: et amoueri
EPU: ea amoueri Pᶜ: se ammoueri O   9 sic ratum Aldus: si gratum
MHOEP: sic gratum U   idem Ed. Rom. 1470: id enim N   in
incertum HEU: incertum MPO: in rest. PᶜˢˡMᶜˢˡ   10 numeretur
Δ: dinumeretur M: diuo numeretur Weissenborn   11 ut senatus Δ:
quod senatus M

18 1 uir] om. M, rest. Mᶜˢˡ   2 Pythagoram HO: Pytagoram MU:
Phytagoram E: Pythagora P   Crotonem] sic semper alibi apud Livium:
grotonam M: ctotonam P: crotonam PᶜHOEU: Crotona Glareanus
3 qua fama Sigonius: quae fama N locum nimis durum uarie tentauerunt
editores, e.g. qua fama in Sabinos ⟨lata⟩ Ruperti: quae fama in Sabinos? interpunxit Wex: qua fama Heumann, qui in Sabinos ante peruenisset
transposuit

cupiditatem discendi exciuisset? Quoue praesidio unus per
4 tot gentes dissonas sermone moribusque peruenisset? Suopte
igitur ingenio temperatum animum uirtutibus fuisse opinor
magis instructumque non tam peregrinis artibus quam
disciplina tetrica ac tristi ueterum Sabinorum, quo genere
5 nullum quondam incorruptius fuit. Audito nomine Numae
patres Romani, quamquam inclinari opes ad Sabinos rege
inde sumpto uidebantur, tamen neque se quisquam nec
factionis suae alium nec denique patrum aut ciuium quemquam praeferre illi uiro ausi, ad unum omnes Numae
6 Pompilio regnum deferendum decernunt. Accitus, sicut
Romulus augurato urbe condenda regnum adeptus est, de
se quoque deos consuli iussit. Inde ab augure, cui deinde
honoris ergo publicum id perpetuumque sacerdotium fuit,
deductus in arcem, in lapide ad meridiem uersus consedit.
7 Augur ad laeuam eius capite uelato sedem cepit, dextra
manu baculum sine nodo aduncum tenens, quem lituum
appellarunt. Inde ubi prospectu in urbem agrumque capto
deos precatus regiones ab oriente ad occasum determinauit,
dextras ad meridiem partes, laeuas ad septentrionem esse
8 dixit; signum contra quod longissime conspectum oculi
ferebant animo finiuit; tum lituo in laeuam manum
translato, dextra in caput Numae imposita, precatus ita est:
9 'Iuppiter pater, si est fas hunc Numam Pompilium cuius
ego caput teneo regem Romae esse, uti tu signa nobis certa
10 adclarassis inter eos fines quod feci.' Tum peregit uerbis
auspicia quae mitti uellet. Quibus missis declaratus rex
Numa de templo descendit.
19   Qui regno ita potitus urbem nouam conditam ui et
armis, iure eam legibusque ac moribus de integro condere
2 parat. Quibus cum inter bella adsuescere uideret non posse
—quippe efferari militia animos—mitigandum ferocem
populum armorum desuetudine ratus, Ianum ad infimum

6 in lapide *Ed. Ven.* 1470: in lapidem *MP*c: lapidem *HOEPU*
7 prospectu *Δ*: prospectum *M*   8 quod *HOEPU*: quo *P*c: quō *M*:
quoad *Weissenborn*: *uide Norden, Aus altrömischen Priesterbüchern, p.* 34 *n.* 5

24

Argiletum indicem pacis bellique fecit, apertus ut in armis esse ciuitatem, clausus pacatos circa omnes populos significaret. Bis deinde post Numae regnum clausus fuit, 3 semel T. Manlio consule post Punicum primum perfectum bellum, iterum, quod nostrae aetati di dederunt ut uideremus, post bellum Actiacum ab imperatore Caesare Augusto pace terra marique parta. Clauso eo cum omnium circa 4 finitimorum societate ac foederibus iunxisset animos, positis externorum periculorum curis, ne luxuriarent otio animi quos metus hostium disciplinaque militaris continuerat, omnium primum, rem ad multitudinem imperitam et illis saeculis rudem efficacissimam, deorum metum iniciendum ratus est. Qui cum descendere ad animos sine aliquo 5 commento miraculi non posset, simulat sibi cum dea Egeria congressus nocturnos esse; eius se monitu quae acceptissima dis essent sacra instituere, sacerdotes suos cuique deorum praeficere. Atque omnium primum ad cursus lunae in 6 duodecim menses discribit annum; quem quia tricenos dies singulis mensibus luna non explet desuntque ⟨undecim⟩ dies solido anno qui solstitiali circumagitur orbe, intercalariis mensibus interponendis ita dispensauit, ut uicesimo anno ad metam eandem solis unde orsi essent, plenis omnium annorum spatiis dies congruerent. Idem nefastos dies 7 fastosque fecit quia aliquando nihil cum populo agi utile futurum erat.

Tum sacerdotibus creandis animum adiecit, quamquam 20 ipse plurima sacra obibat, ea maxime quae nunc ad Dialem flaminem pertinent. Sed quia in ciuitate bellicosa plures 2 Romuli quam Numae similes reges putabat fore iturosque ipsos ad bella, ne sacra regiae uicis desererentur flaminem

---

19 6 lunae in *HEPU*: in *om. MO, rest. M*cs1   discribit *Bücheler*: describit *MHOEP*: distribuit *U*   undecim *add. J. S. Reid: iam antea scribae codicis Bambergensis et, ut uidetur, Floriacensis, de quibus uide Praefationem editoris p. xiii lacunam suppleuerant; scribebant enim* desuntque ui [i.e. sex] dies   intercalariis *Heerwagen*: intercalares *MOEP*c*U*: intercaleres *P*: interaclares *H*: intercalaribus *Gron.*

Ioui adsiduum sacerdotem creauit insignique eum ueste et
curuli regia sella adornauit. Huic duos flamines adiecit,
3 Marti unum, alterum Quirino, uirginesque Vestae legit,
Alba oriundum sacerdotium et genti conditoris haud alienum. His ut adsiduae templi antistites essent stipendium
de publico statuit; uirginitate aliisque caerimoniis uenera-
4 biles ac sanctas fecit. Salios item duodecim Marti Gradiuo
legit, tunicaeque pictae insigne dedit et super tunicam
aeneum pectori tegumen; caelestiaque arma, quae ancilia
appellantur, ferre ac per urbem ire canentes carmina cum
5 tripudiis sollemnique saltatu iussit. Pontificem deinde
Numam Marcium Marci filium ex patribus legit eique
sacra omnia exscripta exsignataque attribuit, quibus hostiis,
quibus diebus, ad quae templa sacra fierent, atque unde in
6 eos sumptus pecunia erogaretur. Cetera quoque omnia
publica priuataque sacra pontificis scitis subiecit, ut esset
quo consultum plebes ueniret, ne quid diuini iuris negle-
gendo patrios ritus peregrinosque adsciscendo turbaretur;
7 nec caelestes modo caerimonias, sed iusta quoque funebria
placandosque manes ut idem pontifex edoceret, quaeque
prodigia fulminibus alioue quo uisu missa susciperentur
atque procurarentur. Ad ea elicienda ex mentibus diuinis
Ioui Elicio aram in Auentino dicauit deumque consuluit
auguriis, quae suscipienda essent.
21   Ad haec consultanda procurandaque multitudine omni
a ui et armis conuersa, et animi aliquid agendo occupati
erant, et deorum adsidua insidens cura, cum interesse rebus
humanis caeleste numen uideretur, ea pietate omnium
pectora imbuerat ut fides ac ius iurandum pro legum ac
2 poenarum metu ciuitatem regerent. Et cum ipsi se homines
in regis uelut unici exempli mores formarent, tum finitimi

20 3 his *OEU*: is *PH*: iis *P*cm*M*   4 Salios *HP*cm: alios *MOEPU*
5 ad quae *M*c*HEPU*: aut quae *M*: atque *O*   pecunia erogaretur
*HOE*c*P*c*U*: pecuniae rogaretur *E*: pecunia rogarentur *P*: pecunia
rogaretur *M*   7 procurarentur *Gron.*: curarentur **N**
21 1 pro *Novák*: proximo **N**: pro maximo *Brakman*

26

etiam populi, qui antea castra non urbem positam in medio
ad sollicitandam omnium pacem crediderant, in eam
uerecundiam adducti sunt, ut ciuitatem totam in cultum
uersam deorum uiolari ducerent nefas. Lucus erat quem 3
medium ex opaco specu fons perenni rigabat aqua. Quo
quia se persaepe Numa sine arbitris uelut ad congressum
deae inferebat, Camenis eum lucum sacrauit, quod earum
ibi concilia cum coniuge sua Egeria essent. Et Fidei 4
sollemne instituit. Ad id sacrarium flamines bigis curru
arcuato uehi iussit manuque ad digitos usque inuoluta rem
diuinam facere, significantes fidem tutandam sedemque eius
etiam in dexteris sacratam esse. Multa alia sacrificia locaque 5
sacris faciendis quae Argeos pontifices uocant dedicauit.
Omnium tamen maximum eius operum fuit tutela per
omne regni tempus haud minor pacis quam regni. Ita duo 6
deinceps reges, alius alia uia, ille bello, hic pace, ciuitatem
auxerunt. Romulus septem et triginta regnauit annos,
Numa tres et quadraginta. Cum ualida tum temperata et
belli et pacis artibus erat ciuitas.

Numae morte ad interregnum res rediit. Inde Tullum 22
Hostilium, nepotem Hostili, cuius in infima arce clara
pugna aduersus Sabinos fuerat, regem populus iussit; patres
auctores facti. Hic non solum proximo regi dissimilis sed 2
ferocior etiam quam Romulus fuit. Cum aetas uiresque tum
auita quoque gloria animum stimulabat. Senescere igitur
ciuitatem otio ratus undique materiam excitandi belli
quaerebat. Forte euenit ut agrestes Romani ex Albano 3
agro, Albani ex Romano praedas in uicem agerent. Imperi- 4
tabat tum Gaius Cluilius Albae. Vtrimque legati fere sub
idem tempus ad res repetendas missi. Tullus praeceperat

2 antea *M*: ante *Δ*   3 medium *ΔM*ᶜ: medius *M; cf. Priscian.* 6.
76 (*p.* 260 *Keil*)   earum ibi *Nannius*: earum sibi *MHPU*: dearum
sibi *OE*   concilia *Δ*: consilia *M*   4 Fidei *Sigonius*: soli Fidei
N, *sed post* instituit *iterum* soli *inseruit M, quod M*ᶜ *postea erasit, et in E
ibidem spatium iu litt. relictum: cf. eandem corruptelam apud Apul. Apol.* 16. 1
22 4 Cluilius *Glareanus, cf. D.H.* 8. 22. 1; clu lius *M*: ciuilius *HOEP*ᶜ
(*in ras.*): *quid P habuerit parum liquet*: ḡ. publius *U*

suis ne quid prius quam mandata agerent; satis sciebat
5 negaturum Albanum; ita pie bellum indici posse. Ab Albanis socordius res acta; excepti hospitio ab Tullo blande
ac benigne, comiter regis conuiuium celebrant. Tantisper
Romani et res repetiuerant priores et neganti Albano bellum
in tricesimum diem indixerant. Haec renuntiant Tullo.
6 Tum legatis Tullus dicendi potestatem quid petentes uenerint facit. Illi omnium ignari primum purgando terunt
tempus: se inuitos quicquam quod minus placeat Tullo
dicturos, sed imperio subigi; res repetitum se uenisse; ni
7 reddantur bellum indicere iussos. Ad haec Tullus 'Nuntiate'
inquit 'regi uestro regem Romanum deos facere testes, uter
prius populus res repetentes legatos aspernatus dimiserit, ut
in eum omnes expetant huiusce clades belli.'

23   Haec nuntiant domum Albani. Et bellum utrimque
summa ope parabatur, ciuili simillimum bello, prope inter
parentes natosque, Troianam utramque prolem, cum Lauinium ab Troia, ab Lauinio Alba, ab Albanorum stirpe
2 regum oriundi Romani essent. Euentus tamen belli minus
miserabilem dimicationem fecit, quod nec acie certatum
est et tectis modo dirutis alterius urbis duo populi in unum
3 confusi sunt. Albani priores ingenti exercitu in agrum
Romanum impetum fecere. Castra ab urbe haud plus
quinque milia passuum locant, fossa circumdant; fossa
Cluilia ab nomine ducis per aliquot saecula appellata est,
4 donec cum re nomen quoque uetustate aboleuit. In his
castris Cluilius Albanus rex moritur; dictatorem Albani
Mettium Fufetium creant. Interim Tullus, ferox praecipue
morte regis, magnumque deorum numen ab ipso capite
orsum in omne nomen Albanum expetiturum poenas ob

---

5 comiter *HOEP^cU*: comi fronte comiter *P*: concomi fronte ter *M*:
concomi fraterniterque *M^c*: comi fronte *Madvig*   6 tum *Δ*: tunc
M   facit *Δ*: fecit *M*

    23 3 Cluilia *Glareanus*: cluili *M*: ciuili *HP*: ciuilii *OEU*   uetustate
Ed. Rom. 1469: cum uetustate **N**   4 Cluilius *Glareanus*: clui uilius
M: ciuilius *Δ*

bellum impium dictitans, nocte praeteritis hostium castris,
infesto exercitu in agrum Albanum pergit. Ea res ab statiuis 5
exciuit Mettium. Ducit quam proxime ad hostem potest;
inde legatum praemissum nuntiare Tullo iubet priusquam
dimicent opus esse conloquio; si secum congressus sit, satis
scire ea se allaturum quae nihilominus ad rem Romanam
quam ad Albanam pertineant. Haud aspernatus Tullus 6
tametsi uana adferebantur, in aciem educit. Exeunt contra
et Albani. Postquam instructi utrimque stabant, cum paucis
procerum in medium duces procedunt. Ibi infit Albanus: 7
'Iniurias et non redditas res ex foedere quae repetitae sint,
et ego regem nostrum Cluilium causam huiusce esse belli
audisse uideor, nec te dubito, Tulle, eadem prae te ferre;
sed si uera potius quam dictu speciosa dicenda sunt, cupido
imperii duos cognatos uicinosque populos ad arma stimulat.
Neque, recte an perperam, interpretor. Fuerit ista eius 8
deliberatio qui bellum suscepit: me Albani gerendo bello
ducem creauere. Illud te, Tulle, monitum uelim: Etrusca res
quanta circa nos teque maxime sit, quo proprior, hoc magis
scis. Multum illi terra, plurimum mari pollent. Memor esto,
iam cum signum pugnae dabis, has duas acies spectaculo 9
fore ut fessos confectosque simul uictorem ac uictum ad-
grediantur. Itaque si nos di amant, quoniam non contenti
libertate certa in dubiam imperii seruitiique aleam imus,
ineamus aliquam uiam qua utri utris imperent sine magna
clade, sine multo sanguine utriusque populi decerni possit.'
Haud displicet res Tullo quamquam cum indole animi tum 10

5 colloquio *Δ*: colloquia *M*: colloquium *Alan*   nihilominus] nihil
hominus *MH*   6 tametsi uana adf(aff- *HOEU*)erebantur **N**, *cf. Cic.
de Orat.* 2. 120: tamen si uana adferantur *I. H. Voss*: tametsi uana adferri
rebatur *Tan. Faber*   6 instructi *Sabellicus*: structi *Mπ*: fructi *H*   procedunt *π*: prodeunt procedunt *M*: prodeunt *HP*cm   7 Cluilium *M*:
Ciuilium *Δ*   8 uelim. Etrusca *McHOEPc*: uelli metrusca *MP*: uellem
etrusca *U*   propior *Ogilvie*: propior es uulscis *H*: propior uulscis *OEPc*:
propior uulsis *P*: propior uolscis *U*: proprior uulscis *M*: uulscis *secl. I. H.
Voss*, Tuscis *coni. Stroth*   9 signum *ΔMc*: signo *M*   qua *HOEcU*:
quam *MEP*

spe uictoriae ferocior erat. Quaerentibus utrimque ratio in-
itur cui et fortuna ipsa praebuit materiam.

24   Forte in duobus tum exercitibus erant trigemini fratres,
nec aetate nec uiribus dispares. Horatios Curiatiosque
fuisse satis constat, nec ferme res antiqua alia est nobilior;
tamen in re tam clara nominum error manet, utrius populi
Horatii, utrius Curiatii fuerint. Auctores utroque trahunt;
plures tamen inuenio qui Romanos Horatios uocent; hos ut
2 sequar inclinat animus. Cum trigeminis agunt reges ut pro
sua quisque patria dimicent ferro; ibi imperium fore unde
uictoria fuerit. Nihil recusatur; tempus et locus conuenit.
3 Priusquam dimicarent foedus ictum inter Romanos et Albanos est his legibus ut cuiusque populi ciues eo certamine
uicissent, is alteri populo cum bona pace imperitaret.
Foedera alia aliis legibus, ceterum eodem modo omnia fiunt.
4 Tum ita factum accepimus, nec ullius uetustior foederis
memoria est. Fetialis regem Tullum ita rogauit: 'Iubesne
me, rex, cum patre patrato populi Albani foedus ferire?'
Iubente rege, 'Sagmina' inquit 'te, rex, posco.' Rex ait:
5 'Puram tollito.' Fetialis ex arce graminis herbam puram
attulit. Postea regem ita rogauit: 'Rex, facisne me tu
regium nuntium populi Romani Quiritium, uasa comites-
que meos?' Rex respondit: 'Quod sine fraude mea populi-
6 que Romani Quiritium fiat, facio.' Fetialis erat M. Valerius;
is patrem patratum Sp. Fusium fecit, uerbena caput
capillosque tangens. Pater patratus ad ius iurandum
patrandum, id est, sanciendum fit foedus; multisque id
uerbis, quae longo effata carmine non operae est referre,
7 peragit. Legibus deinde recitatis, 'Audi,' inquit, 'Iuppiter;
audi, pater patrate populi Albani; audi tu, populus Alba-

---

24 1 Curiatiosque *Δ*: curatiosque *M*   Curiatii] Curati *MP*   Horatios
HEPᶜU: oratios *MOP*   3 cuiusque **N**: cuius *Aldus*   5 puram **N**
(*sc*. herbam): pura *Sigonius*   6 is patrem *M*: patrem *Δ*   patrandum,
id est *EPU*: patrandum iđ *O*: patrandum est *H*: patrondumidē *M*:
patrono umidē *Mᶜ*   7 audi tu *MOEPᶜU*: auditu *PH*: audito
Krupp

nus. Vt illa palam prima postrema ex illis tabulis ceraue
recitata sunt sine dolo malo, utique ea hic hodie rectissime
intellecta sunt, illis legibus populus Romanus prior non
deficiet. Si prior defexit publico consilio dolo malo, tum 8
illo die, Iuppiter, populum Romanum sic ferito ut ego hunc
porcum hic hodie feriam; tantoque magis ferito quanto
magis potes pollesque.' Id ubi dixit porcum saxo silice 9
percussit. Sua item carmina Albani suumque ius iurandum
per suum dictatorem suosque sacerdotes peregerunt.

Foedere icto trigemini, sicut conuenerat, arma capiunt. 25
Cum sui utrosque adhortarentur, deos patrios, patriam ac
parentes, quidquid ciuium domi, quidquid in exercitu sit,
illorum tunc arma, illorum intueri manus, feroces et suopte
ingenio et pleni adhortantium uocibus in medium inter
duas acies procedunt. Consederant utrimque pro castris duo 2
exercitus, periculi magis praesentis quam curae expertes;
quippe imperium agebatur in tam paucorum uirtute atque
fortuna positum. Itaque ergo erecti suspensique in minime
gratum spectaculum animo intenduntur. Datur signum 3
infestisque armis uelut acies terni iuuenes magnorum exercituum animos gerentes concurrunt. Nec his nec illis periculum suum, publicum imperium seruitiumque obuersatur
animo futuraque ea deinde patriae fortuna quam ipsi
fecissent. Vt primo statim concursu increpuere arma 4
micantesque fulsere gladii, horror ingens spectantes per-
stringit et neutro inclinata spe torpebat uox spiritusque.
Consertis deinde manibus cum iam non motus tantum 5
corporum agitatioque anceps telorum armorumque sed
uolnera quoque et sanguis spectaculo essent, duo Romani
super alium alius, uolneratis tribus Albanis, exspirantes
corruerunt. Ad quorum casum cum conclamasset gaudio 6
Albanus exercitus, Romanas legiones iam spes tota, non-

7 postrema *Rhenanus*: postremum **N**   8 tum illo die, Iuppiter *M*c,
Frigell: tum ille dies iuppiter *MHO* (*sed in O* iupiter) *EP*: tum illa die
iuppiter *U*: tum ille Diespiter *Turnebus*
25 2 intenduntur *Gebhard, coll.* 2. 37. 5: incenduntur **N**

dum tamen cura deseruerat, exanimes uicem unius quem
7 tres Curiatii circumsteterant. Forte is integer fuit, ut uniuersis solus nequaquam par, sic aduersus singulos ferox.
Ergo ut segregaret pugnam eorum capessit fugam, ita ratus
secuturos ut quemque uolnere adfectum corpus sineret.
8 Iam aliquantum spatii ex eo loco ubi pugnatum est aufu-
gerat, cum respiciens uidet magnis interuallis sequentes,
9 unum haud procul ab sese abesse. In eum magno impetu
rediit; et dum Albanus exercitus inclamat Curiatiis uti
opem ferant fratri, iam Horatius caeso hoste uictor secundam pugnam petebat. Tunc clamore qualis ex insperato
fauentium solet Romani adiuuant militem suum; et ille
10 defungi proelio festinat. Prius itaque quam alter—nec
procul aberat—consequi posset, et alterum Curiatium
11 conficit; iamque aequato Marte singuli supererant, sed
nec spe nec uiribus pares. Alterum intactum ferro corpus et
geminata uictoria ferocem in certamen tertium dabat: alter
fessum uolnere, fessum cursu trahens corpus uictusque fratrum ante se strage uictori obicitur hosti. Nec illud proelium
12 fuit. Romanus exsultans 'Duos' inquit 'fratrum manibus
dedi; tertium causae belli huiusce, ut Romanus Albano
imperet, dabo.' Male sustinenti arma gladium superne
13 iugulo defigit, iacentem spoliat. Romani ouantes ac gratulantes Horatium accipiunt, eo maiore cum gaudio, quo
prope metum res fuerat. Ad sepulturam inde suorum
nequaquam paribus animis uertuntur, quippe imperio
14 alteri aucti, alteri dicionis alienae facti. Sepulcra exstant
quo quisque loco cecidit, duo Romana uno loco propius
Albam, tria Albana Romam uersus sed distantia locis ut et
pugnatum est.

6 deseruerat] deseruat *H*: deseruarat *P*, corr. *P*ᶜ   uicem *Gron.*, *cf.*
8. 35. 1 *et al.*: uice **N**   7 ut quemque *Δ*: quoque *M* (*om.* ut): quemque *M*ᶜ   8 iam *Δ*: tum iam *M*   9 in eum *ΔM*ᶜ: in eo *M*
Horatius] oratius *MP*: oracius *H*   10 nec *M*: qui nec *Δ*: *add.*
qui *M*ᶜˢˡ   12 causae *Gron.*: causam **N**   13 Horatium] oratium
M: oracium *H*   nequaquam] quamquam *M*: quaquam *M*ᶜ: *add.*
ne *M*ᶜˢˡ

Priusquam inde digrederentur, roganti Mettio ex foedere 26
icto quid imperaret, imperat Tullus uti iuuentutem in
armis habeat: usurum se eorum opera si bellum cum
Veientibus foret. Ita exercitus inde domos abducti. Princeps 2
Horatius ibat, trigemina spolia prae se gerens; cui soror
uirgo, quae desponsa uni ex Curiatiis fuerat, obuia ante
portam Capenam fuit, cognitoque super umeros fratris
paludamento sponsi quod ipsa confecerat, soluit crines et
flebiliter nomine sponsum mortuum appellat. Mouet feroci 3
iuueni animum comploratio sororis in uictoria sua tantoque gaudio publico. Stricto itaque gladio simul uerbis
increpans transfigit puellam. 'Abi hinc cum immaturo 4
amore ad sponsum,' inquit, 'oblita fratrum mortuorum
uiuique, oblita patriae. Sic eat quaecumque Romana
lugebit hostem.' Atrox uisum id facinus patribus plebique, 5
sed recens meritum facto obstabat. Tamen raptus in ius ad
regem. Rex ne ipse tam tristis ingratique ad uolgus iudicii
ac secundum iudicium supplicii auctor esset, concilio
populi aduocato 'Duumuiros,' inquit, 'qui Horatio perduellionem iudicent, secundum legem facio.' Lex horrendi 6
carminis erat: 'Duumuiri perduellionem iudicent; si a
duumuiris prouocarit, prouocatione certato; si uincent,
caput obnubito; infelici arbori reste suspendito; uerberato
uel intra pomerium uel extra pomerium.' Hac lege duum- 7
uiri creati, qui se absoluere non rebantur ea lege ne
innoxium quidem posse, cum condemnassent, tum alter ex
iis 'Publi Horati, tibi perduellionem iudico' inquit. 'I,
lictor, colliga manus.' Accesserat lictor iniciebatque la- 8
queum. Tum Horatius auctore Tullo, clemente legis inter-

26 1 Mettio] metitio *M*: metio *PU*: add. t *U*cs¹ 2 Horatium]
oratium *M*: oracium *H* 3 quae] *om. M*: add. *M*cs¹: quam *P, corr. P*c
4 uiuique *ΔM*c: uiuitque *M* 5 in ius *HOE*c: initus *M*: intus
EPU: ius *P*cm ac secundum *Rhenanus*: ad secundum **N** 6 uel extra
pomerium *Δ*: *om. M* 7 iis *Madvig*: his **N** inquit. 'I, lictor
Modius: inquii lictor *M*: inquit lictor *M*cΔ colliga] conlige *M*,
*corr. M*c: collisa *P*, g *P*cm 8 Horatius auctore Tullo] oratius auctor
et tullo *MH*

prete, 'Prouoco' inquit. Itaque prouocatione certatum ad
9 populum est. Moti homines sunt in eo iudicio maxime P.
Horatio patre proclamante se filiam iure caesam iudicare;
ni ita esset, patrio iure in filium animaduersurum fuisse.
Orabat deinde ne se quem paulo ante cum egregia stirpe
10 conspexissent orbum liberis facerent. Inter haec senex
iuuenem amplexus, spolia Curiatiorum fixa eo loco qui
nunc Pila Horatia appellatur ostentans, 'Huncine,' aiebat,
'quem modo decoratum ouantemque uictoria incedentem
uidistis, Quirites, eum sub furca uinctum inter uerbera et
cruciatus uidere potestis? quod uix Albanorum oculi tam
11 deforme spectaculum ferre possent. I, lictor, colliga manus,
quae paulo ante armatae imperium populo Romano pe-
pererunt. I, caput obnube liberatoris urbis huius; arbore
infelici suspende; uerbera uel intra pomerium, modo inter
illa pila et spolia hostium, uel extra pomerium, modo inter
sepulcra Curiatiorum; quo enim ducere hunc iuuenem
potestis ubi non sua decora eum a tanta foeditate supplicii
12 uindicent?' Non tulit populus nec patris lacrimas nec ipsius
parem in omni periculo animum, absolueruntque admiratione magis uirtutis quam iure causae. Itaque ut
caedes manifesta aliquo tamen piaculo lueretur, imperatum
13 patri ut filium expiaret pecunia publica. Is quibusdam
piacularibus sacrificiis factis quae deinde genti Horatiae
tradita sunt, transmisso per uiam tigillo, capite adoperto
uelut sub iugum misit iuuenem. Id hodie quoque publice
14 semper refectum manet; sororium tigillum uocant. Horatiae
sepulcrum, quo loco corruerat icta, constructum est saxo
quadrato.
27   Nec diu pax Albana mansit. Inuidia uolgi quod tribus
militibus fortuna publica commissa fuerit, uanum ingenium

8 itaque *Tan. Faber*: ita de **N**: ita demum *Lipsius*   9 Horatio]
oratio *MHP*   in filium *Ed. Rom.* 1469: in filiam **N**   11 I, caput
*M*ᶜ*UOE*: ii caput *MHP*   13 is] his *ME*: *corr. E*ᶜ   14 Horatiae]
oratiae *M*
     27 1 fuerit *M*π: fuerat *H, Ruperti*: foret *Madvig*

dictatoris corrupit, et quoniam recta consilia haud bene
euenerant, prauis reconciliare popularium animos coepit.
Igitur ut prius in bello pacem, sic in pace bellum quaerens, 2
quia suae ciuitati animorum plus quam uirium cernebat
esse, ad bellum palam atque ex edicto gerundum alios
concitat populos, suis per speciem societatis proditionem
reseruat. Fidenates, colonia Romana, Veientibus sociis 3
consilii adsumptis, pacto transitionis Albanorum ad bellum
atque arma incitantur. Cum Fidenae aperte descissent, 4
Tullus Mettio exercituque eius ab Alba accito contra hostes
ducit. Vbi Anienem transiit, ad confluentes conlocat castra.
Inter eum locum et Fidenas Veientium exercitus Tiberim
transierat. Hi et in acie prope flumen tenuere dextrum 5
cornu; in sinistro Fidenates propius montes consistunt.
Tullus aduersus Veientem hostem derigit suos, Albanos
contra legionem Fidenatium conlocat. Albano non plus
animi erat quam fidei. Nec manere ergo nec transire aperte
ausus sensim ad montes succedit; inde ubi satis subisse sese 6
ratus est, erigit totam aciem, fluctuansque animo ut tereret tempus ordines explicat. Consilium erat qua fortuna
rem daret, ea inclinare uires. Miraculo primo esse Romanis 7
qui proximi steterant ut nudari latera sua sociorum digressu
senserunt; inde eques citato equo nuntiat regi abire Albanos.
Tullus in re trepida duodecim uouit Salios fanaque Pallori
ac Pauori. Equitem clara increpans uoce ut hostes exaudi- 8
rent, redire in proelium iubet: nihil trepidatione opus esse;
suo iussu circumduci Albanum exercitum ut Fidenatium
nuda terga inuadant. Eidem imperat ut hastas equites
erigere iubeat. Id factum magnae parti peditum Roma- 9
norum conspectum abeuntis Albani exercitus intersaepsit;
qui uiderant, id quod ab rege auditum erat rati, eo acrius
pugnant. Terror ad hostes transit; et audiuerant clara uoce

4 transiit *Ed. Rom.* 1469: transit **N**   5 derigit *P*: dirigit *MHOEU*
6 ea *HPOE*: eam *M*: eo *U*   8 inuadant *Mᶜπ*: inuadat *MHPᶜ*   eidem
Gron.: idem **N**   erigere iubeat *OEᶜ*: eriere iubeat *H*: erigerent iubeat
EPU: erigere erigerent iubeat *M*: erigere iubet *Mᶜ*: erigerent *Modius*

dictum, et magna pars Fidenatium, ut qui coloni additi
10 Romanis essent, Latine sciebant. Itaque ne subito ex
collibus decursu Albanorum intercluderentur ab oppido,
terga uertunt. Instat Tullus fusoque Fidenatium cornu in
Veientem alieno pauore perculsum ferocior redit. Nec illi
tulere impetum, sed ab effusa fuga flumen obiectum ab
11 tergo arcebat. Quo postquam fuga inclinauit, alii arma
foede iactantes in aquam caeci ruebant, alii dum cunctantur
in ripis inter fugae pugnaeque consilium oppressi. Non alia
ante Romana pugna atrocior fuit.

28   Tum Albanus exercitus, spectator certaminis, deductus in
campos. Mettius Tullo deuictos hostes gratulatur; contra
Tullus Mettium benigne adloquitur. Quod bene uertat,
castra Albanos Romanis castris iungere iubet; sacrificium
2 lustrale in diem posterum parat. Vbi inluxit, paratis omnibus ut adsolet, uocari ad contionem utrumque exercitum
iubet. Praecones ab extremo orsi primos exciuere Albanos.
Hi nouitate etiam rei moti ut regem Romanum contionan-
3 tem audirent proximi constitere. Ex composito armata
circumdatur Romana legio; centurionibus datum negotium
4 erat ut sine mora imperia exsequerentur. Tum ita Tullus
infit: 'Romani, si unquam ante alias ullo in bello fuit quod
primum dis immortalibus gratias ageretis, deinde uestrae
ipsorum uirtuti, hesternum id proelium fuit. Dimicatum est
enim non magis cum hostibus quam, quae dimicatio maior
atque periculosior est, cum proditione ac perfidia sociorum.
5 Nam ne uos falsa opinio teneat, iniussu meo Albani subiere
ad montes, nec imperium illud meum sed consilium et
imperii simulatio fuit, ut nec uobis, ignorantibus deseri uos,
auerteretur a certamine animus, et hostibus, circumueniri

    9 ut qui . . . Romanis **N**: ut quibus . . . Romanis *Walters*: ut queis
. . . Romanis *Tan. Faber*   10 perculsum $M^c\Delta$: percussum M
11 fuga **N**: pugna *Cornelissen*
    28 4 hesternum P^cU: esternum MO: externum M^cHP 5 subiere
ad OPU: subiereat M: subierant M^c: subicere ad H circumueniri U^c:
circumuenire $MHOPU$

se ab tergo ratis, terror ac fuga iniceretur. Nec ea culpa 6
quam arguo omnium Albanorum est: ducem secuti sunt, ut
et uos, si quo ego inde agmen declinare uoluissem, fecissetis.
Mettius ille est ductor itineris huius, Mettius idem huius
machinator belli, Mettius foederis Romani Albanique
ruptor. Audeat deinde talia alius, nisi in hunc insigne iam
documentum mortalibus dedero.' Centuriones armati 7
Mettium circumsistunt; rex cetera ut orsus erat peragit:
'Quod bonum faustum felixque sit populo Romano ac mihi
uobisque, Albani, populum omnem Albanum Romam
traducere in animo est, ciuitatem dare plebi, primores in
patres legere, unam urbem, unam rem publicam facere; ut
ex uno quondam in duos populos diuisa Albana res est, sic
nunc in unum redeat.' Ad haec Albana pubes, inermis ab 8
armatis saepta, in uariis uoluntatibus communi tamen metu
cogente, silentium tenet. Tum Tullus 'Metti Fufeti,' inquit, 9
'si ipse discere posses fidem ac foedera seruare, uiuo tibi ea
disciplina a me adhibita esset; nunc quoniam tuum insana-
bile ingenium est, at tu tuo supplicio doce humanum genus
ea sancta credere quae a te uiolata sunt. Vt igitur paulo ante
animum inter Fidenatem Romanamque rem ancipitem ges-
sisti, ita iam corpus passim distrahendum dabis.' Exinde 10
duabus admotis quadrigis, in currus earum distentum inligat
Mettium; deinde in diuersum iter equi concitati, lacerum in
utroque curru corpus, qua inhaeserant uinculis membra,
portantes. Auertere omnes ab tanta foeditate spectaculi 11
oculos. Primum ultimumque illud supplicium apud Romanos exempli parum memoris legum humanarum fuit: in
aliis gloriari licet nulli gentium mitiores placuisse poenas.

Inter haec iam praemissi Albam erant equites qui multi- 29
tudinem traducerent Romam. Legiones deinde ductae ad
diruendam urbem. Quae ubi intrauere portas, non quidem 2

7 Mettium] mettum *M*   Romano] rum *M*   redeat *HOPU*: red-
eant *M*   8 cogente] cogentes *MP, corr. M^cP^c*   9 gessisti]
gressisti *M, corr. M^c*: gessistis *H*   10 Mettium] Mettum *M*
29 1 Albam] Albani *M^cO*

fuit tumultus ille nec pauor qualis captarum esse urbium
solet, cum effractis portis stratisue ariete muris aut arce ui
capta clamor hostilis et cursus per urbem armatorum omnia
3 ferro flammaque miscet, sed silentium triste ac tacita maestitia ita defixit omnium animos, ut prae metu obliti quid
relinquerent, quid secum ferrent, deficiente consilio rogitan-
tesque alii alios, nunc in liminibus starent, nunc errabundi
4 domos suas ultimum illud uisuri peruagarentur. Vt uero
iam equitum clamor exire iubentium instabat, iam fragor
tectorum quae diruebantur ultimis urbis partibus audiebatur
puluisque ex distantibus locis ortus uelut nube inducta
omnia impleuerat, raptim quibus quisque poterat elatis, cum
larem ac penates tectaque in quibus natus quisque educa-
5 tusque esset relinquentes exirent, iam continens agmen
migrantium impleuerat uias, et conspectus aliorum mutua
miseratione integrabat lacrimas, uocesque etiam miserabiles
exaudiebantur mulierum, praecipue cum obsessa ab armatis
templa augusta praeterirent ac uelut captos relinquerent
6 deos. Egressis urbe Albanis Romanus passim publica priuataque omnia tecta adaequat solo, unaque hora quadrin-
gentorum annorum opus quibus Alba steterat excidio ac
ruinis dedit. Templis tamen deum—ita enim edictum ab
rege fuerat—temperatum est.
30   Roma interim crescit Albae ruinis. Duplicatur ciuium
numerus; Caelius additur urbi mons, et quo frequentius
habitaretur eam sedem Tullus regiae capit ibique deinde
2 habitauit. Principes Albanorum in patres ut ea quoque pars
rei publicae cresceret legit, Iulios, Seruilios, Quinctios,
Geganios, Curiatios, Cloelios; templumque ordini ab se
aucto curiam fecit quae Hostilia usque ad patrum nostro-
3 rum aetatem appellata est. Et ut omnium ordinum iribus

3 obliti N: *secl. Madvig*   5 praecipue π: praecipuae *MH*: *ante*
praecipue *distinxi*   6 urbe *Edd. uet.*: urbem N; *cf.* 3. 57. 10
30 1 deinde *M*: *om. Δ*   2 Iulios *Sabellicus, cf. D.H.* 3. 29. 7:
tullios N, *cf.* 4. 35. 4   Quinctios] quintios N: Quinctilios *Heurgon, coll.*
D.H. 3. 29. 7   Curiatios] Curatios *M*

aliquid ex nouo populo adiceretur equitum decem turmas
ex Albanis legit, legiones et ueteres eodem supplemento
expleuit et nouas scripsit.

Hac fiducia uirium Tullus Sabinis bellum indicit, genti **4**
ea tempestate secundum Etruscos opulentissimae uiris
armisque. Vtrimque iniuriae factae ac res nequiquam erant
repetitae. Tullus ad Feroniae fanum mercatu frequenti **5**
negotiatores Romanos comprehensos querebatur, Sabini
suos prius in lucum confugisse ac Romae retentos. Hae
causae belli ferebantur. Sabini haud parum memores et **6**
suarum uirium partem Romae ab Tatio locatam et
Romanam rem nuper etiam adiectione populi Albani
auctam, circumspicere et ipsi externa auxilia. Etruria erat **7**
uicina, proximi Etruscorum Veientes. Inde ob residuas
bellorum iras maxime sollicitatis ad defectionem animis
uoluntarios traxere, et apud uagos quosdam ex inopi plebe
etiam merces ualuit: publico auxilio nullo adiuti sunt
ualuitque apud Veientes—nam de ceteris minus mirum est
—pacta cum Romulo indutiarum fides. Cum bellum utrim- **8**
que summa ope pararent uertique in eo res uideretur utri
prius arma inferrent, occupat Tullus in agrum Sabinum
transire. Pugna atrox ad siluam Malitiosam fuit, ubi et **9**
peditum quidem robore, ceterum equitatu aucto nuper
plurimum Romana acies ualuit. Ab equitibus repente **10**
inuectis turbati ordines sunt Sabinorum, nec pugna
deinde illis constare nec fuga explicari sine magna caede
potuit.

Deuictis Sabinis cum in magna gloria magnisque opibus **31**
regnum Tulli ac tota res Romana esset, nuntiatum regi
patribusque est in monte Albano lapidibus pluuisse. Quod **2**

3 et ueteres Δ: et *om. M*   5 suos **N**: seruos suos *Madvig*   lucum
Δ: locum *M*   6 parum Δ: patrum *M*   circumspicere *P*: circum
inspicere *MHOU*   7 ualuit Δ: fuit ualuit *M*   cum Romulo **N**: cum
Tullo *Perizonius*

31 1 Romana Δ: humana *M*   pluuisse *Priscian.* 10. 11 (*p.* 503 *Keil*):
pluisse **N**

cum credi uix posset, missis ad id uisendum prodigium in
conspectu haud aliter quam cum grandinem uenti glomera-
3 tam in terras agunt crebri cecidere caelo lapides. Visi etiam
audire uocem ingentem ex summi cacuminis luco ut patrio
ritu sacra Albani facerent, quae uelut dis quoque simul cum
patria relictis obliuioni dederant, et aut Romana sacra
susceperant aut fortunae, ut fit, obirati cultum reliquerant
4 deum. Romanis quoque ab eodem prodigio nouendiale
sacrum publice susceptum est, seu uoce caelesti ex Albano
monte missa—nam id quoque traditur—seu haruspicum
monitu; mansit certe sollemne ut quandoque idem prodigium nuntiaretur feriae per nouem dies agerentur.
5   Haud ita multo post pestilentia laboratum est. Vnde cum
pigritia militandi oreretur, nulla tamen ab armis quies
dabatur a bellicoso rege, salubriora etiam credente militiae
quam domi iuuenum corpora esse, donec ipse quoque lon-
6 ginquo morbo est implicitus. Tunc adeo fracti simul cum
corpore sunt spiritus illi feroces ut qui nihil ante ratus esset
minus regium quam sacris dedere animum, repente omnibus magnis paruisque superstitionibus obnoxius degeret
7 religionibusque etiam populum impleret. Volgo iam homines eum statum rerum qui sub Numa rege fuerat requi-
rentes, unam opem aegris corporibus relictam si pax
8 ueniaque ab dis impetrata esset credebant. Ipsum regem
tradunt uoluentem commentarios Numae, cum ibi quaedam occulta sollemnia sacrificia Ioui Elicio facta inuenisset,
operatum his sacris se abdidisse; sed non rite initum aut
curatum id sacrum esse, nec solum nullam ei oblatam
caelestium speciem sed ira Iouis sollicitati praua religione
fulmine ictum cum domo conflagrasse. Tullus magna gloria
belli regnauit annos duos et triginta.
32   Mortuo Tullo res, ut institutum iam inde ab initio erat,

3 patrio $M^c\varDelta$: patriae M 5 implicitus $\varDelta$: implicatus M
8 uoluentem] uoluetem MP: add. n $M^{cs1}P^{cs1}$ his M^cHOU: is MP: iis
Ed. Par. 1510   praua MO^cU: praui a M^cHOP^c: prauia a P conflagrasse $M^c\pi$: conflagrasset MH

ad patres redierat hique interregem nominauerant. Quo
comitia habente Ancum Marcium regem populus creauit;
patres fuere auctores. Numae Pompili regis nepos filia ortus
Ancus Marcius erat. Qui ut regnare coepit et auitae gloriae 2
memor et quia proximum regnum, cetera egregium, ab una
parte haud satis prosperum fuerat aut neglectis religionibus
aut praue cultis, longe antiquissimum ratus sacra publica ut
ab Numa instituta erant facere, omnia ea ex commentariis
regiis pontificem in album elata proponere in publico iubet.
Inde et ciuibus otii cupidis et finitimis ciuitatibus facta spes
in aui mores atque instituta regem abiturum. Igitur Latini 3
cum quibus Tullo regnante ictum foedus erat sustulerant
animos, et cum incursionem in agrum Romanum fecissent
repetentibus res Romanis superbe responsum reddunt, desidem Romanum regem inter sacella et aras acturum esse
regnum rati. Medium erat in Anco ingenium, et Numae et 4
Romuli memor; et praeterquam quod aui regno magis
necessariam fuisse pacem credebat cum in nouo tum feroci
populo, etiam, quod illi contigisset otium sine iniuria, id se
haud facile habiturum; temptari patientiam et temptatam
contemni, temporaque esse Tullo regi aptiora quam Numae.
Vt tamen, quoniam Numa in pace religiones instituisset, a se 5
bellicae caerimoniae proderentur, nec gererentur solum sed
etiam indicerentur bella aliquo ritu, ius ab antiqua gente
Aequiculis quod nunc fetiales habent descripsit, quo res
repetuntur. Legatus ubi ad fines eorum uenit unde res 6
repetuntur, capite uelato filo—lanae uelamen est—'Audi,
Iuppiter,' inquit; 'audite, fines'—cuiuscumque gentis sunt,
nominat—; 'audiat fas. Ego sum publicus nuntius populi
Romani; iuste pieque legatus uenio, uerbisque meis fides
sit.' Peragit deinde postulata. Inde Iouem testem facit: 'Si 7

32 1 hique] hiique *HP*: hiiquᴀe *M*: hicque *U*   2 cultis *Δ*:
incultis *M*   longe *Gron.*: longeque **N**   regiis *M, Madvig*: regis
MᶜΔ   abiturum] habiturum *MHP*   4 quod illi *Δ*: quo illi *M*
5 Aequiculis *O*: equiculis *MP*: equicolis *HU*; *cf.* 10. 13. 1.   repetuntur
Δ: petuntur *M*

ego iniuste impieque illos homines illasque res dedier mihi
exposco, tum patriae compotem me nunquam siris esse.'
8 Haec, cum fines suprascandit, haec, quicumque ei primus
uir obuius fuerit, haec portam ingrediens, haec forum
ingressus, paucis uerbis carminis concipiendique iuris
9 iurandi mutatis, peragit. Si non deduntur quos exposcit
diebus tribus et triginta—tot enim sollemnes sunt—peractis
bellum ita indicit: 'Audi, Iuppiter, et tu, Iane Quirine,
dique omnes caelestes, uosque terrestres uosque inferni,
10 audite; ego uos testor populum illum'—quicumque est,
nominat—'iniustum esse neque ius persoluere; sed de istis
rebus in patria maiores natu consulemus, quo pacto ius
nostrum adipiscamur.' Tum is nuntius Romam ad con-
11 sulendum redit. Confestim rex his ferme uerbis patres con-
sulebat: 'Quarum rerum litium causarum condixit pater
patratus populi Romani Quiritium patri patrato Priscorum Latinorum hominibusque Priscis Latinis, quas res nec
dederunt nec fecerunt nec soluerunt, quas res dari fieri solui
oportuit, dic,' inquit ei quem primum sententiam rogabat,
12 'quid censes?' Tum ille: 'Puro pioque duello quaerendas
censeo, itaque consentio consciscoque.' Inde ordine alii
rogabantur; quandoque pars maior eorum qui aderant in
eandem sententiam ibat, bellum erat consensum. Fieri
solitum ut fetialis hastam ferratam aut sanguineam prae-
ustam ad fines eorum ferret et non minus tribus puberibus
13 praesentibus diceret: 'Quod populi Priscorum Latinorum

---

7 dedier *MHUP*ᶜ: dedeer *P*: *om. O*: *add.* pro dari *M*ᶜˢˡ, pr. *P*, p. r̄. *U*,
p. r. *O*, populi Romani *H*   9 si non deduntur *M*ᶜ*HOP*ᶜ*U*: sino
deducuntur *P*: sinodeduntur *M*   bellum *Δ*: uerbum *M*   Iane *I.
Perizonius, coll.* 8. 9. 6: iuno **N**   10 Tum is *Hachtmann*: cum his
*MHOP*ᶜ*U*: cum is *M*ᶜ*P*: tum *H. J. Müller*: cum legatis *Ogilvie, coll. D.H.*
2. 72. 9   11 rex his *Gruter*: rex ex his **N**   Priscis Latinis *O*: priscis
uel latinis *MHPU*   nec fecerunt nec soluerunt *Gruter*: nec soluerunt
nec fecerunt *MHP*ᶜᵐ*U* (quas res nec . . . fecerunt *om. PO, rest. P*ᶜᵐ)   ei
quem *M*ᶜ: ei*ᵗ* quem *M*: et quem *Δ*   12 consensum *MP, Gron.*:
consensu *HOP*ᶜ*U*: bellum erat consensu fieri solitum ut *dist. Edd.
uet.*

hominesque Prisci Latini aduersus populum Romanum
Quiritium fecerunt deliquerunt, quod populus Romanus
Quiritium bellum cum Priscis Latinis iussit esse senatusque
populi Romani Quiritium censuit consensit consciuit ut
bellum cum Priscis Latinis fieret, ob eam rem ego populus-
que Romanus populis Priscorum Latinorum hominibusque
Priscis Latinis bellum indico facioque.' Id ubi dixisset, 14
hastam in fines eorum emittebat. Hoc tum modo ab Latinis
repetitae res ac bellum indictum, moremque eum posteri
acceperunt.

Ancus demandata cura sacrorum flaminibus sacerdotibus- 33
que aliis, exercitu nouo conscripto profectus, Politorium,
urbem Latinorum, ui cepit; secutusque morem regum priorum, qui rem Romanam auxerant hostibus in ciuitatem
accipiendis, multitudinem omnem Romam traduxit. Et 2
cum circa Palatium, sedem ueterum Romanorum, Sabini Capitolium atque arcem, Caelium montem Albani
implessent, Auentinum nouae multitudini datum. Additi
eodem haud ita multo post, Tellenis Ficanaque captis,
noui ciues. Politorium inde rursus bello repetitum quod 3
uacuum occupauerant Prisci Latini, eaque causa diruendae
urbis eius fuit Romanis ne hostium semper receptaculum
esset. Postremo omni bello Latino Medulliam compulso, 4
aliquamdiu ibi Marte incerto, uaria uictoria pugnatum est;
nam et urbs tuta munitionibus praesidioque firmata ualido
erat, et castris in aperto positis aliquotiens exercitus Latinus
comminus cum Romanis signa contulerat. Ad ultimum 5
omnibus copiis conisus Ancus acie primum uincit; inde
ingenti praeda potens Romam redit, tum quoque multis
milibus Latinorum in ciuitatem acceptis, quibus, ut
iungeretur Palatio Auentinum, Admurciae datae sedes.

13 hominesque *Sigonius*: homines *M*: hominesuae *P*: hominesue *OPᶜU*:
homines ue *H*   senatusque *Ed. Frob.* 1531: senatus·ue *M*: senatus ue
HP: senatusue *OU*
33 2 haud ita *MᶜHOPU*: aut ita *M*   5 Admurciae] ad murciae
HPU: at murcie *O*: ad murtiae *Mᶜ*: ad murt*** *M*

6 Ianiculum quoque adiectum, non inopia loci sed ne quando
ea arx hostium esset. Id non muro solum sed etiam ob
commoditatem itineris ponte sublicio, tum primum in
7 Tiberi facto, coniungi urbi placuit. Quiritium quoque
fossa, haud paruum munimentum a planioribus aditu
8 locis, Anci regis opus est. Ingenti incremento rebus
auctis, cum in tanta multitudine hominum, discrimine
recte an perperam facti confuso, facinora clandestina
fierent, carcer ad terrorem increscentis audaciae media
9 urbe imminens foro aedificatur. Nec urbs tantum hoc
rege creuit sed etiam ager finesque. Silua Maesia Veientibus adempta usque ad mare imperium prolatum et
in ore Tiberis Ostia urbs condita, salinae circa factae;
egregieque rebus bello gestis aedes Iouis Feretri ampli-
ficata.

34   Anco regnante Lucumo, uir impiger ac diuitiis potens,
Romam commigrauit cupidine maxime ac spe magni honoris, cuius adipiscendi Tarquiniis—nam ibi quoque peregrina
2 stirpe oriundus erat—facultas non fuerat. Demarati Corinthii
filius erat, qui ob seditiones domo profugus cum Tarquiniis
forte consedisset, uxore ibi ducta duos filios genuit. Nomina
his Lucumo atque Arruns fuerunt. Lucumo superfuit patri
bonorum omnium heres: Arruns prior quam pater moritur
3 uxore grauida relicta. Nec diu manet superstes filio pater;
qui cum, ignorans nurum uentrem ferre, immemor in
testando nepotis decessisset, puero post aui mortem in
nullam sortem bonorum nato ab inopia Egerio inditum
4 nomen. Lucumoni contra, omnium heredi bonorum, cum
diuitiae iam animos facerent, auxit ducta in matrimonium
Tanaquil, summo loco nata et quae haud facile iis in quibus

6 adiectum *M*ᶜ*HPU*: adiecto *MO*   arx *M*ᶜ*HPU*: arax *M*: earcs *O*
post solum *add.* muniri *J. S. Reid*, circumdari *Ruperti*   in Tiberi *Δ*: in
tiberim *M*   7 haud] aut *M*   9 Maesia] mesia *MOPU*   aedes
Iouis *OU*: aedis Iouis *MHP*ᶜ: aedimouis *P*

34 2 Demarati] demarathi *MUPU*: de marchi *O*   ibi *Δ*: ubi *M*
Arruns *Δ*: Aruns *M*, *add.* r *M*ᶜˢˡ   Arruns *Δ*: Aruns *M*, *add.* r *M*ᶜˢˡ
4 et quae . . . nata *om. PH*, *rest. P*ᶜᵐ   iis] his *MOP*ᶜᵐ*U*

nata erat humiliora sineret ea quo innupsisset. Spernentibus 5
Etruscis Lucumonem exsule aduena ortum, ferre indignitatem non potuit, oblitaque ingenitae erga patriam caritatis
dummodo uirum honoratum uideret, consilium migrandi
ab Tarquiniis cepit. Roma est ad id aptissima uisa: in nouo 6
populo, ubi omnis repentina atque ex uirtute nobilitas sit,
futurum locum forti ac strenuo uiro; regnasse Tatium
Sabinum, arcessitum in regnum Numam a Curibus, et
Ancum Sabina matre ortum nobilemque una imagine
Numae esse. Facile persuadet ut cupido honorum et cui 7
Tarquinii materna tantum patria esset. Sublatis itaque
rebus amigrant Romam. Ad Ianiculum forte uentum erat. 8
Ibi ei carpento sedenti cum uxore aquila suspensis demissa
leniter alis pilleum aufert, superque carpentum cum magno
clangore uolitans rursus uelut ministerio diuinitus missa
capiti apte reponit; inde sublimis abiit. Accepisse id 9
augurium laeta dicitur Tanaquil, perita ut uolgo Etrusci
caelestium prodigiorum mulier. Excelsa et alta sperare
complexa uirum iubet: eam alitem ea regione caeli et eius
dei nuntiam uenisse; circa summum culmen hominis au-
spicium fecisse; leuasse humana manu superpositum capiti
decus ut diuinitus eidem redderet. Has spes cogitationesque 10
secum portantes urbem ingressi sunt, domicilioque ibi com-
parato L. Tarquinium Priscum edidere nomen. Romanis 11
conspicuum eum nouitas diuitiaeque faciebant; et ipse
fortunam benigno adloquio, comitate inuitandi beneficiis-
que quos poterat sibi conciliando adiuuabat, donec in
regiam quoque de eo fama perlata est. Notitiamque eam 12

    4 ea quo innupsisset *Weissenborn*: ea cum innupsisset *Δ*: ae cum innu-
pisset *M*: cum innubisset *M*c, haec *add. M*csl: ea quibus innupsisset
Drak.   5 exule *Aldus*: exulem **N**   6 aptissima *Heumann*:
potissimum **N**: apta potissimum *Freudenberg*   sit *MP*: fit *HO*c*U*: fuit *O*
7 honorum] bonorum *H*: horum *M, add.* no *M*csl   leniter *Ed. Rom.*
1469: leuiter **N**; *cf. Suet. Aug.* 94. 7   8 aufert *HOP*c*U*: auferret *P*:
afert *M, add.* u *M*csl   abiit *HOPU*cm (inde sublimis abiit *om. U, rest.*
*U*cm): habit *M, add.* i *M*csl   9 humana manu *Stroth*: humano *Δ*:
humo *M*   11 fortunam *Δ*: fortuna *M*

breui apud regem liberaliter dextereque obeundo officia in
familiaris amicitiae adduxerat iura, ut publicis pariter ac
priuatis consiliis bello domique interesset et per omnia
expertus postremo tutor etiam liberis regis testamento
institueretur.

35   Regnauit Ancus annos quattuor et uiginti, cuilibet
superiorum regum belli pacisque et artibus et gloria par.
Iam filii prope puberem aetatem erant. Eo magis Tarquinius
instare ut quam primum comitia regi creando fierent.
2 Quibus indictis sub tempus pueros uenatum ablegauit.
Isque primus et petisse ambitiose regnum et orationem
dicitur habuisse ad conciliandos plebis animos compositam:
3 se non rem nouam petere, quippe qui non primus, quod quisquam indignari mirariue posset, sed tertius Romae pere-
grinus regnum adfectet; et Tatium non ex peregrino solum
sed etiam ex hoste regem factum, et Numam ignarum
4 urbis, non petentem, in regnum ultro accitum: se ex quo
sui potens fuerit Romam cum coniuge ac fortunis omnibus
commigrasse; maiorem partem aetatis eius qua ciuilibus
officiis fungantur homines, Romae se quam in uetere patria
5 uixisse; domi militiaeque sub haud paenitendo magistro,
ipso Anco rege, Romana se iura, Romanos ritus didicisse;
obsequio et obseruantia in regem cum omnibus, benignitate
6 erga alios cum rege ipso certasse. Haec eum haud falsa
memorantem ingenti consensu populus Romanus regnare
iussit. Ergo uirum cetera egregium secuta, quam in petendo
habuerat, etiam regnantem ambitio est; nec minus regni
sui firmandi quam augendae rei publicae memor centum in
patres legit qui deinde minorum gentium sunt appellati,
factio haud dubia regis cuius beneficio in curiam uenerant.
7   Bellum primum cum Latinis gessit et oppidum ibi Apiolas
ui cepit; praedaque inde maiore quam quanta belli fama

---

35 1 instare *M*^c*HOU*: instaret *MP*, *quod Frigell retinuit*, quo magis *pro*
eo magis *scribendo*   3 se *Duker*: cum se **N**: tum se *Kreyssig*   4 qua
P^c*U*: quam *MHOP*: cum *M*^c   7 Apiolas *Douiatius*: Appiolas
MHOPU^c: Appi*olas *U*

fuerat reuecta ludos opulentius instructiusque quam priores
reges fecit. Tum primum circo qui nunc maximus dicitur 8
designatus locus est. Loca diuisa patribus equitibusque ubi
spectacula sibi quisque facerent; fori appellati; spectauere 9
furcis duodenos ab terra spectacula alta sustinentibus pedes.
Ludicrum fuit equi pugilesque ex Etruria maxime acciti.
Sollemnes deinde annui mansere ludi, Romani magnique
uarie appellati. Ab eodem rege et circa forum priuatis 10
aedificanda diuisa sunt loca; porticus tabernaeque factae.

Muro quoque lapideo circumdare urbem parabat cum 36
Sabinum bellum coeptis interuenit. Adeoque ea subita res
fuit ut prius Anienem transirent hostes quam obuiam ire ac
prohibere exercitus Romanus posset. Itaque trepidatum 2
Romae est; et primo dubia uictoria, magna utrimque caede
pugnatum est. Reductis deinde in castra hostium copiis
datoque spatio Romanis ad comparandum de integro
bellum, Tarquinius equitem maxime suis deesse uiribus
ratus ad Ramnes, Titienses, Luceres, quas centurias Romulus scripserat, addere alias constituit suoque insignes
relinquere nomine. Id quia inaugurato Romulus fecerat, 3
negare Attus Nauius, inclutus ea tempestate augur, neque
mutari neque nouum constitui nisi aues addixissent posse.
Ex eo ira regi mota; eludensque artem ut ferunt, 'Age- 4
dum,' inquit, 'diuine tu, inaugura fierine possit quod nunc
ego mente concipio.' Cum ille augurio rem expertus profecto
futuram dixisset, 'Atqui hoc animo agitaui' inquit 'te
nouacula cotem discissurum. Cape haec et perage quod aues
tuae fieri posse portendunt.' Tum illum haud cunctanter 5
discidisse cotem ferunt. Statua Atti capite uelato, quo in

8 tum Δ: tunc M; tunc primum bis tantum apud Liuium legitur (4. 54. 2,
5. 13. 6)   ubi P^{c}OU: urbis M: urbi M^{c}HP

36 1 Anienem] aniem M, add. ne M^{cs1}: ani∗nem O   2 Ramnes]
Ramnis MHPU: Ramnenses O   4 mota, eludensque MHOP^c: mota
ludensque PU   post artem add. iubentq̄ M (iubensque M^c), fort. ex
dittographia eludensque/ludensque ortum   tu, inaugura HP^{c}U: tu
inauguria P: inaugura O: tu inaugur M: tu augur M^c augurio Tan.
Faber: in augurio N

loco res acta est, in comitio in gradibus ipsis ad laeuam
curiae fuit; cotem quoque eodem loco sitam fuisse memorant
6 ut esset ad posteros miraculi eius monumentum. Auguriis
certe sacerdotioque augurum tantus honos accessit ut
nihil belli domique postea nisi auspicato gereretur, concilia
populi, exercitus uocati, summa rerum, ubi aues non ad-
7 misissent, dirimerentur. Neque tum Tarquinius de equitum
centuriis quicquam mutauit; numero alterum tantum
adiecit, ut mille et ducenti equites in tribus centuriis essent.
8 Posteriores modo sub iisdem nominibus qui additi erant
appellati sunt; quas nunc quia geminatae sunt sex uocant
centurias.

37 Hac parte copiarum aucta iterum cum Sabinis confligitur.
Sed praeterquam quod uiribus creuerat Romanus exercitus,
ex occulto etiam additur dolus, missis qui magnam uim
lignorum, in Anienis ripa iacentem, ardentem in flumen
conicerent; uentoque iuuante accensa ligna et pleraque
ratibus impacta, sublicis cum haererent, pontem incen-
2 dunt. Ea quoque res in pugna terrorem attulit Sabinis,
effusis eadem fugam impedit; multique mortales cum hostem
effugissent in flumine ipso periere, quorum fluitantia arma
ad urbem cognita in Tiberi prius paene quam nuntiari
3 posset insignem uictoriam fecere. Eo proelio praecipua
equitum gloria fuit; utrimque ab cornibus positos, cum iam
pelleretur media peditum suorum acies, ita incurrisse ab
lateribus ferunt, ut non sisterent modo Sabinas legiones
ferociter instantes cedentibus, sed subito in fugam auerter-
4 ent. Montes effuso cursu Sabini petebant, et pauci tenuere:
maxima pars, ut ante dictum est, ab equitibus in flumen

6 uocati, summa **N**: uocati de summa *Gron.*   7 alterum tantum
Lipsius: tantum alterum **N**   et ducenti *Glareanus*: et DCCC *M*: et CCC *Δ*
   37 1 Hac *McHPcOcsl*: ac *MPU*: at *O*   ratibus *Mc Gron.*: in ratibus
MΔ   sublicis cum *Ed. Rom.* 1470: sublici cum *M*: subliciis cum *Δ*:
fort. in ratibus imposita, impacta sublicis cum haererent: pleraque in
ratibus, impacta sublicis cum haererent *Edd.*   2 effusis **N**: et fusis
Iac. Gron.; *cf.* 6. 24. 11, 27. 1. 12   hostem *Δ*: hostes *M*   Tiberi *U*:
Tiberis *P*: Tiberim *MHOPc*

acti sunt. Tarquinius, instandum perterritis ratus, praeda cap- 5
tiuisque Romam missis, spoliis hostium—id uotum Volcano
erat—ingenti cumulo accensis, pergit porro in agrum Sabinum exercitum inducere; et quamquam male gesta res erat 6
nec gesturos melius sperare poterant, tamen, quia consulendi
res non dabat spatium, ire obuiam Sabini tumultuario milite;
iterumque ibi fusi, perditis iam prope rebus pacem petiere.

Collatia et quidquid citra Collatiam agri erat Sabinis 38
ademptum; Egerius—fratris hic filius erat regis—Collatiae
in praesidio relictus. Deditosque Collatinos ita accipio
eamque deditionis formulam esse: rex interrogauit: 'Estisne 2
uos legati oratoresque missi a populo Collatino ut uos
populumque Collatinum dederetis?'—'Sumus.'—'Estne
populus Collatinus in sua potestate?'—'Est.'—'Deditisne uos
populumque Collatinum, urbem, agros, aquam, terminos,
delubra, utensilia, diuina humanaque omnia, in meam populique Romani dicionem?'—'Dedimus.'—'At ego recipio.'

Bello Sabino perfecto Tarquinius triumphans Romam 3
redit. Inde Priscis Latinis bellum fecit; ubi nusquam ad 4
uniuersae rei dimicationem uentum est, ad singula oppida
circumferendo arma omne nomen Latinum domuit. Corni-
culum, Ficulea uetus, Cameria, Crustumerium, Ameriola,
Medullia, Nomentum, haec de Priscis Latinis aut qui ad
Latinos defecerant capta oppida. Pax deinde est facta. 5
Maiore inde animo pacis opera incohata quam quanta mole
gesserat bella, ut non quietior populus domi esset quam
militiae fuisset. Nam et muro lapideo, cuius exordium 6
operis Sabino bello turbatum erat, urbem qua nondum
munierat cingere parat, et infima urbis loca circa forum
aliasque interiectas collibus conualles, quia ex planis locis
haud facile euehebant aquas, cloacis fastigio in Tiberim

6 gesta res erat] gestae res erant *M*: res gesta erat *O*
38 4 Ficulea *MU*: ficuleam *HOP*   Medullia *Aldus*: medulla **N**
6 qua *HOP*: quam *MUP*ᶜ   euehebant] eueebant *MP*, *add.* h *M*ᶜˢ¹*P*ᶜˢ¹
aquas, cloacis *Ed. Rom.* 1470: aquasecloacis *MP*: aquas e cloacis *M*ᶜ*O*ᶜ
*P*ᶜ*U*: a qua se cloacis *O*: aquas ecloacis *H*

7 ductis siccat, et aream ad aedem in Capitolio Iouis quam
uouerat bello Sabino, iam praesagiente animo futuram olim
amplitudinem loci, occupat fundamentis.

39   Eo tempore in regia prodigium uisu euentuque mirabile
fuit. Puero dormienti, cui Seruio Tullio fuit nomen, caput
2 arsisse ferunt multorum in conspectu; plurimo igitur clamore
inde ad tantae rei miraculum orto excitos reges, et cum quidam familiarium aquam ad restinguendum ferret, ab regina
retentum, sedatoque eam tumultu moueri uetuisse puerum
donec sua sponte experrectus esset; mox cum somno et
3 flammam abisse. Tum abducto in secretum uiro Tanaquil
'Videsne tu puerum hunc,' inquit, 'quem tam humili cultu
educamus? Scire licet hunc lumen quondam rebus nostris
dubiis futurum praesidiumque regiae adflictae; proinde
materiam ingentis publice priuatimque decoris omni in-
4 dulgentia nostra nutriamus.' Inde puerum liberum loco
coeptum haberi erudirique artibus quibus ingenia ad
magnae fortunae cultum excitantur. Euenit facile quod dis
cordi esset: iuuenis euasit uere indolis regiae nec, cum
quaereretur gener Tarquinio, quisquam Romanae iuuentutis ulla arte conferri potuit, filiamque ei suam rex
5 despondit. Hic quacumque de causa tantus illi honos
habitus credere prohibet serua natum eum paruumque
ipsum seruisse. Eorum magis sententiae sum qui Corniculo
capto Ser. Tulli, qui princeps in illa urbe fuerat, grauidam
uiro occiso uxorem, cum inter reliquas captiuas cognita esset,
ob unicam nobilitatem ab regina Romana prohibitam ferunt
seruitio partum Romae edidisse in Prisci Tarquini domo;
6 inde tanto beneficio et inter mulieres familiaritatem auctam

---

39 1 uisu *Aldus* : uisum **N**   fuit. Puero . . . fuit nomen *M*: fuit hđ
nomen *H*, fuit nomen *PU*, fuit omen *O*, *qui omnes* puero . . . fuit *omiserunt*
2 eam *Gron.*: iam *Mπ*: *om.* H   3 uidesne tu *O*: uidesne *PU*:
uid . . ne *Pᶜ* (es *eras.*): uidine tu *M*: uiden tu *Mᶜ Gron.*: uidistine tu *H*
4 esset **N**: est *Gruter*   quaereretur] quaeretur *M*, *add.* re *Mᶜˢ¹*: tor-
queretur *O*, *corr. Oᶜ*   5 natum *MᶜΔ*: naturam *M*   in Prisci *Gruter*:
Prisci **N**   6 familiaritatem auctam *Rhenanus*: familiaritate aucta
MHᶜO: familiarite aucta *H*: familiaritatem acta *P*: familiaritate acta *PᶜU*

et puerum, ut in domo a paruo eductum, in caritate atque
honore fuisse; fortunam matris, quod capta patria in
hostium manus uenerit, ut serua natus crederetur fecisse.

Duodequadragesimo ferme anno ex quo regnare coeperat **40**
Tarquinius, non apud regem modo sed apud patres plebemque longe maximo honore Ser. Tullius erat. Tum Anci filii 2
duo etsi antea semper pro indignissimo habuerant se patrio
regno tutoris fraude pulsos, regnare Romae aduenam non
modo uicinae sed ne Italicae quidem stirpis, tum impensius
iis indignitas crescere si ne ab Tarquinio quidem ad se
rediret regnum, sed praeceps inde porro ad seruitia caderet, 3
ut in eadem ciuitate post centesimum fere annum quam
Romulus deo prognatus deus ipse tenuerit regnum donec in
terris fuerit, id Seruius seruus serua natus possideat. Cum
commune Romani nominis tum praecipue id domus suae
dedecus fore, si Anci regis uirili stirpe salua non modo
aduenis sed seruis etiam regnum Romae pateret. Ferro 4
igitur eam arcere contumeliam statuunt; sed et iniuriae
dolor in Tarquinium ipsum magis quam in Seruium eos
stimulabat, et quia grauior ultor caedis, si superesset, rex
futurus erat quam priuatus; tum Seruio occiso, quemcumque alium generum delegisset, eundem regni heredem
facturus uidebatur; ob haec ipsi regi insidiae parantur. Ex 5
pastoribus duo ferocissimi delecti ad facinus, quibus consueti
erant uterque agrestibus ferramentis ⟨armati,⟩ in uestibulo regiae quam potuere tumultuosissime specie rixae in se
omnes apparitores regios conuertunt; inde, cum ambo
regem appellarent clamorque eorum penitus in regiam
peruenisset, uocati ad regem pergunt. Primo uterque uoci- 6
ferari et certatim alter alteri obstrepere; coerciti ab lictore

6 serua U^c: seruo *MHPU*: in caritate . . . crederetur *om. O*
    40 2 iis] is *MPU*: *add.* h M^{cs1}: his *HO*   fere] ferre *HP*: *corr.* P^c
3 quam Romulus **N**: quod Romulus *Drak.*   Seruius seruus *Weissenborn*:
seruius $MHOPU^c$: seruus U aduenis] uenis H: aduenisset P, *corr.* P^c
Romae M^cHU: Romam P: Roma M: Romanum O 5 armati *add.*
G. W. Williams: *fort.* instructi   tumultuosissime *MO*: tumultuosissimae
HPU

et iussi in uicem dicere tandem obloqui desistunt; unus rem
7 ex composito orditur. Cum intentus in eum se rex totus
auerteret, alter elatam securim in caput deiecit, relictoque
in uolnere telo ambo se foras eiciunt.

41   Tarquinium moribundum cum qui circa erant excepissent, illos fugientes lictores comprehendunt. Clamor inde
concursusque populi, mirantium quid rei esset. Tanaquil
inter tumultum claudi regiam iubet, arbitros eiecit. Simul
quae curando uolneri opus sunt, tamquam spes subesset,
sedulo comparat, simul si destituat spes, alia praesidia
2 molitur. Seruio propere accito cum paene exsanguem
uirum ostendisset, dextram tenens orat ne inultam mortem
3 soceri, ne socrum inimicis ludibrio esse sinat. 'Tuum est,'
inquit, 'Serui, si uir es, regnum, non eorum qui alienis
manibus pessimum facinus fecere. Erige te deosque duces
sequere qui clarum hoc fore caput diuino quondam circum-
fuso igni portenderunt. Nunc te illa caelestis excitet
flamma; nunc expergiscere uere. Et nos peregrini regna-
uimus; qui sis, non unde natus sis reputa. Si tua re subita
4 consilia torpent, at tu mea consilia sequere.' Cum clamor
impetusque multitudinis uix sustineri posset, ex superiore
parte aedium per fenestras in Nouam uiam uersas—
habitabat enim rex ad Iouis Statoris—populum Tanaquil
5 adloquitur. Iubet bono animo esse; sopitum fuisse regem
subito ictu; ferrum haud alte in corpus descendisse; iam ad
se redisse; inspectum uolnus absterso cruore; omnia salu-
bria esse; confidere propediem ipsum eos uisuros; interim
Ser. Tullio iubere populum dicto audientem esse; eum
6 iura redditurum obiturumque alia regis munia esse. Seruius cum trabea et lictoribus prodit ac sede regia sedens
alia decernit, de aliis consulturum se regem esse simulat.

---

7 cum *Gron.*: dum **N**

41 1 mirantium *Ed. Ven.* 1470: mirantum *OU*: mirandum *MHP*: *del.*
Novák   4 uersas *Ed. Frob.* 1535: uersus **N**   5 ictu *M*c*Δ*: ictum
M   absterso cruore *O*: abterso cruore *HPU*: abiter cruore *M*, *add.* n
*M*cs1 (*i.e.* ab inter cruore)   Tullio *U*: Tullo *MHPO*

Itaque per aliquot dies cum iam exspirasset Tarquinius
celata morte per speciem alienae fungendae uicis suas opes
firmauit; tum demum palam factum est comploratione in
regia orta. Seruius praesidio firmo munitus, primus iniussu
populi, uoluntate patrum regnauit. Anci liberi iam tum 7
comprensis sceleris ministris ut uiuere regem et tantas esse
opes Serui nuntiatum est, Suessam Pometiam exsulatum
ierant.

Nec iam publicis magis consiliis Seruius quam priuatis 42
munire opes, et ne, qualis Anci liberum animus aduersus
Tarquinium fuerat, talis aduersus se Tarquini liberum esset,
duas filias iuuenibus regiis, Lucio atque Arrunti Tarquiniis
iungit; nec rupit tamen fati necessitatem humanis consiliis 2
quin inuidia regni etiam inter domesticos infida omnia
atque infesta faceret.

Peropportune ad praesentis quietem status bellum cum
Veientibus—iam enim indutiae exierant—aliisque Etruscis
sumptum. In eo bello et uirtus et fortuna enituit Tulli; 3
fusoque ingenti hostium exercitu haud dubius rex, seu
patrum seu plebis animos periclitaretur, Romam rediit.
Adgrediturque inde ad pacis longe maximum opus, ut 4
quemadmodum Numa diuini auctor iuris fuisset, ita
Seruium conditorem omnis in ciuitate discriminis ordinum-
que quibus inter gradus dignitatis fortunaeque aliquid
interlucet posteri fama ferrent. Censum enim instituit, rem 5
saluberrimam tanto futuro imperio, ex quo belli pacisque
munia non uiritim, ut ante, sed pro habitu pecuniarum
fierent; tum classes centuriasque et hunc ordinem ex censu
discripsit, uel paci decorum uel bello.

6 factum est *Weissenborn*: factum et *Mπ*: factam et *H*: factum ex
Gruter   7 comprensis *Aldus*: conpressis *P*^{c}: compressis *U*: cum conpressis *P*: cum conprensis *MH*: cum comprehensis *O*   Suessam] Ses-
sam *MHP*

    42 2 quin *HO*^{c}*P*^{cm}: quicum *P*: Q. ui *O*: cui cum *U*: quicum in *M*
4 Seruium *M*^{c}*Δ*: Seruius *M*   5 futuro *M*^{c}*Δ*: fortuna *M*   munia]
Romano *H*: numia *P, corr. P*^{c} 5 discripsit *Madvig*: descripsit **N**

43   Ex iis qui centum milium aeris aut maiorem censum
      haberent octoginta confecit centurias, quadragenas senio-
2   rum ac iuniorum; prima classis omnes appellati; seniores
      ad urbis custodiam ut praesto essent, iuuenes ut foris bella
      gererent; arma his imperata galea, clipeum, ocreae, lorica,
      omnia ex aere; haec ut tegumenta corporis essent: tela
3   in hostem hastaque et gladius. Additae huic classi duae
      fabrum centuriae quae sine armis stipendia facerent; da-
4   tum munus ut machinas in bello ferrent. Secunda classis
      intra centum usque ad quinque et septuaginta milium
      censum instituta, et ex iis, senioribus iunioribusque, uiginti
      conscriptae centuriae; arma imperata scutum pro clipeo
5   et praeter loricam omnia eadem. In tertia classe quinqua-
      ginta milium censum esse uoluit; totidem centuriae et hae
      eodemque discrimine aetatium factae; nec de armis quic-
6   quam mutatum, ocreae tantum ademptae. In quarta classe
      census quinque et uiginti milium, totidem centuriae factae,
      arma mutata: nihil praeter hastam et uerutum datum.
7   Quinta classis aucta; centuriae triginta factae; fundas
      lapidesque missiles hi secum gerebant; in his accensi
      cornicines tubicinesque in tres centurias distributi; undecim
8   milibus haec classis censebatur. Hoc minor census reliquam
      multitudinem habuit; inde una centuria facta est, immunis
      militia. Ita pedestri exercitu ornato distributoque, equitum
9   ex primoribus ciuitatis duodecim scripsit centurias; sex
      item alias centurias, tribus ab Romulo institutis, sub iis-
      dem quibus inauguratae erant nominibus fecit. Ad equos
      emendos dena milia aeris ex publico data, et, quibus equos
      alerent, uiduae attributae quae bina milia aeris in annos

43 1 iis *Aldus*: his **N**   prima *Ed. Rom.* 1469: primo **N**   3 ferrent
N, *cf.* 27. 15. 6: pararent *Ruperti*   4 ex iis *MP*: ex *H* (*om.* iis): ex his
U: his *O, add.* ex *O*csl   5 In tertia classe *Rhenanus*: tertia classis in
MHOPU: tertiae classis in *M*c*O*c: tertiae classis *Ed. Rom.* 1469   et hae
Gruter: et haec **N**   6 uerutum *OU*: uerrutum *MHP*: uerrutu *M*c
datum *Δ*: datur *M*   7 aucta *M*: acta *HOU*: *om.* P   in his **N**: in
secl. I. Perizonius   tres **N**: duas *Sigonius*, *cf. D.H.* 4. 17. 3   9 et,
quibus **N**: et qui *Gron.*

54

singulos penderent. Haec omnia in dites a pauperibus
inclinata onera. Deinde est honos additus. Non enim, ut ab 10
Romulo traditum ceteri seruauerant reges, uiritim suffragium eadem ui eodemque iure promisce omnibus datum est;
sed gradus facti, ut neque exclusus quisquam suffragio
uideretur et uis omnis penes primores ciuitatis esset; equi- 11
tes enim uocabantur primi, octoginta inde primae classis
centuriae peditum uocabantur; ibi si uariaret—quod raro
incidebat—⟨fiebat⟩ ut secundae classis uocarentur, nec fere
unquam infra ita descenderent ut ad infimos peruenirent.
Nec mirari oportet hunc ordinem qui nunc est post expletas 12
quinque et triginta tribus, duplicato earum numero centuriis iuniorum seniorumque, ad institutam ab Ser. Tullio
summam non conuenire. Quadrifariam enim urbe diuisa 13
regionibus collibusque qui habitabantur, partes eas tribus
appellauit, ut ego arbitror, ab tributo; nam eius quoque
aequaliter ex censu conferendi ab eodem inita ratio est;
neque eae tribus ad centuriarum distributionem numerum-
que quicquam pertinuere.

Censu perfecto quem maturauerat metu legis de incensis 44
latae cum uinculorum minis mortisque, edixit ut omnes
ciues Romani, equites peditesque, in suis quisque centuriis,
in campo Martio prima luce adessent. Ibi instructum exer- 2
citum omnem . suouetaurilibus lustrauit, idque conditum
lustrum appellatum, quia is censendo finis factus est. Milia

10 eadem ui $M^c\Delta$: eandem uim M et uis Δ: et uix M
11 peditum uocabantur *Sobius*: primum peditum uocabantur **N**: *secl.*
Sigonius   ⟨fiebat⟩ ut *Ogilvie*: ⟨institutum⟩ ut *Novák*: ut **N**: *secl. Ed.*
Rom. 1469   uocarentur **N**: *secl. Ed. Rom.* 1469   descenderent **N**:
descenderunt *Ed. Rom.* 1469   12 est Δ: *om. M*   ad institutam
Ed. Rom. 1469: se ad institutam MHO^cPU: sese ad institutam O
13 regionibus collibusque HO: regionibus·quae collibus M: regionibus-
que collibus M^cPU habitabantur Δ: abitabantur M ab tributo
HOU^c: ad tributo U: pro A tributo M: A tributo M^c: ... (*spatium iii litt.*)
Abtributo P aequaliter] equa aliter H: aeque aliter P, *corr.* P^c

44 1 maturauerat] aurauerat M: matura erat P, *add.* u P^{csl}
2 suouetaurilibus *Rhenanus*: sue oue taurilibus M^cHOP^c: sucoue taurilibus
P: sucubae. taurilibus U is censendo *Gron.*: incensendo **N**

octoginta eo lustro ciuium censa dicuntur; adicit scriptorum
antiquissimus Fabius Pictor, eorum qui arma ferre possent
3 eum numerum fuisse. Ad eam multitudinem urbs quoque
amplificanda uisa est. Addit duos colles, Quirinalem Vimi-
nalemque; inde deinceps auget Esquilias; ibique ipse, ut
loco dignitas fieret, habitat; aggere et fossis et muro circum-
4 dat urbem; ita pomerium profert. Pomerium uerbi uim
solam intuentes postmoerium interpretantur esse; est autem
magis circamoerium, locus quem in condendis urbibus
quondam Etrusci qua murum ducturi erant certis circa
terminis inaugurato consecrabant, ut neque interiore parte
aedificia moenibus continuarentur, quae nunc uolgo etiam
coniungunt, et extrinsecus puri aliquid ab humano cultu
5 pateret soli. Hoc spatium quod neque habitari neque arari
fas erat, non magis quod post murum esset quam quod
murus post id, pomerium Romani appellarunt; et in urbis
incremento semper quantum moenia processura erant tantum termini hi consecrati proferebantur.
45   Aucta magnitudine urbis, formatis omnibus domi et ad
belli et ad pacis usus, ne semper armis opes adquireren-
tur, consilio augere imperium conatus est, simul et ali-
2 quod addere urbi decus. Iam tum erat inclitum Dianae
Ephesiae fanum; id communiter a ciuitatibus Asiae factum
fama ferebat. Eum consensum deosque consociatos laudare
mire Seruius inter proceres Latinorum, cum quibus publice
priuatimque hospitia amicitiasque de industria iunxerat.
Saepe iterando eadem perpulit tandem, ut Romae fanum
3 Dianae populi Latini cum populo Romano facerent. Ea
erat confessio caput rerum Romam esse, de quo totiens
armis certatum fuerat. Id quamquam omissum iam ex

3 Esquilias **N**: Esquiliis *Gron.*   ita pomerium profert *O*: iter pomerium
profert *PU*: ita *H*: om. *M, spatio uiii litterarum relicto*   4 postmoerium
*OP*c: postmerium *MHPU*

45 1 aucta *Ogilvie*: aucta ciuitate *Δ*: aut a ciuitate *M*: aucta ciuitate et
Ruperti   decus *M*c*HOP*c*U*: decius *MP*   2 Iam tum *HOP*cm:
tantum *M*: uel tamtum *P*: uel tantum *P*c*U*   Eum consensum *M*:
cum consensum *Δ*

omnium cura Latinorum ob rem totiens infeliciter temptatam armis uidebatur, uni se ex Sabinis fors dare uisa est
priuato consilio imperii reciperandi. Bos in Sabinis nata 4
cuidam patri familiae dicitur miranda magnitudine ac
specie; fixa per multas aetates cornua in uestibulo templi
Dianae monumentum ei fuere miraculo. Habita, ut erat, 5
res prodigii loco est, et cecinere uates cuius ciuitatis eam
ciuis Dianae immolasset, ibi fore imperium; idque carmen 6
peruenerat ad antistitem fani Dianae Sabinusque ut prima
apta dies sacrificio uisa est, bouem Romam actam deducit
ad fanum Dianae et ante aram statuit. Ibi antistes Romanus,
cum eum magnitudo uictimae celebrata fama mouisset,
memor responsi Sabinum ita adloquitur: 'Quidnam tu,
hospes, paras?' inquit; 'inceste sacrificium Dianae facere?
Quin tu ante uiuo perfunderis flumine? Infima ualle
praefluit Tiberis.' Religione tactus hospes, qui omnia, ut 7
prodigio responderet euentus, cuperet rite facta, extemplo
descendit ad Tiberim; interea Romanus immolat Dianae
bouem. Id mire gratum regi atque ciuitati fuit.

   Seruius quamquam iam usu haud dubie regnum possede- 46
rat, tamen quia interdum iactari uoces a iuuene Tarquinio
audiebat se iniussu populi regnare, conciliata prius uoluntate plebis agro capto ex hostibus uiritim diuiso, ausus est
ferre ad populum uellent iuberentne se regnare; tantoque
consensu quanto haud quisquam alius ante rex est declaratus.
Neque ea res Tarquinio spem adfectandi regni minuit; immo 2

---

3 fors] fros *P, corr. P*c: for *M, add.* s *M*csl   5 ciuis *MP*: ciues
*M*c*HOU*   immolasset *Rhenanus*: immolassent *M*π: immolasset . . . fani
Dianae *om. H*   6 uictimae celebrata] uictumae celebrata *M*c:
uictume celebrata *M*: uictumae caelebata *H, add.* r *H*csl: eccelebrata *P*:
uictumae *add. P*cm *necnon* celebrata *corr. P*c: uictimae et celebrata *U*:
uellet uictum me celebrata *O*: uellet *expunxit O*c   paras] pararas *M*
perfunderis] perfuderis *M*   praefluit π: praeluit *H*: prefuit *M, add.* l
*M*csl

   46 1 usu *M*cΔ: usum *M*   dubie *M*c: dubiem *M*: dubiae *O*: dubium
HPU   2 regni minuit *M*c*OP*c: regdiminuit *M*: regnandiminuit *P*:
regnidi minuit *H*: regni diminuit *U*

eo impensius quia de agro plebis aduersa patrum uoluntate
senserat agi, criminandi Serui apud patres crescendique in
curia sibi occasionem datam ratus est, et ipse iuuenis arden-
tis animi et domi uxore Tullia inquietum animum stimu-
3 lante. Tulit enim et Romana regia sceleris tragici exemplum,
ut taedio regum maturior ueniret libertas ultimumque
4 regnum esset quod scelere partum foret. Hic L. Tarquinius
—Prisci Tarquini regis filius neposne fuerit parum liquet;
pluribus tamen auctoribus filium ediderim—fratrem habu-
5 erat Arruntem Tarquinium mitis ingenii iuuenem. His
duobus, ut ante dictum est, duae Tulliae regis filiae
nupserant, et ipsae longe dispares moribus. Forte ita
inciderat ne duo uiolenta ingenia matrimonio iungeren-
tur, fortuna, credo, populi Romani, quo diuturnius Serui
6 regnum esset constituique ciuitatis mores possent. Ange-
batur ferox Tullia nihil materiae in uiro neque ad cupiditatem neque ad audaciam esse; tota in alterum auersa
Tarquinium eum mirari, eum uirum dicere ac regio
sanguine ortum: spernere sororem, quod uirum nacta
7 muliebri cessaret audacia. Contrahit celeriter similitudo
eos, ut fere fit: malum malo aptissimum; sed initium
turbandi omnia a femina ortum est. Ea secretis uiri alieni
adsuefacta sermonibus nullis uerborum contumeliis parcere
de uiro ad fratrem, de sorore ad uirum; et se rectius uiduam
et illum caelibem futurum fuisse contendere, quam cum im-
8 pari iungi ut elanguescendum aliena ignauia esset; si sibi
eum quo digna esset di dedissent uirum, domi se propediem
9 uisuram regnum fuisse quod apud patrem uideat. Celeriter adulescentem suae temeritatis implet; L. Tarquinius
et Tullia minor prope continuatis funeribus cum domos

2 aduersa patrum uoluntate M^c, *Ed. Rom.* 1470: aduersam patrum
uoluntatem *MHOP*: aduersum patrum uoluntatem *U*   6 materiae
in $M^c\pi$: materiem in *M*: materiae *H*   auersa *Gebhard*: aduersa *MH*:
uersa π 7 fit: malum *dist. Madvig*   ignauia esset *MO*:
ignauia esse *HPU*   8 digna esset M^cHOP^cU: digna essent *MP*
9 L. Tarquinius *F. Orsini*: Arruns Tarquinius **N**: ita L. Tarquinius
Perizonius

uacuas nouo matrimonio fecissent, iunguntur nuptiis, magis
non prohibente Seruio quam adprobante.

Tum uero in dies infestior Tulli senectus, infestius coepit **47**
regnum esse; iam enim ab scelere ad aliud spectare mulier
scelus. Nec nocte nec interdiu uirum conquiescere pati, ne
gratuita praeterita parricidia essent: non sibi defuisse cui **2**
nupta diceretur, nec cum quo tacita seruiret; defuisse qui
se regno dignum putaret, qui meminisset se esse Prisci
Tarquini filium, qui habere quam sperare regnum mallet.
'Si tu is es cui nuptam esse me arbitror, et uirum et regem **3**
appello; sin minus, eo nunc peius mutata res est quod istic
cum ignauia est scelus. Quin accingeris? Non tibi ab **4**
Corintho nec ab Tarquiniis, ut patri tuo, peregrina regna
moliri necesse est: di te penates patriique et patris imago et
domus regia et in domo regale solium et nomen Tarquinium
creat uocatque regem. Aut si ad haec parum est animi, quid **5**
frustraris ciuitatem? Quid te ut regium iuuenem conspici
sinis? Facesse hinc Tarquinios aut Corinthum; deuoluere
retro ad stirpem, fratri similior quam patri.' His aliisque **6**
increpando iuuenem instigat, nec conquiescere ipsa potest
si, cum Tanaquil, peregrina mulier, tantum moliri potuisset
animo ut duo continua regna uiro ac deinceps genero
dedisset, ipsa regio semine orta nullum momentum in
dando adimendoque regno faceret. His muliebribus in- **7**
stinctus furiis Tarquinius circumire et prensare minorum
maxime gentium patres; admonere paterni beneficii ac pro
eo gratiam repetere; allicere donis iuuenes; cum de se
ingentia pollicendo tum regis criminibus omnibus locis
crescere. Postremo ut iam agendae rei tempus uisum est, **8**
stipatus agmine armatorum in forum inrupit. Inde omnibus

9 nuptiis *Δ*: nuptis *M*

47 2 cui nupta *HP*cm: cui nubta *M*: cui innupta *OPU*   4 ab
Corintho *O*: ad Corintho *H*: ab Chorinthiis *M*: ab Chorintho *PU*
5 conspici sinis *MHOP*c*U*: conspicis in his *M*c*P*   patri *M*c*Δ*: patris *M*
6 His *HOU*: hiis *MP*: iis *P*c   momentum *Ed. Rom.* 1469: monumentum *MOPU*: monimentum *H*

perculsis pauore, in regia sede pro curia sedens patres in
curiam per praeconem ad regem Tarquinium citari iussit.
9 Conuenere extemplo, alii iam ante ad hoc praeparati, alii
metu ne non uenisse fraudi esset, nouitate ac miraculo at-
10 toniti et iam de Seruio actum rati. Ibi Tarquinius male-
dicta ab stirpe ultima orsus: seruum seruaque natum post
mortem indignam parentis sui, non interregno, ut antea,
inito, non comitiis habitis, non per suffragium populi, non
11 auctoribus patribus, muliebri dono regnum occupasse. Ita
natum, ita creatum regem, fautorem infimi generis hominum ex quo ipse sit, odio alienae honestatis ereptum
12 primoribus agrum sordidissimo cuique diuisisse; omnia
onera quae communia quondam fuerint inclinasse in
primores ciuitatis; instituisse censum ut insignis ad inuidiam
locupletiorum fortuna esset et parata unde, ubi uellet, egen-
tissimis largiretur.

48   Huic orationi Seruius cum interuenisset trepido nuntio
excitatus, extemplo a uestibulo curiae magna uoce 'Quid
hoc,' inquit, 'Tarquini, rei est? Qua tu audacia me uiuo
2 uocare ausus es patres aut in sede considere mea?' Cum ille
ferociter ad haec—se patris sui tenere sedem; multo quam
seruum potiorem filium regis regni heredem; satis illum diu
per licentiam eludentem insultasse dominis—clamor ab
utriusque fautoribus oritur et concursus populi fiebat in
3 curiam, apparebatque regnaturum qui uicisset. Tum Tarquinius necessitate iam ipsa cogente ultima audere, multo
et aetate et uiribus ualidior, medium arripit Seruium
elatumque e curia in inferiorem partem per gradus deiecit;
4 inde ad cogendum senatum in curiam rediit. Fit fuga regis
apparitorum atque comitum; ipse prope exsanguis, cum

   8 perculsis *M*c*Δ*: proculsis *M*   curiam] curia *M*c   9 nouitate
N: alii nouitate *Doering*   et iam *HO*: etiam *MPU*   10 antea, inito
MO: ante inito *PU*: ante ea ita *H*   12 unde, ubi *M*: ubi *Δ*
   48 1 extemplo *Δ*: exemplo *M*   3 iam ipsa *H, Ed. Parm.* 1480:
iam etiam ipsa *Mπ*: iam et ipsa *Weissenborn*   4 *post* exsanguis *add.*
cum semianimes (*MP*: semianimis *HOP*c*U*) regio comitatu domum se
reciperet peruenissetque ad summum cōs primum (*MHP*: cōns primum

semianimis regio comitatu domum se reciperet, ab iis qui
missi ab Tarquinio fugientem consecuti erant interficitur.
Creditur, quia non abhorret a cetero scelere, admonitu 5
Tulliae id factum. Carpento certe, id quod satis constat, in
forum inuecta nec reuerita coetum uirorum euocauit
uirum e curia regemque prima appellauit. A quo facessere 6
iussa ex tanto tumultu cum se domum reciperet peruenissetque ad summum Cyprium uicum, ubi Dianium nuper fuit,
flectenti carpentum dextra in Vrbium cliuum ut in collem
Esquiliarum eueheretur, restitit pauidus atque inhibuit
frenos is qui iumenta agebat iacentemque dominae Seruium
trucidatum ostendit. Foedum inhumanumque inde tradi- 7
tur scelus monumentoque locus est—Sceleratum uicum
uocant—quo amens, agitantibus furiis sororis ac uiri, Tullia
per patris corpus carpentum egisse fertur, partemque sanguinis ac caedis paternae cruento uehiculo, contaminata
ipsa respersaque, tulisse ad penates suos uirique sui, quibus
iratis malo regni principio similes propediem exitus sequerentur.

Ser. Tullius regnauit annos quattuor et quadraginta ita 8
ut bono etiam moderatoque succedenti regi difficilis
aemulatio esset; ceterum id quoque ad gloriam accessit
quod cum illo simul iusta ac legitima regna occiderunt. Id 9
ipsum tam mite ac tam moderatum imperium tamen quia
unius esset deponere eum in animo habuisse quidam auctores sunt, ni scelus intestinum liberandae patriae consilia
agitanti interuenisset.

Inde L. Tarquinius regnare occepit, cui Superbo cogno- 49
men facta indiderunt, quia socerum gener sepultura prohi-

U: cōsprimum *O*) uicum **N**: cum semianimis regio comitatu domum se
reciperet *Edd. uet.*, *ceteris seclusis, coll. De Viris Illustribus* 7. 18: cum . . .
cōs primum *secl. Weissenborn, cf.* 1. 48. 6 *infra*   iis *Ed. Rom.* 1469:
his **N**   6 Vrbium **N**; *cf. Solinus* 1. 25: Virbium *Sigonius*: Orbium
Gron., coll. D.H. 4. 39. 5   Esquiliarum *Sigonius*: esquiliarium *M*ᶜ*Δ*:
aesquiliarium *M*   7 tulisse *M*ᶜ: tulisset *MΔ*   8 quadraginta
Δ: LX *M*   9 agitanti *Ed. Rom.* 1469: agitandi **N**
49 1 gener *Δ*: genere *M*

2 buit, Romulum quoque insepultum perisse dictitans, pri-
moresque patrum, quos Serui rebus fauisse credebat, inter-
fecit; conscius deinde male quaerendi regni ab se ipso
aduersus se exemplum capi posse, armatis corpus circum-
3 saepsit; neque enim ad ius regni quicquam praeter uim
habebat ut qui neque populi iussu neque auctoribus patri-
4 bus regnaret. Eo accedebat ut in caritate ciuium nihil spei
reponenti metu regnum tutandum esset. Quem ut pluribus
incuteret cognitiones capitalium rerum sine consiliis per se
5 solus exercebat, perque eam causam occidere, in exsilium
agere, bonis multare poterat non suspectos modo aut inuisos
6 sed unde nihil aliud quam praedam sperare posset. Praecipue
ita patrum numero imminuto statuit nullos in patres legere,
quo contemptior paucitate ipsa ordo esset minusque per se
7 nihil agi indignarentur. Hic enim regum primus traditum
a prioribus morem de omnibus senatum consulendi soluit;
domesticis consiliis rem publicam administrauit; bellum,
pacem, foedera, societates per se ipse, cum quibus uoluit,
8 iniussu populi ac senatus, fecit diremitque. Latinorum sibi
maxime gentem conciliabat ut peregrinis quoque opibus
tutior inter ciues esset, neque hospitia modo cum primoribus
9 eorum sed adfinitates quoque iungebat. Octauio Mamilio
Tusculano—is longe princeps Latini nominis erat, si famae
credimus, ab Vlixe deaque Circa oriundus—ei Mamilio
filiam nuptum dat, perque eas nuptias multos sibi cognatos
amicosque eius conciliat.

50   Iam magna Tarquini auctoritas inter Latinorum proceres
erat, cum in diem certam ut ad lucum Ferentinae conueniant indicit: esse, quae agere de rebus communibus uelit.
2 Conueniunt frequentes prima luce: ipse Tarquinius diem
quidem seruauit, sed paulo ante quam sol occideret uenit.
Multa ibi toto die in concilio uariis iactata sermonibus erant.

---

5 bonis *MΔ*: o *M*cs1 (*sc.* bonos)   7 traditum *Grynaeus*: ut traditur **N**   9 perque eas *HOP*cm *M*c2: perque meas *M*: per quem eas
*M*c: per quem et *PU*
    50 2 toto die *Δ*: tota die *M*   concilio *MU*: concilia *M*c*HOP*

Turnus Herdonius ab Aricia ferociter in absentem Tar- 3
quinium erat inuectus: haud mirum esse Superbo inditum
Romae cognomen—iam enim ita clam quidem mussitantes
uolgo tamen eum appellare—an quicquam superbius esse
quam ludificari sic omne nomen Latinum? principibus 4
longe ab domo excitis, ipsum, qui concilium indixerit, non
adesse. temptari profecto patientiam ut, si iugum acceperint,
obnoxios premat. cui enim non apparere, adfectare eum
imperium in Latinos? quod si sui bene crediderint ciues, 5
aut si creditum illud et non raptum parricidio sit, credere et
Latinos quamquam ne sic quidem alienigenae debere: sin 6
suos eius paeniteat, quippe qui alii super alios trucidentur
exsulatum eant bona amittant, quid spei melioris Latinis
portendi? si se audiant, domum suam quemque inde abituros neque magis obseruaturos diem concilii quam ipse qui
indixerit obseruet. Haec atque alia eodem pertinentia 7
seditiosus facinorosusque homo hisque artibus opes domi
nactus cum maxime dissereret, interuenit Tarquinius. Is 8
finis orationi fuit; auersi omnes ad Tarquinium salutandum.
Qui silentio facto monitus a proximis ut purgaret se quod
id temporis uenisset, disceptatorem ait se sumptum inter
patrem et filium cura reconciliandi eos in gratiam moratum
esse, et quia ea res exemisset illum diem, postero die
acturum quae constituisset. Ne id quidem Turnum tulisse 9
tacitum ferunt; dixisse enim nullam breuiorem esse cognitionem quam inter patrem et filium paucisque transigi
uerbis posse: ni pareat patri, habiturum infortunium esse.

3 mussitantes] musitantes *MHO*, *add.* s *M*csl   appellare *Goodyear*:
appellabant **N**   4 Principibus longe ab *HOP*: principibus enim
longe ab *U*: longe a *M*: *post* domo *add.* principibus *M*cm   5 debere
M: deberet π: deberent *HP*cm   6 sin *H*: si in *M*π   qui indixerit
HOU: quindixerit *P*, *add.* i *P*csl: quidixerit *M*   7 hisque *OU*:
hiisque *M*: isque *HP*   domi nactus *M*: dominatus *Δ*, *add.* c *O*csl
8 monitus] munitus *MP*, *corr.* *P*c   uenisset *Δ*: funisset *M*: fuisset
*M*c   acturum] a *P*, *add.* cturum *P*c: aucturum *M*, *corr.* *M*c   9 Turnum *Sigonius*: ab Turno *MHOP*: ab Turo *U*, *add.* n *U*csl   tulisse] tul-
lisse *MP*, *corr.* *P*c

51 Haec Aricinus in regem Romanum increpans ex concilio
abiit. Quam rem Tarquinius aliquanto quam uidebatur
aegrius ferens confestim Turno necem machinatur, ut
eundem terrorem quo ciuium animos domi oppresserat Lati-
2 nis iniceret. Et quia pro imperio palam interfici non poterat, oblato falso crimine insontem oppressit. Per aduersae
factionis quosdam Aricinos seruum Turni auro corrupit, ut
in deuersorium eius uim magnam gladiorum inferri clam
3 sineret. Ea cum una nocte perfecta essent, Tarquinius paulo
ante lucem accitis ad se principibus Latinorum quasi re
noua perturbatus, moram suam hesternam uelut deorum
quadam prouidentia inlatam ait saluti sibi atque illis fuisse.
4 Ab Turno dici sibi et primoribus populorum parari necem
ut Latinorum solus imperium teneat. adgressurum fuisse
hesterno die in concilio; dilatam rem esse, quod auctor
5 concilii afuerit quem maxime peteret. inde illam absentis
insectationem esse natam quod morando spem destituerit.
non dubitare, si uera deferantur, quin prima luce, ubi
uentum in concilium sit, instructus cum coniuratorum manu
6 armatusque uenturus sit. dici gladiorum ingentem esse
numerum ad eum conuectum. id uanum necne sit, extemplo sciri posse. rogare eos ut inde secum ad Turnum
7 ueniant. Suspectam fecit rem et ingenium Turni ferox et
oratio hesterna et mora Tarquini, quod uidebatur ob eam
differri caedes potuisse. Eunt inclinatis quidem ad creden-
dum animis, tamen, nisi gladiis deprehensis, cetera uana
8 existimaturi. Vbi est eo uentum, Turnum ex somno
excitatum circumsistunt custodes; comprehensisque seruis
qui caritate domini uim parabant, cum gladii abditi ex
omnibus locis deuerticuli protraherentur, enimuero manifesta res uisa iniectaeque Turno catenae; et confestim
9 Latinorum concilium magno cum tumultu aduocatur. Ibi

51. 2 ut in *Aldus*: in *MHOᶜPU*: I∗n *O*   sineret *Δ*: sinerent *M*
4 concilii afuerit *MP*, *add*. b *M*ᶜˢˡ: concilii defuerit *U*: concilii affuerit *O*:
concilia fuerit *H*   6 extemplo *Δ*: exemplo *M*, *add*. t *M*ᶜˢˡ   secum]
secundum *M*, *corr*. *M*ᶜ   8 deuerticuli *MP*: diuerticuli *HOU*

tam atrox inuidia orta est gladiis in medio positis, ut indicta
causa, nouo genere leti, deiectus ad caput aquae Ferentinae
crate superne iniecta saxisque congestis mergeretur.

Reuocatis deinde ad concilium Latinis Tarquinius conlau- 52
datisque qui Turnum nouantem res pro manifesto parricidio
merita poena adfecissent, ita uerba fecit: posse quidem se 2
uetusto iure agere, quod, cum omnes Latini ab Alba oriundi
sint, eo foedere teneantur, quo sub Tullo res omnis Albana
cum colonis suis in Romanum cesserit imperium; ceterum 3
se utilitatis magis omnium causa censere ut renouetur id
foedus, secundaque potius fortuna populi Romani ut participes Latini fruantur quam urbium excidia uastationes-
que agrorum, quas Anco prius, patre deinde suo regnante
perpessi sint, semper aut exspectent aut patiantur. Haud 4
difficulter persuasum Latinis, quamquam in eo foedere
superior Romana res erat; ceterum et capita nominis Latini
stare ac sentire cum rege uidebant, et Turnus sui cuique
periculi, si aduersatus esset, recens erat documentum. Ita 5
renouatum foedus, indictumque iunioribus Latinorum ut ex
foedere die certa ad lucum Ferentinae armati frequentes
adessent. Qui ubi ad edictum Romani regis ex omnibus 6
populis conuenere, ne ducem suum neue secretum imperium
propriaue signa haberent, miscuit manipulos ex Latinis Ro-
manisque ut ex binis singulos faceret binosque ex singulis;
ita geminatis manipulis centuriones imposuit.

Nec ut iniustus in pace rex, ita dux belli prauus fuit; quin 53
ea arte aequasset superiores reges ni degeneratum in aliis
huic quoque decori offecisset. Is primus Volscis bellum in 2
ducentos amplius post suam aetatem annos mouit, Suessam-

9 leti P: loeti McHOPcU: letis M   deiectus Ed. Rom. 1469: delectus
MHOP: add. a Pcsl (sc. delatus): deletus McU   crate] grate MP: c
Mcsl Pcsl

52 2 eo foedere Perizonius, coll. 24. 29. 11: in eo foedere N   quo sub
Drak.: quod ab N   3 magis Ussing: id magis N: ita magis Ogilvie
potius McHOPcm: positius M: postius P: post ius PcU   4 Turnus
sui Δ: om. M: Turnus secl. Conway

53 1 prauus Δ: paruus M   2 primus Δ: primis M

65

3 que Pometiam ex iis ui cepit. Vbi cum diuidenda praeda
quadraginta talenta argenti refecisset, concepit animo eam
amplitudinem Iouis templi quae digna deum hominumque rege, quae Romano imperio, quae ipsius etiam loci
maiestate esset; captiuam pecuniam in aedificationem eius
templi seposuit.

4   Excepit deinde eum lentius spe bellum, quo Gabios, propinquam urbem, nequiquam ui adortus, cum obsidendi
quoque urbem spes pulso a moenibus adempta esset,
postremo minime arte Romana, fraude ac dolo, adgressus
5 est. Nam cum uelut posito bello fundamentis templi iaciendis aliisque urbanis operibus intentum se esse simularet,
Sextus filius eius, qui minimus ex tribus erat, transfugit
ex composito Gabios, patris in se saeuitiam intolerabilem
6 conquerens: iam ab alienis in suos uertisse superbiam et
liberorum quoque eum frequentiae taedere, ut quam in
curia solitudinem fecerit domi quoque faciat, ne quam stir-
7 pem, ne quem heredem regni relinquat. se quidem inter tela
et gladios patris elapsum nihil usquam sibi tutum nisi apud
hostes L. Tarquini credidisse. nam ne errarent, manere
iis bellum quod positum simuletur, et per occasionem
8 eum incautos inuasurum. quod si apud eos supplicibus
locus non sit, pererraturum se omne Latium, Volscosque se
inde et Aequos et Hernicos petiturum donec ad eos perue-
niat qui a patrum crudelibus atque impiis suppliciis tegere
9 liberos sciant. forsitan etiam ardoris aliquid ad bellum
armaque se aduersus superbissimum regem ac ferocissimum
10 populum inuenturum. Cum si nihil morarentur incensus ira
porro inde abiturus uideretur, benigne ab Gabinis excipitur.

2 iis *Madvig*: his **N**   3 diuidenda praeda *OPU*: diuidenta preda
M: diuidē apraeda *H*   refecisset *P*cm, *Gron.*: refecisset coepisset *M*:
reque cepisset *P*: recepisset *HP*c2m: recoepisset *U*   4 eum lentius *Δ*,
cf. Vell. Pat. 2. 55. 2: lentius *M, add.* eum *M*csl   5 iaciendis *Vascosanus*: faciendis *M*cΔ: *quid M habuerit parum liquet*   7 iis *P*: his
MHOU   9 populum **N**: patrem *Tan. Faber*   10 incensus
Madvig: infensus **N**; *cf.* 2. 12. 12   abiturus *HOP*cU: habituros *P*:
habiturus *M*

Vetant mirari si, qualis in ciues, qualis in socios, talis ad ultimum in liberos esset; in se ipsum postremo saeuiturum, si 11
alia desint. sibi uero gratum aduentum eius esse, futurum-
que credere breui ut illo adiuuante a portis Gabinis sub
Romana moenia bellum transferatur.

Inde in consilia publica adhiberi. Vbi cum de aliis rebus 54
adsentiri se ueteribus Gabinis diceret quibus eae notiores
essent, ipse identidem belli auctor esse et in eo sibi praecipuam prudentiam adsumere quod utriusque populi uires
nosset sciretque inuisam profecto superbiam regiam ciuibus
esse quam ferre ne liberi quidem potuissent. Ita cum sensim 2
ad rebellandum primores Gabinorum incitaret, ipse cum
promptissimis iuuenum praedatum atque in expeditiones
iret et dictis factisque omnibus ad fallendum instructis uana
adcresceret fides, dux ad ultimum belli legitur. Ibi cum, 3
inscia multitudine quid ageretur, proelia parua inter
Romam Gabiosque fierent quibus plerumque Gabina res
superior esset, tum certatim summi infimique Gabinorum
Sex. Tarquinium dono deum sibi missum ducem credere.
Apud milites uero obeundo pericula ac labores pariter, 4
praedam munifice largiendo tanta caritate esse ut non pater
Tarquinius potentior Romae quam filius Gabiis esset.
Itaque postquam satis uirium conlectum ad omnes conatus 5
uidebat, tum ex suis unum sciscitatum Romam ad patrem
mittit quidnam se facere uellet, quando quidem ut omnia
unus Gabiis posset ei di dedissent. Huic nuntio, quia, credo, 6
dubiae fidei uidebatur, nihil uoce responsum est; rex uelut
deliberabundus in hortum aedium transit sequente nuntio
filii; ibi inambulans tacitus summa papauerum capita

---

54 1 consilia *Δ*: concilia *M*   adsentiri *H. J. Müller*: adsentire **N**
eae notiores *MP*: heae notiores *O*: hae notiores *U*: haeciores *H*   esse
et in *Alschefski*: esset in **N**   2 et dictis *Δ*: ut dictis *M*   3 inscia
HOP^cU: inspicia *P*: scia *M*   Gabiosque *HOP*: Gabinosque *M*: Ga-
biniosque *U*   5 Gabiis *Bekker*: p̄. gabiis *M.⁷HP^{cm}*: p. gabinis *P*: P
gabinis *O*: populis Gabinis facere *U*: publice Gabiis *Heerwagen*   posset *OU*: posse *MHP*: possent *M^c*   6 sequente *M^cHO*: sequenti
MPU

7 dicitur baculo decussisse. Interrogando exspectandoque responsum nuntius fessus, ut re imperfecta, redit Gabios; quae dixerit ipse quaeque uiderit refert; seu ira seu odio seu

8 superbia insita ingenio nullam eum uocem emisisse. Sexto ubi quid uellet parens quidue praeciperet tacitis ambagibus patuit, primores ciuitatis criminando alios apud populum, alios sua ipsos inuidia opportunos interemit. Multi palam, quidam in quibus minus speciosa criminatio erat futura clam

9 interfecti. Patuit quibusdam uolentibus fuga, aut in ex-silium acti sunt, absentiumque bona iuxta atque inter-

10 emptorum diuisui fuere. Largitiones inde praedaeque; et dulcedine priuati commodi sensus malorum publicorum adimi, donec orba consilio auxilioque Gabina res regi Romano sine ulla dimicatione in manum traditur.

55 Gabiis receptis Tarquinius pacem cum Aequorum gente fecit, foedus cum Tuscis renouauit. Inde ad negotia urbana animum conuertit; quorum erat primum ut Iouis templum in monte Tarpeio monumentum regni sui nominisque re-linqueret: Tarquinios reges ambos patrem uouisse, filium

2 perfecisse. Et ut libera a ceteris religionibus area esset tota Iouis templique eius quod inaedificaretur, exaugurare fana sacellaque statuit quae aliquot ibi, a Tatio rege primum in ipso discrimine aduersus Romulum pugnae uota, consecrata

3 inaugurataque postea fuerant. Inter principia condendi huius operis mouisse numen ad indicandam tanti imperii molem traditur deos; nam cum omnium sacellorum exaugurationes admitterent aues, in Termini fano non

4 addixere; idque omen auguriumque ita acceptum est non motam Termini sedem unumque eum deorum non euocatum sacratis sibi finibus firma stabiliaque cuncta

7 re imperfecta N: re infecta *Novák*   seu ira *M*ᶜ*HPU*: se iura *MO*
9 aut N: alii *Stroth*   diuisui fuere *P*ᶜᵐ: diuisu fuere *M*: diuisa fuere *M*ᶜ*HOU*: diuisi fuere *P*, sa *P*ᶜˢ¹

55 1 uouisse *M*ᶜ: uoluisse *MΔ*   2 statuit quae *Δ*: statuie *M* (*om.* quae): statuit *M*ᶜ: *add.* quae *M*ᶜᵐ   3 cum omnium *M*ᶜ*U*: cum ex omnium *HOP*: ex omnium *M*

portendere. Hoc perpetuitatis auspicio accepto, secu- 5
tum aliud magnitudinem imperii portendens prodigium
est: caput humanum integra facie aperientibus fundamenta
templi dicitur apparuisse. Quae uisa species haud per 6
ambages arcem eam imperii caputque rerum fore porten-
debat; idque ita cecinere uates quique in urbe erant quosque ad eam rem consultandam ex Etruria acciuerant.

Augebatur ad impensas regis animus; itaque Pometinae 7
manubiae, quae perducendo ad culmen operi destinatae
erant, uix in fundamenta suppeditauere. Eo magis Fabio, 8
praeterquam quod antiquior est, crediderim quadraginta
ea sola talenta fuisse, quam Pisoni, qui quadraginta milia 9
pondo argenti seposita in eam rem scribit, summam pecuniae neque ex unius tum urbis praeda sperandam et nullius
ne horum quidem magnificentiam operum non exsuperatu-
ram. Intentus perficiendo templo, fabris undique ex Etruria 56
accitis, non pecunia solum ad id publica est usus sed operis
etiam ex plebe. Qui cum haud paruus et ipse militiae
adderetur labor, minus tamen plebs grauabatur se templa
deum exaedificare manibus suis quam postquam et ad alia,
ut specie minora, sic laboris aliquanto maioris traduce- 2
bantur opera, foros in circo faciendos cloacamque maximam,
receptaculum omnium purgamentorum urbis, sub terra
agendam; quibus duobus operibus uix noua haec magnificentia quicquam adaequare potuit. His laboribus exercita 3
plebe, quia et urbi multitudinem, ubi usus non esset, oneri
rebatur esse et colonis mittendis occupari latius imperii

5 portendens $M^c\Delta$: protendens M 7 augebatur $M^c\Delta$: auge-
bantur M Pometinae *Sabellicus*: pomptinae MOP^cU, *fort. recte*:
promptinae P: pontine H 9 summam *Glareanus*: quia summam
Δ: quia summa M: quippe summam *Bekker*   10 magnificentiam
operum *Hayley*: magnificentia operum fundamenta M: magnificentiae
operum fundamenta $M^c\Delta$

56 1 paruus M^cP^{cm} HO: patruus MP, i P^{cs1} (*sc.* patrius): patrius U,
Heurgon; *cf. Cic. de Off.* 1. 150   grauabatur π: grauatur M: *om.* H
2 quam *Bekker*: quae N   aliquanto M^cHO: aliquando MPU sub
terra π: sub terram MH

fines uolebat, Signiam Circeiosque colonos misit, praesidia
urbi futura terra marique.

4   Haec agenti portentum terribile uisum: anguis ex columna lignea elapsus cum terrorem fugamque in regiam fecisset, ipsius regis non tam subito pauore perculit pectus quam
5 anxiis impleuit curis. Itaque cum ad publica prodigia
Etrusci tantum uates adhiberentur, hoc uelut domestico
exterritus uisu Delphos ad maxime inclitum in terris
6 oraculum mittere statuit. Neque responsa sortium ulli alii
committere ausus, duos filios per ignotas ea tempestate
7 terras, ignotiora maria in Graeciam misit. Titus et Arruns
profecti; comes iis additus L. Iunius Brutus, Tarquinia,
sorore regis, natus, iuuenis longe alius ingenio quam cuius
simulationem induerat. Is cum primores ciuitatis, in quibus
fratrem suum, ab auunculo interfectum audisset, neque in
animo suo quicquam regi timendum neque in fortuna
concupiscendum relinquere statuit contemptuque tutus esse
8 ubi in iure parum praesidii esset. Ergo ex industria factus
ad imitationem stultitiae, cum se suaque praedae esse regi
sineret, Bruti quoque haud abnuit cognomen ut sub eius
obtentu cognominis liberator ille populi Romani animus
9 latens opperiretur tempora sua. Is tum ab Tarquiniis
ductus Delphos, ludibrium uerius quam comes, aureum
baculum inclusum corneo cauato ad id baculo tulisse
donum Apollini dicitur, per ambages effigiem ingenii sui.
10 Quo postquam uentum est, perfectis patris mandatis
cupido incessit animos iuuenum sciscitandi ad quem
eorum regnum Romanum esset uenturum. Ex infimo specu
uocem redditam ferunt: imperium summum Romae habe-
bit qui uestrum primus, o iuuenes, osculum matri tulerit.

---

4 regiam **N**: regia *Bauer*   imple-] *hinc deest U, usque ad* 2. 1. 10
-quentia: desunt duo folia *U*cm *in fin. pag.*   5 tantum *M*c*Δ*: tan
dum *M*   7 in iure *Δ*: iniuria *M*   8 regi *M*c*Δ*: regis *M*   opperiretur *Δ*: operiretur *M*   9 Is tum *Ed. Rom.* 1469: is cum
N   donum *M*c*Δ*: domum *M*   Apollini] appollini *OP*: apolini *M*
10 sciscitandi *M*c*Δ*: suscitandi *M*

Tarquinii, ut Sextus, qui Romae relictus fuerat, ignarus 11
responsi expersque imperii esset, rem summa ope taceri
iubent; ipsi inter se uter prior, cum Romam redisset, matri
osculum daret, sorti permittunt. Brutus alio ratus spectare 12
Pythicam uocem, uelut si prolapsus cecidisset, terram
osculo contigit, scilicet quod ea communis mater omnium
mortalium esset. Reditum inde Romam, ubi aduersus 13
Rutulos bellum summa ui parabatur.

Ardeam Rutuli habebant, gens, ut in ea regione atque in 57
ea aetate, diuitiis praepollens; eaque ipsa causa belli fuit,
quod rex Romanus cum ipse ditari, exhaustus magnificentia
publicorum operum, tum praeda delenire popularium
animos studebat, praeter aliam superbiam regno infestos 2
etiam quod se in fabrorum ministeriis ac seruili tam diu
habitos opere ab rege indignabantur. Temptata res est, si 3
primo impetu capi Ardea posset: ubi id parum processit,
obsidione munitionibusque coepti premi hostes. In his 4
statiuis, ut fit longo magis quam acri bello, satis liberi
commeatus erant, primoribus tamen magis quam militibus;
regii quidem iuuenes interdum otium conuiuiis comisatio- 5
nibusque inter se terebant. Forte potantibus his apud Sex. 6
Tarquinium, ubi et Collatinus cenabat Tarquinius, Egeri
filius, incidit de uxoribus mentio. Suam quisque laudare
miris modis; inde certamine accenso Collatinus negat uerbis 7
opus esse; paucis id quidem horis posse sciri quantum
ceteris praestet Lucretia sua. 'Quin, si uigor iuuentae inest,
conscendimus equos inuisimusque praesentes nostrarum

11 Tarquinii, ut Sextus *Ed. Rom.* 1469: Tarquinius Sextus **N**   ignarus
P: *add.* ut *P*^{csl}: ut ignarus *MHO*   redisset *MHOP*^c: reddisset *P*: redissent *M*^c   matri *M*^c*HO*: patri *MP*

57 2 infestos *M*^c*HO*: infestus *MP*   ministeriis *Δ*: ministerio *M*
4 quam acri . . . primoribus tamen *om. M*: quam acri . . . quam
militibus *add. M*^c *in initio pag.*: *hoc supplementum una cum prima linea a
M scripta* (magis quam militibus regii qui-) *erasit M*^{c2} (*multo recentioris
saeculi manus*) *et omnia rescripsit*   tamen magis quam *M*^c*M*^{c2}*OP*:
quam magis *H*: magis quam *M* (*uid. sup.*)   7 quin si *M*^c*Δ*: qui in
si *M*

ingenia? Id cuique spectatissimum sit quod necopinato uiri
aduentu occurrerit oculis.' Incaluerant uino; 'Age sane'
8 omnes; citatis equis auolant Romam. Quo cum primis se
intendentibus tenebris peruenissent, pergunt inde Collatiam,
9 ubi Lucretiam haudquaquam ut regias nurus, quas in
conuiuio lusuque cum aequalibus uiderant tempus terentes,
sed nocte sera deditam lanae inter lucubrantes ancillas in
medio aedium sedentem inueniunt. Muliebris certaminis
10 laus penes Lucretiam fuit. Adueniens uir Tarquiniique
excepti benigne; uictor maritus comiter inuitat regios
iuuenes. Ibi Sex. Tarquinium mala libido Lucretiae per
uim stuprandae capit; cum forma tum spectata castitas
11 incitat. Et tum quidem ab nocturno iuuenali ludo in castra
redeunt.
58   Paucis interiectis diebus Sex. Tarquinius inscio Collatino
2 cum comite uno Collatiam uenit. Vbi exceptus benigne ab
ignaris consilii cum post cenam in hospitale cubiculum
deductus esset, amore ardens, postquam satis tuta circa
sopitique omnes uidebantur, stricto gladio ad dormientem
Lucretiam uenit sinistraque manu mulieris pectore op-
presso 'Tace, Lucretia,' inquit; 'Sex. Tarquinius sum; fer-
3 rum in manu est; moriere, si emiseris uocem.' Cum pauida
ex somno mulier nullam opem, prope mortem imminentem
uideret, tum Tarquinius fateri amorem, orare, miscere preci-
4 bus minas, uersare in omnes partes muliebrem animum. Vbi
obstinatam uidebat et ne mortis quidem metu inclinari,
addit ad metum dedecus: cum mortua iugulatum seruum
nudum positurum ait, ut in sordido adulterio necata dicatur.
5 Quo terrore cum uicisset obstinatam pudicitiam uelut
uictrix libido, profectusque inde Tarquinius ferox expu-
gnato decore muliebri esset, Lucretia maesta tanto malo

---

7 necopinato *Aldus*: necinopinato **N**, *cf.* 3. 26. 5   9 haudquaquam]
haudquamquam *MP, corr.* **M**ᶜ**P**ᶜ   lusuque *Gron., cf.* 40. 13. 3: luxuque
N, *cf. De Viris Illustribus* 9. 2   certaminis *Δ*: certa nimis *M*
     58 5 uelut uictrix **N**, *cf.* 3. 14. 2: *locus ab editoribus uarie emendatus*: uelut
ui uictrix *M. Müller*: uelut ultrix *Markland*

nuntium Romam eundem ad patrem Ardeamque ad uirum
mittit, ut cum singulis fidelibus amicis ueniant; ita facto
maturatoque opus esse; rem atrocem incidisse. Sp. Lucretius 6
cum P. Valerio Volesi filio, Collatinus cum L. Iunio Bruto
uenit, cum quo forte Romam rediens ab nuntio uxoris erat
conuentus. Lucretiam sedentem maestam in cubiculo inueniunt. Aduentu suorum lacrimae obortae, quaerentique 7
uiro 'Satin salue?' 'Minime' inquit; 'quid enim salui est
mulieri amissa pudicitia? Vestigia uiri alieni, Collatine, in
lecto sunt tuo; ceterum corpus est tantum uiolatum, animus
insons; mors testis erit. Sed date dexteras fidemque haud
impune adultero fore. Sex. est Tarquinius qui hostis pro 8
hospite priore nocte ui armatus mihi sibique, si uos uiri estis,
pestiferum hinc abstulit gaudium.' Dant ordine omnes 9
fidem; consolantur aegram animi auertendo noxam ab
coacta in auctorem delicti: mentem peccare, non corpus,
et unde consilium afuerit culpam abesse. 'Vos' inquit 10
'uideritis quid illi debeatur: ego me etsi peccato absoluo,
supplicio non libero; nec ulla deinde impudica Lucretiae
exemplo uiuet.' Cultrum, quem sub ueste abditum habebat, 11
eum in corde defigit, prolapsaque in uolnus moribunda
cecidit. Conclamat uir paterque.   12

Brutus illis luctu occupatis, cultrum ex uolnere Lucretiae 59
extractum manante cruore prae se tenens, 'Per hunc' inquit 'castissimum ante regiam iniuriam sanguinem iuro,
uosque, di, testes facio me L. Tarquinium Superbum cum
scelerata coniuge et omni liberorum stirpe ferro igni quacumque dehinc ui possim exsecuturum, nec illos nec alium
quemquam regnare Romae passurum.' Cultrum deinde 2
Collatino tradit, inde Lucretio ac Valerio, stupentibus mira-

6 Volesi *HPO*^c: uolesio *O*: uoleo *M*: uolecsi *M*^c   7 obortae *OP*:
abortae *MH*   Satin] s*atin *P*: sat in *M*   9 ordine] ordinem *MP*,
corr. *M*^c*P*^c

59 1 manante *M*^c*HP*: maenante *M*: manantem *O*   dehinc *MHO*^c*P*:
die hinc *O*: denique *Madvig*   ui] uim *P*, corr. *P*^c: om. *M*   2 inde
M^c*Δ*: deinde *M*

culo rei, unde nouum in Bruti pectore ingenium. Vt praeceptum erat iurant; totique ab luctu uersi in iram, Brutum
iam inde ad expugnandum regnum uocantem sequuntur
ducem.

3　Elatum domo Lucretiae corpus in forum deferunt, concientque miraculo, ut fit, rei nouae atque indignitate
homines. Pro se quisque scelus regium ac uim queruntur.
4 Mouet cum patris maestitia, tum Brutus castigator lacrimarum atque inertium querellarum auctorque quod uiros,
quod Romanos deceret, arma capiendi aduersus hostilia
5 ausos. Ferocissimus quisque iuuenum cum armis uoluntarius adest; sequitur et cetera iuuentus. Inde praesidio
relicto Collatiae ad portas custodibusque datis ne quis eum
motum regibus nuntiaret, ceteri armati duce Bruto Romam
6 profecti. Vbi eo uentum est, quacumque incedit armata
multitudo, pauorem ac tumultum facit; rursus ubi anteire
primores ciuitatis uident, quidquid sit haud temere esse
7 rentur. Nec minorem motum animorum Romae tam atrox
res facit quam Collatiae fecerat; ergo ex omnibus locis urbis
in forum curritur. Quo simul uentum est, praeco ad tribunum celerum, in quo tum magistratu forte Brutus erat,
8 populum aduocauit. Ibi oratio habita nequaquam eius
pectoris ingeniique quod simulatum ad eam diem fuerat, de
ui ac libidine Sex. Tarquini, de stupro infando Lucretiae et
miserabili caede, de orbitate Tricipitini cui morte filiae
9 causa mortis indignior ac miserabilior esset. Addita superbia
ipsius regis miseriaeque et labores plebis in fossas cloacasque exhauriendas demersae; Romanos homines, uictores
omnium circa populorum, opifices ac lapicidas pro bellatori
10 bus factos. Indigna Ser. Tulli regis memorata caedes et in

3 deferunt] defurunt *M, corr. M*ᶜ: defertur *H*　　4 patris *Ed. Rom.*
1469: patres **N**　　5 praesidio *Ogilvie, coll. D.H.* 4. 71: pari praesidio
M: pars praesidio *HO, Gron. (qui* relicti *etiam scripsit)*: paris praesidio *P*,
pari *corr. P*ᶜᵐ: parte praesidio (. . . relicta) *Heerwagen*　　ad portas *post*
custodibusque *transposuit Heerwagen*　　9 demersae *Δ*: dimersae *M*
10 caedes et *MHO P*ᶜᵐ: caedis et *M*ᶜ: caede sed *P*

uecta corpori patris nefando uehiculo filia, inuocatique ultores parentum di. His atrocioribusque, credo, aliis, quae 11
praesens rerum indignitas haudquaquam relatu scriptoribus
facilia subiecit, memoratis incensam multitudinem perpulit
ut imperium regi abrogaret exsulesque esse iuberet L.
Tarquinium cum coniuge ac liberis. Ipse, iunioribus qui 12
ultro nomina dabant lectis armatisque, ad concitandum
inde aduersus regem exercitum Ardeam in castra est profectus: imperium in urbe Lucretio, praefecto urbis iam ante
ab rege instituto, relinquit. Inter hunc tumultum Tullia 13
domo profugit exsecrantibus quacumque incedebat inuo-
cantibusque parentum furias uiris mulieribusque.

Harum rerum nuntiis in castra perlatis cum re noua tre- 60
pidus rex pergeret Romam ad comprimendos motus, flexit
uiam Brutus—senserat enim aduentum—ne obuius fieret;
eodemque fere tempore, diuersis itineribus, Brutus Ardeam,
Tarquinius Romam uenerunt. Tarquinio clausae portae 2
exsiliumque indictum: liberatorem urbis laeta castra accepere, exactique inde liberi regis. Duo patrem secuti sunt
qui exsulatum Caere in Etruscos ierunt. Sex. Tarquinius
Gabios tamquam in suum regnum profectus ab ultoribus
ueterum simultatium, quas sibi ipse caedibus rapinisque
concierat, est interfectus.

L. Tarquinius Superbus regnauit annos quinque et 3
uiginti. Regnatum Romae ab condita urbe ad liberatam
annos ducentos quadraginta quattuor. Duo consules inde
comitiis centuriatis a praefecto urbis ex commentariis Ser.
Tulli creati sunt, L. Iunius Brutus et L. Tarquinius Collatinus.

10 corpori *Ed. Rom.* 1470: corpore **N**   11 subiecit *P. G. Walsh*:
subicit **N**
    60 1 perlatis *Δ*: praelatis *M*   2 ierunt **N**: ierat *Goodyear*   con-
cierat *M*: conciuerat *H*: concitauerat *OP*   3 annos quinque et xx
M: annos quinque et xl *HP*: anno v et xl *O*
    Subscriptio Victorianus ūō emendabam domnis gymmachis *M*: Titi
Liui ab urbe COND LIB I explicit; incipit Liber II feliciter. Victorianus
emendabam dominis symmachis *P*: *deest in HO*

T. LIVI

AB VRBE CONDITA

LIBER II

1 LIBERI iam hinc populi Romani res pace belloque gestas, annuos magistratus, imperiaque legum potentiora quam
2 hominum peragam. Quae libertas ut laetior esset proximi regis superbia fecerat. Nam priores ita regnarunt ut haud immerito omnes deinceps conditores partium certe urbis, quas nouas ipsi sedes ab se auctae multitudinis addiderunt,
3 numerentur; neque ambigitur quin Brutus idem qui tantum gloriae superbo exacto rege meruit pessimo publico id facturus fuerit, si libertatis immaturae cupidine priorum
4 regum alicui regnum extorsisset. Quid enim futurum fuit, si illa pastorum conuenarumque plebs, transfuga ex suis populis, sub tutela inuiolati templi aut libertatem aut certe impunitatem adepta, soluta regio metu agitari coepta esset
5 tribuniciis procellis, et in aliena urbe cum patribus serere certamina, priusquam pignera coniugum ac liberorum caritasque ipsius soli, cui longo tempore adsuescitur,
6 animos eorum consociasset? Dissipatae res nondum adultae discordia forent, quas fouit tranquilla moderatio imperii eoque nutriendo perduxit ut bonam frugem libertatis maturis iam uiribus ferre posset.
7 Libertatis autem originem inde magis quia annuum imperium consulare factum est quam quod deminutum quic-
8 quam sit ex regia potestate numeres. Omnia iura, omnia

1 2 laetior esset] laeticior esset *H*: laetiores sed *P, corr. P*^c   ab se auctae *Δ*: absaucte *M*: abauctae *M*^c   5 adsuescitur *HOP*^c: aduescitur *MP*   6 libertatis *M*^c*Δ*: libertatem *M*   posset *MHOP*^{cm}, *cf.* 3. 23. 4: possent *Aldus*: maturis . . . libertatis *om. P, add. P*^{cm}   7 regia] regiam *M, corr. M*^c: regegia *P, corr. P*^c

76

insignia primi consules tenuere; id modo cautum est ne, si
ambo fasces haberent, duplicatus terror uideretur. Brutus
prior, concedente collega, fasces habuit; qui non acrior
uindex libertatis fuerat quam deinde custos fuit. Omnium 9
primum auidum nouae libertatis populum, ne postmodum
flecti precibus aut donis regiis posset, iure iurando adegit
neminem Romae passuros regnare. Deinde quo plus uirium 10
in senatu frequentia etiam ordinis faceret, caedibus regis
deminutum patrum numerum primoribus equestris gradus
lectis ad trecentorum summam expleuit, traditumque inde 11
fertur ut in senatum uocarentur qui patres quique conscripti
essent; conscriptos uidelicet appellabant lectos. Id mirum
quantum profuit ad concordiam ciuitatis iungendosque
patribus plebis animos.

Rerum deinde diuinarum habita cura; et quia quaedam 2
publica sacra per ipsos reges factitata erant, necubi regum
desiderium esset, regem sacrificulum creant. Id sacerdotium 2
pontifici subiecere, ne additus nomini honos aliquid libertati, cuius tunc prima erat cura, officeret. Ac nescio an
nimis undique eam minimisque rebus muniendo modum ex-
cesserint. Consulis enim alterius, cum nihil aliud offenderit, 3
nomen inuisum ciuitati fuit: nimium Tarquinios regno
adsuesse; initium a Prisco factum; regnasse dein Ser.
Tullium; ne interuallo quidem facto oblitum, tamquam
alieni, regni, Superbum Tarquinium uelut hereditatem
gentis scelere ac ui repetisse; pulso Superbo penes Collatinum imperium esse. Nescire Tarquinios priuatos uiuere;
non placere nomen, periculosum libertati esse. Hinc primo 4
sensim temptantium animos sermo per totam ciuitatem est

11 *post* uidelicet *add.* nouum senatum **N**: *secl. Novák*: in nouum senatum *Ed. Mogunt.* 1518

2 1 necubi M^c: nec ubi H: necubi tibi M: necubi ibi OPU sacrificulum *Ed. Rom.* 1470, *cf.* 6. 41. 9: sacrificolum MOP^cUP^{cm}: sacrifico-
rum HP 2 an nimis M^cP^cU: animi MP: an nimii OH minimisque
MP^{cm}: minimis quoque OH: minimus P: minimis P^cU 3 offenderit
N: offenderet *Bauer*   tamquam alieni *perobscurum uidetur*: tamquam
alienati *Tittler*: solium quamquam alieni *Boot*: *an secludendum?*

satus, sollicitamque suspicione plebem Brutus ad contionem
5 uocat. Ibi omnium primum ius iurandum populi recitat
neminem regnare passuros nec esse Romae unde periculum
libertati foret; id summa ope tuendum esse, neque ullam
rem quae eo pertineat contemnendam. Inuitum se dicere
hominis causa, nec dicturum fuisse ni caritas rei publicae
6 uinceret: non credere populum Romanum solidam libertatem reciperatam esse; regium genus, regium nomen non
solum in ciuitate sed etiam in imperio esse; id officere, id
7 obstare libertati. 'Hunc tu' inquit 'tua uoluntate, L.
Tarquini, remoue metum. Meminimus, fatemur: eiecisti
reges; absolue beneficium tuum, aufer hinc regium nomen.
Res tuas tibi non solum reddent ciues tui auctore me, sed
si quid deest munifice augebunt. Amicus abi; exonera
ciuitatem uano forsitan metu; ita persuasum est animis cum
8 gente Tarquinia regnum hinc abiturum.' Consuli primo tam
nouae rei ac subitae admiratio incluserat uocem; dicere
deinde incipientem primores ciuitatis circumsistunt, eadem
9 multis precibus orant. Et ceteri quidem mouebant minus:
postquam Sp. Lucretius, maior aetate ac dignitate, socer
praeterea ipsius, agere uarie rogando alternis suadendoque
10 coepit ut uinci se consensu ciuitatis pateretur, timens consul
ne postmodum priuato sibi eadem illa cum bonorum
amissione additaque alia insuper ignominia acciderent,
abdicauit se consulatu rebusque suis omnibus Lauinium
11 translatis ciuitate cessit. Brutus ex senatus consulto ad
populum tulit ut omnes Tarquiniae gentis exsules essent;
collegam sibi comitiis centuriatis creauit P. Valerium, quo
adiutore reges eiecerat.
3   Cum haud cuiquam in dubio esset bellum ab Tarquiniis
imminere, id quidem spe omnium serius fuit; ceterum, id

4 satus *Ogilvie*: datus **N**: diditus *Ruperti*: dilatus *Cornelissen*   7 meminimus *O*ᶜ: meminimis *O*: memini meis *MP*: memini mecum *U*: memini
cis *H*   abiturum] habiturum *MP, corr. M*ᶜ*P*ᶜ   9 Sp.] supurius *M*:
superius *P, corr. P*ᶜ
3 1 spe *M*ᶜ*Δ*: spem *M*

78

quod non timebant, per dolum ac proditionem prope libertas amissa est. Erant in Romana iuuentute adulescentes 2
aliquot, nec ii tenui loco orti, quorum in regno libido
solutior fuerat, aequales sodalesque adulescentium Tarquiniorum, adsueti more regio uiuere. Eam tum, aequato 3
iure omnium, licentiam quaerentes, libertatem aliorum in
suam uertisse seruitutem inter se conquerebantur: regem
hominem esse, a quo impetres, ubi ius, ubi iniuria opus sit;
esse gratiae locum, esse beneficio; et irasci et ignoscere
posse; inter amicum atque inimicum discrimen nosse; leges 4
rem surdam, inexorabilem esse, salubriorem melioremque
inopi quam potenti; nihil laxamenti nec ueniae habere, si
modum excesseris; periculosum esse in tot humanis erroribus
sola innocentia uiuere. Ita iam sua sponte aegris animis 5
legati ab regibus superueniunt, sine mentione reditus bona
tantum repetentes. Eorum uerba postquam in senatu audita
sunt, per aliquot dies ea consultatio tenuit, ne non reddita
belli causa, reddita belli materia et adiumentum esset.
Interim legati alia moliri; aperte bona repetentes clam 6
reciperandi regni consilia struere; et tamquam ad id quod
agi uidebatur ambientes, nobilium adulescentium animos
pertemptant. A quibus placide oratio accepta est, iis litteras 7
ab Tarquiniis reddunt et de accipiendis clam nocte in urbem
regibus conloquuntur.

Vitelliis Aquiliisque fratribus primo commissa res est. 4
Vitelliorum soror consuli nupta Bruto erat, iamque ex eo
matrimonio adulescentes erant liberi, Titus Tiberiusque;
eos quoque in societatem consilii auunculi adsumunt.
Praeterea aliquot nobiles adulescentes conscii adsumpti, 2
quorum uetustate memoria abiit. Interim cum in senatu 3
uicisset sententia quae censebat reddenda bona, eamque

2 ii *Ed. Rom.* 1469: hi **N**   3 regem Δ: *om. M, rest.* M^{cm} gratiae
MOP^cU: gratiam *P: om. H*   4 leges $M^c\Delta$: lege *M*   esse Δ: *om.*
M, rest. M^{cm} 5 sua sponte Δ: sponte *M*   esset *MH*: essent *PU,*
Ed. Rom. 1469: essent . . . uidebatur *om. O*   6 alia *Crevier*: alii alia
MHP^cU: alia alia *P*: alibi alia *Duker*   uidebatur Δ: uidebantur *M*

ipsam causam morae in urbe haberent legati quod spatium
ad uehicula comparanda a consulibus sumpsissent quibus
regum asportarent res, omne id tempus cum coniuratis
consultando absumunt, euincuntque instando ut litterae
4 sibi ad Tarquinios darentur: nam aliter qui credituros eos
non uana ab legatis super rebus tantis adferri? Datae
litterae ut pignus fidei essent manifestum facinus fecerunt.
5 Nam cum pridie quam legati ad Tarquinios proficiscerentur
cenatum forte apud Vitellios esset, coniuratique ibi,
remotis arbitris, multa inter se de nouo, ut fit, consilio
6 egissent, sermonem eorum ex seruis unus excepit, qui iam
antea id senserat agi, sed eam occasionem, ut litterae
legatis darentur quae deprehensae rem coarguere possent,
exspectabat. Postquam datas sensit, rem ad consules detulit.
7 Consules ad deprehendendos legatos coniuratosque profecti domo sine tumultu rem omnem oppressere; litterarum in primis habita cura ne interciderent. Proditoribus
extemplo in uincla coniectis, de legatis paululum addubi-
tatum est; et quamquam uisi sunt commisisse ut hostium
loco essent, ius tamen gentium ualuit.
5   De bonis regiis, quae reddi ante censuerant, res integra
refertur ad patres. Ibi uicti ira uetuere reddi, uetuere in
2 publicum redigi. Diripienda plebi sunt data, ut contacta
regia praeda spem in perpetuum cum iis pacis amitteret.
Ager Tarquiniorum qui inter urbem ac Tiberim fuit, con-
3 secratus Marti, Martius deinde campus fuit. Forte ibi tum
seges farris dicitur fuisse matura messi. Quem campi
fructum quia religiosum erat consumere, desectam cum
stramento segetem magna uis hominum simul immissa
corbibus fudere in Tiberim tenui fluentem aqua, ut mediis

---

4 3 a consulibus Δ: consulibus M   absumunt Δ: adsumunt M
5 cenatum Duker: et cenatum N

  5 1 regiis Gruter: regis MHOPUᶜ: rgis U   uicti ira MᶜPᶜUO: uictūra
M: uictic ira P: uicturam H: uicit ira Frey   2 iis] hiis H: his U
campus fuit N: campus fit H. Richards   3 immissa corbibus MᶜU:
immissa coruibus MP: immissam cordibus HO

caloribus solet. Ita in uadis haesitantes frumenti aceruos
sedisse inlitos limo; insulam inde paulatim et aliis quae fert 4
temere flumen eodem inuectis factam; postea credo ad-
ditas moles manuque adiutum, ut tam eminens area firma
templis quoque ac porticibus sustinendis esset.

Direptis bonis regum damnati proditores sumptumque 5
supplicium, conspectius eo quod poenae capiendae ministerium patri de liberis consulatus imposuit, et qui spectator
erat amouendus, eum ipsum fortuna exactorem supplicii
dedit. Stabant deligati ad palum nobilissimi iuuenes; sed a 6
ceteris, uelut ab ignotis capitibus, consulis liberi omnium
in se auerterant oculos, miserebatque non poenae magis
homines quam sceleris quo poenam meriti essent: illos eo 7
potissimum anno patriam liberatam, patrem liberatorem,
consulatum ortum ex domo Iunia, patres, plebem, quidquid
deorum hominumque Romanorum esset, induxisse in animum ut superbo quondam regi, tum infesto exsuli prode-
rent. Consules in sedem processere suam, missique lictores 8
ad sumendum supplicium. Nudatos uirgis caedunt securique
feriunt, cum inter omne tempus pater uoltusque et os eius
spectaculo esset, eminente animo patrio inter publicae
poenae ministerium. Secundum poenam nocentium, ut in 9
utramque partem arcendis sceleribus exemplum nobile esset,
praemium indici pecunia ex aerario, libertas et ciuitas data.
Ille primum dicitur uindicta liberatus; quidam uindictae 10
quoque nomen tractum ab illo putant; Vindicio ipsi nomen
fuisse. Post illum hoc seruatum ut qui ita liberati essent in
ciuitatem accepti uiderentur.

His sicut acta erant nuntiatis incensus Tarquinius non 6
dolore solum tantae ad inritum cadentis spei sed etiam odio

3 uadis] uasis *P, corr. P*^c: uadit *H*   haesitantes] haesitantis *O*: hesi-
tantis *M*^c*HPU*: hesitanti *M*   4 tam **N**: iam *Duker*   firma *Novák*:
firmaque **N**   5 qui] quis *MP, corr. M*^c*P*^c   amouendus *Δ*:
admouendus *M*   8 eminente **N**: non eminente *Sartorius*: minime
eminente *Koch*   9 sceleribus *M*^c*Δ*: celeribus *M*   10 uindictae
Ed. Rom. 1469: uindiciae **N**   hoc seruatum *Karsten*: obseruatum **N**:
seruatum *Ed. Rom.* 1469; *cf.* 3. 36. 3

iraque, postquam dolo uiam obsaeptam uidit, bellum aperte
2 moliendum ratus circumire supplex Etruriae urbes; orare
maxime Veientes Tarquiniensesque, ne se ortum ex
Etruscis, eiusdem sanguinis, extorrem, egentem ex tanto
modo regno cum liberis adulescentibus ante oculos suos
perire sinerent: alios peregre in regnum Romam accitos: se
regem, augentem bello Romanum imperium, a proximis
3 scelerata coniuratione pulsum. eos inter se, quia nemo unus
satis dignus regno uisus sit, partes regni rapuisse; bona sua
diripienda populo dedisse, ne quis expers sceleris esset.
patriam se regnumque suum repetere et persequi ingratos
ciues uelle. ferrent opem, adiuuarent; suas quoque ueteres
iniurias ultum irent, totiens caesas legiones, agrum adem-
4 ptum. Haec mouerunt Veientes, ac pro se quisque Romano
saltem duce ignominias demendas belloque amissa repe-
tenda minaciter fremunt. Tarquinienses nomen ac cognatio
mouet: pulchrum uidebatur suos Romae regnare.
5 Ita duo duarum ciuitatium exercitus ad repetendum
regnum belloque persequendos Romanos secuti Tarquinium. Postquam in agrum Romanum uentum est, obuiam
6 hosti consules eunt. Valerius quadrato agmine peditem
ducit: Brutus ad explorandum cum equitatu antecessit.
Eodem modo primus eques hostium agminis fuit; praeerat
Arruns Tarquinius filius regis, rex ipse cum legionibus
7 sequebatur. Arruns ubi ex lictoribus procul consulem esse,
deinde iam propius ac certius facie quoque Brutum cogno-
uit, inflammatus ira 'Ille est uir' inquit 'qui nos extorres
expulit patria. Ipse en ille nostris decoratus insignibus
8 magnifice incedit. Di regum ultores adeste.' Concitat
calcaribus equum atque in ipsum infestus consulem derigit.
Sensit in se iri Brutus; decorum erat tum ipsis capessere

6 2 Tarquiniensesque $M^c\Delta$: Tarquiniense M se ortum ex Etruscis
Weinkauff: se ortum **N**: ex se ortum *Drak.*; *cf.* 2. 9. 1   peregre]
peregere M 4 ac] hac *P, corr. P^c*: *om. H*   saltem] salutem *HP*:
corr. P^c   duce Δ: duci M 6 agminis Δ: agmini M 8 derigit
Lachmann: dirigit *OU*: diregit *P, add.* i *P^{cs1}*: regit *H*: ruggit M: ruit M^c

82

pugnam ducibus; auide itaque se certamini offert; adeoque 9
infestis animis concurrerunt, neuter dum hostem uolneraret
sui protegendi corporis memor, ut contrario icti per parmam
uterque transfixus duabus haerentes hastis moribundi ex
equis lapsi sint. Simul et cetera equestris pugna coepit, neque 10
ita multo post et pedites superueniunt. Ibi uaria uictoria et
uelut aequo Marte pugnatum est; dextera utrimque cornua
uicere, laeua superata. Veientes, uinci ab Romano milite 11
adsueti, fusi fugatique: Tarquiniensis, nouus hostis, non stetit
solum sed etiam ab sua parte Romanum pepulit.

Ita cum pugnatum esset, tantus terror Tarquinium atque 7
Etruscos incessit ut omissa inrita re nocte ambo exercitus,
Veiens Tarquiniensisque, suas quisque abirent domos. Adi- 2
ciunt miracula huic pugnae: silentio proximae noctis ex
silua Arsia ingentem editam uocem; Siluani uocem eam
creditam: uno plus Tuscorum cecidisse in acie; uincere
bello Romanum. Ita certe inde abiere, Romani ut uictores, 3
Etrusci pro uictis; nam postquam inluxit nec quisquam
hostium in conspectu erat, P. Valerius consul spolia legit
triumphansque inde Romam rediit. Collegae funus quanto 4
tum potuit apparatu fecit; sed multo maius morti decus
publica fuit maestitia, eo ante omnia insignis quia matronae
annum ut parentem eum luxerunt, quod tam acer ultor
uiolatae pudicitiae fuisset.

Consuli deinde qui superfuerat, ut sunt mutabiles uolgi 5
animi, ex fauore non inuidia modo sed suspicio etiam cum
atroci crimine orta. Regnum eum adfectare fama ferebat, 6
quia nec collegam subrogauerat in locum Bruti et aedifica-
bat in summa Velia: ibi alto atque munito loco arcem
inexpugnabilem fieri. Haec dicta uolgo creditaque cum 7
indignitate angerent consulis animum, uocato ad concilium

---

7 2 *post* creditam *add.* haec dicta N: *del. Ruperti*; *cf.* 2. 7. 7 *infra*
6 eum] cum M: meum P, *corr.* Pᶜ   Velia MᶜO: uella MP: uilla U:
uelea H   ibi alto HOPᶜᵐU: ubi alto P: altoque M: alto Mᶜ   fieri
Alschefski, coll. 1. 33. 6: fieri fore N: fore *Edd. uet.*: fieri foro *Hertz*
7 concilium HOᶜ: concilio O: consilium MPU

populo submissis fascibus in contionem escendit. Gratum id
multitudini spectaculum fuit, submissa sibi esse imperii
insignia confessionemque factam populi quam consulis
8 maiestatem uimque maiorem esse. Ibi audire iussis consul
laudare fortunam collegae, quod liberata patria, in summo
honore, pro re publica dimicans, matura gloria necdum
se uertente in inuidiam, mortem occubuisset: se superstitem gloriae suae ad crimen atque inuidiam superesse; ex
liberatore patriae ad Aquilios se Vitelliosque recidisse.
9 'Nunquamne ergo' inquit 'ulla adeo uobis spectata uirtus
erit, ut suspicione uiolari nequeat? Ego me, illum acerrimum regum hostem, ipsum cupiditatis regni crimen subi-
10 turum timerem? Ego si in ipsa arce Capitolioque habitarem,
metui me crederem posse a ciuibus meis? Tam leui momento mea apud uos fama pendet? Adeone est fundata leuiter
11 fides ut ubi sim quam qui sim magis referat? Non obstabunt
Publi Valeri aedes libertati uestrae, Quirites; tuta erit uobis
Velia; deferam non in planum modo aedes sed colli etiam
subiciam, ut uos supra suspectum me ciuem habitetis; in
Velia aedificent quibus melius quam P. Valerio creditur
12 libertas.' Delata confestim materia omnis infra Veliam et,
ubi nunc Vicae Potae ⟨aedes⟩ est, domus in infimo cliuo
aedificata.
8   Latae deinde leges, non solum quae regni suspicione consulem absoluerent, sed quae adeo in contrarium uerterent
ut popularem etiam facerent; inde cognomen factum Publi-

---

7 escendit *MP*, *cf.* 2. 28. 6, 3. 47. 4: ascendit *HOP*c*U*c: asscendit
*M*c: uocat *U*   gratum id *MH*: id gratum *O*: tum id gratum
PU   submissa] *hinc incipit K*   8 iussis *MHKOP*: iussi *M*c: iussit *U*
liberata patria *M*c*HPU*: liberatam patriam *MOK*   in inuidiam *K*: in
inuidia *MHP*c*U*: inuidia *OP*   9 uobis *Gron.*: a uobis **N**   10 si in
HKOP: si *M*: in *U*: *add.* quamuis *U*csl   11 libertati] libertatis *MPK*,
corr. *M*c*P*c   Quirites] ꝗ. R̄ *H*: q̄. *K*: quia R *M*: quiR *M*c: quirites
*M*csl   Velia *M*c*HOK*: uella *MP*: uilla *U*   in Velia *M*c*HO*: in uella
MP: in uella *MP*: in *ella *U*: in uilla *U*c   12 Veliam *M*c*Δ*: uellam
M   Vicae Potae aedes *Siesebye*: Vicae Potae *Lipsius*: uicae pocae *M*:
uice pocae *HPU*: uice poce *O*: uicus publicus *M*c

colae est. Ante omnes de prouocatione aduersus magistratus 2
ad populum sacrandoque cum bonis capite eius qui regni
occupandi consilia inisset gratae in uolgus leges fuere. Quas 3
cum solus pertulisset, ut sua unius in his gratia esset, tum
deinde comitia collegae subrogando habuit. Creatus Sp. 4
Lucretius consul, qui magno natu, non sufficientibus iam
uiribus ad consularia munera obeunda, intra paucos dies
moritur. Suffectus in Lucreti locum M. Horatius Puluillus.
Apud quosdam ueteres auctores non inuenio Lucretium 5
consulem; Bruto statim Horatium suggerunt; credo, quia
nulla gesta res insignem fecerit consulatum, memoriam
intercidisse.

Nondum dedicata erat in Capitolio Iouis aedes; Valerius 6
Horatiusque consules sortiti uter dedicaret. Horatio sorte
euenit: Publicola ad Veientium bellum profectus. Aegrius 7
quam dignum erat tulere Valeri necessarii dedicationem
tam incliti templi Horatio dari. Id omnibus modis impedire
conati, postquam alia frustra temptata erant, postem iam
tenenti consuli foedum inter precationem deum nuntium
incutiunt, mortuum eius filium esse, funestaque familia
dedicare eum templum non posse. Non crediderit factum 8
an tantum animo robori sfuerit, nec traditur certum nec
interpretatio est facilis. Nihil aliud ad eum nuntium a
proposito auersus quam ut cadauer efferri iuberet, tenens
postem precationem peragit et dedicat templum.

Haec post exactos reges domi militiaeque gesta primo 9
anno.

Inde P. Valerius iterum T. Lucretius consules facti. Iam 9
Tarquinii ad Lartem Porsennam, Clusinum regem, perfuge-
rant. Ibi miscendo consilium precesque nunc orabant, ne se,
oriundos ex Etruscis, eiusdem sanguinis nominisque, egentes exsulare pateretur, nunc monebant etiam ne orientem 2

8 3 ut *Δ*: et *M*   4 Horatius] oratius *HK*: hortatius *P, corr. Pᶜ*
5 Horatium *π*: oratium *Mλ*   memoriam *Ed. Paris.* 1510: memoria **N**
6 Horatio] oratio *HK*: hortatio *P, corr. Pᶜ*   8 crediderit *Δ*: crediderint *M*   auersus] aduersus *MP, corr. Pᶜ*   efferri *Δ*: haec ferri *M*

morem pellendi reges inultum sineret. satis libertatem
3 ipsam habere dulcedinis. nisi quanta ui ciuitates eam expetant tanta regna reges defendant, aequari summa infimis;
nihil excelsum, nihil quod supra cetera emineat, in ciuitatibus fore; adesse finem regnis, rei inter deos hominesque
4 pulcherrimae. Porsenna cum regem esse Romae, tum
Etruscae gentis regem, amplum Tuscis ratus, Romam
5 infesto exercitu uenit. Non unquam alias ante tantus terror
senatum inuasit; adeo ualida res tum Clusina erat magnumque Porsennae nomen. Nec hostes modo timebant sed suos-
met ipsi ciues, ne Romana plebs, metu perculsa, receptis in
6 urbem regibus uel cum seruitute pacem acciperet. Multa
igitur blandimenta plebi per id tempus ab senatu data.
Annonae in primis habita cura, et ad frumentum comparandum missi alii in Volscos, alii Cumas. Salis quoque uen-
dendi arbitrium, quia impenso pretio uenibat, in publicum
omne sumptum, ademptum priuatis; portoriisque et
tributo plebes liberata, ut diuites conferrent qui oneri
ferendo essent: pauperes satis stipendii pendere, si liberos
7 educent. Itaque haec indulgentia patrum asperis postmodum rebus in obsidione ac fame adeo concordem ciuitatem
tenuit, ut regium nomen non summi magis quam infimi
8 horrerent, nec quisquam unus malis artibus postea tam
popularis esset quam tum bene imperando uniuersus senatus fuit.
10 Cum hostes adessent, pro se quisque in urbem ex agris
demigrant; urbem ipsam saepiunt praesidiis. Alia muris,
2 alia Tiberi obiecto uidebantur tuta: pons sublicius iter

9 3 expetant *M*c*P*c*HU*: expectant *MPO*   cetera emineat] cetere
mineat *H*: cetera mineat *MK*, add. e *M*csl   6 Cumas. Salis] cuma-
salis *MP*: cumas salis *M*c: cumas aliis *P*c   uenibat *Ed. Rom.* 1469:
ueniebat *Δ*: ueniebant *M*   omne sumptum *Gron.*: omni sumptu **N**:
omni sumptu recepto *Clericus* (suscepto *M. Müller*)   portoriisque
HOK: portitoriisque *M*: fortoriis queq. *P*: portoriis quaeque *P*c: portoriis
quoque *U*   plebes *Gron.*: plebe **N**: plebi *P*cm
   10 1 demigrant *M*c*Δ*: dimigrant *M*   2 sublicius] suplicius *M*,
*corr. M*c: sulpicius *U*

paene hostibus dedit, ni unus uir fuisset, Horatius Cocles;
id munimentum illo die fortuna urbis Romanae habuit.
Qui positus forte in statione pontis cum captum repentino 3
impetu Ianiculum atque inde citatos decurrere hostes uidisset trepidamque turbam suorum arma ordinesque relinquere, reprehensans singulos, obsistens obtestansque deum
et hominum fidem testabatur nequiquam deserto praesidio
eos fugere; si transitum pontem a tergo reliquissent, iam 4
plus hostium in Palatio Capitolioque quam in Ianiculo fore.
Itaque monere, praedicere ut pontem ferro, igni, quacumque ui possint, interrumpant: se impetum hostium, quantum corpore uno posset obsisti, excepturum. Vadit inde in 5
primum aditum pontis, insignisque inter conspecta ceden-
tium pugnae terga obuersis comminus ad ineundum
proelium armis, ipso miraculo audaciae obstupefecit hostes.
Duos tamen cum eo pudor tenuit, Sp. Larcium ac T. 6
Herminium, ambos claros genere factisque. Cum his 7
primam periculi procellam et quod tumultuosissimum
pugnae erat parumper sustinuit; deinde eos quoque ipsos
exigua parte pontis relicta reuocantibus qui rescindebant
cedere in tutum coegit. Circumferens inde truces minaciter 8
oculos ad proceres Etruscorum nunc singulos prouocare,
nunc increpare omnes: seruitia regum superborum, suae
libertatis immemores alienam oppugnatum uenire. Cunctati 9
aliquamdiu sunt, dum alius alium, ut proelium incipiant,
circumspectant; pudor deinde commouit aciem, et clamore
sublato undique in unum hostem tela coniciunt. Quae cum 10
in obiecto cuncta scuto haesissent, neque ille minus obsti-
natus ingenti pontem obtineret gradu, iam impetu cona-
bantur detrudere uirum, cum simul fragor rupti pontis,

---

2 ni] ne *M*, *corr. M*ᶜ: nisi *O*   Cocles] docles *H*: cocledis *P*, *corr.*
*P*ᶜ: cogles *K*   4 transitum pontem **N**, *cf.* 21. 43. 4: transitui
Nannius   reliquissent *M*ᶜ*HOP*ᶜ*U*ᶜ: relinquissent *MP*: reliquisset *U*: *defit*
K   ui] uim *MP*, *corr. M*ᶜ*P*ᶜ   5 pugnae **N**: pugna *Gron.*   hostes
*M*ᶜ*Δ*: hostis *M*   ac T. Herminium] ac t. Erminium *O*: ac terminium
MPU: acterminium *HK*   7 intutum *M*ᶜ*Δ*: incitum *M*

simul clamor Romanorum, alacritate perfecti operis sub-
11 latus, pauore subito impetum sustinuit. Tum Cocles 'Tibe-
rine pater,' inquit, 'te sancte precor, haec arma et hunc
militem propitio flumine accipias.' Ita sic armatus in Tiberim desiluit multisque superincidentibus telis incolumis
ad suos tranauit, rem ausus plus famae habituram ad
12 posteros quam fidei. Grata erga tantam uirtutem ciuitas
fuit; statua in comitio posita; agri quantum uno die circum-
13 arauit, datum. Priuata quoque inter publicos honores
studia eminebant; nam in magna inopia pro domesticis
copiis unusquisque ei aliquid, fraudans se ipse uictu suo,
contulit.

11 Porsenna primo conatu repulsus, consiliis ab oppugnanda
urbe ad obsidendam uersis, praesidio in Ianiculo locato, ipse
2 in plano ripisque Tiberis castra posuit, nauibus undique
accitis et ad custodiam ne quid Romam frumenti subuehi
sineret, et ut praedatum milites trans flumen per occasio-
3 nes aliis atque aliis locis traiceret; breuique adeo infestum
omnem Romanum agrum reddidit ut non cetera solum ex
agris sed pecus quoque omne in urbem compelleretur, neque
4 quisquam extra portas propellere auderet. Hoc tantum
licentiae Etruscis non metu magis quam consilio concessum.
Namque Valerius consul intentus in occasionem multos
simul et effusos improuiso adoriundi, in paruis rebus
neglegens ultor, grauem se ad maiora uindicem seruabat.
5 Itaque ut eliceret praedatores, edicit suis postero die frequentes porta Esquilina, quae auersissima ab hoste erat,
expellerent pecus, scituros id hostes ratus, quod in obsi-
6 dione et fame seruitia infida transfugerent. Et sciere
perfugae indicio; multoque plures, ut in spem uniuersae
7 praedae, flumen traiciunt. P. Valerius inde T. Herminium

---

11 1 *post* ripisque *defit K* 2 traiceret *Gron.*: traicerent **N**
3 quisquam] quiquam *M, add.* s *M*csl 5 eliceret *HO*c*PU*: elicerent
O: eligeret *M* 7 inde T. Herminium *Sobius*: m̅. hermonium *M*:
m̅. hermenium *M*c: m̅. t. hermenium *P*: M̅ T̅ hermenium *HO*: m̅ t̅.
herminium *U*

cum modicis copiis ad secundum lapidem Gabina uia occultum considere iubet, Sp. Larcium cum expedita iuuentute ad portam Collinam stare donec hostis praetereat; inde se obicere ne sit ad flumen reditus. Consulum alter T. Lucre- 8 tius porta Naeuia cum aliquot manipulis militum egressus; ipse Valerius Caelio monte cohortes delectas educit, hique primi apparuere hosti. Herminius ubi tumultum sensit, 9 concurrit ex insidiis, uersisque in Lucretium Etruscis terga caedit; dextra laeuaque, hinc a porta Collina, illinc ab Naeuia, redditus clamor; ita caesi in medio praedatores, 10 neque ad pugnam uiribus pares et ad fugam saeptis omnibus uiis. Finisque ille tam effuse uagandi Etruscis fuit.

Obsidio erat nihilo minus et frumenti cum summa cari- 12 tate inopia, sedendoque expugnaturum se urbem spem Porsenna habebat, cum C. Mucius, adulescens nobilis, cui 2 indignum uidebatur populum Romanum seruientem cum sub regibus esset nullo bello nec ab hostibus ullis obsessum esse, liberum eundem populum ab iisdem Etruscis obsideri quorum saepe exercitus fuderit—itaque magno audacique 3 aliquo facinore eam indignitatem uindicandam ratus, primo sua sponte penetrare in hostium castra constituit; dein 4 metuens ne si consulum iniussu et ignaris omnibus iret, forte deprehensus a custodibus Romanis retraheretur ut transfuga, fortuna tum urbis crimen adfirmante, senatum adit. 'Transire Tiberim,' inquit, 'patres, et intrare, si possim, 5 castra hostium uolo, non praedo nec populationum in uicem ultor; maius si di iuuant in animo est facinus.' Adprobant patres; abdito intra uestem ferro proficiscitur. Vbi eo uenit, in confertissima turba prope regium tribu- 6 nal constitit. Ibi cum stipendium militibus forte daretur et 7

7 Gabina uia *U*: gabinia uia *OP*: gabiniam uiam *M*: grabinia ũia *H* Larcium] Largium **N** 8 T. Lucretius *Δ*: P. Lucretius *M* 9 Herminius *Δ*: Hermenius *M* concurrit **N**: consurgit *Aritzenius* Lucretium **N**: Valerium *Glareanus* 10 uagandi *Ed. Parm.* 1480, *cf.* 38. 48. 5: auagandi *P*: euagandi *MHOPᶜU*

scriba cum rege sedens pari fere ornatu multa ageret eum-
⟨que⟩ milites uolgo adirent, timens sciscitari uter Porsenna
esset, ne ignorando regem semet ipse aperiret quis esset, quo
temere traxit fortuna facinus, scribam pro rege obtruncat.
8 Vadentem inde qua per trepidam turbam cruento mucrone
sibi ipse fecerat uiam, cum concursu ad clamorem facto
comprehensum regii satellites retraxissent, ante tribunal
regis destitutus, tum quoque inter tantas fortunae minas
9 metuendus magis quam metuens, 'Romanus sum' inquit
'ciuis; C. Mucium uocant. Hostis hostem occidere uolui,
nec ad mortem minus animi est quam fuit ad caedem; et
10 facere et pati fortia Romanum est. Nec unus in te ego hos
animos gessi; longus post me ordo est idem petentium decus.
Proinde in hoc discrimen, si iuuat, accingere, ut in singulas
horas capite dimices tuo, ferrum hostemque in uestibulo
habeas regiae. Hoc tibi iuuentus Romana indicimus bellum.
11 Nullam aciem, nullum proelium timueris; uni tibi et cum
12 singulis res erit.' Cum rex simul ira incensus periculoque
conterritus circumdari ignes minitabundus iuberet nisi
expromeret propere quas insidiarum sibi minas per ambages
13 iaceret, 'En tibi,' inquit, 'ut sentias quam uile corpus sit iis
qui magnam gloriam uident'; dextramque accenso ad sacrificium foculo inicit. Quam cum uelut alienato ab sensu tor-
reret animo, prope attonitus miraculo rex cum ab sede sua
14 prosiluisset amouerique ab altaribus iuuenem iussisset, 'Tu
uero abi', inquit, 'in te magis quam in me hostilia ausus.
Iuberem macte uirtute esse, si pro mea patria ista uirtus
staret; nunc iure belli liberum te, intactum inuiolatumque

12 7 eumque *Aldus*: eum **N**: et eum *Schaeffer*   sciscitari *Δ*: suscitari
M: siscitari *Mᶜ*   8 cum concursu] concursu *OM*   regii *MO*: regi
HPU   metuendus] metuendas *MP*, *corr. MᶜPᶜ*   9 Mucium]
Mutium *M*: mocium *H*   10 capite dimices **N**: *fort.* de capite dimices,
cf. Cic. Sest. 1   11 et cum **N**: cum Boot   res erit *MᶜHOᶜPUᶜ*: re
erit *M*: refert *O*: res erat *U*   12 incensus *Lallemand, coll.* 1. 53. 10:
infensus **N**   expromeret] expromerents *O*, *corr. Oᶜ*: ex Roma eret *M*,
corr. Mᶜ   13 iis] is *MH*: *add.* h *Mᶜˢˡ*: his *OPU*   14 Tu uero
M: tum uero *Δ*

hinc dimitto.' Tunc Mucius, quasi remunerans meritum, 15
'Quando quidem' inquit 'est apud te uirtuti honos, ut beneficio tuleris a me quod minis nequisti, trecenti coniurauimus
principes iuuentutis Romanae ut in te hac uia grassaremur.
Mea prima sors fuit; ceteri ut cuiusque ceciderit primi 16
quoad te opportunum fortuna dederit, suo quisque tempore
aderunt.'

Mucium dimissum, cui postea Scaeuolae a clade dextrae 13
manus cognomen inditum, legati a Porsenna Romam secuti
sunt; adeo mouerat eum et primi periculi casus, ⟨a⟩ quo 2
nihil se praeter errorem insidiatoris texisset, et subeunda
dimicatio totiens quot coniurati superessent, ut pacis condiciones ultro ferret Romanis. Iactatum in condicionibus 3
nequiquam de Tarquiniis in regnum restituendis, magis
quia id negare ipse nequiuerat Tarquiniis quam quod negatum iri sibi ab Romanis ignoraret. De agro Veientibus 4
restituendo impetratum, expressaque necessitas obsides
dandi Romanis, si Ianiculo praesidium deduci uellent. His
condicionibus composita pace, exercitum ab Ianiculo deduxit Porsenna et agro Romano excessit. Patres C. Mucio 5
uirtutis causa trans Tiberim agrum dono dedere, quae postea
sunt Mucia prata appellata. Ergo ita honorata uirtute, 6
feminae quoque ad publica decora excitatae, et Cloelia
uirgo una ex obsidibus, cum castra Etruscorum forte haud
procul ripa Tiberis locata essent, frustrata custodes, dux
agminis uirginum inter tela hostium Tiberim tranauit,
sospitesque omnes Romam ad propinquos restituit. Quod 7
ubi regi nuntiatum est, primo incensus ira oratores Romam
misit ad Cloeliam obsidem deposcendam: alias haud magni
facere. Deinde in admirationem uersus, supra Coclites 8

16 ut cuiusque *Madvig*: utcumque *MO*: ut cumque *HPU*   ceciderit
N: exciderit *Queck*   quoad *Δ*: quot *M*: quod ad *U*c
13 1 a clade *HOP*c: clade *MU*: cladae *P*   2 a quo *Heumann*:
quo *N*   quot *M*c*HOP*c*U*: quod *MP*   3 Tarquiniis *M*c*HOP*c*U*c:
Tarquinis *M*: Tarquinius *PU*: Tarquiniensibus *D. S. Colman, coll. 2. 6. 4*
4 expressaque necessitas obsides dandi *N*: expressitque necessitas obsides
Walker   5 prata *M*c*Δ*: parata *M*   6 tranauit *Δ*: transnauit *M*

Muciosque dicere id facinus esse, et prae se ferre quemadmodum si non dedatur obses, pro rupto foedus se habiturum, sic deditam ⟨intactam⟩ inuiolatamque ad suos
9 remissurum. Vtrimque constitit fides; et Romani pignus
pacis ex foedere restituerunt, et apud regem Etruscum non
tuta solum sed honorata etiam uirtus fuit, laudatamque
uirginem parte obsidum se donare dixit; ipsa quos uellet
10 legeret. Productis omnibus elegisse impubes dicitur; quod
et uirginitati decorum et consensu obsidum ipsorum
probabile erat eam aetatem potissimum liberari ab hoste
11 quae maxime opportuna iniuriae esset. Pace redintegrata
Romani nouam in femina uirtutem nouo genere honoris,
statua equestri, donauere; in summa Sacra uia fuit posita
uirgo insidens equo.

14   Huic tam pacatae profectioni ab urbe regis Etrusci abhorrens mos traditus ab antiquis usque ad nostram aetatem
inter cetera sollemnia manet, bona Porsennae regis uen-
2 dendi. Cuius originem moris necesse est aut inter bellum
natam esse neque omissam in pace, aut a mitiore creuisse
principio quam hic prae se ferat titulus bona hostiliter uen-
3 dendi. Proximum uero est ex iis quae traduntur Porsennam discedentem ab Ianiculo castra opulenta, conuecto ex
propinquis ac fertilibus Etruriae aruis commeatu, Romanis
4 dono dedisse, inopi tum urbe ab longinqua obsidione; ea
deinde, ne populo immisso diriperentur hostiliter, uenisse,
bonaque Porsennae appellata, gratiam muneris magis signi-
ficante titulo quam auctionem fortunae regiae quae ne in
potestate quidem populi Romani esset.

5   Omisso Romano bello Porsenna, ne frustra in ea loca

8 intactam inuiolatamque *Ed. Frob.* 1531: inuiolatamque **N**   9 laudat-
tamque uirginem parte *PU*: laudatamque uirginem partem *M*: lauda-
taque uirgine partem *HO*   10 quod et *Δ*: quod *M*   liberari *M*ᶜ*Δ*:
liberali *M*   11 nouo *U*: nouo in *MHOP*
    14 1 antiquis usque *M*ᶜ*Δ*: antiquiusque *M*   2 a mitiore] amiciore
HO: amiciore *U*   3 iis] is *MP*: his *OHU*: *add.* h *M*ᶜˢˡ   *ante*
opulenta *add. iii litteras M, quibus erasis in add. M*ᶜ   4 gratiam]
gratia *MP, corr.* *P*ᶜ   titulo *Δ*: et titulo *M*   potestate *Δ*: potestatem *M*

exercitus adductus uideretur, cum parte copiarum filium
Arruntem Ariciam oppugnatum mittit. Primo Aricinos res 6
necopinata perculerat; arcessita deinde auxilia et a Latinis
populis et a Cumis tantum spei fecere, ut acie decernere
auderent. Proelio inito, adeo concitato impetu se intulerant
Etrusci ut funderent ipso incursu Aricinos: Cumanae co- 7
hortes arte aduersus uim usae declinauere paululum, effu-
seque praelatos hostes conuersis signis ab tergo adortae sunt.
Ita in medio prope iam uictores caesi Etrusci. Pars per- 8
exigua, duce amisso, quia nullum propius perfugium erat,
Romam inermes et fortuna et specie supplicum delati sunt.
Ibi benigne excepti diuisique in hospitia. Curatis uolneri- 9
bus, alii profecti domos, nuntii hospitalium beneficiorum:
multos Romae hospitum urbisque caritas tenuit. His locus
ad habitandum datus quem deinde Tuscum uicum appellarunt.

P. Lucretius inde et P. Valerius Publicola consules facti. 15
Eo anno postremum legati a Porsenna de reducendo in
regnum Tarquinio uenerunt; quibus cum responsum esset
missurum ad regem senatum legatos, missi confestim hono-
ratissimus quisque ex patribus. non quin breuiter reddi 2
responsum potuerit non recipi reges, ideo potius delectos
patrum ad eum missos quam legatis eius Romae daretur
responsum, sed ut in perpetuum mentio eius rei finiretur,
neu in tantis mutuis beneficiis in uicem animi sollicitaren-
tur, cum ille peteret quod contra libertatem populi Romani
esset, Romani, nisi in perniciem suam faciles esse uellent,
negarent cui nihil negatum uellent. non in regno populum 3
Romanum sed in libertate esse. ita induxisse in animum,

6 necopinata] necoppinata *HP*: necinopinata *O*   concitato impetu
se *MP*: concitatos impetus *OU*: impetu se *H*   7 usae *Δ*: sae *M*: se
*M*c

15 1 Publius Lucretius inde et *OP*c*U*: publium lucretius inde et *P*:
purius (spurius *M*c) publius lucretius inde et *M*: p. lucretius inde et
Titus Hermen[1]us *H*   ex patribus *Aldus*: et patribus *MP*: e patribus
*M*c*HOP*c*U*; cf. 4. 4. 7   2 peteret *M*c*OPU*: p̄eteret *M*: peteterit *H*:
peterent *H*c

hostibus potius quam portas regibus patefacere; ea esse uota
omnium ut qui libertati erit in illa urbe finis, idem urbi sit.
4 proinde si saluam esse uellet Romam, ut patiatur liberam
5 esse orare. Rex uerecundia uictus 'Quando id certum atque
obstinatum est,' inquit, 'neque ego obtundam saepius eadem
nequiquam agendo, nec Tarquinios spe auxilii, quod nullum in me est, frustrabor. Alium hinc, seu bello opus est seu
quiete, exsilio quaerant locum, ne quid meam uobiscum
6 pacem distineat.' Dictis facta amiciora adiecit; obsidum
quod reliquum erat reddidit; agrum Veientem, foedere ad
7 Ianiculum icto ademptum, restituit. Tarquinius spe omni
reditus incisa exsulatum ad generum Mamilium Octauium
Tusculum abiit. Ita Romanis pax fida cum Porsenna fuit.
16   Consules M. Valerius P. Postumius. Eo anno bene
pugnatum cum Sabinis; consules triumpharunt. Maiore
2 inde mole Sabini bellum parabant. Aduersus eos et ne
quid simul ab Tusculo, unde etsi non apertum, suspectum
tamen bellum erat, repentini periculi oreretur, P. Valerius
3 quartum T. Lucretius iterum consules facti. Seditio inter
belli pacisque auctores orta in Sabinis aliquantum inde
4 uirium transtulit ad Romanos. Namque Attius Clausus, cui
postea Appio Claudio fuit Romae nomen, cum pacis ipse
auctor a turbatoribus belli premeretur nec par factioni esset,
ab Inregillo, magna clientium comitatus manu, Romam
5 transfugit. His ciuitas data agerque trans Anienem; Vetus
Claudia tribus, additis postea nouis tribulibus qui ex eo

3 potius quam portas regibus $M\pi$: potius portas quam regibus P^c:
potius quam regibus portas H ea esse uota *Hertz*: eam (*del.* M^c) ea esse
uota esse uoluntatem M: ea esse uoluntatem P: eam esse uoluntatem
HOP^cU 4 esse] esset M, *corr.* M^c: esse esse P, *corr.* P^c 5 spe
$M^c\Delta$: spem M quiete M^c, *Aldus*: quieto **N**   exilio O^cP^cU: exillo
$MHOP$: auxilio M^c quaerant] quaerat P: quaerunt H 7 spe
$M^c\Delta$: spem M Octauium Δ: octauum M Ita Romanis pax fida
Weinkauff: Romanis pax fida ita **N**: ita *del. Madvig*

    16 2 quartum $MHPU$: quarto M^cO 4 Appio] opio M, a M^{csl}
Inregillo *Weissenborn*: ciñ rigillo M: cñ rigillo M^cOP: re P^{cm} (*sc.* cñ
regillo): cñ regillo U: g̃. rigillo H manu $M^c\Delta$: manum M Anienem
$M^c\Delta$: sanienem M

uenirent agro, appellata. Appius inter patres lectus haud
ita multo post in principum dignationem peruenit. Consules 6
infesto exercitu in agrum Sabinum profecti cum ita
uastatione, dein proelio adflixissent opes hostium ut diu
nihil inde rebellionis timere possent, triumphantes Romam
redierunt.

P. Valerius, omnium consensu princeps belli pacisque 7
artibus, anno post Agrippa Menenio P. Postumio consulibus moritur, gloria ingenti, copiis familiaribus adeo exiguis,
ut funeri sumptus deesset; de publico est datus. Luxere
matronae ut Brutum. Eodem anno duae coloniae Latinae, 8
Pometia et Cora, ad Auruncos deficiunt. Cum Auruncis
bellum initum; fusoque ingenti exercitu, qui se ingredienti-
bus fines consulibus ferociter obtulerat, omne Auruncum
bellum Pometiam compulsum est. Nec magis post proelium 9
quam in proelio caedibus temperatum est; et caesi aliquanto
plures erant quam capti, et captos passim trucidauerunt; ne
ab obsidibus quidem, qui trecenti accepti numero erant, ira
belli abstinuit. Et hoc anno Romae triumphatum.

Secuti consules Opiter Verginius Sp. Cassius Pometiam 17
primo ui, deinde uineis aliisque operibus oppugnarunt. In 2
quos Aurunci magis iam inexpiabili odio quam spe aliqua
aut occasione coorti, cum plures igni quam ferro armati
excucurrissent, caede incendioque cuncta complent. Vineis 3
incensis, multis hostium uolneratis et occisis, consulum
quoque alterum—sed utrum auctores non adiciunt—graui
uolnere ex equo deiectum prope interfecerunt. Romam inde 4
male gesta re reditum; inter multos saucios consul spe incerta uitae relatus. Interiecto deinde haud magno spatio,

5 Appius] apius *M*   principum *M*c*Δ*: principium *M*   6 timere
possent **N**: timeri posset *Duker*   7 *post* Brutum *add.* annum *Köhler,
coll. De Viris Illustribus* 15. 6: *melius post* matronae
   17 1 Cassius *Δ*: casius *M*   ui *M*c*H*: ut *M*π   3 occisis *M*c*Δ*:
occisus *M*   utrum *Hertz, cf.* 10. 37. 14: uerum nomen **N**: utrum nomen
Lipsius: nomen *Madvig*   equo] aequo *MP, corr. M*c*P*c   4 gesta re
reditum *Δ*: gestam rem deditum *M*   relatus *Duker, coll.* 2. 20. 9: relictus **N**

quod uolneribus curandis supplendoque exercitui satis esset,
cum ira maiore, tum uiribus etiam auctis Pometiae arma
5 inlata. Et cum uineis refectis aliaque mole belli iam in eo
⟨res⟩ esset ut in muros euaderet miles, deditio est facta.
6 Ceterum nihilo minus foeda, dedita urbe, quam si capta foret,
Aurunci passi; principes securi percussi, sub corona uenie-
7 runt coloni alii, oppidum dirutum, ager ueniit. Consules
magis ob iras grauiter ultas quam ob magnitudinem perfecti
belli triumpharunt.

18   Insequens annus Postumum Cominium et T. Larcium
2 consules habuit. Eo anno Romae, cum per ludos ab Sabinorum iuuentute per lasciuiam scorta raperentur, concursu
hominum rixa ac prope proelium fuit, paruaque ex re ad
3 rebellionem spectare res uidebatur. Supra belli Latini
metus quoque accesserat, quod triginta iam coniurasse
4 populos concitante Octauio Mamilio satis constabat. In hac
tantarum exspectatione rerum sollicita ciuitate, dictatoris
primum creandi mentio orta. Sed nec quo anno nec quibus
consulibus quia ex factione Tarquiniana essent—id quoque
enim traditur—parum creditum sit, nec quis primum
5 dictator creatus sit, satis constat. Apud ueterrimos tamen

4 maiore *Ed. Rom.* 1469: maiore bellum **N**: maiore bellantium *Zingerle*
5 res *add. Sigonius*; *cf.* 8. 27. 3, 28. 22. 8   6 foeda . . . passi *Madvig*:
foede . . . passim *Δ*: foede . . . pasim *M*   corona] corixna *H*: corana
U   dirutum *M*ᶜ*HOP*ᶜ*U*: diritum *M*: diruitum *P*   ueniit *M*ᶜ*PU*: uenit
MHO

18 1 Postumum *Sigonius*: Postumium *M*π: (17. 7 quam ob . . . 18. 1
Cominium *om. H*)   Cominium *MOP*ᶜ: comunium *PU*   Larcium
Madvig: Largium **N**; *cf.* 2. 10. 6, *D.H.* 5. 50. 1   2 cum *Δ*: quam *M*
ad rebellionem spectare res uidebatur *MOP*ᶜ*U*: res ad rebellionem
spectare uidebatur *H*: ad rebellionem spectare res uidebantur *P*: ad
rebellionem spectare uidebantur *Gron.*   3 Supra belli Latini metus
Ogilvie: supra belli Latini metum id **N**: super belli Latini metum id
Duker: supra belli Sabini metum id *Ed. Rom.* 1469   quod triginta *M*:
quodriginta *P, add.* tri *P*ᶜˢ¹: quadriginta *U*: quadraginta *HOU*ᶜ   Octauio
H: octauo *M*π   4 nec quo anno **N**; *cf. Ouid., A.A.* 2. 663–4: *secl.*
Madvig   quibus consulibus *Rhenanus*: quibus facti consulibus *MP*: quibus
factum consulibus *H*: quibus facta consulibus *OU*   Tarquiniana *HOP*:
Tarquinia *M*ᶜ*U, add.* na *U*ᶜˢ¹: Tarquiniae *M*

auctores T. Larcium dictatorem primum, Sp. Cassium magistrum equitum creatos inuenio. Consulares legere; ita lex iubebat de dictatore creando lata. Eo magis adducor 6 ut credam Larcium, qui consularis erat, potius quam M'. Valerium Marci filium Volesi nepotem, qui nondum consul fuerat, moderatorem et magistrum consulibus appositum; qui si maxime ex ea familia legi dictatorem uellent, patrem 7 multo potius M. Valerium spectatae uirtutis et consularem uirum legissent.

Creato dictatore primum Romae, postquam praeferri 8 secures uiderunt, magnus plebem metus incessit, ut intentiores essent ad dicto parendum; neque enim ut in consulibus qui pari potestate essent, alterius auxilium neque prouocatio erat neque ullum usquam nisi in cura parendi auxilium. Sabinis etiam creatus Romae dictator, 9 eo magis quod propter se creatum crediderant, metum incussit. Itaque legatos de pace mittunt. Quibus 10 orantibus dictatorem senatumque ut ueniam erroris hominibus adulescentibus darent, responsum ignosci adulescentibus posse, senibus non posse qui bella ex bellis sererent. Actum tamen est de pace, impetrataque 11 foret si, quod impensae factum in bellum erat, praestare Sabini—id enim postulatum erat—in animum induxissent. Bellum indictum: tacitae indutiae quietum annum tenuere.

Consules Ser. Sulpicius M'. Tullius. Nihil dignum memo- 19

5 Larcium] Largium $M^c\Delta$: Largius M: cf. 2. 18. 1   legere; ita lex iubebat N: legere lex iubebat *Karsten*   6 Larcium] Largium N M'. Valerium *Gruter, coll. Fest.* 216 L.: m. ualerium M: m̅. ualerium Δ Marci filium *Rhenanus*: marci fufium M: marcum fufium M^c: m̅. f. ufium P: F. ufium O: Fui ufium H: m̅. ū. fili U: m̅. ū. filium U^c 7 qui si $MHOP^cU$: quis in P: quin si *Lehnert*   8 ad dicto $M^c\Delta$: addito M 11 Sabìni OP^{cm}: Sabinium M: Sabinum M^cPU: (praestare . . . erat om. H)

19 1 Ser. Sulpicius *Sigonius*: Seruilius Sulpicius $MOPU$: Seruilius subplicibus H M'. Tullius *Sigonius, coll. D.H.* 5. 52. 1: m̅. manlius tullus MHP: m̅. manlius tullius O: m mamilius tullus U

2 ria actum. T. Aebutius deinde et C. Vetusius. His consulibus Fidenae obsessae, Crustumeria capta; Praeneste ab
Latinis ad Romanos desciuit, nec ultra bellum Latinum,
3 gliscens iam per aliquot annos, dilatum. A. Postumius
dictator, T. Aebutius magister equitum, magnis copiis
peditum equitumque profecti, ad lacum Regillum in agro
4 Tusculano agmini hostium occurrerunt, et quia Tarquinios
esse in exercitu Latinorum auditum est, sustineri ira non
5 potuit quin extemplo confligerent. Ergo etiam proelium
aliquanto quam cetera grauius atque atrocius fuit. Non
enim duces ad regendam modo consilio rem adfuere, sed
suismet ipsi corporibus dimicantes miscuere certamina, nec
quisquam procerum ferme hac aut illa ex acie sine uol-
6 nere praeter dictatorem Romanum excessit. In Postumium
prima in acie suos adhortantem instruentemque Tarquinius
Superbus, quamquam iam aetate et uiribus erat grauior,
equum infestus admisit, ictusque ab latere concursu suo-
7 rum receptus in tutum est. Et ad alterum cornu Aebutius magister equitum in Octauium Mamilium impetum
dederat; nec fefellit ueniens Tusculanum ducem, contra
8 quem et ille concitat equum. Tantaque uis infestis uenientium hastis fuit ut brachium Aebutio traiectum sit, Mamilio
9 pectus percussum. Hunc quidem in secundam aciem Latini
recepere; Aebutius cum saucio brachio tenere telum non
10 posset, pugna excessit. Latinus dux nihil deterritus uolnere
proelium ciet et quia suos perculsos uidebat, arcessit cohortem exsulum Romanorum, cui L. Tarquini filius praeerat.
Ea quo maiore pugnabat ira ob erepta bona patriamque
ademptam, pugnam parumper restituit.

1 Aebutius] ebucius *MU*: ebutius *P*   et *Δ*: *om. M*   Vetusius
HOPU: uetusius ueturius uetusius *M*: uetusius ueturius *M*ᶜ   2 his]
hiis *MO*   3 A. Postumius *Sigonius, coll. D.H.* 6. 2. 1: aurelius postumius *MHOU*; aurelius pstumius *P, add.* o *P*ᶜˢˡ   4 Tarquinios]
Tarnios *M, add.* qui *M*ᶜˢˡ   5 ipsi *Gron.*: ipsis **N**   7 Aebutius]
ebucius *M*: ebutius *PU*   Mamilium *Δ*: Manilium *M*   8 Aebutio]
ebutio *MPU*   uenientium **N**: inuehentium *Gron.*   9 Aebutius]
ebutius *MPU*   10 Ea quo *MP*: eo quo *P*ᶜ*U*: ea quoniam *HO, Gron.*

Referentibus iam pedem ab ea parte Romanis, M. 20
Valerius Publicolae frater, conspicatus ferocem iuuenem
Tarquinium ostentantem se in prima exsulum acie,
domestica etiam gloria accensus ut cuius familiae decus
eiecti reges erant, eiusdem interfecti forent, subdit calcaria 2
equo et Tarquinium infesto spiculo petit. Tarquinius retro 3
in agmen suorum infenso cessit hosti: Valerium temere
inuectum in exsulum aciem ex transuerso quidam adortus
transfigit, nec quicquam equitis uolnere equo retardato,
moribundus Romanus labentibus super corpus armis ad
terram defluxit. Dictator Postumius postquam cecidisse 4
talem uirum, exsules ferociter citato agmine inuehi, suos perculsos cedere animaduertit, cohorti suae, quam delectam 5
manum praesidii causa circa se habebat, dat signum ut
quem suorum fugientem uiderint, pro hoste habeant. Ita
metu ancipiti uersi a fuga Romani in hostem et restituta
acies. Cohors dictatoris tum primum proelium iniit; 6
integris corporibus animisque fessos adorti exsules caedunt.
Ibi alia inter proceres coorta pugna. Imperator Latinus, ubi 7
cohortem exsulum a dictatore Romano prope circumuentam
uidit, ex subsidiariis manipulos aliquot in primam
aciem secum rapit. Hos agmine uenientes T. Herminius 8
legatus conspicatus, interque eos insignem ueste armisque
Mamilium noscitans, tanto ui maiore quam paulo ante
magister equitum cum hostium duce proelium iniit, ut et 9
uno ictu transfixum per latus occiderit Mamilium et ipse
inter spoliandum corpus hostis ueruto percussus, cum uictor
in castra esset relatus, inter primam curationem exspirauerit.
Tum ad equites dictator aduolat, obtestans ut fesso iam 10
pedite descendant ex equis et pugnam capessant. Dicto
paruere; desiliunt ex equis, prouolant in primum et pro

20 1 prima . . . acie Δ: primam . . . aciem M   eiecti McHOU:
electi M: lecti P   3 nec Δ: ne M   5 delectam manum HO:
detectam manum electa manu M: delecta manu PU   6 caedunt]
cedunt MU   8 ueste] uestem MP, corr. Mc   9 ueruto]
uerruto MP, corr. Mc: ferruto H; cf. 1. 43. 6

11 antesignanis parmas obiciunt. Recipit extemplo animum
pedestris acies, postquam iuuentutis proceres aequato genere
pugnae secum partem periculi sustinentes uidit. Tum
12 demum impulsi Latini perculsaque inclinauit acies. Equiti
admoti equi, ut persequi hostem posset; secuta et pedestris
acies. Ibi nihil nec diuinae nec humanae opis dictator
praetermittens aedem Castori uouisse fertur ac pronuntiasse
militi praemia, qui primus, qui secundus castra hostium
13 intrasset; tantusque ardor fuit ut eodem impetu quo fude-
rant hostem Romani castra caperent. Hoc modo ad lacum
Regillum pugnatum est. Dictator et magister equitum
triumphantes in urbem rediere.

21   Triennio deinde nec certa pax nec bellum fuit. Consules
Q. Cloelius et T. Larcius, inde A. Sempronius et M. Minu-
2 cius. His consulibus aedes Saturno dedicata, Saturnalia
institutus festus dies. A. deinde Postumius et T. Verginius
3 consules facti. Hoc demum anno ad Regillum lacum
pugnatum apud quosdam inuenio; A. Postumium, quia
collega dubiae fidei fuerit, se consulatu abdicasse; dicta-
4 torem inde factum. Tanti errores res implicant temporum,
aliter apud alios ordinatis magistratibus, ut nec qui consules secundum quos, nec quid quoque anno actum sit, in
tanta uetustate non rerum modo sed etiam auctorum di-
gerere possis.

5   Ap. Claudius deinde et P. Seruilius consules facti. Insignis hic annus est nuntio Tarquini mortis. Mortuus
Cumis, quo se post fractas opes Latinorum ad Aristode-
6 mum tyrannum contulerat. Eo nuntio erecti patres, erecta
plebes; sed patribus nimis luxuriosa ea fuit laetitia; plebi,

12 equiti] equitum *M*: equiti *U*, *add.* bus *U*csl   equi] *om. M*, *rest.*
*M*csl: e quia *P*, *corr. P*c   uouisse *M*c*Δ*: uouissent *M*
21 1 aedes *OU*: aedis *MP*: edos *H*   4 res implicant temporum
Nettleship: implicant temporum **N**: implicant tempora *Duker*: implicant
temporum rationem *Wölfflin*   consules *Δ*: consulibus *M*   secundum quos *Crevier*: secundum quosdam *M*c*Δ*: secundum quodam *M*:
secundam quosnam *Haupt*: *secl. Perizonius*   auctorum *Δ*: auctorem *M*
5 Tarquini] Tarquinio *MP*, i *P*csl: Tarquinii *M*c*H*: Tarquii *U*

cui ad eam diem summa ope inseruitum erat, iniuriae a
primoribus fieri coepere. Eodem anno Signia colonia, 7
quam rex Tarquinius deduxerat, suppleto numero colonorum iterum deducta est. Romae tribus una et uiginti
factae. Aedes Mercuri dedicata est idibus Maiis.

Cum Volscorum gente Latino bello neque pax neque 22
bellum fuerat; nam et Volsci comparauerant auxilia quae
mitterent Latinis, ni maturatum ab dictatore Romano esset,
et maturauit Romanus ne proelio uno cum Latino Volsco-
que contenderet. Hac ira consules in Volscum agrum 2
legiones duxere. Volscos consilii poenam non metuentes
necopinata res perculit; armorum immemores obsides dant
trecentos principum a Cora atque Pometia liberos. Ita sine
certamine inde abductae legiones. Nec ita multo post 3
Volscis leuatis metu suum rediit ingenium. Rursus occultum parant bellum, Hernicis in societatem armorum adsumptis. Legatos quoque ad sollicitandum Latium passim 4
dimittunt; sed recens ad Regillum lacum accepta clades
Latinos ira odioque eius, quicumque arma suaderet, ne ab
legatis quidem uiolandis abstinuit; comprehensos Volscos
Romam duxere. Ibi traditi consulibus indicatumque est
Volscos Hernicosque parare bellum Romanis. Relata re 5
ad senatum adeo fuit gratum patribus ut et captiuorum sex
milia Latinis remitterent et de foedere, quod prope in
perpetuum negatum fuerat, rem ad nouos magistratus traicerent. Enimuero tum Latini gaudere facto; pacis auctores 6
in ingenti gloria esse. Coronam auream Ioui donum in
Capitolium mittunt. Cum legatis donoque qui captiuorum
remissi ad suos fuerant, magna circumfusa multitudo uenit.
Pergunt domos eorum apud quem quisque seruierant; gra- 7
tias agunt liberaliter habiti cultique in calamitate sua; inde

7 una *Δ*: om. *M*   uiginti *Glareanus*: xxx N; *cf. D.H.* 7. 64   idibus
Maiis *Ed. Rom.* 1469: idibus magis *MH*: idibus mais *OP*: idibus maii
*M*c*O*c: om. *U*

22 4 clades *HOU*: cladis *MP*   indicatumque] *om.* -que *MOU*, *rest.*
*M*csl *U*csl   6 in ingenti gloria N: ingenti gloria *Gron.*; *cf. Porson,*
Aduersaria, p. 308

hospitia iungunt. Nunquam alias ante publice priuatimque
Latinum nomen Romano imperio coniunctius fuit.

23 Sed et bellum Volscum imminebat et ciuitas secum ipsa
discors intestino inter patres plebemque flagrabat odio,
2 maxime propter nexos ob aes alienum. Fremebant se,
foris pro libertate et imperio dimicantes, domi a ciuibus
captos et oppressos esse, tutioremque in bello quam in pace
et inter hostes quam inter ciues libertatem plebis esse;
inuidiamque eam sua sponte gliscentem insignis unius cala-
3 mitas accendit. Magno natu quidam cum omnium malorum suorum insignibus se in forum proiecit. Obsita erat
squalore uestis, foedior corporis habitus pallore ac macie
4 perempti; ad hoc promissa barba et capilli efferauerant
speciem oris. Noscitabatur tamen in tanta deformitate, et
ordines duxisse aiebant, aliaque militiae decora uolgo mise-
rantes eum iactabant; ipse testes honestarum aliquot locis
5 pugnarum cicatrices aduerso pectore ostentabat. Sciscitantibus unde ille habitus, unde deformitas, cum circumfusa
turba esset prope in contionis modum, Sabino bello ait se
militantem, quia propter populationes agri non fructu modo
caruerit, sed uilla incensa fuerit, direpta omnia, pecora
abacta, tributum iniquo suo tempore imperatum, aes alie-
6 num fecisse. id cumulatum usuris primo se agro paterno
auitoque exuisse, deinde fortunis aliis; postremo uelut tabem peruenisse ad corpus; ductum se ab creditore non in
7 seruitium sed in ergastulum et carnificinam esse. Inde
ostentare tergum foedum recentibus uestigiis uerberum.
Ad haec uisa auditaque clamor ingens oritur. Non iam
foro se tumultus tenet, sed passim totam urbem peruadit.
8 Nexi, uincti solutique, se undique in publicum proripiunt,

23 1 flagrabat] fraglabat *MP, corr. M*^c   2 fremebant *Δ*:
premebant *M*   gliscentem *Δ*: discentem *M*: uel crescentem *M*^csl
3 malorum *Lipsius*: maiorum **N**   4 ordines *MU, cf.* 2. 55. 4: ordinem
HO, cf. 3. 44. 2: ordine *P*   aiebant] agebant *MH*   5 esset *Δ*:
est *M*   iniquo *Δ*: iniquum *MU*^c   7 tenet *Madvig*: sustinet **N**: continet *Ed. Rom.* 1470   8 Nexi *Sigonius*: inexsui *M, add.* n *M*^csl:
nexu *Δ*   se undique] secundique *MH*

implorant Quiritium fidem. Nullo loco deest seditionis
uoluntarius comes; multis passim agminibus per omnes
uias cum clamore in forum curritur. Magno cum periculo 9
suo qui forte patrum in foro erant in eam turbam incide-
runt; nec temperatum manibus foret, ni propere consules, 10
P. Seruilius et Ap. Claudius, ad comprimendam seditionem interuenissent. At in eos multitudo uersa ostentare
uincula sua deformitatemque aliam. Haec se meritos dicere, 11
exprobrantes suam quisque alius alibi militiam; postulare
multo minaciter magis quam suppliciter ut senatum
uocarent; curiamque ipsi futuri arbitri moderatoresque
publici consilii circumsistunt. Pauci admodum patrum, 12
quos casus obtulerat, contracti ab consulibus; ceteros metus
non curia modo sed etiam foro arcebat, nec agi quicquam
per infrequentiam poterat senatus. Tum uero eludi atque 13
extrahi se multitudo putare, et patrum qui abessent, non
casu, non metu, sed impediendae rei causa abesse, et consules ipsos tergiuersari, nec dubie ludibrio esse miserias
suas. Iam prope erat ut ne consulum quidem maiestas 14
coerceret iras hominum, cum, incerti morando an ueniendo
plus periculi contraherent, tandem in senatum ueniunt.
Frequentique tandem curia non modo inter patres sed ne
inter consules quidem ipsos satis conueniebat. Appius, 15
uehementis ingenii uir, imperio consulari rem agendam
censebat; uno aut altero arrepto, quieturos alios: Seruilius,
lenibus remediis aptior, concitatos animos flecti quam
frangi putabat cum tutius tum facilius esse.

Inter haec maior alius terror: Latini equites cum tumul- 24
tuoso aduolant nuntio Volscos infesto exercitu ad urbem
oppugnandam uenire. Quae audita—adeo duas ex una
ciuitate discordia fecerat—longe aliter patres ac plebem ad-

8 implorant Δ: improbant M   10 At in eos McH: ad in eos M:
in eos π   13 putare H: putaret Mπ   14 tandem curia MHOP:
inde curia U, add. tandem Ucs1: tamen curia Perizonius   15 alios
Δ: alius M
    24 1 exercitu Δ: exercitum M

2 fecere. Exsultare gaudio plebes; ultores superbiae patrum
adesse dicere deos; alius alium confirmare ne nomina
darent; cum omnibus potius quam solos perituros; patres
militarent, patres arma caperent, ut penes eosdem pericula
3 belli, penes quos praemia, essent. At uero curia, maesta ac
trepida ancipiti metu et ab ciue et ab hoste, Seruilium consulem, cui ingenium magis populare erat, orare ut tantis
4 circumuentam terroribus expediret rem publicam. Tum
consul misso senatu in contionem prodit. Ibi curae esse
patribus ostendit ut consulatur plebi; ceterum deliberationi
de maxima quidem illa sed tamen parte ciuitatis metum
5 pro uniuersa re publica interuenisse; nec posse, cum hostes
prope ad portas essent, bello praeuerti quicquam, nec, si sit
laxamenti aliquid, aut plebi honestum esse, nisi mercede
prius accepta, arma pro patria non cepisse, neque patribus
satis decorum per metum potius quam postmodo uoluntate
6 adflictis ciuium suorum fortunis consuluisse. Contioni deinde
edicto addidit fidem quo edixit ne quis ciuem Romanum
uinctum aut clausum teneret, quo minus ei nominis edendi
apud consules potestas fieret, neu quis militis, donec in
castris esset, bona possideret aut uenderet, liberos nepotesue
7 eius moraretur. Hoc proposito edicto, et qui aderant nexi
profiteri extemplo nomina, et undique ex tota urbe pro-
ripientium se ex priuato, cum retinendi ius creditori non
esset, concursus in forum ut sacramento dicerent fieri.
8 Magna ea manus fuit, neque aliorum magis in Volsco bello
uirtus atque opera enituit.

    Consul copias contra hostem educit; paruo dirimente
25 interuallo castra ponit. Proxima inde nocte Volsci, discordia
Romana freti, si qua nocturna transitio proditioue fieri

---

   4 misso] omisso *HO*   5 praeuerti *Hertz*: praeuertisse *Δ*: peruer-
tisse *M*: praeuerti a se *Ruperti*   quicquam nec si sit *Δ*: necquicquam
nec sit *M*   neque patribus **N**: aut patribus *H. J. Müller*   6 quo
edixit *OP^cU*: quo dixit *M*: quedixit *P*: quae dixit *H*   ei nominis] ei
nomnis *M*: in omnes *M^c*   edendi *HOU*: sedendi *MP*   neu *π*: ne
MH

posset, temptant castra. Sensere uigiles; excitatus exercitus;
signo dato concursum est ad arma; ita frustra id inceptum
Volscis fuit. Reliquum noctis utrimque quieti datum. 2
Postero die prima luce Volsci fossis repletis uallum inuadunt.
Iamque ab omni parte munimenta uellebantur, cum consul, 3
quamquam cuncti undique et nexi ante omnes ut signum
daret clamabant, experiendi animos militum causa parumper moratus, postquam satis apparebat ingens ardor, dato
tandem ad erumpendum signo militem auidum certaminis
emittit. Primo statim incursu pulsi hostes; fugientibus, 4
quoad insequi pedes potuit, terga caesa; eques usque ad
castra pauidos egit. Mox ipsa castra legionibus circumdatis,
cum Volscos inde etiam pauor expulisset, capta direptaque.
Postero die ad Suessam Pometiam quo confugerant hostes 5
legionibus ductis, intra paucos dies oppidum capitur;
captum praedae datum. Inde paulum recreatus egens
miles; consul cum maxima gloria sua uictorem exercitum 6
Romam reducit. Decedentem Romam Ecetranorum Volscorum legati, rebus suis timentes post Pometiam captam,
adeunt. His ex senatus consulto data pax, ager ademptus.

Confestim et Sabini Romanos territauere; tumultus enim 26
fuit uerius quam bellum. Nocte in urbem nuntiatum est
exercitum Sabinum praedabundum ad Anienem amnem
peruenisse; ibi passim diripi atque incendi uillas. Missus 2
extemplo eo cum omnibus copiis equitum A. Postumius,
qui dictator bello Latino fuerat; secutus consul Seruilius
cum delecta peditum manu. Plerosque palantes eques cir- 3
cumuenit, nec aduenienti peditum agmini restitit Sabina
legio. Fessi cum itinere tum populatione nocturna, magna

25 1 temptant castra *M*: temptant ad castra *OH*: temptant et castra
PU   2 Postero *Δ*: postera *M*   6 Romam Ecetranorum *U*:
romamece tra norum *M*: roma mecetranorum *P*: romam mecetranorum
HO
26 1 Nocte in urbem *MP*: nocte in urbe *OU*: noctem urbe *H*
2–3 manu . . . peditum *om. M, rest. M*ᶜᵐ   cum *Δ*: tum *M*

105

pars in uillis repleti cibo uinoque, uix fugae quod satis esset
uirium habuere.

4 Nocte una audito perfectoque bello Sabino, postero die
in magna iam spe undique partae pacis, legati Aurunci senatum adeunt, ni decedatur Volsco agro bellum indicentes.
5 Cum legatis simul exercitus Auruncorum domo profectus
erat; cuius fama haud procul iam ab Aricia uisi tanto
tumultu conciuit Romanos ut nec consuli ordine patres nec
pacatum responsum arma inferentibus arma ipsi capien-
6 tes dare possent. Ariciam infesto agmine itur; nec procul
inde cum Auruncis signa conlata, proelioque uno debellatum est.

27 Fusis Auruncis, uictor tot intra paucos dies bellis Romanus promissa consulis fidemque senatus exspectabat, cum
Appius et insita superbia animo et ut collegae uanam faceret fidem, quam asperrime poterat ius de creditis pecuniis
dicere. Deinceps et qui ante nexi fuerant creditoribus
2 tradebantur et nectebantur alii. Quod ubi cui militi inciderat, collegam appellabat. Concursus ad Seruilium fiebat;
illius promissa iactabant; illi exprobrabant sua quisque
belli merita cicatricesque acceptas. Postulabant ut aut referret ad senatum, aut ut auxilio esset consul ciuibus suis,
3 imperator militibus. Mouebant consulem haec, sed tergiuersari res cogebat; adeo in alteram causam non collega
solum praeceps erat sed omnis factio nobilium. Ita medium
se gerendo nec plebis uitauit odium nec apud patres
4 gratiam iniit. Patres mollem consulem et ambitiosum rati,
plebes fallacem, breuique apparuit aequasse eum Appi
5 odium. Certamen consulibus inciderat, uter dedicaret
Mercuri aedem. Senatus a se rem ad populum reiecit: utri

4 Sabinum Δ: Sabini M   partae M: paratae HOU: parata P; cf.
5. 1. 1   5 uisi tanto PᶜMᶜ, qui ix litteras a M scriptas erasit: uisa
tanto HO: uis tanto PU

27 1 tot N: erasit Mᶜ   2 qui ante HOPᶜU: quante MP: quanti
Mᶜ   3 praeceps erat Ed. Rom. 1470: praeceperat MHOP: preceperat
U: praeceps ierat Sabellicus   4 aequasse Δ: adaequasse M (ex ad-
paruit ortum)

eorum dedicatio iussu populi data esset, eum praeesse
annonae, mercatorum collegium instituere, sollemnia pro
pontifice iussit suscipere. Populus dedicationem aedis dat 6
M. Laetorio, primi pili centurioni, quod facile appareret
non tam ad honorem eius cui curatio altior fastigio suo data
esset factum quam ad consulum ignominiam. Saeuire inde 7
utique consulum alter patresque; sed plebi creuerant animi
et longe alia quam primo instituerant uia grassabantur.
Desperato enim consulum senatusque auxilio, cum in ius 8
duci debitorem uidissent, undique conuolabant. Neque
decretum exaudiri consulis prae strepitu et clamore poterat,
neque cum decresset quisquam obtemperabat. Vi agebatur, 9
metusque omnis et periculum libertatis, cum in conspectu
consulis singuli a pluribus uiolarentur, in creditores a
debitoribus uerterant. Super haec timor incessit Sabini 10
belli; dilectuque decreto nemo nomen dedit, furente Appio
et insectante ambitionem collegae, qui populari silentio
rem publicam proderet et ad id quod de credita pecunia ius
non dixisset, adiceret ut ne dilectum quidem ex senatus
consulto haberet; non esse tamen desertam omnino rem 11
publicam neque proiectum consulare imperium; se unum
et suae et patrum maiestatis uindicem fore. Cum circum- 12
staret cottidiana multitudo licentia accensa, arripi unum
insignem ducem seditionum iussit. Ille cum a lictoribus iam
traheretur prouocauit; nec cessisset prouocationi consul,
quia non dubium erat populi iudicium, nisi aegre uicta pertinacia foret consilio magis et auctoritate principum quam
populi clamore; adeo supererant animi ad sustinendam
inuidiam. Crescere inde malum in dies, non clamoribus 13
modo apertis sed, quod multo perniciosius erat, secessione occultisque conloquiis. Tandem inuisi plebi consules

5 mercatorum] mercatorem *M*, u *M*csl: mercatorium *O*   6 altior
Δ: alterior *M*   7 alia . . . uia *Δ*: aliam . . . uiam *M*   instituerant
Δ: constituerant *M*   8 Desperato *HPU*: desperatio *O*: desperatum
M   8–9 obtemperabat. Vi *Δ*: obtemperabatur *M*   9 libertatis
Δ: *om. M*   12 magis et *Δ*: magis *M*

magistratu abeunt, Seruilius neutris, Appius patribus mire
gratus.

28   A. Verginius inde et T. Vetusius consulatum ineunt. Tum
uero plebs incerta quales habitura consules esset, coetus
nocturnos, pars Esquiliis, pars in Auentino facere, ne in
foro subitis trepidaret consiliis et omnia temere ac fortuito
2 ageret. Eam rem consules rati, ut erat, perniciosam ad
patres deferunt, sed delatam consulere ordine non licuit;
adeo tumultuose excepta est clamoribus undique et indignatione patrum, si quod imperio consulari exsequen-
dum esset, inuidiam eius consules ad senatum reicerent:
3 profecto si essent in re publica magistratus, nullum futurum
fuisse Romae nisi publicum concilium; nunc in mille curias
contionesque dispersam et dissipatam esse rem publicam.
4 unum hercule uirum—id enim plus esse quam consulem—
qualis Ap. Claudius fuerit, momento temporis discussurum
5 illos coetus fuisse. Correpti consules cum, quid ergo se
facere uellent—nihil enim segnius molliusue quam patribus
placeat acturos—percontarentur, decernunt ut dilectum
6 quam acerrimum habeant: otio lasciuire plebem. Dimisso
senatu consules in tribunal escendunt; citant nominatim
iuniores. Cum ad nomen nemo responderet, circumfusa
multitudo in contionis modum negare ultra decipi plebem
7 posse; nunquam unum militem habituros ni praestaretur
fides publica; libertatem unicuique prius reddendam esse
quam arma danda, ut pro patria ciuibusque, non pro
8 dominis pugnent. Consules quid mandatum esset a senatu
uidebant, sed eorum, qui intra parietes curiae ferociter
loquerentur, neminem adesse inuidiae suae participem; et
9 apparebat atrox cum plebe certamen. Prius itaque quam

     28 1 A. *M*: Aulus *U*: Ā *HP*: Am *O*   2 ut erat *HOP*ᶜ*U*: ut erant
MP   delatam **N**: delata *Perizonius*   consulere *Δ*: consulure *M*:
consuli *M*ᶜ   3 *post* contionesque *addidit* **N** cum alia in Esquiliis, alia
in Auentino fiant concilia: *secl. Wecklein*   6 escendunt *MP*: ascen-
dunt *M*ᶜ*HOP*ᶜ*U*; *cf.* 2. 7. 7   negare *M*: negaret *Δ*   7 publica *Δ*:
publicam *M*

ultima experirentur senatum iterum consulere placuit. Tum
uero ad sellas consulum prope conuolare minimus quisque
natu patrum, abdicare consulatum iubentes et deponere
imperium, ad quod tuendum animus deesset.

Vtraque re satis experta tum demum consules: 'Ne prae- 29
dictum negetis, patres conscripti, adest ingens seditio. Postu-
lamus ut hi qui maxime ignauiam increpant adsint nobis
habentibus dilectum. Acerrimi cuiusque arbitrio, quando
ita placet, rem agemus.' Redeunt in tribunal; citari nomi- 2
natim unum ex iis qui in conspectu erant dedita opera
iubent. Cum staret tacitus et circa eum aliquot hominum,
ne forte uiolaretur, constitisset globus, lictorem ad eum
consules mittunt. Quo repulso, tum uero indignum facinus 3
esse clamitantes qui patrum consulibus aderant, deuolant
de tribunali ut lictori auxilio essent. Sed ab lictore nihil 4
aliud quam prendere prohibito cum conuersus in patres
impetus esset, consulum intercursu rixa sedata est, in qua
tamen sine lapide, sine telo plus clamoris atque irarum
quam iniuriae fuerat. Senatus tumultuose uocatus tumul- 5
tuosius consulitur, quaestionem postulantibus iis qui pulsati
fuerant, decernente ferocissimo quoque non sententiis magis
quam clamore et strepitu. Tandem cum irae resedissent, 6
exprobrantibus consulibus nihilo plus sanitatis in curia
quam in foro esse, ordine consuli coepit. Tres fuere sententiae. P. Verginius rem non uolgabat; de iis tantum qui 7
fidem secuti P. Seruili consulis Volsco Aurunco Sabinoque
militassent bello, agendum censebat. T. Larcius, non id 8
tempus esse ut merita tantummodo exsoluerentur; totam
plebem aere alieno demersam esse, nec sisti posse ni omnibus

9 prope **N**: propere M^c conuolare *MO*: *add.* ue O^{csl}: conuolauere
HPU
29 1 hi *HOU*: hii *MP*: ii *Ed. Rom.* 1469   nobis *MHPU*: *add.* a M^{cil}:
a nobis *O*   2 erant π: erat *MH*   5 iis *MP*: *add.* h P^{csl}: his
HOU   6 fuere MP^cU: fuere quid *H*: fuere quot *O*: fuere * * *P*
(*ii litteras erasit* P^c)   7 rem Δ: reum *M*   iis *Ed. Rom.* 1469: his **N**
8 Larcius] Largius **N**   posse ni omnibus *U, Ed. Rom.* 1469: possent
omnibus *M*: possent ominibus *P*: posse omnibus *H*: posse inomnibus *O*

consulatur; quin si alia aliorum sit condicio, accendi
9 magis discordiam quam sedari. Ap. Claudius, et natura
immitis et efferatus hinc plebis odio, illinc patrum laudibus,
non miseriis ait sed licentia tantum concitum turbarum et
10 lasciuire magis plebem quam saeuire. id adeo malum ex
prouocatione natum; quippe minas esse consulum, non
imperium, ubi ad eos qui una peccauerint prouocare liceat.
11 'Agedum,' inquit, 'dictatorem, a quo prouocatio non est,
creemus; iam hic quo nunc omnia ardent conticescet furor.
12 Pulset tum mihi lictorem qui sciet ius de tergo uitaque sua
penes unum illum esse cuius maiestatem uiolarit.'

30   Multis, ut erat, horrida et atrox uidebatur Appi sententia,
rursus Vergini Larcique exemplo haud salubres; utique Larci
putabant sententiam ⟨eam esse⟩ quae totam fidem tolleret.
Medium maxime et moderatum utroque consilium Vergini
2 habebatur; sed factione respectuque rerum priuatarum, quae
semper offecere officientque publicis consiliis, Appius uicit,
3 ac prope fuit ut dictator ille idem crearetur; quae res utique alienasset plebem periculosissimo tempore, cum Volsci
4 Aequique et Sabini forte una omnes in armis essent. Sed
curae fuit consulibus et senioribus patrum, ut imperium sua
5 ui uehemens mansueto permitteretur ingenio: M'. Valerium
dictatorem Volesi filium creant. Plebes etsi aduersus se
creatum dictatorem uidebat, tamen cum prouocationem
fratris lege haberet, nihil ex ea familia triste nec superbum
6 timebat; edictum deinde a dictatore propositum confirmauit animos, Seruili fere consulis edicto conueniens; sed et

9 efferatus Δ: efferatis M   illinc Δ: illinc ut M   11 Agedum
HP^cm: agendum MOPU   12 uiolarit Douiatius: uiolauit N: uiolauerit
Ed. Rom. 1470: uiolabit Rhenanus

30 1 ut erat Δ: erat M   Larcique] Largiique Δ: Largi itaque M
salubres MPU: salubrem HO   Larci] Largi N   putabant N: repudia-
bant Wex: refutabant Rossbach: del. putabant sententiam Gebhard   eam
esse addidi: esse eam M. Müller   4 curae fuit Δ: curae M   imperium sua ui uehemens Wex, coll. 3. 26. 12: imperio suo uehemens N
5 M'. Valerium Sigonius; cf. Inscr. Ital. 13. 78: M. ualerium M: m̄
ualerium HOP: marcum ualerium U   6 animos Δ: om. M

homini et potestati melius rati credi, omisso certamine nomina
dedere. Quantus nunquam ante exercitus, legiones decem 7
effectae; ternae inde datae consulibus, quattuor dictator usus.
Nec iam poterat bellum differri. Aequi Latinum agrum 8
inuaserant. Oratores Latinorum ab senatu petebant ut aut
mitterent subsidium aut se ipsos tuendorum finium causa
capere arma sinerent. Tutius uisum est defendi inermes 9
Latinos quam pati retractare arma. Vetusius consul missus
est; is finis populationibus fuit. Cessere Aequi campis,
locoque magis quam armis freti summis se iugis montium
tutabantur. Alter consul in Volscos profectus, ne et ipse 10
tereret tempus, uastandis maxime agris hostem ad confe-
renda propius castra dimicandumque acie exciuit. Medio 11
inter castra campo ante suum quisque uallum infestis signis
constitere. Multitudine aliquantum Volsci superabant; ita- 12
que effusi et contemptim pugnam iniere. Consul Romanus
nec promouit aciem, nec clamorem reddi passus defixis
pilis stare suós iussit: ubi ad manum uenisset hostis, tum
coortos tota ui gladiis rem gerere. Volsci cursu et clamore 13
fessi cum se uelut stupentibus metu intulissent Romanis,
postquam impressionem sensere ex aduerso factam et ante
oculos micare gladios, haud secus quam si in insidias incidissent, turbati uertunt terga; et ne ad fugam quidem satis
uirium fuit, quia cursu in proelium ierant. Romani contra, 14
quia principio pugnae quieti steterant, uigentes corporibus,
facile adepti fessos, et castra impetu ceperunt et castris
exutum hostem Velitras persecuti uno agmine uictores cum

6 potestati Δ: potestate M   7 dictator usus MPU: dictatori HO
8 differri. Aequi] differrae · qui M: differri qui Mᶜ   a senatu MᶜΔ: ac
senatu M   9 finis M: finis nihil HOP: finis illis nihil U: nihil expunxit Uᶜ   10 tereret PU: terreret HO: etereret M: detereret Mᶜ
11 castra Δ: om. M   constitere] consistere MO   12 iniere π:
inire M: ingere H   coortos] cohortos MP: cohortes HOPᶜU: cohortis
Mᶜ   13 quam si in Ed. Mediol. 1495: quam M: quam si Δ   ierant]
gerant H: erant P, add. i Pᶜˢˡ   14 uigentes Δ: uigent M   impetu
. . . castris Δ: om. M   Velitras] Veliras M, add. t Mᶜˢˡ; cf. D.H. 6. 42:
uelires P, add. t Pᶜˢˡ: ueliras Pᶜᵐ: uelites OU: uel atras H

15 uictis in urbem inrupere; plusque ibi sanguinis promiscua
omnium generum caede quam in ipsa dimicatione factum.
Paucis data uenia, qui inermes in deditionem uenerunt.

31   Dum haec in Volscis geruntur, dictator Sabinos, ubi
longe plurimum belli fuerat, fundit fugatque; exuit castris.
2 Equitatu immisso mediam turbauerat hostium aciem, qua,
dum se cornua latius pandunt, parum apte introrsus ordinibus aciem firmauerant; turbatos pedes inuasit. Eodem
3 impetu castra capta debellatumque est. Post pugnam ad
Regillum lacum non alia illis annis pugna clarior fuit.
Dictator triumphans urbem inuehitur. Super solitos honores locus in circo ipsi posterisque ad spectaculum datus;
4 sella in eo loco curulis posita. Volscis deuictis Veliternus
ager ademptus; Velitras coloni ab urbe missi et colonia
deducta. Cum Aequis post aliquanto pugnatum est, inuito
quidem consule quia loco iniquo subeundum erat ad hostes;
5 sed milites extrahi rem criminantes ut dictator priusquam
ipsi redirent in urbem magistratu abiret inritaque, sicut
ante consulis, promissa eius caderent, perpulere ut forte
6 temere in aduersos montes agmen erigeret. Id male commissum ignauia hostium in bonum uertit, qui priusquam ad
coniectum teli ueniretur, obstupefacti audacia Romanorum,
relictis castris quae munitissimis tenuerant locis, in auersas
ualles desiluere; ubi satis praedae et uictoria incruenta fuit.
7   Ita trifariam re bello bene gesta, de domesticarum rerum
euentu nec patribus nec plebi cura decesserat: tanta cum
gratia tum arte praeparauerant feneratores quae non modo
8 plebem sed ipsum etiam dictatorem frustrarentur. Namque

31 1 fugatque; exuit *Mᶜᴰ*: fugaque exuitque *M*   2 qua *MOᶜPU*:
quia *HO*, *Salmasius*: quam *Gron.*   latius pandunt] latium spandunt se
M: latius pandunt se *Mᶜ*: latius scandunt *H*   introrsus *O*, *cf.*
32. 17. 8: introrsum *MHPU*   4 Veliternus] ueliternis *O*: id iternus
H   coloni *Δ*: colonia *M*   6 auersas *Tan. Faber*: aduersas **N**   ubi
N: ibi *Tan. Faber*   et uictoria incruenta *MOPU*: et uictoriam cruenta
H: ex uictoria incruenta *Alan*   7 tanta cum gratia tum arte *O*,
Ed. Rom. 1469: tanta cum grā cum arte *M*: tanta cum grā tam arte
H: tanta cum gratiam tum artem *P*: tantam cum gratiam tum artem *U*

Valerius post Vetusi consulis reditum omnium actionum
in senatu primam habuit pro uictore populo, rettulitque
quid de nexis fieri placeret. Quae cum reiecta relatio esset, 9
'Non placeo' inquit 'concordiae auctor. Optabitis, mediusfidius, propediem, ut mei similes Romana plebes patronos
habeat. Quod ad me attinet, neque frustrabor ultra ciues
meos neque ipse frustra dictator ero. Discordiae intesti- 10
nae, bellum externum fecere ut hoc magistratu egeret
res publica: pax foris parta est, domi impeditur; priuatus
potius quam dictator seditioni interero.' Ita curia egressus
dictatura se abdicauit. Apparuit causa plebi, suam uicem 11
indignantem magistratu abisse; itaque uelut persoluta fide,
quoniam per eum non stetisset quin praestaretur, decedentem domum cum fauore ac laudibus prosecuti sunt.

    Timor inde patres incessit ne, si dimissus exercitus foret, 32
rursus coetus occulti coniurationesque fierent. Itaque quamquam per dictatorem dilectus habitus esset, tamen quoniam
in consulum uerba iurassent sacramento teneri militem rati,
per causam renouati ab Aequis belli educi ex urbe legiones
iussere. Quo facto maturata est seditio. Et primo agitatum 2
dicitur de consulum caede, ut soluerentur sacramento; doctos
deinde nullam scelere religionem exsolui, Sicinio quodam
auctore iniussu consulum in Sacrum montem secessisse.
Trans Anienem amnem est, tria ab urbe milia passuum. Ea 3
frequentior fama est quam cuius Piso auctor est, in Auentinum secessionem factam esse. Ibi sine ullo duce uallo 4
fossaque communitis castris quieti, rem nullam nisi necessariam ad uictum sumendo, per aliquot dies neque lacessiti
neque lacessentes sese tenuere. Pauor ingens in urbe, metu- 5
que mutuo suspensa erant omnia. Timere relicta ab suis
plebes uiolentiam patrum; timere patres residem in urbe

    8 in senatu *U*: in senatum *MHOP*   9 plebes *M*ᶜ*P*ᶜ*OU*: plebis
MPH   habeat *Δ*: habeant *M*   10 fecere ut *Δ*: fecerat *M*
    32 2 maturata est *Δ*: maturata *M*   passuum] passum *MP*
3 Auentinum] aduentinum *MP, corr. P*ᶜ   4 sese] se *H*: *om. U, add.*
*U*ᶜˢˡ   5 plebes *M*ᶜ*HOP*ᶜ*U*: plebis *MP*

6 plebem, incerti manere eam an abire mallent: quamdiu
autem tranquillam quae secesserit multitudinem fore? quid
futurum deinde si quod externum interim bellum exsistat?
7 Nullam profecto nisi in concordia ciuium spem reliquam
ducere; eam per aequa, per iniqua reconciliandam ciuitati
esse.
8   Sic placuit igitur oratorem ad plebem mitti Menenium
Agrippam, facundum uirum et quod inde oriundus erat
plebi carum. Is intromissus in castra prisco illo dicendi et
9 horrido modo nihil aliud quam hoc narrasse fertur: tempore
quo in homine non ut nunc omnia in unum consentiant,
sed singulis membris suum cuique consilium, suus sermo
fuerit, indignatas reliquas partes sua cura, suo labore ac
ministerio uentri omnia quaeri, uentrem in medio quietum
10 nihil aliud quam datis uoluptatibus frui; conspirasse inde
ne manus ad os cibum ferrent, nec os acciperet datum, nec
dentes conficerent. hac ira, dum uentrem fame domare
uellent, ipsa una membra totumque corpus ad extremam
11 tabem uenisse. inde apparuisse uentris quoque haud segne
ministerium esse, nec magis ali quam alere eum, reddentem
in omnes corporis partes hunc quo uiuimus uigemusque,
diuisum pariter in uenas maturum confecto cibo sanguinem.
12 Comparando hinc quam intestina corporis seditio similis
esset irae plebis in patres, flexisse mentes hominum.
33   Agi deinde de concordia coeptum, concessumque in condiciones ut plebi sui magistratus essent sacrosancti quibus
auxilii latio aduersus consules esset, neue cui patrum capere
2 eum magistratum liceret. Ita tribuni plebei creati duo, C.
Licinius et L. Albinius; hi tres collegas sibi creauerunt. In

6 quae *M*ᶜ*Δ*: qui *M*   fore *Δ*: *om. M*   8 Sic placuit *M*:
placuit *Δ*   9 fuerit] fuerat *HP, corr.* *P*ᶜ   10 nec dentes conficerent *P, Aldus*: nec dentesq· conficerent *M*: nec dentes quae conficerent *M*ᶜ*H*: ne dendes (dentes *U*ᶜ) conficerent *U*: nec dentes acciperent
·que conficerent *O*, ·que *erasit* *O*ᶜ   11 segne] segnem *H*: sego *M*,
*corr. M*ᶜ   ali quam *Δ*: aliquem *M*
    33 1 in condiciones *Δ*: condiciones *M*   neue] nene *M*: nec *H*
2 Albinius *Sigonius*: Albinus **N**   hi *HOU*: hii *MP*: ii *Conway*

his Sicinium fuisse, seditionis auctorem; de duobus, qui
fuerint, minus conuenit. Sunt qui duos tantum in Sacro 3
monte creatos tribunos esse dicant, ibique sacratam legem
latam.

Per secessionem plebis Sp. Cassius et Postumus Cominius
consulatum inierunt. Iis consulibus cum Latinis populis 4
ictum foedus. Ad id feriendum consul alter Romae mansit:
alter ad Volscum bellum missus Antiates Volscos fundit
fugatque; compulsos in oppidum Longulam persecutus
moenibus potitur. Inde protinus Poluscam, item Volscorum, 5
cepit; tum magna ui adortus est Coriolos. Erat tum in
castris inter primores iuuenum Cn. Marcius, adulescens et
consilio et manu promptus, cui cognomen postea Coriolano
fuit. Cum subito exercitum Romanum Coriolos obsidentem 6
atque in oppidanos quos intus clausos habebat intentum,
sine ullo metu extrinsecus imminentis belli, Volscae legiones profectae ab Antio inuasissent, eodemque tempore
ex oppido erupissent hostes, forte in statione Marcius fuit.
Is cum delecta militum manu non modo impetum erum- 7
pentium rettudit, sed per patentem portam ferox inrupit
caedeque in proxima urbis facta ignem temere arreptum
imminentibus muro aedificiis iniecit. Clamor inde oppi- 8
danorum mixtus muliebri puerilique ploratu ad terrorem,
ut solet, primum ortus et Romanis auxit animum et turbauit Volscos utpote capta urbe qui ad ferendam opem
uenerant. Ita fusi Volsci Antiates, Corioli oppidum captum: 9
tantumque sua laude obstitit famae consulis Marcius ut, nisi

---

3 duos tantum Δ: duos M　　Postumus Sigonius, cf. 2. 18. 1: Postumius
N　　Cominius MPᶜ: comunius PU: comminus coñss noui H: comminus
ius O　　inierunt N: inierant Reiz　　　　4 Iis MOP: his HU
5 protinus Poluscam, item Cluuerius: protimus mucamitem M: protinus
muscamitem P: protinus mucamitem MᶜHOPᶜU: Poluscam item
Sigonius　　Cn.] lc̄. M: c̄. MᶜHP: c. OU; cf. 2. 35. 1, 2. 39. 1　　　　7 Is
cum MᶜPᶜHO: his cum M: quis cum P: qui cum U　　rettudit
Madvig: retudit MHOPᶜᵐ: retulit PU　　arreptum Aldus: abreptum N
8 primum ortus Klockius: primo ortu N: primo ortus Aldus: primum orto
Madvig　　qui N, cf. 2. 64. 8: cui Ed. Mogunt. 1518

foedus cum Latinis ⟨in⟩ columna aenea insculptum monumento esset ab Sp. Cassio uno, quia collega afuerat, ictum,
Postumum Cominium bellum gessisse cum Volscis memoria
cessisset.

10   Eodem anno Agrippa Menenius moritur, uir omni uita
pariter patribus ac plebi carus, post secessionem carior plebi
11 factus. Huic interpreti arbitroque concordiae ciuium, legato
patrum ad plebem, reductori plebis Romanae in urbem
sumptus funeri defuit; extulit eum plebs sextantibus conlatis in capita.

34   Consules deinde T. Geganius P. Minucius facti. Eo anno
cum et foris quieta omnia a bello essent et domi sanata dis-
2 cordia, aliud multo grauius malum ciuitatem inuasit, caritas
primum annonae ex incultis per secessionem plebis agris,
3 fames deinde, qualis clausis solet. Ventumque ad interitum
seruitiorum utique et plebis esset, ni consules prouidissent
dimissis passim ad frumentum coemendum, non in Etruriam
modo dextris ab Ostia litoribus laeuoque per Volscos mari
usque ad Cumas, sed quaesitum in Siciliam quoque; adeo
finitimorum odia longinquis coegerant indigere auxiliis.
4 Frumentum Cumis cum coemptum esset, naues pro bonis
Tarquiniorum ab Aristodemo tyranno, qui heres erat, reten-
tae sunt; in Volscis Pomptinoque ne emi quidem potuit;
periculum quoque ab impetu hominum ipsis frumentato-
5 ribus fuit; ex Tuscis frumentum Tiberi uenit; eo sustentata est plebs. Incommodo bello in tam artis commeatibus

9 Latinis in *H. J. Müller, coll.* 39. 37. 16: Latinis **N**   afuerat]
abfuerat *H*: fuerat *PU*: afuer *P*cm   Postumum *Sigonius, cf.* 2. 18. 1:
Postumium **N**   Cominium *M*: communium *P*: comminium *HOP*c:
comunium *U*   10 omni *Ed. Rom.* 1469, *cf.* 22. 61. 9 *et al.*: omnium
N: omni in *Iac. Gron.*   11 sextantibus *Ed. Rom.* 1469: extantibus **N**
34 3 passim *M*c*Δ*: passis *M*   Ostia *π*: hostia *MH*   quaesitum
in Siciliam *MHPU*: quaesitum in Sicilia *O, Aldus*: in Siciliam *Crevier*
coegerant *Δ*: coeperant coegerant *M*   4 coemptum *Δ*: coeptum *M*
Pomptinoque *OP*c*U*: promptinoque *MHP*   5 sustentata *M*c*OU*:
sustenta *MHP*   in tam artis] tam artis *M, add.* in *M*cs1: ita mar-
tis *H*

uexati forent, ni Volscos iam mouentes arma pestilentia
ingens inuasisset. Ea clade conterritis hostium animis, 6
ut etiam ubi ea remisisset terrore aliquo tenerentur, et
Velitris auxere numerum colonorum Romani, et Norbam
in montes nouam coloniam, quae arx in Pomptino esset,
miserunt.

M. Minucio deinde et A. Sempronio consulibus magna 7
uis frumenti ex Sicilia aduecta, agitatumque in senatu
quanti plebi daretur. Multi uenisse tempus premendae 8
plebis putabant reciperandique iura quae extorta secessione
ac ui patribus essent. In primis Marcius Coriolanus, hostis
tribuniciae potestatis, 'Si annonam' inquit 'ueterem uolunt, 9
ius pristinum reddant patribus. Cur ego plebeios magistratus, cur Sicinium potentem uideo, sub iugum missus,
tamquam ab latronibus redemptus? Egone has indignitates 10
diutius patiar quam necesse est? Tarquinium regem qui
non tulerim, Sicinium feram? Secedat nunc; auocet plebem; patet uia in Sacrum montem aliosque colles; rapiant
frumenta ex agris nostris, quemadmodum tertio anno ⟨ante⟩
rapuere. Vtantur annona quam furore suo fecere. Audeo 11
dicere hoc malo domitos ipsos potius cultores agrorum fore
quam ut armati per secessionem coli prohibeant.' Haud 12
tam facile dictu est faciendumne fuerit quam potuisse arbitror fieri ut condicionibus laxandi annonam et tribuniciam
potestatem et omnia inuitis iura imposita patres demerent
sibi.

Et senatui nimis atrox uisa sententia est et plebem ira 35
prope armauit. Fame se iam sicut hostes peti, cibo uictuque
fraudari; peregrinum frumentum, quae sola alimenta ex

5 ni] in *H*: *om. P, add. P*csl   6 ea remisisset *U*: eam remisset *M*:
eam remisisset *H*: eam remisset *OP*   Norbam *Duker*: norbae *MHPU*:
morbae *O*   Pomptino *MP*c*U*: promptino *HOP*   9 uolunt ius *π*:
uolent ius *H*: soluentium *M*   Cur ego] cur ergo *HP, corr. P*c   10 anno
ante *Wesenberg, coll.* 2. 46. 4: anno **N**   11 utantur *Δ*: fruantur
utantur *M*: fruantur *Alschefski*   suo] suam *HO*   cultores agrorum
*M*c*HO*: cultore sacrorum *M*: cultores sacrorum *PU*: agrorum *P*cm
12 dictu *P*c*U*: dictum *MHOP*

insperato fortuna dederit, ab ore rapi nisi Cn. Marcio uincti
dedantur tribuni, nisi de tergo plebis Romanae satisfiat;
eum sibi carnificem nouum exortum, qui aut mori aut seruire
2 iubeat. In exeuntem e curia impetus factus esset, ni peropportune tribuni diem dixissent. Ibi ira est suppressa; se
iudicem quisque, se dominum uitae necisque inimici factum
3 uidebat. Contemptim primo Marcius audiebat minas tribunicias: auxilii, non poenae ius datum illi potestati, plebisque,
non patrum tribunos esse. Sed adeo infensa erat coorta
4 plebs ut unius poena defungendum esset patribus. Resti-
terunt tamen aduersa inuidia, usique sunt qua suis quisque,
qua totius ordinis uiribus. Ac primo temptata res est si
dispositis clientibus absterrendo singulos a coitionibus con-
5 ciliisque disicere rem possent. Vniuersi deinde processere
—quidquid erat patrum, reos diceres—precibus plebem ex-
poscentes, unum sibi ciuem, unum senatorem, si innocen-
6 tem absoluere nollent, pro nocente donarent. Ipse cum die
dicta non adesset, perseueratum in ira est. Damnatus absens
in Volscos exsulatum abiit, minitans patriae hostilesque iam
tum spiritus gerens.

Venientem Volsci benigne excepere, benigniusque in dies
colebant, quo maior ira in suos eminebat crebraeque nunc
7 querellae, nunc minae percipiebantur. Hospitio utebatur
Atti Tulli. Longe is tum princeps Volsci nominis erat Ro-
manisque semper infestus. Ita cum alterum uetus odium,
alterum ira recens stimularet, consilia conferunt de Romano
8 bello. Haud facile credebant plebem suam impelli posse,
ut totiens infeliciter temptata arma caperent: multis saepe

35 1 rapi nisi Cn. *Ed. Rom.* 1469: rapi nisi gneo *M*c*OUP*c: rapinis igneo
MHP   3 poena *P*c: poene *M*: poenae *HUP*: penae *O*   4 qua
... qua *HOP*: quam ... quam *U*: qua ... quam *M*   temptata *Δ*:
temperata *M*   conciliisque *Δ*: consiliisque *M*   disicere *U*: dissicere
*MOPU*c: dissecere *H*   5 quidquid *P*: quid *M*: quicquid *HOU*
donarent *M*c*HPU*: domarent *M*: darent *O*   6 minitans *Δ*: mini-
strans *M*   benigne *M*c*OP*c*U*: benigni *MPH*   suos eminebat *HOP*c*U*:
suo seminabat *MP*   percipiebantur *Aldus*: praecipiebantur *MHPU*:
precipiebantur *O*   7 princeps] praeceps *H*: principes *P*, eps *P*csl

bellis, pestilentia postremo amissa iuuentute fractos spiritus
esse; arte agendum in exoleto iam uetustate odio, ut recenti
aliqua ira exacerbarentur animi.

Ludi forte ex instauratione magni Romae parabantur. 36
Instaurandi haec causa fuerat. Ludis mane seruum quidam
pater familiae, nondum commisso spectaculo, sub furca
⟨uirgis⟩ caesum medio egerat circo; coepti inde ludi, uelut
ea res nihil ad religionem pertinuisset. Haud ita multo post 2
T. Latinio, de plebe homini, somnium fuit; uisus Iuppiter
dicere sibi ludis praesultatorem displicuisse; nisi magnifice
instaurarentur ii ludi, periculum urbi fore; iret, ea consulibus nuntiaret. Quamquam haud sane liber erat religione 3
animus, uerecundia tamen maiestatis magistratuum timorem uicit, ne in ora hominum pro ludibrio abiret. Magno 4
illi ea cunctatio stetit; filium namque intra paucos dies
amisit. Cuius repentinae cladis ne causa dubia esset,
aegro animi eadem illa in somnis obuersata species uisa est
rogitare, satin magnam spreti numinis haberet mercedem;
maiorem instare ni eat propere ac nuntiet consulibus. Iam 5
praesentior res erat. Cunctantem tamen ac prolatantem
ingens uis morbi adorta est debilitate subita. Tunc enimuero 6
deorum ira admonuit. Fessus igitur malis praeteritis
instantibusque, consilio propinquorum adhibito, cum uisa
atque audita et obuersatum totiens somno Iouem, minas
irasque caelestes repraesentatas casibus suis exposuisset,
consensu inde haud dubio omnium qui aderant in forum ad

8 recenti *Δ*: recentia *M*
36 1 Instaurandi *MHOP*: instaurandis *M*c*P*c*U*: instaurandis . . .
fuerat ludis. *distinxit Aldus*   uirgis *addidi, coll.* 2. 5. 8, 2. 55. 5, *et al.*
2 Latinio *M*: Lacinio *P*cm: Latino *Δ*   instaurarentur *Δ*: instaurentur
M   3 *Post* quamquam *M addit summarium*: ludi instaurati,
quos displicuisse ioui latinius ab eo per somnium monitus ut nuntiaret debereq. repeti nondum uult magistratib. nuntiare, taciturnitas
orbitate punita est   timorem **N**: *secl. Madvig*   4 ne causa
*HOP*c*U*: ne causae *P*: nem causa *M, add.* ini *M*csl (*sc.* nemini)   eat
N: ea *M*c   ac nuntiet *Δ*: annuntiet *M*   6 ira *Δ*: cura *M*: iura
*M*c   repraesentatas *M*c*Δ*: prepresentatas *M*   dubio *Aldus*: dubiae
MHO: dubie *PU*

7 consules lectica defertur. Inde in curiam iussu consulum
delatus, eadem illa cum patribus ingenti omnium admi-
8 ratione enarrasset, ecce aliud miraculum: qui captus
omnibus membris delatus in curiam esset, eum functum
officio pedibus suis domum redisse traditum memoriae
est.

37   Ludi quam amplissimi ut fierent senatus decreuit. Ad
eos ludos auctore Attio Tullio uis magna Volscorum uenit.
2 Priusquam committerentur ludi, Tullius, ut domi composi-
tum cum Marcio fuerat, ad consules uenit; dicit esse quae
3 secreto agere de re publica uelit. Arbitris remotis, 'Inuitus,'
inquit, 'quod sequius sit, de meis ciuibus loquor. Non tamen
admissum quicquam ab iis criminatum uenio, sed cautum
4 ne admittant. Nimio plus quam uelim nostrorum ingenia
5 sunt mobilia. Multis id cladibus sensimus, quippe qui non
nostro merito sed uestra patientia incolumes simus. Magna
hic nunc Volscorum multitudo est; ludi sunt; spectaculo
6 intenta ciuitas erit. Memini quid per eandem occasionem
ab Sabinorum iuuentute in hac urbe commissum sit; horret
animus, ne quid inconsulte ac temere fiat. Haec nostra
uestraque causa prius dicenda uobis, consules, ratus sum.
7 Quod ad me attinet, extemplo hinc domum abire in animo
est, ne cuius facti dictiue contagione praesens uioler.' Haec
8 locutus abiit. Consules cum ad patres rem dubiam sub
auctore certo detulissent, auctor magis, ut fit, quam res ad
praecauendum uel ex superuacuo mouit, factoque senatus
consulto ut urbe excederent Volsci, praecones dimittuntur
9 qui omnes eos proficisci ante noctem iuberent. Ingens pauor
primo discurrentes ad suas res tollendas in hospitia perculit;
proficiscentibus deinde indignatio oborta, se ut conscelera-

8 redisse Δ: reddisse M

37 3 Inuitus Δ: intus M   sequius sit P: sequi quod sequius ussit M:
sequi usus sit Mᶜ: aequius sit PᶜU: sequi iuss(it) Pᶜᵐ: nequius sit HO
iis H: his MOPU   6 ab Sabinorum π, ut semper alibi apud Liuium:
ad Sabinorum M: a Sabinorum HMᶜ   8 urbe H: urbem MOPU;
cf. 1. 29. 6   qui Δ: ut M

tos contaminatosque ab ludis, festis diebus, coetu quodam
modo hominum deorumque abactos esse.

Cum prope continuato agmine irent, praegressus Tullius 38
ad caput Ferentinum, ut quisque ueniret, primores eorum
excipiens querendo indignandoque, et eos ipsos, sedulo
audientes secunda irae uerba, et per eos multitudinem
aliam in subiectum uiae campum deduxit. Ibi in contionis 2
modum orationem exorsus ⟨exsecutusque⟩ ueteres populi
Romani iniurias cladesque gentis Volscorum, 'Vt omnia'
inquit 'obliuiscamini alia, hodiernam hanc contumeliam
quo tandem animo fertis, qua per nostram ignominiam
ludos commisere? An non sensistis triumphatum hodie de 3
uobis esse? uos omnibus, ciuibus, peregrinis, tot finitimis
populis, spectaculo abeuntes fuisse? uestras coniuges,
uestros liberos traductos per ora hominum? Quid eos qui 4
audiuere uocem praeconis, quid ⟨eos⟩ qui nos uidere
abeuntes, quid eos qui huic ignominioso agmini fuere
obuii existimasse putatis nisi aliquod profecto nefas esse
quo, si intersimus spectaculo, uiolaturi simus ludos piacu-
lumque merituri; ideo nos ab piorum coetu concilioque
abigi? Quid deinde? illud non succurrit, uiuere nos quod 5
maturarimus proficisci? si hoc profectio et non fuga est. Et
hanc urbem uos non hostium ducitis, ubi si unum diem
morati essetis, moriendum omnibus fuit? Bellum uobis
indictum est, magno eorum malo qui indixere si uiri estis.'
Ita et sua sponte irarum pleni et incitati domos inde digressi 6
sunt, instigandoque suos quisque populos effecere ut omne
Volscum nomen deficeret.

Imperatores ad id bellum de omnium populorum senten- 39
tia lecti Attius Tullius et Cn. Marcius, exsul Romanus, in

38 1 ueniret *Ed. Frob.* 1531: eueniret **N**   querendo *Δ*: quaerendo *M*
2 exsecutusque *addidi*, exsecutus *F. Walter*: in *add.* Duker: *post* Volscorum
add. commemorauit. Tum *M. Müller*   4 eos *addidi*   aliquod *Δ*:
aliquid *M*   quo, si *Ed. Paris.* 1510: quod si **N**   ab piorum coetu
Karsten: ab sede piorum, coetu *HOᶜU*: ab sede priorum, coetu *O*: piorum
coetu *P, add.* ab sede *Pᶜˢˡ*: ab sede plorum cometu *M* (cum metu *Mᶜ*):
foede ab piorum coetu *Goodyear*   6 effecere *Δ*: efficere *M*

2 quo aliquanto plus spei repositum. Quam spem nequaquam
fefellit, ut facile appareret ducibus ualidiorem quam exercitu
rem Romanam esse. Circeios profectus primum colonos inde
Romanos expulit liberamque eam urbem Volscis tradidit;
inde in Latinam uiam transuersis tramitibus transgres-
3 sus, Satricum, Longulam, Poluscam, Coriolos, Mugillam,
haec Romanis oppida ademit; inde Lauinium recepit;
4 tunc deinceps Corbionem, Veteliam, Tolerium, Labicos,
5 Pedum cepit. Postremum ad urbem a Pedo ducit, et ad
fossas Cluilias quinque ab urbe milia passuum castris
positis, populatur inde agrum Romanum, custodibus inter
populatores missis qui patriciorum agros intactos seruarent,
6 siue infensus plebi magis, siue ut discordia inde inter patres
7 plebemque oreretur. Quae profecto orta esset—adeo tribuni iam ferocem per se plebem criminando in primores
ciuitatis instigabant—sed externus timor, maximum concordiae uinculum, quamuis suspectos infensosque inter se
8 iungebat animos. Id modo non conueniebat quod senatus
consulesque nusquam alibi spem quam in armis ponebant,
9 plebes omnia quam bellum malebat. Sp. Nautius iam et
Sex. Furius consules erant. Eos recensentes legiones, praesidia per muros aliaque in quibus stationes uigiliasque esse
placuerat loca distribuentes, multitudo ingens pacem
poscentium primum seditioso clamore conterruit, deinde
uocare senatum, referre de legatis ad Cn. Marcium
10 mittendis coegit. Acceperunt relationem patres, postquam
apparuit labare plebis animos; missique de pace ad
11 Marcium oratores atrox responsum rettulerunt: si Volscis
ager redderetur, posse agi de pace: si praeda belli per
otium frui uelint, memorem se et ciuium iniuriae et hospitum

39 2 Circeios] cerce ios *M*: cerceios *P*: cerceiios *O*   Longulam *Δ*:
longu iam *M*   Mugillam *Iac. Gron., coll. D.H.* 8. 36. 2: nouellam
MPU: nouella *HO, Sigonius*   recepit *M*: recipit *Δ*   4 Veteliam
N: c *O*^{csl} (*sc.* Veceliam; *cf.* 3. 50. 1): Vitelliam *Gruter, fort. recte, coll.*
5. 29. 3   Tolerium *Ogilvie, coll. D.H.* 8. 17. 4: Trebium **N**   5 a
Pedo *Δ*: ad Pedo *M*   Cluilias *Glareanus*: cluuilias *P*: cluuillas *MHP*^c*U*:
cluullas *O*   7 infensosque *M*^c*Δ*: infessosque *M*

beneficii adnisurum, ut appareat exsilio sibi inritatos, non
fractos animos esse. Iterum deinde iidem missi non recipi- 12
untur in castra. Sacerdotes quoque suis insignibus uelatos
isse supplices ad castra hostium traditum est; nihilo magis
quam legatos flexisse animum.

Tum matronae ad Veturiam matrem Coriolani Volumni- 40
amque uxorem frequentes coeunt. Id publicum consilium
an muliebris timor fuerit, parum inuenio: peruicere certe, 2
ut et Veturia, magno natu mulier, et Volumnia duos paruos
ex Marcio ferens filios secum in castra hostium irent et,
quoniam armis uiri defendere urbem non possent, mulieres
precibus lacrimisque defenderent. Vbi ad castra uentum 3
est nuntiatumque Coriolano est adesse ingens mulierum
agmen, is primo, ut qui nec publica maiestate in legatis
nec in sacerdotibus tanta offusa oculis animoque religione
motus esset, multo obstinatior aduersus lacrimas muliebres
erat; dein familiarium quidam qui insignem maestitia in- 4
ter ceteras cognouerat Veturiam, inter nurum nepotesque
stantem, 'Nisi me frustrantur' inquit 'oculi, mater tibi
coniunxque et liberi adsunt.' Coriolanus prope ut amens 5
consternatus ab sede sua cum ferret matri obuiae complexum, mulier in iram ex precibus uersa 'Sine, priusquam
complexum accipio, sciam' inquit 'ad hostem an ad filium
uenerim, captiua materne in castris tuis sim. In hoc me 6
longa uita et infelix senecta traxit ut exsulem te deinde
hostem uiderem? Potuisti populari hanc terram quae te
genuit atque aluit? Non tibi, quamuis infesto animo et 7
minaci perueneras, ingredienti fines ira cecidit? Non, cum
in conspectu Roma fuit, succurrit: intra illa moenia domus
ac penates mei sunt, mater coniunx liberique? Ergo ego nisi 8
peperissem, Roma non oppugnaretur; nisi filium haberem,
libera in libera patria mortua essem. Sed ego nihil iam pati

40 1 parum inuenio N: parum conuenit H. J. Müller   3 is primo
Bauer: in primo MHPU: om. O: primo Aldus   5 sim] simus O:
om. M   7 perueneras Δ: peruenerant M: secl. Novák   8 ego
nisi MPᶜᵐO: ego si H: ego si non PU

9 nec tibi turpius quam mihi miserius possum, nec ut sum
miserrima, diu futura sum: de his uideris, quos, si pergis,
aut immatura mors aut longa seruitus manet.' Vxor deinde ac liberi amplexi, fletusque ab omni turba mulierum
ortus et comploratio sui patriaeque fregere tandem uirum.

10 Complexus inde suos dimittit et ipse retro ab urbe castra
mouit. Abductis deinde legionibus ex agro Romano, inuidia rei oppressum perisse tradunt, alii alio leto. Apud
Fabium, longe antiquissimum auctorem, usque ad senectu-

11 tem uixisse eundem inuenio; refert certe hanc saepe eum
exacta aetate usurpasse uocem multo miserius seni exsilium
esse. Non inuiderunt laude sua mulieribus uiri Romani—

12 adeo sine obtrectatione gloriae alienae uiuebatur. Monumento quoque quod esset, templum Fortunae muliebri
aedificatum dedicatumque est.

Rediere deinde Volsci adiunctis Aequis in agrum Romanum; sed Aequi Attium Tullium haud ultra tulere ducem.

13 Hinc ex certamine Volsci Aequine imperatorem coniuncto
exercitui darent, seditio, deinde atrox proelium ortum. Ibi
fortuna populi Romani duos hostium exercitus haud minus
pernicioso quam pertinaci certamine confecit.

14 Consules T. Sicinius et C. Aquilius. Sicinio Volsci,
Aquilio Hernici—nam ii quoque in armis erant—prouincia
euenit. Eo anno Hernici deuicti: cum Volscis aequo Marte
discessum est.

41 Sp. Cassius deinde et Proculus Verginius consules facti.
Cum Hernicis foedus ictum; agri partes duae ademptae.
Inde dimidium Latinis, dimidium plebi diuisurus consul

2 Cassius erat. Adiciebat huic muneri agri aliquantum, quem
publicum possideri a priuatis criminabatur. Id multos quidem patrum, ipsos possessores, periculo rerum suarum ter-

---

9 ut sum *M*: ut sim *Δ*   quos *Δ*: quo *M*   10 et ipse *M*:
ipse *Δ*   leto *MOP*: *add.* o *P*csl: loeto *U*: loito *H*   11 mulieribus]
muliebribus *MP*   12 Aequi Attium] aequi atium *U*: equitu m̄ *H*:
equi attium *U*   14 Sicinius *MP*c*O*: siccinius *HPU*   ii *Ed. Rom.*
1469: hii *MP*: hi *HOU*

rebat; sed et publica patribus sollicitudo inerat largitione
consulem periculosas libertati opes struere. Tum primum 3
lex agraria promulgata est, nunquam deinde usque ad hanc
memoriam sine maximis motibus rerum agitata. Consul 4
alter largitioni resistebat auctoribus patribus nec omni
plebe aduersante, quae primo coeperat fastidire munus
uolgatum a ciuibus ipsis in socios; saepe deinde et Ver- 5
ginium consulem in contionibus uelut uaticinantem audiebat pestilens collegae munus esse; agros illos seruitutem iis
qui acceperint laturos; regno uiam fieri. quid ita enim 6
adsumi socios et nomen Latinum, quid attinuisse Hernicis,
paulo ante hostibus, capti agri partem tertiam reddi, nisi ut
hae gentes pro Coriolano duce Cassium habeant? Popu- 7
laris iam esse dissuasor et intercessor legis agrariae coeperat.
Vterque deinde consul, ut certatim, plebi indulgere. Verginius dicere passurum se adsignari agros, dum ne cui nisi
ciui Romano adsignentur: Cassius, quia in agraria largi- 8
tione ambitiosus in socios eoque ciuibus uilior erat, ut alio
munere sibi reconciliaret ciuium animos, iubere pro Siculo
frumento pecuniam acceptam retribui populo. Id uero haud 9
secus quam praesentem mercedem regni aspernata plebes;
adeo propter suspicionem in animis hominum insitam regni,
uelut abundarent omnia, munera eius respuebantur. Quem 10
ubi primum magistratu abiit damnatum necatumque constat. Sunt qui patrem auctorem eius supplicii ferant: eum
cognita domi causa uerberasse ac necasse peculiumque filii
Cereri consecrauisse; signum inde factum esse et inscri-
ptum: 'Ex Cassia familia datum.' Inuenio apud quosdam, 11

---

41 3 usque *Δ*: *om. M*   4 ipsis *Ogilvie*: egisse *M*: isse *Δ*: exisse
Weissenborn, Luterbacher: *secl. Gron.*   5 iis *HP*: his *OU*: hiis *M*   acceperint *Grynaeus*: acceperant **N**   6 attinuisse *Aldus*: attinuisset
N   hae gentes *Aldus*: egentes *MP*, *add.* h *P*cs1 *et dist.* (*sc.* h(a)e gentes):
he gentes *OU*: aegentes *H*   7 ut certatim *MH*: certatim *π, Gron.*,
fort. recte   8 uilior *Δ*: uiolor *M*, *add.* enti *M*cs1   9 in animis
hominum *ante* insitam *transposuit Alan*: *ante* respuebantur *habuit* **N**: *secl.*
Conway   10 supplicii ferant *MOP*: supplicii ferunt *U*: suppliciis
erant *H*

idque propius fidem est, a quaestoribus Caesone Fabio et
L. Valerio diem dictam perduellionis, damnatumque populi
iudicio, dirutas publice aedes. Ea est area ante Telluris
12 aedem. Ceterum siue illud domesticum siue publicum fuit
iudicium, damnatur Seruio Cornelio Q. Fabio consulibus.

42　　Haud diuturna ira populi in Cassium fuit. Dulcedo
agrariae legis ipsa per se, dempto auctore, subibat animos,
accensaque ea cupiditas est malignitate patrum, qui deuictis
eo anno Volscis Aequisque, militem praeda fraudauere.
2 Quidquid captum ex hostibus est, uendidit Fabius consul
ac redegit in publicum.

Inuisum erat Fabium nomen plebi propter nouissimum
consulem; tenuere tamen patres ut cum L. Aemilio K.
3 Fabius consul crearetur. Eo infestior facta plebes seditione
domestica bellum externum exciuit. Bello deinde ciuiles
discordiae intermissae; uno animo patres ac plebs rebel-
lantes Volscos et Aequos duce Aemilio prospera pugna
4 uicere. Plus tamen hostium fuga quam proelium absum-
5 psit; adeo pertinaciter fusos insecuti sunt equites. Castoris
aedes eodem anno idibus Quintilibus dedicata est; uota erat
Latino bello ⟨a⟩ Postumio dictatore; filius eius duumuir
6 ad id ipsum creatus dedicauit. Sollicitati et eo anno sunt
dulcedine agrariae legis animi plebis. Tribuni plebi popularem potestatem lege populari celebrabant; patres, satis
superque gratuiti furoris in multitudine credentes esse, largitiones temeritatisque inuitamenta horrebant. Acerrimi
7 patribus duces ad resistendum consules fuere. Ea igitur pars
rei publicae uicit, nec in praesens modo sed in uenientem
etiam annum M. Fabium, Caesonis fratrem, et magis
inuisum alterum plebi accusatione Sp. Cassi, L. Valerium,
consules dedit.

8　　Certatum eo quoque anno cum tribunis est. Vana lex

---

42 2 K.] caeso *PU*: ceso *M*: caesone *O*: cesone *H*　　　5 aedes *M*,
cf. 2. 21. 2: aedis *Δ*　　a *addidit du Rieu*　　6 furoris *PU*: fauo-
ris *MHO*　　in multitudine *HPU*: in multitudinem *O*: immultitudi-
nem *M*

uanique legis auctores iactando inritum munus facti. Fabium inde nomen ingens post tres continuos consulatus
unoque uelut tenore omnes expertos tribuniciis certaminibus habitum; itaque, ut bene locatus, mansit in ea familia
aliquamdiu honos. Bellum inde Veiens initum, et Volsci 9
rebellarunt; sed ad bella externa prope supererant uires,
abutebanturque iis inter semet ipsos certando. Accessere
ad aegras iam omnium mentes prodigia caelestia, prope
cottidianas in urbe agrisque ostentantia minas; motique ita 10
numinis causam nullam aliam uates canebant publice priuatimque nunc extis, nunc per aues consulti, quam haud rite
sacra fieri; qui terrores tamen eo euasere ut Oppia uirgo 11
Vestalis damnata incesti poenas dederit.

Q. Fabius inde et C. Iulius consules facti. Eo anno non 43
segnior discordia domi et bellum foris atrocius fuit. Ab
Aequis arma sumpta; Veientes agrum quoque Romanorum
populantes inierunt. Quorum bellorum crescente cura,
K. Fabius et Sp. Furius consules fiunt. Ortonam, Latinam 2
urbem, Aequi oppugnabant: Veientes, pleni iam populationum, Romam ipsam se oppugnaturos minabantur.
Qui terrores cum compescere deberent, auxere insuper ani- 3
mos plebis, redibatque non sua sponte plebi mos detra-
ctandi militiam, sed Sp. Licinius tribunus plebis, uenisse
tempus ratus per ultimam necessitatem legis agrariae patribus iniungendae, susceperat rem militarem impediendam. Ceterum tota inuidia tribuniciae potestatis uersa 4
in auctorem est, nec in eum consules acrius quam ipsius
collegae coorti sunt, auxilioque eorum dilectum consules
habent.

Ad duo simul bella exercitus scribitur; ducendus Fabio 5

11 Oppia *MH*: Opia *OPU*: Popilia *ap. Oros.* 2. 8. 13, Opimia *ap. D.H.*
8. 39. 3, Pompilia *ap. Euseb.* 2. 102: *cf. Perioch.* 2 illia   incesti *Δ*: incerti *M*

43 1 Iulius *Sigonius*: tullius **N**   2 Ortonam *M*; *cf.* 3. 30. 8: opto-
nam *H*: Arctonam *O*: artonam *PU*   4 ipsius *M*: ipsius eius *π*:
acrius . . . consules *om. H*   5 ducendus] ducentea *M, corr. M*^c:
dicendus *OH*

in Veientes, in Aequos Furio datur. Et in Aequis quidem
6 nihil dignum memoria gestum est; Fabio aliquanto plus
negotii cum ciuibus quam cum hostibus fuit. Vnus ille uir,
ipse consul, rem publicam sustinuit, quam exercitus odio
7 consulis, quantum in se fuit, prodebat. Nam cum consul
praeter ceteras imperatorias artes, quas parando gerendo-
que bello edidit plurimas, ita instruxisset aciem ut solo
equitatu emisso exercitum hostium funderet, insequi fusos
8 pedes noluit; nec illos, etsi non adhortatio inuisi ducis,
suum saltem flagitium et publicum in praesentia dedecus,
postmodo periculum, si animus hosti redisset, cogere potuit
9 gradum adcelerare aut, si aliud nihil, stare instructos. Iniussu signa referunt, maestique—crederes uictos—exsecran-
tes nunc imperatorem, nunc nauatam ab equite operam,
10 redeunt in castra. Nec huic tam pestilenti exemplo remedia
ulla ab imperatore quaesita sunt; adeo excellentibus
ingeniis citius defuerit ars qua ciuem regant quam qua
11 hostem superent. Consul Romam rediit non tam belli
gloria aucta quam inritato exacerbatoque in se militum
odio. Obtinuere tamen patres ut in Fabia gente consulatus
maneret: M. Fabium consulem creant; Fabio collega Cn.
Manlius datur.
44   Et hic annus tribunum auctorem legis agrariae habuit.
Ti. Pontificius fuit. Is eandem uiam, uelut processisset Sp.
2 Licinio, ingressus dilectum paulisper impediit. Perturba-
tis iterum patribus Ap. Claudius uictam tribuniciam potestatem dicere priore anno, in praesentia re, exemplo in

5 Veientes] uenientes *M, corr. M*ᶜ   Furio] Spurio π   *Quamquam
ex 2. 44. 11 et 2. 46. 1 constat Fabium contra Aequos, Furium contra Veientes
pugnasse, nihil hic mutandum est. Memoriae lapsum recte reprehendit Sabellicus*
8 etsi **N**: si *Muretus*   inuisi *Δ*: inuisu *M*   postmodo] postmodum
HU   stare *Muretus*: instare *MHPU*: instrare *O*   9 iniussu] iniussi
H: inuisii *O*   11 Cn. Manlius *Aldus*; cf. 2. 47. 1; *D.H.* 9. 5. 1:
neus manilius *M*: cneus mamilius *O*: g̅n̅eius manilius *H*: c·neus
manilius *P*: cneus manilius *U*

   44 1 Ti.] T·I·B· *M*: t·b· *P*: T̅· *HU*: T· *O*   2 exemplo] extemplo
HU

perpetuum, quando inuentum sit suis ipsam uiribus dissolui.
neque enim unquam defuturum qui et ex collega uictoriam 3
sibi et gratiam melioris partis bono publico uelit quaesitam;
et plures, si pluribus opus sit, tribunos ad auxilium consulum paratos fore, et unum uel aduersus omnes satis esse. 4
darent modo et consules et primores patrum operam ut,
si minus omnes, aliquos tamen ex tribunis rei publicae
ac senatui conciliarent. Praeceptis Appi moniti patres 5
et uniuersi comiter ac benigne tribunos appellare, et
consulares ut cuique eorum priuatim aliquid iuris aduersus singulos erat, partim gratia, partim auctoritate obtinuere ut tribuniciae potestatis uires salubres uellent rei
publicae esse, quattuorque tribunorum aduersus unum 6
moratorem publici commodi auxilio dilectum consules
habent.

Inde ad Veiens bellum profecti, quo undique ex Etruria 7
auxilia conuenerant, non tam Veientium gratia concitata
quam quod in spem uentum erat discordia intestina dissolui
rem Romanam posse. Principesque in omnium Etruriae 8
populorum conciliis fremebant aeternas opes esse Romanas
nisi inter semet ipsi seditionibus saeuiant; id unum uenenum, eam labem ciuitatibus opulentis repertam ut magna 9
imperia mortalia essent. diu sustentatum id malum, partim
patrum consiliis, partim patientia plebis, iam ad extrema
uenisse. duas ciuitates ex una factas; suos cuique parti
magistratus, suas leges esse. primum in dilectibus saeuire 10
solitos, eosdem in bello tamen paruisse ducibus. qualicumque urbis statu, manente disciplina militari sisti potuisse;
iam non parendi magistratibus morem in castra quoque
Romanum militem sequi. proximo bello in ipsa acie, in 11
ipso certamine, consensu exercitus traditam ultro uictoriam
uictis Aequis, signa deserta, imperatorem in acie relictum,

5 erat] erant *MP* 6 quattuorque *Sigonius*: nouemque *Δ, fort.
recte*: noque *M, add.* uem *M*cs1 9 opulentis *M*c*Δ*: opulenti
M extrema *Δ*: extra *M* factas *M*c*Δ*: factos *M* parti *M*c*HO*:
partim *MPU* 10 militari *Δ*: militaris *M*

12 iniussu in castra reditum. profecto si instetur, suo milite
uinci Romam posse. nihil aliud opus esse quam indici
ostendique bellum; cetera sua sponte fata et deos gesturos.
Hae spes Etruscos armauerant, multis in uicem casibus
uictos uictoresque.

45   Consules quoque Romani nihil praeterea aliud quam suas
uires, sua arma horrebant; memoria pessimi proximo bello
exempli terrebat ne rem committerent eo ubi duae simul
2 acies timendae essent. Itaque castris se tenebant, tam
ancipiti periculo auersi: diem tempusque forsitan ipsum
3 leniturum iras sanitatemque animis allaturum. Veiens
hostis Etruscique eo magis praepropere agere; lacessere ad
pugnam primo obequitando castris prouocandoque, postremo ut nihil mouebant, qua consules ipsos, qua exercitum
4 increpando: simulationem intestinae discordiae remedium
timoris inuentum, et consules magis non confidere quam
non credere suis militibus; nouum seditionis genus, silentium otiumque inter armatos. Ad haec in nouitatem
5 generis originisque qua falsa, qua uera iacere. Haec cum
sub ipso uallo portisque streperent, haud aegre consules
pati; at imperitae multitudini nunc indignatio, nunc pudor
pectora uersare et ab intestinis auertere malis; nolle inultos
hostes, nolle successum non patribus, non consulibus; ex-
6 terna et domestica odia certare in animis. Tandem supe-
rant externa; adeo superbe insolenterque hostis eludebat.
Frequentes in praetorium conueniunt; poscunt pugnam,
7 postulant ut signum detur. Consules uelut deliberabundi
capita conferunt, diu conloquuntur. Pugnare cupiebant, sed
retro reuocanda et abdenda cupiditas erat, ut aduersando

11 in castra] *om. in HU*   12 instetur *Mᶜ∆*: insistetur *M*   indici]
indicio *MP*

45 1 proximo *∆*: proximi *M*   exempli *∆*: exemplo *M*, i *Mᶜˢˡ*
3 eo magis praepropere] propere *U, add.* eo magis prae *Uᶜˢˡ*: eo magis
praeprope *M, add.* re *Mᶜˢˡ*: eo magis propere *H*   obequitando] obse-
quitando *M*: obequi tanto *P*   4 non confidere *π*: confidere *M*: non
con *H*   6 eludebat *Mᶜ∆*: se ludebat *M*   7 retro reuocanda]
retro uocando *H*: reuocanda *U*   abdenda *Gebhard*: addenda **N**

remorandoque incitato semel militi adderent impetum. Red- 8
ditur responsum immaturam rem agi; nondum tempus
pugnae esse; castris se tenerent. Edicunt inde ut abstineant
pugna; si quis iniussu pugnauerit, ut in hostem animaduersuros. Ita dimissis, quo minus consules uelle credunt, 9
crescit ardor pugnandi. Accendunt insuper hostes ferocius
multo, ut statuisse non pugnare consules cognitum est:
quippe impune se insultaturos; non credi militi arma; rem 10
ad ultimum seditionis erupturam, finemque uenisse Romano
imperio. His freti occursant portis, ingerunt probra; aegre
abstinent quin castra oppugnent. Enimuero non ultra con- 11
tumeliam pati Romanus posse; totis castris undique ad
consules curritur; non iam sensim, ut ante, per centurionum
principes postulant, sed passim omnes clamoribus agunt.
Matura res erat; tergiuersantur tamen. Fabius deinde ad 12
crescentem tumultum iam metu seditionis collega concedente, cum silentium classico fecisset: 'Ego istos, Cn. Manli,
posse uincere scio: uelle ne scirem, ipsi fecerunt. Itaque 13
certum atque decretum est non dare signum nisi uictores se
redituros ex hac pugna iurant. Consulem Romanum miles
semel in acie fefellit: deos nunquam fallet.' Centurio erat M.
Flauoleius, inter primores pugnae flagitator. 'Victor,' inquit, 14
'M. Fabi, reuertar ex acie'; si fallat, Iouem patrem Gradi-
uumque Martem aliosque iratos inuocat deos. Idem deinceps omnis exercitus in se quisque iurat. Iuratis datur
signum; arma capiunt; eunt in pugnam irarum speique
pleni. Nunc iubent Etruscos probra iacere, nunc armati 15
sibi quisque lingua promptum hostem offerri. Omnium 16
illo die, qua plebis, qua patrum, eximia uirtus fuit;

9 accendunt *MPU*: accendit *HO*   ut *Δ*: et *M*   credi *Δ*: crediti *M*
10 ultimum *Δ*: ultim *M*, *add.* am *M*ᶜˢˡ (*sc.* ultimam)   11 Romanus
MPU: Romanos *M*ᶜ*HO*   non iam *Aldus*: non tam *MHO*ᶜ*PU*: quid *O*
scripserit parum liquet   ante *Δ*: tante *M*   12 Manli *Ed. Frob.*
1535: Manili **N**   13 se redituros *Δ*: sedituros *M*: redituros
*M*ᶜ   iurant *M*ᶜ*HOP*: iurante *M*: iurent *U*   Flauoleius] flauoeius
M: flavius *O*, flauoleius *O*ᶜ   15 nunc iubent *π*: nuncq. iubent *M*:
nunc iubentes *H*

Fabium nomen maxime enituit; multis ciuilibus certaminibus infensos plebis animos illa pugna sibi reconciliare
statuunt.

46   Instruitur acies, nec Veiens hostis Etruscaeque legiones
detractant. Prope certa spes erat non magis secum pugnatu-
ros quam pugnauerint cum Aequis; maius quoque aliquod
in tam inritatis animis et occasione ancipiti haud de-
2 sperandum esse facinus. Res aliter longe euenit; nam non
alio ante bello infestior Romanus—adeo hinc contumeliis
hostes, hinc consules mora exacerbauerant—proelium iniit.
3 Vix explicandi ordines spatium Etruscis fuit, cum pilis inter
primam trepidationem abiectis temere magis quam emissis,
pugna iam in manus, iam ad gladios, ubi Mars est atrocissi-
4 mus, uenerat. Inter primores genus Fabium insigne spectaculo exemploque ciuibus erat. Ex his Q. Fabium—tertio
hic anno ante consul fuerat—principem in confertos Veientes euntem ferox uiribus et armorum arte Tuscus, incautum inter multas uersantem hostium manus, gladio per
pectus transfigit; telo extracto praeceps Fabius in uolnus
5 abiit. Sensit utraque acies unius uiri casum, cedebatque
inde Romanus cum M. Fabius consul transiluit iacentis
corpus obiectaque parma, 'Hoc iurastis,' inquit, 'milites,
fugientes uos in castra redituros? Adeo ignauissimos
hostes magis timetis quam Iouem Martemque per quos
6 iurastis? At ego iniuratus aut uictor reuertar aut prope
te hic, Q. Fabi, dimicans cadam.' Consuli tum K.
Fabius, prioris anni consul: 'Verbisne istis, frater, ut
7 pugnent, te impetraturum credis? Di impetrabunt per
quos iurauere; et nos, ut decet proceres, ut Fabio

16 *post* Fabium nomen *addidit* Fabia gens N: *secl. Schaefer*   maxime]
om. HU

46 1 pugnauerint*PU*: pugnarint *M*: pugnauerunt *O*: *om. H*   aliquod
MO: aliqd *H*: aliud *U*: aliquot *P*   3 ordines *Gron.*: ordinis N
4 uersantem *Ed. Rom.* 1469: uersantes N   abiit N: obiit *Sigonius*:
labitur *Cornelissen*: cadit *H. J. Müller*   6 K. *Glareanus*: gaius
MPO: c̄. *U*: graus *H*   impetraturum *OP*: impetratum *H*: imperaturum
MU

nomine est dignum, pugnando potius quam adhortando accendamus militum animos.' Sic in primum infensis hastis prouolant duo Fabii, totamque mouerunt secum aciem.

Proelio ex parte una restituto, nihilo segnius in cornu 47 altero Cn. Manlius consul pugnam ciebat, ubi prope similis fortuna est uersata. Nam ut altero in cornu Q. Fabium, 2 sic in hoc ipsum consulem Manlium iam uelut fusos agentem hostes et impigre milites secuti sunt et, ut ille graui uolnere ictus ex acie cessit, interfectum rati gradum rettulere; cessissentque loco, ni consul alter cum aliquot turmis 3 equitum in eam partem citato equo aduectus, uiuere clamitans collegam, se uictorem fuso altero cornu adesse, rem inclinatam sustinuisset. Manlius quoque ad restituen- 4 dam aciem se ipse coram offert. Duorum consulum cognita ora accendunt militum animos. Simul et rarior iam erat hostium acies, dum abundante multitudine freti, subtracta subsidia mittunt ad castra oppugnanda. In quae haud 5 magno certamine impetu facto cum praedae magis quam pugnae memores tererent tempus, triarii Romani qui primam inruptionem sustinere non potuerant, missis ad consules nuntiis quo loco res essent, conglobati ad praetorium redeunt. Et sua sponte ipsi proelium renouant et 6 Manlius consul reuectus in castra, ad omnes portas milite opposito, hostibus uiam clauserat. Ea desperatio Tuscis rabiem magis quam audaciam accendit. Nam cum incursantes quacumque exitum ostenderet spes uano aliquotiens impetu issent, globus iuuenum unus in ipsum consulem insignem armis inuadit. Prima excepta a circumstantibus 7 tela; sustineri deinde uis nequit; consul mortifero uolnere ictus cadit, fusique circa omnes. Tuscis crescit audacia; 8

---

7 infensis hastis *HPU*: infestis hastis *O*: infensos hostes *M, add.* in *M*ᶜˢˡ
47 1 altero *Δ*: alteram *M*   4 rarior *Perizonius, coll. Tac. Hist.*
3. 25. 1: uanior **N**   iam *Δ*: tam *M*: tum *M*ᶜ   5 cum *M*: dum *M*ᶜ*Δ*
6 opposito *Δ*: apposito *M*   7 sustineri *Δ*: sustinere *M*   nequit]
nequid *M*: inquit *H*

8 Romanos terror per tota castra trepidos agit, et ad extrema
uentum foret ni legati rapto consulis corpore patefecissent
9 una porta hostibus uiam. Ea erumpunt; consternatoque
agmine abeuntes in uictorem alterum incidunt consulem;
ibi iterum caesi fusique passim.

Victoria egregia parta, tristis tamen duobus tam claris
10 funeribus. Itaque consul decernente senatu triumphum, si
exercitus sine imperatore triumphare possit, pro eximia
eo bello opera facile passurum respondit; se familia funesta
Q. Fabi fratris morte, re publica ex parte orba, consule
altero amisso, publico priuatoque deformem luctu lauream
11 non accepturum. Omni acto triumpho depositus triumphus
clarior fuit; adeo spreta in tempore gloria interdum cumu-
latior redit. Funera deinde duo deinceps collegae fratrisque
ducit, idem in utroque laudator, cum concedendo illis suas
12 laudes ipse maximam partem earum ferret. Neque immemor eius quod initio consulatus imbiberat, reconciliandi
animos plebis, saucios milites curandos diuidit patribus.
Fabiis plurimi dati, nec alibi maiore cura habiti. Inde
populares iam esse Fabii, nec hoc ulla re nisi salubri rei
publicae arte.

48 Igitur non patrum magis quam plebis studiis K. Fabius
cum T. Verginio consul factus neque belli neque dilectus
neque ullam aliam priorem curam agere quam ut iam aliqua
ex parte incohata concordiae spe, primo quoque tempore
2 cum patribus coalescerent animi plebis. Itaque principio
anni censuit priusquam quisquam agrariae legis auctor tribunus exsisteret, occuparent patres ipsi suum munus facere;
captiuum agrum plebi quam maxime aequaliter darent;
uerum esse habere eos quorum sanguine ac sudore partus

10 si Δ: om. M, add. ne M^csl　　pro eximia eo OM^cP^cU^c: proxima eo
U: proximia HP: proeximiae o M　　　amisso Ed. Rom. 1469: omisso N
11 redit O: rediit MHPU　　　　　　12 Fabiis] Fabii M: Fabius P: corr.
M^cP^c　　ulla re MHOP^cU: nulla re P: ulla Gruter　　rei publicae arte
Gruter: reip̄ parte MHU: reip parte OP
48 1 K. Glareanus: G. MO: g. P: ⁻. HU　　belli Duker: bella N　　iam
M^cΔ: tam M

sit. Aspernati patres sunt; questi quoque quidam nimia 3 gloria luxuriare et euanescere uiuidum quondam illud Cae- sonis ingenium.

Nullae deinde urbanae factiones fuere; uexabantur incur- 4 sionibus Aequorum Latini. Eo cum exercitu Caeso missus in ipsorum Aequorum agrum depopulandum transit. Aequi se in oppida receperunt murisque se tenebant; eo nulla pugna memorabilis fuit. At a Veiente hoste clades accepta 5 temeritate alterius consulis, actumque de exercitu foret, ni K. Fabius in tempore subsidio uenisset. Ex eo tempore neque pax neque bellum cum Veientibus fuit; res proxime formam latrocinii uenerat. Legionibus Romanis cedebant 6 in urbem; ubi abductas senserant legiones, agros incursa- bant, bellum quiete, quietem bello in uicem eludentes. Ita neque omitti tota res nec perfici poterat; et alia bella aut praesentia instabant, ut ab Aequis Volscisque, non diutius quam recens dolor proximae cladis transiret quiescentibus, aut mox moturos esse apparebat Sabinos semper infestos Etruriamque omnem. Sed Veiens hostis, adsiduus magis 7 quam grauis, contumeliis saepius quam periculo animos agitabat, quod nullo tempore neglegi poterat aut auerti alio sinebat. Tum Fabia gens senatum adiit. Consul pro gente 8 loquitur: 'Adsiduo magis quam magno praesidio, ut scitis, patres conscripti, bellum Veiens eget. Vos alia bella curate, Fabios hostes Veientibus date. Auctores sumus tutam ibi maiestatem Romani nominis fore. Nostrum id nobis uelut 9 familiare bellum priuato sumptu gerere in animo est; res publica et milite illic et pecunia uacet.' Gratiae ingentes actae. Consul e curia egressus comitante Fabiorum agmi- 10 ne, qui in uestibulo curiae senatus consultum exspectantes steterant, domum redit. Iussi armati postero die ad limen consulis adesse; domos inde discedunt.

Manat tota urbe rumor; Fabios ad caelum laudibus 49

5 proxime *Ed. Frob.* 1535, *Gron.*: proxime in *HP^cU*: proximae in *MP*: proxima in *M^cO*   6 ut] aut *U*: om. *M*   esse *Seyffert*: se **N**: *secl. Madvig*   10 iussi *M^cmΔ*: iussus *M*

ferunt: familiam unam subisse ciuitatis onus; Veiens bel-
2 lum in priuatam curam, in priuata arma uersum. si sint
duae roboris eiusdem in urbe gentes, deposcant haec Volscos sibi, illa Aequos: populo Romano tranquillam pacem
agente omnes finitimos subigi populos posse. Fabii postero
3 die arma capiunt; quo iussi erant conueniunt. Consul palu-
datus egrediens in uestibulo gentem omnem suam instructo
agmine uidet; acceptus in medium signa ferri iubet. Nunquam exercitus neque minor numero neque clarior fama et
4 admiratione hominum per urbem incessit. Sex et trecenti
milites, omnes patricii, omnes unius gentis, quorum neminem ducem sperneret egregius quibuslibet temporibus exercitus, ibant, unius familiae uiribus Veienti populo pestem
5 minitantes. Sequebantur turba propria alia cognatorum
sodaliumque, nihil medium, nec spem nec curam, sed
immensa omnia uoluentium animo, alia publica sollicitu-
6 dine excitata, fauore et admiratione stupens. Ire fortes, ire
felices iubent, inceptis euentus pares reddere; consulatus
inde ac triumphos, omnia praemia ab se, omnes honores
7 sperare. Praetereuntibus Capitolium arcemque et alia
templa, quidquid deorum oculis, quidquid animo occurrit,
precantur ut illud agmen faustum atque felix mittant,
sospites breui in patriam ad parentes restituant. In cassum
8 missae preces. Infelici uia, dextro iano portae Carmentalis,
profecti ad Cremeram flumen perueniunt. Is opportunus
uisus locus communiendo praesidio.

9   L. Aemilius inde et C. Seruilius consules facti. Et donec
nihil aliud quam in populationibus res fuit, non ad praesidium modo tutandum Fabii satis erant, sed tota regione
qua Tuscus ager Romano adiacet, sua tuta omnia, infesta
10 hostium, uagantes per utrumque finem, fecere. Interuallum
deinde haud magnum populationibus fuit, dum et Veientes

49 2 postero die *Drak.*: postera die **N**   3 minor *HOP*: minor in
U: ut minoin *M*: ut minor *M*^c   4 exercitus *Tan. Faber, Bentley*:
senatus **N**   5 alia publica π: aliqua publica *H*: publica *M*
6 sperare *Δ*: spectare *M*

accito ex Etruria exercitu praesidium Cremerae oppugnant,
et Romanae legiones ab L. Aemilio consule adductae com-
inus cum Etruscis dimicant acie; quamquam uix dirigendi 11
aciem spatium Veientibus fuit; adeo inter primam trepidationem, dum post signa ordines introeunt subsidiaque
locant, inuecta subito ab latere Romana equitum ala non
pugnae modo incipiendae sed consistendi ademit locum.
Ita fusi retro ad saxa Rubra—ibi castra habebant—pacem 12
supplices petunt. Cuius impetratae, ab insita animis
leuitate, ante deductum Cremera Romanum praesidium
paenituit.

Rursus cum Fabiis erat Veienti populo, sine ullo maioris 50
belli apparatu, certamen; nec erant incursiones modo in
agros aut subiti impetus incursantium, sed aliquotiens
aequo campo conlatisque signis certatum, gensque una 2
populi Romani saepe ex opulentissima, ut tum res erant,
Etrusca ciuitate uictoriam tulit. Id primo acerbum indi- 3
gnumque Veientibus est uisum; inde consilium ex re natum
insidiis ferocem hostem captandi; gaudere etiam multo suc-
cessu Fabiis audaciam crescere. Itaque et pecora praedan- 4
tibus aliquotiens, uelut casu incidissent, obuiam acta, et
agrestium fuga uasti relicti agri, et subsidia armatorum ad
arcendas populationes missa saepius simulato quam uero
pauore refugerunt. Iamque Fabii adeo contempserant ho- 5
stem ut sua inuicta arma neque loco neque tempore ullo
crederent sustineri posse. Haec spes prouexit ut ad conspecta procul a Cremera magno campi interuallo pecora,
quamquam rara hostium apparebant arma, decurrerent. Et 6
cum improuidi effuso cursu praesidia circa ipsum iter locata
superassent palatique passim uaga, ut fit pauore iniecto,

11 Romana Δ: romano M
50 1 aut MU: haud HOP   incursantium HOU: incursantes lupi M:
incursantes ium P, tium Pcsl (sc. incursantium): in incursantes Goebel
2 Etrusca McΔ: etruscam M   4 incidissent Δ: incidisset M, add.
n Mcsl   5 rara Δ: para M: parua Mc   6 praesidia . . . iter
locata Ogilvie: insidias . . . interlocas (inter loca Mc) M: insidias . . .
iter locutus H: insidias . . . iter locatas π

raperent pecora, subito ex insidiis consurgitur; et aduersi et
7 undique hostes erant. Primo clamor circumlatus exterruit,
dein tela ab omni parte accidebant; coeuntibusque Etruscis,
iam continenti agmine armatorum saepti, quo magis se
hostis inferebat, cogebantur breuiore spatio et ipsi orbem
8 colligere, quae res et paucitatem eorum insignem et multitudinem Etruscorum, multiplicatis in arto ordinibus, facie-
9 bat. Tum omissa pugna, quam in omnes partes parem
intenderant, in unum locum se omnes inclinant; eo nisi
10 corporibus armisque rupere cuneo uiam. Duxit uia in
editum leniter collem. Inde primo restitere; mox, ut
respirandi superior locus spatium dedit recipiendique a
pauore tanto animum, pepulere etiam subeuntes, uincebat-
que auxilio loci paucitas, ni iugo circummissus Veiens in
11 uerticem collis euasisset. Ita superior rursus hostis factus.
Fabii caesi ad unum omnes praesidiumque expugnatum.
Trecentos sex perisse satis conuenit, unum propter impuberem aetatem relictum, stirpem genti Fabiae dubiisque
rebus populi Romani saepe domi bellique uel maximum
futurum auxilium.

51   Cum haec accepta clades est, iam C. Horatius et T. Menenius consules erant. Menenius aduersus Tuscos uictoria
2 elatos confestim missus. Tum quoque male pugnatum est,
et Ianiculum hostes occupauere; obsessaque urbs foret,
super bellum annona premente—transierant enim Etrusci
Tiberim—ni Horatius consul ex Volscis esset reuocatus.
Adeoque id bellum ipsis institit moenibus, ut primo pugnatum ad Spei sit aequo Marte, iterum ad portam Collinam.
3 Ibi quamquam paruo momento superior Romana res fuit,
meliorem tamen militem, recepto pristino animo, in futura
proelia id certamen fecit.

7 accidebant *Gebhard*: accedebant **N**   8 et paucitatem *M*:
paucitatem *Δ*   10 leniter *Ed. Rom.* 1469: leuiter **N**   uincebat-
que *MU*: uincebantque *HOP*   11 propter impuberem aetatem
Kreyssig, coll. De Viris Illustribus 14. 6: prope puberem aetatem *M*: prope
puberem aetate *McΔ*

51 1 est *Crevier*: esset **N**   2 Marte *McΔ*: morte *M*

A. Verginius et Sp. Seruilius consules fiunt. Post ac- 4
ceptam proxima pugna cladem Veientes abstinuere acie;
populationes erant, et uelut ab arce Ianiculo passim in Romanum agrum impetus dabant; non usquam pecora tuta,
non agrestes erant. Capti deinde eadem arte sunt qua 5
ceperant Fabios. Secuti dedita opera passim ad inlecebras
propulsa pecora praecipitauere in insidias; quo plures erant,
maior caedes fuit. Ex hac clade atrox ira maioris cladis causa 6
atque initium fuit. Traiecto enim nocte Tiberi, castra Seruili consulis adorti sunt oppugnare. Inde fusi magna caede
in Ianiculum se aegre recepere. Confestim consul et ipse 7
transit Tiberim, castra sub Ianiculo communit. Postero die
luce orta nonnihil et hesterna felicitate pugnae ferox, magis
tamen quod inopia frumenti quamuis in praecipitia, dum
celeriora essent, agebat consilia, temere aduerso Ianiculo ad 8
castra hostium aciem erexit, foediusque inde pulsus quam
pridie pepulerat, interuentu collegae ipse exercitusque est
seruatus. Inter duas acies Etrusci, cum in uicem his atque 9
illis terga darent, occidione occisi. Ita oppressum temeritate
felici Veiens bellum.

Vrbi cum pace laxior etiam annona rediit, et aduecto ex 52
Campania frumento, et postquam timor sibi cuique futurae
inopiae abiit, eo quod abditum fuerat prolato. Ex copia 2
deinde otioque lasciuire rursus animi et pristina mala, postquam foris deerant, domi quaerere. Tribuni plebem agitare
suo ueneno, agraria lege; in resistentes incitare patres, nec
in uniuersos modo sed in singulos. Q. Considius et T. 3
Genucius, auctores agrariae legis, T. Menenio diem dicunt.
Inuidiae erat amissum Cremerae praesidium, cum haud

4 Sp. *Ed Rom.* 1469: p. *O*: p̄ *MHPU*; *cf.* 2. 52. 6   proxima pugna
Gron.: proximam pugnae **N**   acie *M*: aciem *Δ*   Ianiculo *Madvig*,
coll. 10. 1. 7: ianiculi **N**   5 praecipitauere *Δ*: praecipitauere ro *M*
7 hesterna *MHOU*ᶜ: externa *PU*: hesternae *Gron.*   felicitate *HO*:
felicitates *MP*: felicitas *P*ᶜ*U*   in praecipitia *MPU*: praecipitia
HO   agebat *U, Aldus*: agebant *MHOPU*ᶜ
52 1 etiam *Δ*: *om. M*   2 lasciuire rursus] lasciui reuersus *M*:
lasciuiere rursus *PU*

4 procul inde statiua consul habuisset; ea oppressit, cum et
patres haud minus quam pro Coriolano adnisi essent et
5 patris Agrippae fauor hauddum exoleuisset. In multa tem-
perarunt tribuni; cum capitis anquisissent, duorum milium
aeris damnato multam dixerunt. Ea in caput uertit; negant
tulisse ignominiam aegritudinemque; inde morbo absumptum esse.

6   Alius deinde reus, Sp. Seruilius, ut consulatu abiit, C.
Nautio et P. Valerio consulibus, initio statim anni ab
7 L. Caedicio et T. Statio tribunis die dicta, non ut Menenius,
precibus suis aut patrum sed cum multa fiducia innocentiae
gratiaeque tribunicios impetus tulit. Et huic proelium cum
Tuscis ad Ianiculum erat crimini. Sed feruidi animi uir ut
in publico periculo ante, sic tum in suo, non tribunos modo
sed plebem oratione feroci refutando exprobrandoque T.
Meneni damnationem mortemque, cuius patris munere restituta quondam plebs eos ipsos quibus tum saeuiret magi-
8 stratus, eas leges haberet, periculum audacia discussit. Iuuit
et Verginius collega testis productus, participando laudes;
magis tamen Menenianum—adeo mutauerunt animi—
profuit iudicium.

53   Certamina domi finita: Veiens bellum exortum, quibus
Sabini arma coniunxerant. P. Valerius consul accitis Latinorum Hernicorumque auxiliis cum exercitu Veios missus
castra Sabina, quae pro moenibus sociorum locata erant,
confestim adgreditur; tantamque trepidationem iniecit ut
dum dispersi alii alia manipulatim excurrunt ad arcendam

---

4 ea oppressit *Gron.*: eam oppressit *MHUP*: eam oppresserunt *O*:
reum oppressit *Freudenberg*   hauddum *HO*: hauddudum *MU*: haudu-
dum *P*   5 duorum milium *J. S. Reid*: duo milia **N**   multam dixerunt
Duker: multam edixerunt *Mπ*: multam eduxerunt *H*   absumptum
esse *HPU*: assumptum est *O*: absumptum *M, spatio iu litterarum relicto*
6 anni *McΔ*: animi *M*   ab L. Caedicio *Ed. Rom.* 1470: abl. caedicio
H: ab t̄· cedicio *U*: ab t̄· caeditio *P*: ab ceditio *M*   7 ante, sic
tum *McH*: antes ictum *M*: ante ictum *P*: ante id tum *U*: ante sicut tum
O   8 animi *Crevier, coll.* 9. 12. 3: animum **N**
     53 1 alii alia *MP*: alii alii *HO*: alii *U*

hostium uim, ea porta cui signa primum intulerat caperetur.
Intra uallum deinde caedes magis quam proelium esse. 2
Tumultus e castris et in urbem penetrat; tamquam Veiis
captis, ita pauidi Veientes ad arma currunt. Pars Sabinis
eunt subsidio, pars Romanos toto impetu intentos in castra
adoriuntur. Paulisper auersi turbatique sunt; deinde et 3
ipsi utroque uersis signis resistunt, et eques ab consule
immissus Tuscos fundit fugatque, eademque hora duo exercitus, duae potentissimae et maxime finitimae gentes supe-
ratae sunt. Dum haec ad Veios geruntur, Volsci Aequique 4
in Latino agro posuerant castra populatique fines erant.
Eos per se ipsi Latini adsumptis Hernicis, sine Romano
aut duce aut auxilio castris exuerunt; ingenti praeda praeter 5
suas reciperatas res potiti sunt. Missus tamen ab Roma
consul in Volscos C. Nautius; mos, credo, non placebat,
sine Romano duce exercituque socios propriis uiribus consiliisque bella gerere. Nullum genus calamitatis contume- 6
liaeque non editum in Volscos est, nec tamen perpelli potuere
ut acie dimicarent.

　　L. Furius inde et C. Manlius consules. Manlio Veientes 54
prouincia euenit; non tamen bellatum; indutiae in annos
quadraginta petentibus datae frumento stipendioque impe-
rato. Paci externae confestim continuatur discordia domi. 2
Agrariae legis tribuniciis stimulis plebs furebat. Consules,
nihil Meneni damnatione, nihil periculo deterriti Seruili,
summa ui resistunt. Abeuntes magistratu Cn. Genucius
tribunus plebis arripuit.

　　L. Aemilius et Opiter Verginius consulatum ineunt; 3
Vopiscum Iulium pro Verginio in quibusdam annalibus
consulem inuenio. Hoc anno, quoscumque consules habuit,

　3 eques *HPU*: deaeque *M*: aeque *M*c *ras.*: et eques . . . fugatque
om. O　　eademque ∆: eadem *M*　　　4 posuerant *MO*: posuerunt *HPU*
5 exercituque ∆: exercitusque *M*　　6 perpelli *Aldus*: perpeti **N**
　54 1 C. Manlius *O*: C. Manilius *MHPU*c: C. Mamilius *U*: *fort.* A.
Manlius; *cf. D.H.* 9. 36. 1　　Manlio *MO*: manilio *HPU*c: mamilio *U*
2 Paci *P*c: pacis *HOPU*: facis *M*

rei ad populum Furius et Manlius circumeunt sordidati non
4 plebem magis quam iuniores patrum. Suadent monent
honoribus et administratione rei publicae abstineant; consulares uero fasces, praetextam ⟨togam⟩, curulemque sel-
lam nihil aliud quam pompam funeris putent; claris
5 insignibus uelut infulis uelatos ad mortem destinari. quod si
consulatus tanta dulcedo sit, iam nunc ita in animum indu-
cant consulatum captum et oppressum ab tribunicia potestate esse; consuli, uelut apparitori tribunicio, omnia ad
6 nutum imperiumque tribuni agenda esse; si se commouerit,
si respexerit patres, si aliud quam plebem esse in re publica
crediderit, exsilium Cn. Marci, Meneni damnationem et
7 mortem sibi proponant ante oculos. His accensi uocibus
patres consilia inde non publica sed in priuato seductaque
a plurium conscientia habuere, ubi cum id modo constaret,
iure an iniuria, eripiendos esse reos, atrocissima quaeque
maxime placebat sententia, nec auctor quamuis audaci faci-
8 nori deerat. Igitur iudicii die, cum plebs in foro erecta
exspectatione staret, mirari primo quod non descenderet
tribunus; dein cum iam mora suspectior fieret, deterritum a
primoribus credere et desertam ac proditam causam publi-
9 cam queri; tandem qui obuersati uestibulo tribuni fuerant
nuntiant domi mortuum esse inuentum. Quod ubi in totam
contionem pertulit rumor, sicut acies funditur duce occiso,
ita dilapsi passim alii alio. Praecipuus pauor tribunos inua-
serat, quam nihil auxilii sacratae leges haberent morte col-
10 legae monitos. Nec patres satis moderate ferre laetitiam,
adeoque neminem noxiae paenitebat, ut etiam insontes
fecisse uideri uellent, palamque ferretur malo domandam
tribuniciam potestatem.
55   Sub hac pessimi exempli uictoria dilectus edicitur, pauen-
tibusque tribunis sine intercessione ulla consules rem per-

3 Manlius *MO*: manilius *HPU*   sordidati *MO*: sordidaque *H*:
sordidatim *PU*   4 togam *addidi*   6 proponant *MHOP*: propo-
nat *U, Aldus*   10 malo *Δ*: malam *M*
   55 1 dilectus] delectus *HP*

agunt. Tum uero irasci plebs tribunorum magis silentio 2
quam consulum imperio, et dicere actum esse de libertate
sua; rursus ad antiqua reditum; cum Genucio una mortuam
ac sepultam tribuniciam potestatem. aliud agendum ac
cogitandum quomodo resistatur patribus; id autem unum 3
consilium esse ut se ipsa plebs, quando aliud nihil auxilii
habeat, defendat. quattuor et uiginti lictores apparere
consulibus et eos ipsos plebis homines; nihil contemptius
neque infirmius, si sint qui contemnant; sibi quemque ea
magna atque horrenda facere. His uocibus alii alios cum 4
incitassent, ad Voleronem Publilium de plebe hominem
quia, quod ordines duxisset, negaret se militem fieri debere,
lictor missus est a consulibus. Volero appellat tribunos.
Cum auxilio nemo esset, consules spoliari hominem et uirgas 5
expediri iubent. 'Prouoco' inquit 'ad populum' Volero,
'quoniam tribuni ciuem Romanum in conspectu suo uirgis
caedi malunt quam ipsi in lecto suo a uobis trucidari.' Quo
ferocius clamitabat, eo infestius circumscindere et spoliare
lictor. Tum Volero et praeualens ipse et adiuuantibus 6
aduocatis repulso lictore, ubi indignantium pro se acerrimus erat clamor, eo se in turbam confertissimam recipit
clamitans: 'Prouoco et fidem plebis imploro. Adeste, ciues; 7
adeste, commilitones; nihil est quod exspectetis tribunos
quibus ipsis uestro auxilio opus est.' Concitati homines ueluti 8
ad proelium se expediunt, apparebatque omne discrimen
adesse; nihil cuiquam sanctum, non publici fore, non priuati
iuris. Huic tantae tempestati cum se consules obtulissent, 9
facile experti sunt parum tutam maiestatem sine uiribus esse.
Violatis lictoribus, fascibus fractis, e foro in curiam compel-
luntur, incerti quatenus Volero exerceret uictoriam. Con- 10
ticescente deinde tumultu cum in senatum uocari iussissent,
queruntur iniurias suas, uim plebis, Voleronis audaciam.
Multis ferociter dictis sententiis, uicere seniores quibus ira 11
patrum aduersus temeritatem plebis certari non placuit.

2 quomodo *Δ*: modo *M*   3 sint *Δ*: sunt *M*   4 est *M*: est
et *HOP*: esset *U*: ęstē *P*

56   Voleronem amplexa fauore plebs proximis comitiis tribunum plebi creat in eum annum qui L. Pinarium P. Furium
2 consules habuit. Contraque omnium opinionem, qui eum
uexandis prioris anni consulibus permissurum tribunatum
credebant, post publicam causam priuato dolore habito, ne
uerbo quidem uiolatis consulibus, rogationem tulit ad popu-
3 lum ut plebeii magistratus tributis comitiis fierent. Haud
parua res sub titulo prima specie minime atroci ferebatur,
sed quae patriciis omnem potestatem per clientium suffragia
4 creandi quos uellent tribunos auferret. Huic actioni gratis-
simae plebi cum summa ui resisterent patres, nec quae una
uis ad resistendum erat, ut intercederet aliquis ex collegio,
auctoritate aut consulum aut principum adduci posset, res
tamen suo ipsa molimine grauis certaminibus in annum extra-
5 hitur. Plebs Voleronem tribunum reficit; patres, ad ultimum
dimicationis rati rem uenturam, Ap. Claudium Appi filium,
iam inde a paternis certaminibus inuisum infestumque plebi,
consulem faciunt. Collega ei T. Quinctius datur.
6   Principio statim anni nihil prius quam de lege agebatur.
Sed ut inuentor legis Volero, sic C. Laetorius, collega eius,
7 auctor cum recentior tum acrior erat. Ferocem faciebat
belli gloria ingens, quod aetatis eius haud quisquam manu
promptior erat. Is, cum Volero nihil praeterquam de lege
loqueretur, insectatione abstinens consulum, ipse accusationem Appi familiaeque superbissimae ac crudelissimae
in plebem Romanam exorsus, cum a patribus non consu-
8 lem, sed carnificem ad uexandam et lacerandam plebem
creatum esse contenderet, rudis in militari homine lingua
9 non suppetebat libertati animoque. Itaque deficiente oratione, 'Quando quidem non facile loquor,' inquit, 'Quirites,

56 2 permissurum *H*: permissurum administraturum *M*: administraturum permissurum *PU*: administraturum *O*   plebeii *O*: plebi
MHU: plebi et *P*   4 nec quae *U*: neque *MHOP*   ipsa molimine
π: ipsa olimine *MH*   6 C. Laetorius *Münzer*: Laetorius *N*; *cf.*
D.H. 9. 46. 1   7 accusationem *Crevier*: in accusationem **N**: in-
cusationem *Doering*   9 facile **N**: tam facile *Ed. Mogunt.* 1518

quam quod locutus sum praesto, crastino die adeste; ego
hic aut in conspectu uestro moriar aut perferam legem.'
Occupant tribuni templum; postero die consules nobilitas- 10
que ad impediendam legem in contione consistunt. Sum-
moueri Laetorius iubet, praeterquam qui suffragium ineant.
Adulescentes nobiles stabant nihil cedentes uiatori. Tum 11
ex his prendi quosdam Laetorius iubet. Consul Appius
negare ius esse tribuno in quemquam nisi in plebeium; non
enim populi sed plebis eum magistratum esse; nec illam 12
ipsam submouere pro imperio posse more maiorum, quia
ita dicatur: 'Si uobis uidetur, discedite, Quirites.' Facile
contemptim de iure disserendo perturbare Laetorium
poterat. Ardens igitur ira tribunus uiatorem mittit ad con- 13
sulem, consul lictorem ad tribunum, priuatum esse clamitans, sine imperio, sine magistratu; uiolatusque esset 14
tribunus, ni et contio omnis atrox coorta pro tribuno in
consulem esset, et concursus hominum in forum ex tota urbe
concitatae multitudinis fieret. Sustinebat tamen Appius
pertinacia tantam tempestatem, certatumque haud in- 15
cruento proelio foret, ni Quinctius, consul alter, consularibus
negotio dato ut collegam ui, si aliter non possent, de foro
abducerent, ipse nunc plebem saeuientem precibus lenisset,
nunc orasset tribunos ut concilium dimitterent; darent irae 16
spatium; non uim suam illis tempus adempturum, sed consilium uiribus additurum; et patres in populi et consulem in
patrum fore potestate.

    Aegre sedata ab Quinctio plebs, multo aegrius consul 57
alter a patribus. Dimisso tandem concilio plebis senatum
consules habent. Vbi cum timor atque ira in uicem senten- 2
tias uariassent, quo magis spatio interposito ab impetu ad
consultandum aduocabantur, eo plus abhorrebant a cer-
tatione animi, adeo ut Quinctio gratias agerent quod eius
opera mitigata discordia esset. Ab Appio petitur ut tantam 3

    10 occupant Δ: occupabant M   11 esse] esset HP: corr. Pᶜ
12 facile Duker: facile et N
    57 2 aduocabantur Δ: aduocabatur M: auocabantur Edd. uet.

consularem maiestatem esse uellet quanta esse in concordi
ciuitate posset; dum consules tribunique ad se quisque
omnia trahant, nihil relictum esse uirium in medio; distractam laceratamque rem publicam; magis quorum in manu
4 sit quam ut incolumis sit quaeri. Appius contra testari
deos atque homines rem publicam prodi per metum ac deseri; non consulem senatui sed senatum consuli deesse;
grauiores accipi leges quam in Sacro monte acceptae sint.
Victus tamen patrum consensu quieuit; lex silentio perfertur.

58   Tum primum tributis comitiis creati tribuni sunt. Numero etiam additos tres, perinde ac duo antea fuerint, Piso
2 auctor est. Nominat quoque tribunos, Cn. Siccium, L.
Numitorium, M. Duilium, Sp. Icilium, L. Maecilium.

3   Volscum Aequicumque inter seditionem Romanam est
bellum coortum. Vastauerant agros ut si qua secessio plebis
fieret ad se receptum haberet; compositis deinde rebus castra
4 retro mouere. Ap. Claudius in Volscos missus, Quinctio
Aequi prouincia euenit. Eadem in militia saeuitia Appi
quae domi esse, liberior quod sine tribuniciis uinculis erat.
5 Odisse plebem plus quam paterno odio: se uictum ab ea;
se unico consule electo aduersus tribuniciam potestatem
perlatam legem esse, quam minore conatu, nequaquam
6 tanta patrum spe, priores impedierint consules. Haec ira
indignatioque ferocem animum ad uexandum saeuo imperio exercitum stimulabat. Nec ulla ui domari poterat;
7 tantum certamen animis imbiberant. Segniter, otiose, negle-

3 concordi ciuitate *Δ*: cordia ciuitatem *M*: concordia ciuitatis
Mᶜ   consules tribunique *Conway*: tribunique consules *MP*: tribuni
consulesque *PᶜU*: tribuni et consules *HO*   distractam *MO*: distructam
H: districtam *PU*   4 consulem *Δ*: consulum *M*
58 1 additos *Ed. Mogunt.* 1518: addito *MHOPᶜU*: adtito *P*   2 Cn.
Siccium] cn̄. sicinium *U*; *cf. Diod. Sic.* 11. 68. 8   Duilium *Sigonius*:
Duellium **N**   Icilium *Sigonius*: ilicium **N**   Maecilium *Drak.*: mecilium
MOPU: melicium *H*   3 Aequicumque] equicumque *Mᶜ*: et
quicumque *MΔ*   est bellum *Mᶜ*: et bellum *MΔ*   4 prouincia
euenit *PᶜMᶜU*: prouinciae uenit *MHOP*   5 odio *M*: odio quod
MᶜΔ   electo *M*: eiecto *Δ*   spe, priores *Δ*: speriores *M, add.* u *Mᶜˢˡ*
(*sc.* superiores)   impedierint *Rhenanus*: impedierunt **N**

genter, contumaciter omnia agere; nec pudor nec metus
coercebat. Si citius agi uellet agmen, tardius sedulo incedere; si adhortator operis adesset, omnes sua sponte motam
remittere industriam; praesenti uoltus demittere, tacite prae- 8
tereuntem exsecrari, ut inuictus ille odio plebeio animus
interdum moueretur. Omni nequiquam acerbitate prompta, 9
nihil iam cum militibus agere; a centurionibus corruptum
exercitum dicere; tribunos plebei cauillans interdum et
Volerones uocare.

Nihil eorum Volsci nesciebant, instabantque eo magis, 59
sperantes idem certamen animorum aduersus Appium habiturum exercitum Romanum quod aduersus Fabium consulem habuisset. Ceterum multo Appio quam Fabio uiolentior 2
fuit; non enim uincere tantum noluit, ut Fabianus exercitus,
sed uinci uoluit. Productus in aciem turpi fuga petit castra,
nec ante restitit quam signa inferentem Volscum munimentis
uidit foedamque extremi agminis caedem. Tum expressa† 3
uis ad pugnandum, ut uictor iam a uallo submoue-
retur hostis, satis tamen appareret capi tantum castra
militem Romanum noluisse, alioqui gaudere sua clade atque
ignominia. Quibus nihil infractus ferox Appi animus cum in- 4
super saeuire uellet contionemque aduocaret, concurrunt ad
eum legati tribunique, monentes ne utique experiri uellet
imperium, cuius uis omnis in consensu oboedientium esset;
negare uolgo milites se ad contionem ituros passimque ex- 5
audiri uoces postulantium ut castra ex Volsco agro moueantur; hostem uictorem paulo ante prope in portis ac uallo
fuisse, ingentisque mali non suspicionem modo sed aper-
tam speciem obuersari ante oculos. Victus tandem, quando 6
quidem nihil praeter tempus noxae lucrarentur, remissa

7 omnes *OU*: omne *MP*: omnem *M^cH*   motam **N**: notam *Clericus*
8 demittere *Ed. Rom.* 1470: dimittere **N**   9 agere *Δ*: ageret
M   plebei *MP*: plebeios *HOU*   uocare *Δ*: uocaret *M*
    59 1 instabantque *Δ*: instabant *M*   3 expressa uis **N**: experrecta
uis *Cornelissen*   alioqui *Ruperti, coll.* 37. 46. 6: alii **N**   5 obuersari *Δ*:
acuersari *M*

contione iter in insequentem diem pronuntiari cum iussisset,
7 prima luce classico signum profectionis dedit. Cum maxime
agmen e castris explicaretur, Volsci, ut eodem signo excitati,
nouissimos adoriuntur. A quibus perlatus ad primos tumultus eo pauore signaque et ordines turbauit ut neque imperia
8 exaudiri neque instrui acies posset. Nemo ullius nisi fugae
memor. Ita effuso agmine per stragem corporum armorumque euasere ut prius hostis desisteret sequi quam Romanus
9 fugere. Tandem conlectis ex dissipato cursu militibus consul,
cum reuocando nequiquam suos persecutus esset, in pacato
agro castra posuit; aduocataque contione inuectus haud
10 falso in proditorem exercitum militaris disciplinae, deser-
torem signorum, ubi signa, ubi arma essent singulos rogi-
11 tans, inermes milites, signo amisso signiferos, ad hoc
centuriones duplicariosque qui reliquerant ordines, uirgis
caesos securi percussit: cetera multitudo sorte decimus
quisque ad supplicium lecti.

60   Contra ea in Aequis inter consulem ac milites comitate ac
beneficiis certatum est. Et natura Quinctius erat lenior, et
saeuitia infelix collegae quo is magis gauderet ingenio suo
2 effecerat. Huic tantae concordiae ducis exercitusque non
ausi offerre se Aequi uagari populabundum hostem per
agros passi; nec ullo ante bello latius inde actae praedae.
3 Ea omnis militi data est. Addebantur et laudes, quibus
haud minus quam praemio gaudent militum animi. Cum
duci, tum propter ducem patribus quoque placatior exercitus rediit, sibi parentem, alteri exercitui dominum datum
ab senatu memorans.

4   Varia fortuna belli, atroci discordia domi forisque annum
exactum insignem maxime comitia tributa efficiunt, res maior

---

7 e castris Δ: castris M   8 fugere M^cΔ: fugare M   9 consul
Δ: om. M   10 duplicariosque MU^{cm}: dupliciariosque Δ
     60 2 offere MP^cU: aufere P: efferre OH   passi M^cHOU: passim
MP   actae praedae. Ea omnis] acte praede ea omnis M^c: acte
prae de ea domn M: actae praedae omnis OPU: actae p̄de om̄s H
3 rediit Δ: redit M   4 atroci] atrocis HO

uictoria suscepti certaminis quam usu. Plus enim dignitatis 5
comitiis ipsis detractum est patres ex concilio submouendo,
quam uirium aut plebi additum est aut demptum patribus.

Turbulentior inde annus excepit L. Valerio Ti. Aemilio 61
consulibus, cum propter certamina ordinum de lege agraria
tum propter iudicium Ap. Claudi, cui acerrimo aduersario 2
legis causamque possessorum publici agri tamquam tertio
consuli sustinenti M. Duilius et Cn. Siccius diem dixere.
Nunquam ante tam inuisus plebi reus ad iudicium uocatus 3
populi est, plenus suarum, plenus paternarum irarum.
Patres quoque non temere pro ullo aeque adnisi sunt: pro- 4
pugnatorem senatus maiestatisque uindicem suae, ad omnes
tribunicios plebeiosque oppositum tumultus, modum dum-
taxat in certamine egressum, iratae obici plebi. Vnus ex 5
patribus ipse Ap. Claudius et tribunos et plebem et suum
iudicium pro nihilo habebat. Illum non minae plebis, non
senatus preces perpellere unquam potuere, non modo ut
uestem mutaret aut supplex prensaret homines, sed ne ut ex
consueta quidem asperitate orationis, cum ad populum
agenda causa esset, aliquid leniret atque submitteret. Idem 6
habitus oris, eadem contumacia in uoltu, idem in oratione
spiritus erat, adeo ut magna pars plebis Appium non minus
reum timeret quam consulem timuerat. Semel causam dixit, 7
quo semper agere omnia solitus erat, accusatorio spiritu,
adeoque constantia sua et tribunos obstupefecit et plebem
ut diem ipsi sua uoluntate prodicerent, trahi deinde rem
sinerent. Haud ita multum interim temporis fuit; ante 8
tamen quam prodicta dies ueniret, morbo moritur. Cuius 9

5 patres *Alschefski*: patribus **N**; *cf. Löfstedt, Synt.* 2. 163 *n.*   submouendo **N**: submouendis *Aldus*
      61 1 L. Valerio π: l. p. ualerio *MH*   Ti. Aemilio *Sigonius, coll.*
3. 1. 1, *D.H.* 9. 51. 1: t. aemilio *M*π: t ac milio *H*   2 sustinenti
HO: sustinente *MPU*   Duilius *Sigonius*: duillius *MHU*: diullius *P*:
duellius *O*   3 plenus paternarum *HOU*: paternarum *M*: ·m·
plenus paternarum *P*   5 ex patribus *Drak., dubitanter*: e patribus **N**
7 prodicerent *HO*: prodiicerent *M*: producerent *PU*   8 prodicta
MP: prodicit *H*: praedicta *OU*

cum laudationem tribuni plebis impedire conarentur, plebs
fraudari sollemni honore supremum diem tanti uiri noluit,
et laudationem tam aequis auribus mortui audiuit quam
uiui accusationem audierat et exsequias frequens celebrauit.

62　　Eodem anno Valerius consul cum exercitu in Aequos
profectus, cum hostem ad proelium elicere non posset, castra
oppugnare est adortus. Prohibuit foeda tempestas cum gran-
2 dine ac tonitribus caelo deiecta. Admirationem deinde auxit
signo receptui dato adeo tranquilla serenitas reddita ut
uelut numine aliquo defensa castra oppugnare iterum religio
3 fuerit. Omnis ira belli ad populationem agri uertit. Alter
consul Aemilius in Sabinis bellum gessit. Et ibi, quia hostis
4 moenibus se tenebat, uastati agri sunt. Incendiis deinde
non uillarum modo sed etiam uicorum quibus frequenter
habitabatur Sabini exciti cum praedatoribus occurrissent,
ancipiti proelio digressi postero die rettulere castra in
5 tutiora loca. Id satis consuli uisum cur pro uicto relinqueret hostem, integro inde decedens bello.

63　　Inter haec bella manente discordia domi, consules T.
2 Numicius Priscus A. Verginius facti. Non ultra uidebatur
latura plebes dilationem agrariae legis, ultimaque uis parabatur, cum Volscos adesse fumo ex incendiis uillarum
fugaque agrestium cognitum est. Ea res maturam iam
3 seditionem ac prope erumpentem repressit. Consules coacti
exemplo ab senatu ad bellum educta ex urbe iuuentute
4 tranquilliorem ceteram plebem fecerunt. Et hostes quidem
nihil aliud quam perfusis uano timore Romanis citato
5 agmine abeunt: Numicius Antium aduersus Volscos,
Verginius contra Aequos profectus. Ibi ex insidiis prope
magna accepta clade uirtus militum rem prolapsam
6 neglegentia consulis restituit. Melius in Volscis imperatum

9 tribuni plebis] tr. pl. **N**: tribunus plebis *Ed. Rom.* 1470　　conarentur *M*^c, *Ed. Rom.* 1469: conaretur *MΔ*
　　62 2 uelut *H*: uel *Mπ*　　numine aliquo *Δ*: numen in alico *M*
3 uastati *Δ*: uastitati *M*　　4 exciti *Δ*: excitati *M*　　5 relinqueret]
rei inqueret *P*: re inqueret *M, add.* l *M*^cm　　inde **N**: *fort. secludendum est*

150

est; fusi primo proelio hostes fugaque in urbem Antium, ut
tum res erant opulentissimam, acti. Quam consul oppugnare
non ausus Caenonem, aliud oppidum nequaquam tam
opulentum, ab Antiatibus cepit. Dum Aequi Volscique 7
Romanos exercitus tenent, Sabini usque ad portas urbis
populantes incessere. Deinde ipsi paucis post diebus ab
duobus exercitibus, utroque per iram consule ingresso in
fines, plus cladium quam intulerant acceperunt.

Extremo anno pacis aliquid fuit, sed, ut semper alias, sol- 64
licitae pacis certamine patrum et plebis. Irata plebs inter- 2
esse consularibus comitiis noluit; per patres clientesque
patrum consules creati T. Quinctius Q. Seruilius. Similem
annum priori consules habent: seditiosa initia, bello deinde
externo tranquilla. Sabini Crustuminos campos citato agmine 3
transgressi cum caedes et incendia circum Anienem flumen
fecissent, a porta prope Collina moenibusque pulsi ingentes
tamen praedas hominum pecorumque egere. Quos Serui- 4
lius consul infesto exercitu insecutus ipsum quidem agmen
adipisci aequis locis non potuit, populationem adeo effuse
fecit, ut nihil bello intactum relinqueret multiplicique capta
praeda rediret.

Et in Volscis res publica egregie gesta cum ducis tum 5
militum opera. Primum aequo campo signis conlatis pugnatum, ingenti caede utrimque, plurimo sanguine; et Romani, 6
quia paucitas damno sentiendo propior erat, gradum rettulissent, ni salubri mendacio consul fugere hostes ab cornu
altero clamitans concitasset aciem. Impetu facto dum se
putant uincere uicere. Consul metuens ne nimis instando 7
renouaret certamen, signum receptui dedit. Intercessere 8
pauci dies, uelut tacitis indutiis utrimque quiete sumpta, per

63 7 cladium $M^c\Delta$: gladium M

64 2 T. Quinctius P: т̄. quintius U: t. p. quintius O: т̄. p̄. quinctius
MH priori consules N: priori consulibus *uel* priori *Gron.*   3 prope
Δ: plebe M 4 relinqueret HOU: relinquerent MP 5 egregie]
aegraegiae M: agrariae H 6 uincere, uicere *Rhenanus*: uincere
uincere MP: uincere HOP^cU

quos ingens uis hominum ex omnibus Volscis Aequisque
9 populis in castra uenit, haud dubitans si senserint Romanos
nocte abituros. Itaque tertia fere uigilia ad castra oppugnanda ueniunt. Quinctius sedato tumultu quem terror
subitus exciuerat, cum manere in tentoriis quietum militem
10 iussisset, Hernicorum cohortem in stationem educit, corni-
cines tubicinesque in equos impositos canere ante uallum
11 iubet sollicitumque hostem ad lucem tenere. Reliquum
noctis adeo tranquilla omnia in castris fuere ut somni
quoque Romanis copia esset. Volscos species armatorum
peditum, quos et plures esse et Romanos putabant, fremitus
hinnitusque equorum, qui et insueto sedente equite et insuper aures agitante sonitu saeuiebant, intentos uelut ad
impetum hostium tenuit.
65   Vbi inluxit, Romanus integer satiatusque somno productus in aciem fessum stando et uigiliis Volscum primo
2 impetu perculit; quamquam cessere magis quam pulsi hostes
sunt, quia ab tergo erant cliui in quos post principia integris
ordinibus tutus receptus fuit. Consul ubi ad iniquum locum
uentum est, sistit aciem. Miles aegre teneri, clamare et
3 poscere ut perculsis instare liceat. Ferocius agunt equites;
circumfusi duci uociferantur se ante signa ituros. Dum
cunctatur consul uirtute militum fretus, loco parum fidens,
conclamant se ituros clamoremque res est secuta. Fixis in
terram pilis quo leuiores ardua euaderent, cursu subeunt.
4 Volscus effusis ad primum impetum missilibus telis, saxa
obiacentia pedibus ingerit in subeuntes, turbatosque ictibus
crebris urget ex superiore loco. Sic prope oneratum est
sinistrum Romanis cornu, ni referentibus iam gradum consul increpando simul temeritatem, simul ignauiam, pudore
5 metum excussisset. Restitere primo obstinatis animis;
deinde ut obtinentes locum reuirescebant, audent ultro

10 equos] aequos *MP*
   65 3 se ituros *M*^{c}π: scituros *MH*   4 Volscus *MO*: uolscos *U*, u
U^{csl}: uolscis *HP*   5 restitere *O*: resistere *MHPU*   reuirescebant
Ogilvie: uires ferebant **N**: uires reficiebant *Madvig*

gradum inferre et clamore renouato commouent aciem;
tum rursus impetu capto enituntur atque exsuperant ini-
quitatem loci. Iam prope erat ut in summum cliui iugum 6
euaderent cum terga hostes dedere, effusoque cursu paene
agmine uno fugientes sequentesque castris incidere. In eo
pauore castra capiuntur: qui Volscorum effugere potuerunt,
Antium petunt. Antium et Romanus exercitus ductus. 7
Paucos circumsessum dies deditur, nulla oppugnantium
noua ui, sed quod iam inde ab infelici pugna castrisque
amissis ceciderant animi.

6 iugum] lugum *MH*

Subscriptio TITI LIVII· AB VRBE · COND· LIB: II EXPLICIT INCIP̄ LIB̄:
III: FELICIT̄ INCIP̄ LIBER III · FELICITER *P*: Incip. lib̄ tertius *U*: Explicit
Liber Titi Liuii II. Incipit Liber III *O*: Victorianus ūc emendabam
dominis Symmachis Incipit Liber III *H*

T. LIVI
AB VRBE CONDITA

LIBER III

1 ANTIO capto, Ti. Aemilius et Q. Fabius consules fiunt.
Hic erat Fabius qui unus exstinctae ad Cremeram genti
2 superfuerat. Iam priore consulatu Aemilius dandi agri plebi
fuerat auctor; itaque secundo quoque consulatu eius et
agrarii se in spem legis erexerant, et tribuni, rem contra
consules saepe temptatam adiutore utique consule obtineri
posse rati, suscipiunt, et consul manebat in sententia sua.
3 Possessores et magna pars patrum, tribuniciis se iactare
actionibus principem ciuitatis et largiendo de alieno popularem fieri querentes, totius inuidiam rei a tribunis in consu-
4 lem auerterant. Atrox certamen aderat, ni Fabius consilio
neutri parti acerbo rem expedisset: T. Quincti ductu et
auspicio agri captum priore anno aliquantum a Volscis esse;
5 Antium, propinquam, opportunam et maritimam urbem,
coloniam deduci posse; ita sine querellis possessorum ple-
6 bem in agros ituram, ciuitatem in concordia fore. Haec
sententia accepta est. Triumuiros agro dando creant T.
Quinctium, A. Verginium, P. Furium; iussi nomina dare
7 qui agrum accipere uellent. Fecit statim, ut fit, fastidium
copia adeoque pauci nomina dedere ut ad explendum numerum coloni Volsci adderentur; cetera multitudo poscere

1 1 Ti. *Sigonius, cf.* 2. 61. 1: titus *MHP*: citus *U*: t. *O*   Fabius
qui unus *Aldus*: fabius quinctius qui unus *MP*: fabius quintius qui unus
HOU: Q. Fabius qui unus *Sigonius*   3 Possessores et magna] possessores magna *H*: possessorem et magna *P, corr. P*c   querentes *Δ*:
quaerentes *M*   4 T. *Aldus*: L. **N**   captum *Cobet*: capti **N**
5 propinquam, opportunam *M*; *cf.* 3. 10. 11: propinquam oportunam
Δ: opportunam *Madvig*   6 creant *Gron.*: creat **N**

Romae agrum malle quam alibi accipere. Aequi a Q. Fabio 8
—is eo cum exercitu uenerat—pacem petiere, inritamque
eam ipsi subita incursione in agrum Latinum fecere.

Q. Seruilius insequenti anno—is enim cum Sp. Postumio 2
consul fuit—in Aequos missus in Latino agro statiua habuit castra. Quies necessaria morbo implicitum exercitum
tenuit. Extractum in tertium annum bellum est Q. Fabio et 2
T. Quinctio consulibus. Fabio extra ordinem, quia is uictor
pacem Aequis dederat, ea prouincia data. Qui haud dubia 3
spe profectus famam nominis sui pacaturam Aequos, legatos
in concilium gentis missos nuntiare iussit Q. Fabium consulem dicere se ex Aequis pacem Romam tulisse, ab Roma
Aequis bellum adferre eadem dextera armata quam pacatam
illis antea dederat. quorum id perfidia et periurio fiat, 4
deos nunc testes esse, mox fore ultores. se tamen, utcumque sit, etiam nunc paenitere sua sponte Aequos quam pati
hostilia malle. si paeniteat, tutum receptum ad expertam 5
clementiam fore: sin periurio gaudeant, dis magis iratis
quam hostibus gesturos bellum. Haec dicta adeo nihil 6
mouerunt quemquam ut legati prope uiolati sint exercitusque in Algidum aduersus Romanos missus. Quae ubi Romam 7
sunt nuntiata, indignitas rei magis quam periculum consulem alterum ab urbe exciuit. Ita duo consulares exercitus
ad hostem accessere acie instructa ut confestim dimicarent.
Sed cum forte haud multum diei superesset, unus ab sta- 8
tione hostium exclamat: 'Ostentare hoc est, Romani, non
gerere bellum. In noctem imminentem aciem instruitis; 9
longiore luce ad id certamen quod instat nobis opus est.
Crastino die oriente sole redite in aciem; erit copia pugnandi; ne timete.' His uocibus inritatus miles in diem 10
posterum in castra reducitur, longam uenire noctem ratus

2 1 Q.] quintius *MHOU*: quinctius *P*   habuit castra *MPU*: habuit
HO   Quies] quiē *H*: qest *M*   3 profectus *Δ*: profectus est *M*
pacatam *PU*: paccatam *O*: pacta *H*: pacata *M*   5 gaudeant *U*:
gaudeat *MHOP*   6 sint *M*c*OPU*c: sunt *MHU*   9 quod *π*: in
quod *M*: in quot *H*

quae moram certamini faceret. Tum quidem corpora cibo
somnoque curant; ubi inluxit postero die, prior aliquanto
11 constitit Romana acies; tandem et Aequi processere. Proelium fuit utrimque uehemens, quod et Romanus ira odioque
pugnabat et Aequos conscientia contracti culpa periculi et
desperatio futurae sibi postea fidei ultima audere et experiri
12 cogebat. Non tamen sustinuere aciem Romanam Aequi;
pulsique cum in fines suos se recepissent, nihilo inclinatiori-
bus ad pacem animis ferox multitudo increpare duces quod
in aciem, qua pugnandi arte Romanus excellat, commissa
13 res sit; Aequos populationibus incursionibusque meliores
esse et multas passim manus quam magnam molem unius
exercitus rectius bella gerere.

3   Relicto itaque castris praesidio egressi tanto cum tumultu
inuasere fines Romanos, ut ad urbem quoque terrorem per-
2 tulerint. Necopinata etiam res plus trepidationis fecit, quod
nihil minus quam ne uictus ac prope in castris obsessus
3 hostis memor populationis esset timeri poterat; agrestesque
pauidi incidentes portis non populationem nec praedonum
paruas manus, sed omnia uano augentes timore exercitus et
legiones adesse hostium et infesto agmine ruere ad urbem
4 clamabant. Ab iis proximi audita incerta eoque uaniora
ferre ad alios. Cursus clamorque uocantium ad arma haud
multum a pauore captae urbis abesse. Forte ab Algido
5 Quinctius consul redierat Romam. Id remedium timori
fuit; tumultuque sedato uictos timeri increpans hostes,
6 praesidia portis imposuit. Vocato dein senatu cum ex
auctoritate patrum iustitio indicto profectus ad tutandos
fines esset Q. Seruilio praefecto urbis relicto, hostem in
7 agris non inuenit. Ab altero consule res gesta egregie est;
qui, qua uenturum hostem sciebat, grauem praeda eoque

10 certamini *HPU*, *cf.* 42. 7. 5: certamine *O*, *add.* i *O*ᶜˢˡ: certaminis
M, *cf.* 36. 9. 13 *et al.*   12 suos se *MOU*: suos *HP*

3 2 uictus *Δ*: uinctus *M*   4 iis *MH*: his *π*   proximi *Aldus*:
proxume *M*: proxumum *H*: proximum *π*   6 ex auctoritate *Δ*:
auctoritate *M*   indicto] dicto *M*: indicte *O*   7 qui, qua *M*: qua
(i *O*ᶜˢˡ) quia *O*: qui quia *HPU*

impeditiore agmine incedentem adgressus, funestam populationem fecit. Pauci hostium euasere ex insidiis, praeda 8
omnis recepta est. Sic finem iustitio, quod quadriduum
fuit, reditus Quincti consulis in urbem fecit. Census deinde 9
actus et conditum ab Quinctio lustrum. Censa ciuium
capita centum quattuor milia septingenta quattuordecim
dicuntur praeter orbos orbasque. In Aequis nihil deinde 10
memorabile actum; in oppida sua se recepere, uri sua
popularique passi. Consul cum aliquotiens per omnem
hostium agrum infesto agmine populabundus isset, cum
ingenti laude praedaque Romam rediit.

Consules inde A. Postumius Albus Sp. Furius Fusus. 4
Furios Fusios scripsere quidam; id admoneo ne quis im-
mutationem uirorum ipsorum esse quae nominum est putet.
Haud dubium erat quin cum Aequis alter consulum bel- 2
lum gereret. Itaque Aequi ab Ecetranis Volscis praesidium
petiere; quo cupide oblato—adeo ciuitates eae perpetuo
in Romanos odio certauere—bellum summa ui parabatur.
Sentiunt Hernici et praedicunt Romanis Ecetranum ad 3
Aequos descisse. Suspecta et colonia Antium fuit, quod
magna uis hominum inde, cum oppidum captum esset, con-
fugisset ad Aequos; isque miles per bellum Aequicum uel
acerrimus fuit; compulsis deinde in oppida Aequis, ea mul- 4
titudo dilapsa cum Antium redisset, sua sponte iam infidos
colonos Romanis abalienauit. Necdum matura re cum 5
defectionem parari delatum ad senatum esset, datum negotium est consulibus ut principibus coloniae Romam excitis
quaererent quid rei esset. Qui cum haud grauate uenissent, 6

7 incedentem *HOPᶜU*: incidentem *MP*   9 centum quattuor milia
septingenta quattuordecim *Weissenborn*: cɪɪɪɪ · acc xɪɪɪɪ *M*: cɪɪɪɪ ac·c xɪɪɪɪ
PU: cɪɪɪa · c̄c̄xɪɪɪɪɪ *O*: cɪɪɪɪ · a̅c̅c̅ · xɪɪɪɪ *H*   10 uri *MᶜHO*: urit *M*:
uiri *PU*

4 1 A. Postumius *Pighius*: an·postumius *M*: postumius *Δ*   Fusus
Sigonius: fuscus **N**   Furios Fusios *Aldus*: furios fusios fabios *HPU*: furius
fusios fabio *M*: furius fufios fabios *O*   2 ciuitates eae *Vorm., Ed.
Rom.* 1470: ciuitate saee *M* (aee *Mᶜ*): ciuitates haec *H*: ciuitates hae *O*:
ciuitate se *P*: ciuitates *U*   6 grauate] grauatae *MH*: grauati *Drak.*

introducti a consulibus ad senatum ita responderunt ad in-
terrogata ut magis suspecti quam uenerant dimitterentur.
7 Bellum inde haud dubium haberi. Sp. Furius consulum
alter cui ea prouincia euenerat profectus in Aequos, Hernicorum in agro populabundum hostem inuenit, ignarusque
multitudinis, quia nusquam uniuersa conspecta fuerat, im-
8 parem copiis exercitum temere pugnae commisit. Primo
concursu pulsus se intra castra recepit. Neque is finis periculi fuit; namque et proxima nocte et postero die tanta ui
castra sunt circumsessa atque oppugnata ut ne nuntius qui-
9 dem inde mitti Romam posset. Hernici et male pugnatum
et consulem exercitumque obsideri nuntiauerunt, tantumque terrorem incussere patribus ut, quae forma senatus consulti ultimae semper necessitatis habita est, Postumio, alteri
consulum, negotium daretur uideret ne quid res publica de-
10 trimenti caperet. Ipsum consulem Romae manere ad con-
scribendos omnes qui arma ferre possent optimum uisum
est; pro consule T. Quinctium subsidio castris cum sociali
11 exercitu mitti; ad eum explendum Latini Hernicique et
colonia Antium dare Quinctio subitarios milites—ita tum
repentina auxilia appellabant—iussi.
5   Multi per eos dies motus multique impetus hinc atque
illinc facti, quia superante multitudine hostes carpere multifariam uires Romanas, ut non suffecturas ad omnia, adgressi
2 sunt; simul castra oppugnabantur, simul pars exercitus ad
populandum agrum Romanum missa urbemque ipsam, si
3 qua fortuna daret, temptandam. L. Valerius ad praesidium
urbis relictus, consul Postumius ad arcendas populationes
4 finium missus. Nihil remissum ab ulla parte curae aut
laboris; uigiliae in urbe, stationes ante portas praesidiaque
in muris disposita, et, quod necesse erat in tanto tumultu,
5 iustitium per aliquot dies seruatum. Interim in castris
Furius consul, cum primo quietus obsidionem passus esset,

---

8 concursu pulsus Δ: conpulsus M   9 exercitumque M^cΔ:
exercitusque M
  5 1 multi M^cΔ: ulti M   2 urbemque Δ: urbem M

in incautum hostem decumana porta erupit et, cum persequi
posset, metu substitit ne qua ex parte altera in castra uis
fieret. Furium legatum—frater idem consulis erat—longius 6
extulit cursus; nec suos ille redeuntes persequendi studio
neque hostium ab tergo incursum uidit. Ita exclusus multis
saepe frustra conatibus captis ut uiam sibi ad castra faceret,
acriter dimicans cecidit. Et consul nuntio circumuenti fra- 7
tris conuersus ad pugnam, dum se temere magis quam satis
caute in mediam dimicationem infert, uolnere accepto aegre
ab circumstantibus ereptus et suorum animos turbauit et
ferociores hostes fecit; qui caede legati et consulis uolnere 8
accensi nulla deinde ui sustineri potuere. Compulsi in
castra Romani rursus obsiderentur, nec spe nec uiribus pares,
uenissetque in periculum summa rerum, ni T. Quinctius
cum peregrinis copiis, Latino Hernicoque exercitu, subuenisset. Is intentos in castra Romana Aequos legatique 9
caput ferociter ostentantes ab tergo adortus, simul ad signum
a se procul editum ex castris eruptione facta, magnam uim
hostium circumuenit. Minor caedes, fuga effusior Aequo- 10
rum in agro fuit Romano, in quos palatos praedam agentes
Postumius aliquot locis, quibus opportuna imposuerat praesidia, impetum dedit. Hi uagi dissipato agmine fugientes
in Quinctium uictorem cum saucio consule reuertentem
incidere; tum consularis exercitus egregia pugna consulis 11
uolnus, legati et cohortium ultus est caedem. Magnae
clades ultro citroque illis diebus et inlatae et acceptae.
Difficile ad fidem est in tam antiqua re quot pugnauerint 12
ceciderintue exacto adfirmare numero; audet tamen Antias

5 in incautum *OU*: incautum *MHP*   erupit *Δ*: rupit *M*   substitit
Δ: subsistit *M*   7 pugnam, dum *Ed. Rom.* 1470: pugnandum
N   mediam *Δ*: medio *M*   dimicationem infert *Mπ*: dimicationis
infert *Mᶜ*: dimicationem fert *H*   8 Compulsi *Ed. Ven.* 1475: cum
compulsi **N**: quin compulsi *Gron.*   cum peregrinis copiis, Latino
Seyffert: peregrinis copiis, cum Latino **N**: cum *secl. Madvig*   9 a se
Δ: ad se *M*   10 caedes *OU*: caedis *MP*: (minor . . . dedit *om.*
H)   cum saucio *Aldus*: cum a saucio *MHP*: tum a saucio *U*: a saucio *O*
11 egregia *Δ*: egregiae *M*

13 Valerius concipere summas: Romanos cecidisse in Hernico
agro quinque milia octingentos: ex praedatoribus Aequorum qui populabundi in finibus Romanis uagabantur ab
A. Postumio consule duo milia et quadringentos caesos:
ceteram multitudinem praedam agentem quae inciderit in
Quinctium nequaquam pari defunctam esse caede: inter-
fecta inde quattuor milia et, exsequendo subtiliter numerum,
ducentos ait et triginta.

14   Vt Romam reditum est, iustitium remissum est; caelum
uisum est ardere plurimo igni; portentaque alia aut obuersata oculis aut uanas exterritis ostentauere species. His
auertendis terroribus in triduum feriae indictae, per quas
omnia delubra pacem deum exposcentium uirorum muli-
15 erumque turba implebantur. Cohortes inde Latinae Her-
nicaeque ab senatu gratiis ob impigram militiam actis
remissae domos. Antiates mille milites, quia serum auxilium post proelium uenerant, prope cum ignominia dimissi.

6   Comitia inde habita; creati consules L. Aebutius P.
Seruilius. Kalendis Sextilibus, ut tunc principium anni
2 agebatur, consulatum ineunt. Graue tempus et forte annus
pestilens erat urbi agrisque, nec hominibus magis quam
pecori, et auxere uim morbi, terrore populationis pecoribus
3 agrestibusque in urbem acceptis. Ea conluuio mixtorum
omnis generis animantium et odore insolito urbanos et
agrestem confertum in arta tecta aestu ac uigiliis angebat,
ministeriaque in uicem ac contagio ipsa uolgabant morbos.
4 Vix instantes sustinentibus clades repente legati Hernici
nuntiant in agro suo Aequos Volscosque coniunctis copiis
castra posuisse, inde exercitu ingenti fines suos depopulari.
5 Praeterquam quod infrequens senatus indicio erat sociis
adflictam ciuitatem pestilentia esse, maestum etiam responsum tulere, ut per se ipsi Hernici cum Latinis res suas

---

14 caelum uisum est *Δ*: *om.* *M*   aut uanas **N**: aut audita uanas
Nettleship   15 quia] qui ad *HO*
   6 2 populationis *MO*: populationes *PU*: populationibusque *H*
3 conluuio *Ed. Mogunt.* 1518: conluuione *MP*: colluuione *HOU*

tutarentur; urbem Romanam subita deum ira morbo populari; si qua eius mali quies ueniat, ut anno ante, ut semper
alias, sociis opem laturos. Discessere socii, pro tristi nuntio 6
tristiorem domum referentes, quippe quibus per se sustinen-
dum bellum erat quod uix Romanis fulti uiribus sustinuis-
sent. Non diutius se in Hernico hostis continuit; pergit inde 7
infestus in agros Romanos, etiam sine belli iniuria uastatos.
Vbi cum obuius nemo ne inermis quidem fieret, perque
omnia non praesidiis modo deserta sed etiam cultu agresti
transirent, peruenere ad tertium lapidem Gabina uia.
Mortuus Aebutius erat Romanus consul; collega eius Ser- 8
uilius exigua in spe trahebat animam; adfecti plerique
principum, patrum maior pars, militaris fere aetas omnis,
ut non modo ad expeditiones quas in tanto tumultu res
poscebat, sed uix ad quietas stationes uiribus sufficerent.
Munus uigiliarum senatores, qui per aetatem ac uale- 9
tudinem poterant, per se ipsi obibant; circumitio ac cura
aedilium plebi erat; ad eos summa rerum ac maiestas
consularis imperii uenerat.

Deserta omnia, sine capite, sine uiribus, di praesides ac 7
fortuna urbis tutata est, quae Volscis Aequisque praedonum
potius mentem quam hostium dedit. Adeo enim nullam 2
spem non potiundi modo sed ne adeundi quidem Romana
moenia animus eorum cepit tectaque procul uisa atque
imminentes tumuli auertere mentes eorum, ut totis passim
castris fremitu orto quid in uasto ac deserto agro inter 3
tabem pecorum hominumque desides sine praeda tempus
tererent, cum integra loca, Tusculanum agrum opimum
copiis, petere possent, signa repente conuellerent transuer-
sisque itineribus per Labicanos agros in Tusculanos colles
transirent. Eo uis omnis tempestasque belli conuersa est.
Interim Hernici Latinique pudore etiam, non misericordia 4

5 opem N: opes V   6 tristiorem] tristiorem rem HO   referentes
N: reportantes V   9 per se ipsi Δ: per ipsi M: defit V
7 1 tutata] tuta MP, add. ta M^csl P^csl   2 animus Weissenborn:
animos N: defit V   3 in uasto ac deserto Δ: infesto M: defit V

solum, moti si nec obstitissent communibus hostibus infesto agmine Romanam urbem petentibus nec opem ullam obsessis sociis ferrent, coniuncto exercitu Romam pergunt.
5 Vbi cum hostes non inuenissent, secuti famam ac uestigia obuii fiunt descendentibus ab Tusculana in Albanam uallem. Ibi haudquaquam aequo proelio pugnatum est, fidesque sua
6 sociis parum felix in praesentia fuit. Haud minor Romae fit morbo strages quam quanta ferro sociorum facta erat. Consul qui unus supererat moritur; mortui et alii clari uiri, M. Valerius T. Verginius Rutulus augures, Ser. Sul-
7 picius curio maximus; et per ignota capita late uagata est uis morbi, inopsque senatus auxilii humani ad deos populum ac uota uertit: iussi cum coniugibus ac liberis suppli-
8 catum ire pacemque exposcere deum. Ad id quod sua quemque mala cogebant auctoritate publica euocati omnia delubra implent. Stratae passim matres, crinibus templa uerrentes, ueniam irarum caelestium finemque pesti exposcunt.

8   Inde paulatim, seu pace deum impetrata seu grauiore tempore anni iam circumacto, defuncta morbis corpora
2 salubriora esse incipere, uersisque animis iam ad publicam curam, cum aliquot interregna exissent, P. Valerius Publicola tertio die quam interregnum inierat consules creat L. Lucretium Tricipitinum et T. Veturium Geminum, siue ille
3 Vetusius fuit. Ante diem tertium idus Sextiles consulatum ineunt, iam satis ualida ciuitate ut non solum arcere bellum
4 sed ultro etiam inferre posset. Igitur nuntiantibus Hernicis

4 moti si nec *VM^cOPU*: moti si net *M*: moti nec *H*   ullam] ullum *P, corr. P^c*: illam *H*   5 Tusculano (*sc.* agro) π: Tusculana *VMH*   haudquaquam *VΔ*: haudquamquam *M*   sociis **N**: socii *V* 6 quam quanta **N**: quamquam tam *V*   sociorum **N**: sociorum quamquam *V*   clari **N**: circa *V*   M. Valerius Ω: M'. Valerius *Pighius*   T. Verginius] Virginius *M* (*om.* T.)   Rutilus *Sigonius*: Rutilius Ω   Ser. **N**: Seruilius *V*   7 late **N**: lete *V*   humani **N**: Romani *V*   iussi *M*π: iussis *H*: iussos *V*: iussi sunt *Drak.*: iussit *Luterbacher*   8 publica euocati π: publice uocati *M*: publicae uocati *H*: publice uocat *V*   implent **N**: impleant *V*   Stratae] stratre *H*: strate *M*

in fines suos transcendisse hostes impigre promissum auxilium. Duo consulares exercitus scripti. Veturius missus in
Volscos ad bellum ultro inferendum: Tricipitinus popula- 5
tionibus arcendis sociorum agro oppositus non ultra quam
in Hernicos procedit. Veturius primo proelio hostes fundit 6
fugatque: Lucretium dum in Hernicis sedet praedonum
agmen fefellit supra montes Praenestinos ductum, inde
demissum in campos. Vastauere agros Praenestinum Gabinumque; ex Gabino in Tusculanos flexere colles. Vrbi 7
quoque Romae ingens praebitus terror, magis re subita
quam quod ad arcendam uim parum uirium esset. Q.
Fabius praeerat urbi; is armata iuuentute dispositisque
praesidiis tuta omnia ac tranquilla fecit. Itaque hostes 8
praeda ex proximis locis rapta adpropinquare urbi non
ausi, cum circumacto agmine redirent quanto longius ab
urbe hostium abscederent eo solutiore cura, in Lucretium
incidunt consulem iam ante exploratis itineribus subsidiis
instructum et ad certamen intentum. Igitur praeparatis 9
animis repentino pauore perculsos adorti aliquanto pauciores
multitudinem ingentem fundunt fugantque et compulsos in
cauas ualles, cum exitus haud in facili essent, circumueniunt.
Ibi Volscum nomen prope deletum est. Tredecim milia 10
quadringentos septuaginta cecidisse in acie ac fuga, mille
septingentos quinquaginta uiuos captos, signa uiginti septem
militaria relata in quibusdam annalibus inuenio; ubi etsi
adiectum aliquid numero sit, magna certe caedes fuit.
Victor consul ingenti praeda potitus eodem in statiua rediit. 11
Tum consules castra coniungunt, et Volsci Aequique ad-
flictas uires suas in unum contulere. Tertia illa pugna eo

8 5 agro N: agros V   procedit N: prodit V   6 inde demissum
U, Gron.: inde missum VH: inde dimissum MOP   Gabinumque V:
gabiniumque N   Gabino MHO: gabinis U: gabinos P, add. i Pcsl:
sabinos V   7 re Nannius: res V: in re N   praeerat urbi; is MHO:
praeerat urbis P: praeerat urbi PcU: praefectus erat urbis V   8 subsidiis Ogilvie: suis N (defit V): satis Soergel, coll. 7. 23. 5: secl. Duker
10 septingentos quinquaginta Madvig: accl MHOP: ac cl PcU: defit V
11 pugna eo N: pugna ea V

anno fuit. Eadem fortuna uictoriam dedit; fusis hostibus
etiam castra capta.

9 Sic res Romana in antiquum statum rediit, secundaeque
2 belli res extemplo urbanos motus excitauerunt. C. Terentilius Harsa tribunus plebis eo anno fuit. Is consulibus
absentibus ratus locum tribuniciis actionibus datum, per
aliquot dies patrum superbiam ad plebem criminatus, maxime in consulare imperium tamquam nimium nec tolera-
3 bile liberae ciuitati inuehebatur: nomine enim tantum minus
4 inuidiosum, re ipsa prope atrocius quam regium esse; quippe
duos pro uno dominos acceptos, immoderata, infinita potestate, qui soluti atque effrenati ipsi omnes metus legum
5 omniaque supplicia uerterent in plebem. quae ne aeterna
illis licentia sit, legem se promulgaturum ut quinque uiri
creentur legibus de imperio consulari scribendis; quod
populus in se ius dederit, eo consulem usurum, non ipsos
6 libidinem ac licentiam suam pro lege habituros. Qua
promulgata lege cum timerent patres ne absentibus consulibus iugum acciperent, senatus a praefecto urbis Q. Fabio
uocatur, qui adeo atrociter in rogationem latoremque ipsum
est inuectus ut nihil, si ambo consules infesti circumstarent
7 tribunum, relictum minarum atque terroris sit: insidiatum
eum et tempore capto adortum rem publicam. si quem
similem eius priore anno inter morbum bellumque irati di
8 tribunum dedissent, non potuisse sisti. mortuis duobus
consulibus, iacente aegra ciuitate, in conluuione omnium
rerum, ad tollendum rei publicae consulare imperium laturum leges fuisse, ducem Volscis Aequisque ad oppugnandam
9 urbem futurum. quid tandem? illi non licere, si quid
consules superbe in aliquem ciuium aut crudeliter fecerint,

9 1 belli res N: belli uires V　　　2 Terentilius P: terrentilius O:
terrent illius MH: terentillus U　　Harsa MO: hrasa PU: arsa H: defit
V　fuit. Is N: fuistis V　4 dominos π: domino MH　6 acciperent Mᶜ, Aldus: acciperet MHPU: accipere O: acciperetur Drak.; cf.
3. 10. 13　infesti Δ: infestim M　circumstarent HU: circum instarent
M: circuminstarent PO　8 mortuis] mortui MP, corr. PᶜMᶜ　rei
publicae] reip̄ HOP: reimp̄. M: rep̄ U

diem dicere, accusare iis ipsis iudicibus quorum in aliquem
saeuitum sit? non illum consulare imperium sed tribuniciam 10
potestatem inuisam intolerandamque facere; quam placatam reconciliatamque patribus de integro in antiqua
redigi mala. neque illum se deprecari quo minus pergat
ut coeperit. 'Vos,' inquit Fabius, 'ceteri tribuni, oramus, 11
ut primum omnium cogitetis potestatem istam ad singulorum auxilium, non ad perniciem uniuersorum comparatam
esse; tribunos plebis uos creatos, non hostes patribus.
Nobis miserum, inuidiosum uobis est, desertam rem publi- 12
cam inuadi. Non ius uestrum, sed inuidiam minueritis.
Agite cum collega ut rem integram in aduentum consulum
differat. Ne Aequi quidem ac Volsci, morbo absumptis
priore anno consulibus, crudeli superboque nobis bello institere.' Agunt cum Terentilio tribuni, dilataque in speciem 13
actione, re ipsa sublata, consules extemplo arcessiti.

   Lucretius cum ingenti praeda, maiore multo gloria rediit. 10
Et auget gloriam adueniens exposita omni in campo Martio
praeda, ut suum quisque per triduum cognitum abduceret.
Reliqua uendita, quibus domini non exstitere. Debebatur 2
omnium consensu consuli triumphus; sed dilata res est,
tribuno de lege agente; id antiquius consuli fuit. Iactata 3
per aliquot dies cum in senatu res tum apud populum est;
cessit ad ultimum maiestati consulis tribunus et destitit.
Tum imperatori exercituique honos suus redditus. Trium- 4
phauit de Volscis Aequisque; triumphantem secutae suae
legiones. Alteri consuli datum ut ouans sine militibus urbem
iniret.

   Anno deinde insequenti lex Terentilia ab toto relata 5
collegio nouos adgressa consules est; erant consules P.
Volumnius Ser. Sulpicius. Eo anno caelum ardere uisum, 6

10 illum *Ed. Frob.* 1531: illud N   placatam *M*: pacatam *Δ*
12 crudeli] crudelis *HP, corr. Pᶜ*   institere *Δ*: insistere *M*   13 Terentilio *Niebuhr, coll.* 3. 9. 2: terentillo *MHPU*: terentillo *O*
   10 4 consuli] consules *P, corr. Pᶜ*: consulis *M, corr. Mᶜ*   5 Terentilia *Niebuhr*: terentilla N

terra ingenti concussa motu est. Bouem locutam, cui rei
priore anno fides non fuerat, creditum. Inter alia prodigia
et carne pluit, quem imbrem ingens numerus auium interuo-
litando rapuisse fertur; quod intercidit, sparsum ita iacuisse
7 per aliquot dies ut nihil odor mutaret. Libri per duumuiros
sacrorum aditi; pericula a conuentu alienigenarum praedicta, ne qui in loca summa urbis impetus caedesque inde
fierent; inter cetera monitum ut seditionibus abstineretur.
Id factum ad impediendam legem tribuni criminabantur,
8 ingensque aderat certamen. Ecce, ut idem in singulos annos
orbis uolueretur, Hernici nuntiant Volscos et Aequos, etsi
abscisae res sint, reficere exercitus; Antii summam rei
positam; Ecetrae Antiates colonos palam concilia facere; id
9 caput, eas uires belli esse. Vt haec dicta in senatu sunt,
dilectus edicitur; consules belli administrationem inter se
dispertiri iussi, alteri ut Volsci, alteri ut Aequi prouincia
10 esset. Tribuni coram in foro personare, fabulam compositam
Volsci belli, Hernicos ad partes paratos. iam ne uirtute qui-
11 dem premi libertatem populi Romani sed arte eludi. quia
occidione prope occisos Volscos et Aequos mouere sua sponte
arma posse iam fides abierit, nouos hostes quaeri; coloniam
12 fidam propinquam infamem fieri. bellum innoxiis Antiatibus indici, geri cum plebe Romana, quam oneratam armis
ex urbe praecipiti agmine acturi essent, exsilio et relegati-
13 one ciuium ulciscentes tribunos. sic, ne quid aliud actum
putent, uictam legem esse, nisi dum in integro res sit, dum
domi, dum togati sint, caueant ne possessione urbis pellan-
14 tur, ne iugum accipiant. si animus sit, non defore auxilium;
consentire omnes tribunos. nullum terrorem externum,
nullum periculum esse; cauisse deos priore anno ut tuto
libertas defendi posset. Haec tribuni.

6 motu $M^{c}π$: motum MH — carne $M^{c}HO$: carnem MPU
7 sacrorum $Δ$: sacrarum M — 8 Ecetrae *Rhenanus*: eceterae M:
aeceterae H: ceteras P: caeteros OU — 9 edicitur $Δ$: est dicitur M
10 eludi *Ed. Frob.* 1535: ludi **N** — 12 Antiatibus] antiantibus H:
annuntiatibus M — 13 domi $Δ$: domit M, *add.* r M^{csl} (*sc.* dormit)
togati] dogati P, *corr.* P^{c}: ogati M: togae O

At ex parte altera consules in conspectu eorum positis 11
sellis dilectum habebant. Eo decurrunt tribuni contionemque secum trahunt. Citati pauci uelut rei experiundae causa,
et statim uis coorta. Quemcumque lictor iussu consulis 2
prendisset, tribunus mitti iubebat; neque suum cuique ius
modum faciebat sed uirium spe et manu obtinendum erat
quod intenderes.

Quemadmodum se tribuni gessissent in prohibendo dile- 3
ctu, sic patres ⟨se⟩ in lege, quae per omnes comitiales dies
ferebatur, impedienda gerebant. Initium erat rixae, cum 4
discedere populum iussissent tribuni, quod patres se submoueri haud sinebant. Nec fere seniores rei intererant,
quippe quae non consilio regenda sed permissa temeritati
audaciaeque esset. Multum et consules se abstinebant, ne 5
cui in conluuione rerum maiestatem suam contumeliae
offerrent. Caeso erat Quinctius, ferox iuuenis qua nobilitate 6
gentis, qua corporis magnitudine et uiribus. Ad ea munera
data a dis et ipse addiderat multa belli decora facundiam-
que in foro ⟨exhibuerat⟩, ut nemo, non lingua, non manu
promptior in ciuitate haberetur. Hic cum in medio patrum 7
agmine constitisset, eminens inter alios, uelut omnes dicta-
turas consulatusque gerens in uoce ac uiribus suis, unus
impetus tribunicios popularesque procellas sustinebat. Hoc 8
duce saepe pulsi foro tribuni, fusa ac fugata plebes est;
qui obuius fuerat, mulcatus nudatusque abibat, ut satis
appareret, si sic agi liceret, uictam legem esse. Tum prope 9
iam perculsis aliis tribunis A. Verginius, ex collegio unus,
Caesoni capitis diem dicit. Atrox ingenium accenderat eo
facto magis quam conterruerat; eo acrius obstare legi, agitare plebem, tribunos uelut iusto persequi bello. Accusator 10

11 2 spe et *MHP*ᶜ: spe sed *O, Aldus, Gron.*: spes et *PU, Weissenborn*
3 patres se *Luterbacher*: patres **N**: se patres *H. J. Müller*   4 esset
Ed. Rom. 1469: essent **N**   5 multum **N**: tumultu *Puteanus*   offerrent *Vπ*: offerent *MH*   6 exhibuerat *add. Goodyear: quid V
scripserit legi non iam potest sed nescioquid addidisse uidetur quod uerba* in foro
ut nemo *spatio unius lineae minime sufficiunt*: et curia *add. Weissenborn*
8 mulcatus *HOP*: mulgatus *M*: multatus *U*

pati reum ruere inuidiaeque flammam ac materiam criminibus suis suggerere; legem interim non tam ad spem
perferendi quam ad lacessendam Caesonis temeritatem
11 ferre. Multa ibi saepe ab iuuentute inconsulte dicta
factaque in unius Caesonis suspectum incidunt ingenium.
12 Tamen legi resistebat. Et A. Verginius identidem plebi:
'Ecquid sentitis iam, uos, Quirites, Caesonem simul ciuem
13 et legem quam cupitis habere non posse? Quamquam quid
ego legem loquor? Libertati obstat; omnes Tarquinios
superbia exsuperat. Exspectate dum consul aut dictator
fiat, quem priuatum uiribus et audacia regnantem uidetis.'
Adsentiebantur multi pulsatos se querentes, et tribunum ad
rem peragendam ultro incitabant.

12   Iam aderat iudicio dies apparebatque uolgo homines in
damnatione Caesonis libertatem agi credere. Tum demum
coactus cum multa indignitate prensabat singulos. Seque-
2 bantur necessarii, principes ciuitatis. T. Quinctius Capitolinus, qui ter consul fuerat, cum multa referret sua familiae-
3 que decora, adfirmabat neque in Quinctia gente neque in
ciuitate Romana tantam indolem tam maturae uirtutis unquam exstitisse; suum primum militem fuisse, se saepe
4 uidente pugnasse in hostem. Sp. Furius, missum ab Quinctio
Capitolino sibi eum in dubiis suis rebus uenisse subsidio;
neminem unum esse cuius magis opera putet rem restitu-
5 tam. L. Lucretius, consul anni prioris, recenti gloria nitens,
suas laudes participare cum Caesone, memorare pugnas, referre egregia facinora nunc in expeditionibus, nunc in acie;

10 ruere *M*c*HO*: ruerem *M*: reuere *P*: re uera *U*: *defit V*   11 Multa
ibi *V*: ibi multa *MHOP*c*U*: (10 temeritatem . . . 11 unius *om. P, rest. P*c *in*
fin. pag.)   suspectum **N**: suscept[um] *V*   12 resistebat. Et A. Verginius *Karsten*: resisteb[. . . *uiii litt.* . . .]ginius *V*: resistebatur et a. uerginius **N**   Ecquid *PU*: ec quid *MH*: et quid *VO*   13 superbia **N**:
sumperbia *V*

12 3 uidente **N**: uident *V*   4 Sp. Furius *VU*: Sp. Furium *MHOP*
missum *VO*: ipsum missum *MHPU*   neminem unum esse cuius *MHO*:
neminum esse cum eius *V*: neminem unum cuius *PU*   5 L. Lucretius *V*: p. f. Lucretius *M*: p. (*uel* p̄.) lucretius *M*c*HOPU*

suadere et monere iuuenem egregium, instructum naturae 6
fortunaeque omnibus bonis, maximum momentum rerum
eius ciuitatis in quamcumque uenisset, suum quam alienum mallent ciuem esse. quod offendat in eo, feruorem et 7
audaciam, aetatem cottidie magis auferre: quod desideretur,
consilium, id in dies crescere. senescentibus uitiis, mature-
scente uirtute, sinerent tantum uirum senem in ciuitate fieri.
Pater inter hos L. Quinctius, cui Cincinnato cognomen erat, 8
non iterando laudes, ne cumularet inuidiam, sed ueniam
errori atque adulescentiae petendo, sibi qui non dicto, non
facto quemquam offendisset, ut condonarent filium orabat.
Sed alii auersabantur preces aut uerecundia aut metu, alii se 9
suosque mulcatos querentes atroci responso iudicium suum
praeferebant.

Premebat reum praeter uolgatam inuidiam crimen unum, 13
quod M. Volscius Fictor, qui ante aliquot annos tribunus
plebis fuerat, testis exstiterat se, haud multo post quam pesti- 2
lentia in urbe fuerat, in iuuentutem grassantem in Subura
incidisse. ibi rixam natam esse fratremque suum maiorem
natu, necdum ex morbo satis ualidum, pugno ictum ab
Caesone cecidisse; semianimem inter manus domum abla- 3
tum, mortuumque inde arbitrari, nec sibi exsequi rem tam
atrocem per consules superiorum annorum licuisse. Haec
Volscio clamitante adeo concitati homines sunt ut haud
multum afuerit quin impetu populi Caeso interiret. Vergi- 4
nius arripi iubet hominem et in uincula duci. Patricii ui
contra uim resistunt. T. Quinctius clamitat, cui rei capitalis

dies dicta sit et de quo futurum propediem iudicium, eum
5 indemnatum indicta causa non debere uiolari. Tribunus
supplicium negat sumpturum se de indemnato; seruaturum
tamen in uinculis esse ad iudicii diem ut, qui hominem ne-
cauerit, de eo supplicii sumendi copia populo Romano fiat.
6 Appellati tribuni medio decreto ius auxilii sui expediunt: in
uincula conici uetant; sisti reum pecuniamque ni sistatur
7 populo promitti placere pronuntiant. Summam pecuniae
quantam aequum esset promitti, ueniebat in dubium; id ad
senatum reicitur: reus, dum consulerentur patres, reten-
8 tus in publico est. Vades dari placuit; unum uadem tribus
milibus aeris obligarunt; quot darentur permissum tribunis
est. Decem finierunt; tot uadibus accusator uadatus est
reum. Hic primus uades publicos dedit. Dimissus e foro
9 nocte proxima in Tuscos in exsilium abiit. Iudicii die cum
excusaretur solum uertisse exsilii causa, nihilo minus Verginio comitia habente, collegae appellati dimisere concilium.
10 Pecunia a patre exacta crudeliter, ut diuenditis omnibus
bonis aliquamdiu trans Tiberim uelut relegatus deuio quodam tugurio uiueret.

14   Hoc iudicium et promulgata lex exercuit ciuitatem: ab
2 externis armis otium fuit. Cum uelut uictores tribuni perculsis patribus Caesonis exsilio prope perlatam esse crederent
legem, et quod ad seniores patrum pertineret cessissent pos-
3 sessione rei publicae, iuniores, id maxime quod Caesonis
sodalium fuit, auxere iras in plebem, non minuerunt animos;
sed ibi plurimum profectum est quod modo quodam tem-
4 perauere impetus suos. Cum primo post Caesonis exsilium
lex coepta ferri est, instructi paratique cum ingenti clientium

---

6 ni V: nisi **N**   8 dari *Madvig*; *cf.* 3. 18. 4: dare **N**: *defit* V tribus
milibus *Gruter*: ∞ ∞ ∞ *MHPU*: [t]ria milia V: *om.* O obligarunt
HO: [obligar]unt V: obligauerunt M: obligarent *PU*   quot *MHO*:
quod V: quae *PU*   publicos **N**: public[V: publico *Gron.*   8 in
Tuscos VM^cOP^cU: intus cōs *MHP*   10 uelut V: ueluti **N**; *cf.*
2. 55. 8, 5. 13. 12   deuio V: deuo M: de ullo OU: deullo *HP*
   14 1 iudicium et **N**: iudicium V 3 sodalium **N**: [so]dalicium V

exercitu sic tribunos, ubi primum submouentes praebuere
causam, adorti sunt ut nemo unus inde praecipuum quicquam gloriae domum inuidiaeue ferret, mille pro uno Cae-
sones exstitisse plebes quereretur. Mediis diebus quibus 5
tribuni de lege non agerent, nihil iisdem illis placidius aut
quietius erat. Benigne salutare, adloqui plebis homines,
domum inuitare, adesse in foro, tribunos ipsos cetera pati
sine interpellatione concilia habere, nunquam ulli neque
publice neque priuatim truces esse, nisi cum de lege agi
coeptum esset; alibi popularis iuuentus erat. Nec cetera 6
modo tribuni tranquillo peregere, sed refecti quoque in
insequentem annum, ne uoce quidem incommoda, nedum et ulla uis fieret. Paulatim permulcendo tractandoque
mansuefecerant plebem. His per totum annum artibus lex
elusa est.

Accipiunt ciuitatem placidiorem consules C. Claudius 15
Appi filius et P. Valerius Publicola. Nihil noui nouus annus
attulerat; legis ferendae aut accipiendae cura ciuitatem
tenebat. Quantum iuniores patrum plebi se magis insinua- 2
bant, eo acrius contra tribuni tendebant ut plebi suspectos
eos criminando facerent: coniurationem factam; Caesonem 3
Romae esse; interficiendorum tribunorum, trucidandae
plebis consilia inita; id negotii datum ab senioribus patrum
ut iuuentus tribuniciam potestatem e re publica tolleret
formaque eadem ciuitatis esset quae ante Sacrum montem occupatum fuerat. Et a Volscis et Aequis statum iam 4
ac prope sollemne in singulos annos bellum timebatur,
propiusque aliud nouum malum necopinato exortum. Exsules seruique, ad quattuor milia hominum et quingenti, 5
duce Appio Herdonio Sabino nocte Capitolium atque arcem occupauere. Confestim in arce facta caedes eorum qui 6

5 alibi *Δ*: et alibi *M*   6 ulla] illa *HU, corr. U*ᶜ   peregere *OU*:
peregere *MP*: peraegre *H*   in insequentem *HPU*: insequentem *MO*
  15 4 propiusque] propriusque *MP, corr. M*ᶜ   5 quattuor milia]
cccc milia *P*ᶜˢˡ *U, cf. D.H.* 10. 14. 1: ccc milia *O*: co co milia *P*: ↀↀ
milia *M*: ↀ ∞ milia *H*: duo milia *Rhenanus*

coniurare et simul capere arma noluerant: alii inter tumultum praecipites pauore in forum deuolant: alternae uoces
7 'Ad arma' et 'Hostes in urbe sunt' audiebantur. Consules et
armare plebem et inermem pati timebant, incerti quod
malum repentinum, externum an intestinum, ab odio plebis
an ab seruili fraude, urbem inuasisset; sedabant tumultus,
sedando interdum mouebant; nec enim poterat pauida
8 et consternata multitudo regi imperio. Dant tamen arma,
non uolgo, tantum ut incerto hoste praesidium satis fidum
ad omnia esset. Solliciti reliquum noctis incertique qui
homines, quantus numerus hostium esset, in stationibus
9 disponendis ad opportuna omnis urbis loca egere. Lux
deinde aperuit bellum ducemque belli. Seruos ad libertatem Appius Herdonius ex Capitolio uocabat: se miserrimi
cuiusque suscepisse causam, ut exsules iniuria pulsos in
patriam reduceret et seruitiis graue iugum demeret; id
malle populo Romano auctore fieri; si ibi spes non sit, se
Volscos et Aequos et omnia extrema temptaturum et con-
citaturum.

16   Dilucere res magis patribus atque consulibus. Praeter ea
tamen quae denuntiabantur, ne Veientium neu Sabinorum
2 id consilium esset timere et, cum tantum in urbe hostium
esset, mox Sabinae Etruscaeque legiones ex composito adessent, tum aeterni hostes, Volsci et Aequi, non ad populan-
dos, ut ante, fines sed ad urbem ut ex parte captam uenirent.
3 Multi et uarii timores; inter ceteros eminebat terror seruilis
ne suus cuique domi hostis esset, cui nec credere nec non
credendo, ne infestior fieret, fidem abrogare satis erat tutum;
4 uixque concordia sisti uidebatur posse. Tantum superanti-
bus aliis ac mergentibus malis nemo tribunos aut plebem
timebat; mansuetum id malum et per aliorum quietem
malorum semper exoriens tum quiesse peregrino terrore

    6 'Ad arma' et M: et arma et H: ad arma ad PU, alterum ad ex-
punxit Uᶜ   8 fidum N: firmum Luterbacher, coll. 3. 45. 2, 23. 34. 12
9 malle] male HP, add. l Pᶜˢˡ
    16 4 tum quiesse Scheller: tumque esse N: tum esse Sigonius

sopitum uidebatur. At id prope unum maxime inclinatis 5
rebus incubuit. Tantus enim tribunos furor tenuit ut non
bellum, sed uanam imaginem belli ad auertendos ab legis
cura plebis animos Capitolium insedisse contenderent;
patriciorum hospites clientesque si perlata lege frustra tu-
multuatos esse se sentiant, maiore quam uenerint silentio
abituros. Concilium inde legi perferendae habere, auocato 6
populo ab armis. Senatum interim consules habent, alio se
maiore ab tribunis metu ostendente quam quem nocturnus
hostis intulerat.

Postquam arma poni et discedere homines ab stationibus 17
nuntiatum est, P. Valerius, collega senatum retinente, se ex
curia proripit, inde in templum ad tribunos uenit. 'Quid 2
hoc rei est,' inquit, 'tribuni? Appi Herdoni ductu et auspicio rem publicam euersuri estis? Tam felix uobis corrum-
pendis fuit qui seruitia non commouit auctor? Cum hostes
supra caput sint, discedi ab armis legesque ferri placet?'
Inde ad multitudinem oratione uersa: 'Si uos urbis, Quirites, 3
si uestri nulla cura tangit, at uos ueremini deos uestros ab
hostibus captos. Iuppiter optimus maximus, Iuno regina et
Minerua, alii di deaeque obsidentur; castra seruorum publicos uestros penates tenent; haec uobis forma sanae ciuitatis
uidetur? Tantum hostium non solum intra muros est sed 4
in arce supra forum curiamque; comitia interim in foro sunt,
senatus in curia est; uelut cum otium superat, senator sententiam dicit, alii Quirites suffragium ineunt. Non quidquid 5
patrum plebisque est, consules, tribunos, deos hominesque
omnes armatos opem ferre, in Capitolium currere, liberare
ac pacare augustissimam illam domum Iouis optimi maximi
decuit? Romule pater, tu mentem tuam, qua quondam 6

5 At id *U, Aldus*: ad id *MHOP*   se sentiant *Δ*: sese nuntiant *M*
6 legi *MHU*: legis *O*: lege *P*   auocato *U*c, *Ed. Rom.* 1470: aduocato
N   maiore *Δ*: maiores *M*
    17 1 retinente, se ex π: retinentes et ex *M*: retinente ex *M*c*H*
3 urbis, Quirites *Sabellicus*: urbisque N   4 alii N: *an secludendum
est?*   5 deos N: ciues *Gron.*   6 qua *HOU*: quam *MP*

arcem ab his iisdem Sabinis auro captam recepisti, da stirpi
tuae; iube hanc ingredi uiam, quam tu dux, quam tuus
ingressus exercitus est. Primus en ego consul, quantum
7 mortalis deum possum, te ac tua uestigia sequar.' Vltimum
orationis fuit, se arma capere, uocare omnes Quirites ad
arma; si qui impediat, iam se consularis imperii, iam tribuniciae potestatis sacratarumque legum oblitum, quisquis ille
sit, ubicumque sit, in Capitolio, in foro, pro hoste habiturum.
8 iuberent tribuni, quoniam in Appium Herdonium uetarent,
in P. Valerium consulem sumi arma; ausurum se in tribunis,
9 quod princeps familiae suae ausus in regibus esset. Vim
ultimam apparebat futuram spectaculoque seditionem Romanam hostibus fore. Nec lex tamen ferri nec ire in Capitolium consul potuit; nox certamina coepta oppressit; tribuni
10 cessere nocti, timentes consulum arma. Amotis inde seditionis auctoribus patres circumire plebem inserentesque
se in circulos sermones tempori aptos serere; admonere
ut uiderent in quod discrimen rem publicam adduce-
11 rent. non inter patres ac plebem certamen esse, sed simul
patres plebemque, arcem urbis, templa deorum, penates
12 publicos priuatosque hostibus dedi. Dum haec in foro sedan-
dae discordiae causa aguntur, consules interim, ne Sabini
neue Veiens hostis moueretur, circa portas murosque disces-
serant.

18   Eadem nocte et Tusculum de arce capta Capitolioque
occupato et alio turbatae urbis statu nuntii ueniunt.
2 L. Mamilius Tusculi tum dictator erat. Is confestim con-
uocato senatu atque introductis nuntiis magnopere censet,
3 ne exspectent dum ab Roma legati auxilium petentes
ueniant; periculum ipsum discrimenque ac sociales deos
fidemque foederum id poscere; demerendi beneficio tam
potentem, tam propinquam ciuitatem nunquam parem
4 occasionem daturos deos. Placet ferri auxilium; iuuentus

7 imperii, iam **N**: imperii conscium, *Bayet*
18 3 demerendi *Ed. Rom.* 1470: demerendo *MP*: de merendo *O*: (id
poscere . . . ciuitatem *om. H*)

conscribitur, arma dantur. Romam prima luce uenientes
procul speciem hostium praebuere; Aequi aut Volsci uenire
uisi sunt; deinde ubi uanus terror abiit, accepti in urbem
agmine in forum descendunt. Ibi iam P. Valerius relicto 5
ad portarum praesidia collega instruebat aciem. Auctoritas 6
uiri mouerat, adfirmantis Capitolio reciperato et urbe pacata
si se edoceri sissent quae fraus ab tribunis occulta in lege
ferretur, memorem se maiorum suorum, memorem cognominis quo populi colendi uelut hereditaria cura sibi a
maioribus tradita esset, concilium plebis non impediturum.
Hunc ducem secuti nequiquam reclamantibus tribunis in 7
cliuum Capitolinum erigunt aciem. Adiungitur et Tusculana legio. Certare socii ciuesque utri reciperatae arcis
suum decus facerent; dux uterque suos adhortatur. Trepi- 8
dare tum hostes nec ulli satis rei praeterquam loco fidere;
trepidantibus inferunt signa Romani sociique. Iam in uesti-
bulum perruperant templi cum P. Valerius inter primores
pugnam ciens interficitur. P. Volumnius consularis uidit 9
cadentem. Is dato negotio suis ut corpus obtegerent, ipse
in locum uicemque consulis prouolat. Prae ardore impetu-
que tantae rei sensus non peruenit ad militem; prius uicit
quam se pugnare sine duce sentiret. Multi exsulum caede 10
sua foedauere templum, multi uiui capti, Herdonius interfectus. Ita Capitolium reciperatum. De captiuis, ut quisque
liber aut seruus esset, suae fortunae a quoque sumptum
supplicium est. Tusculanis gratiae actae, Capitolium purga-
tum atque lustratum. In consulis domum plebes quadran- 11
tes ut funere ampliore efferretur iactasse fertur.

Pace parta, instare tum tribuni patribus, ut P. Valeri 19
fidem exsoluerent, instare ⟨C.⟩ Claudio, ut collegae deos

6 si se edoceri sissent *Ogilvie*: si edoceri se sissent *Rhenanus*: si se doceri
sensissent N: *add.* uel siuissent U^{csl} quo *Gron.*: quod N   10 templum
N, *cf.* 3. 18. 8: templa V atque N: aque V efferretur *Ed. Rom.* 1469:
ferretur Ω; *cf. Ouid. Met.* 13. 696
   19 1 Pace parta *VHO*: parta pace MP^cU: parte pace P P. Valeri]
om. PV   C. Claudio *H. J. Müller*: Claudio Ω   *fort.* Valeri . . .
Claudio *legendum est; cf.* 2. 15. 1 ($\overline{p}$. = *proprium nomen*)

manes fraude liberaret, agi de lege sineret. Consul antequam collegam sibi subrogasset negare passurum agi de
2 lege. Hae tenuere contentiones usque ad comitia consulis
subrogandi. Decembri mense summo patrum studio L.
Quinctius Cincinnatus, pater Caesonis, consul creatur qui
3 magistratum statim occiperet. Perculsa erat plebes consulem habitura iratum, potentem fauore patrum, uirtute sua,
tribus liberis, quorum nemo Caesoni cedebat magnitudine
animi, consilium et modum adhibendo ubi res posceret
4 priores erant. Is ut magistratum iniit, adsiduis contionibus
pro tribunali non in plebe coercenda quam senatu castigando
uehementior fuit, cuius ordinis languore perpetui iam tribuni
plebis, non ut in re publica populi Romani sed ut in perdita
5 domo lingua criminibusque regnarent: cum Caesone filio
suo uirtutem, constantiam, omnia iuuentutis belli domique
decora pulsa ex urbe Romana et fugata esse; loquaces,
seditiosos, semina discordiarum, iterum ac tertium tribunos,
6 pessimis artibus, regia licentia uiuere. 'Aulus' inquit 'ille
Verginius, quia in Capitolio non fuit, minus supplicii quam
Appius Herdonius meruit? Plus hercule aliquanto, qui uere
rem aestimare uelit. Herdonius, si nihil aliud, hostem se
fatendo prope denuntiauit ut arma caperetis; hic negando
bellum esse arma uobis ademit nudosque seruis uestris et
7 exsulibus obiecit. Et uos—C. Claudi pace et P. Valeri
mortui loquar—prius in cliuum Capitolinum signa intulistis
quam hos hostes de foro tolleretis? Pudet deorum hominumque. Cum hostes in arce, in Capitolio essent, exsulum
et seruorum dux profanatis omnibus in cella Iouis optimi
maximi habitaret, Tusculi ante quam Romae sumpta sunt
8 arma. In dubio fuit utrum L. Mamilius, Tusculanus dux,
an P. Valerius et C. Claudius consules Romanam arcem

liberarent; et qui ante Latinos ne pro se quidem ipsis, cum
in finibus hostem haberent, attingere arma passi sumus,
nunc, nisi Latini sua sponte arma sumpsissent, capti et deleti
eramus. Hoc est, tribuni, auxilium plebi ferre, inermem 9
eam hosti trucidandam obicere? Scilicet si quis uobis hu-
millimus homo de uestra plebe, quam partem uelut abru-
ptam a cetero populo uestram patriam peculiaremque rem
publicam fecistis, si quis ex his domum suam obsessam a
familia armata nuntiaret, ferendum auxilium putaretis:
Iuppiter optimus maximus exsulum atque seruorum saeptus 10
armis nulla humana ope dignus erat? Et hi postulant, ut
sacrosancti habeantur, quibus ipsi di neque sacri neque
sancti sunt? At enim, diuinis humanisque obruti sceleribus, 11
legem uos hoc anno perlaturos dictitatis. Tum hercule illo
die quo ego consul sum creatus, male gesta res publica est,
peius multo quam cum P. Valerius consul periit—si
tuleritis. Iam primum omnium,' inquit, 'Quirites, in Volscos 12
et Aequos mihi atque collegae legiones ducere in animo est.
Nescio quo fato magis bellantes quam pacati propitios
habemus deos. Quantum periculum ab illis populis fuerit
si Capitolium ab exsulibus obsessum scissent, suspicari de
praeterito quam re ipsa experiri est melius.'

Mouerat plebem oratio consulis; erecti patres restitutam 20
credebant rem publicam. Consul alter, comes animosior
quam auctor, suscepisse collegam priorem actiones tam
graues facile passus, in peragendis consularis officii partem
ad se uindicabat. Tum tribuni, eludentes uelut uana dicta, 2

9 obsessam N: oppressam V   10 humana ope N, cf. 21. 40. 11:
ope humana V, cf. Colum. 3. 1. 2   neque sacri neque Mπ: neque sac[ri
nec] V: sacri neque H   11 die quo N: die cum V   consul sum]
consulum MO: consul Oᶜ   periit N: perit V   si tuleritis Ω: secl.
Ruperti   12 fato VOPᶜU: facto MHP   obsessum N: obsessu V
    20 1 actiones tam graues facile Heerwagen: actio[. . ui litt. . .]grauis
pacile (facile Vᶜ) V: actionem tam grauis facile MHPU: actionem tam
grauis faciles O   in peragendis consularis HO: in peragendis c[onsu-
laris] V: in peragentis consularis M: in peragendis consularis consularem
P: in peragendis consularibus consularem U

persequi quaerendo quonam modo exercitum educturi consules essent quos dilectum habere nemo passurus esset.
3 'Nobis uero' inquit Quinctius 'nihil dilectu opus est, cum,
quo tempore P. Valerius ad recipiundum Capitolium arma
plebi dedit, omnes in uerba iurauerint conuenturos se iussu
4 consulis nec iniussu abituros. Edicimus itaque, omnes qui
in uerba iurastis crastina die armati ad lacum Regillum
adsitis.' Cauillari tum tribuni et populum exsoluere religione uelle: priuatum eo tempore Quinctium fuisse cum
5 sacramento adacti sint. Sed nondum haec quae nunc tenet
saeculum neglegentia deum uenerat, nec interpretando sibi
quisque ius iurandum et leges aptas faciebat, sed suos potius
6 mores ad ea accommodabat. Igitur tribuni, ut impediendae
rei nulla spes erat, de proferendo exercitus exitu agere, eo
magis quod et augures iussos adesse ad Regillum lacum fama
exierat, locumque inaugurari ubi auspicato cum populo agi
posset, ut quidquid Romae ui tribunicia rogatum esset id
7 comitiis ibi abrogaretur: omnes id iussuros quod consules
uelint; neque enim prouocationem esse longius ab urbe mille
passuum, et tribunos, si eo ueniant, in alia turba Quiritium
8 subiectos fore consulari imperio. Terrebant haec; sed ille
maximus terror animos agitabat, quod saepius Quinctius
dictitabat se consulum comitia non habiturum; non ita
ciuitatem aegram esse ut consuetis remediis sisti possit;
dictatore opus esse rei publicae, ut, qui se mouerit ad sollicitandum statum ciuitatis, sentiat sine prouocatione dictaturam esse.
21   Senatus in Capitolio erat; eo tribuni cum perturbata
plebe ueniunt. Multitudo clamore ingenti nunc consulum,
nunc patrum fidem implorant; nec ante mouerunt de sententia consulem quam tribuni se in auctoritate patrum

---

4 Edicimus **N**: sedicimus *V*   iurastis *PO*: [iur]astis *V*: iuratis *M*,
add. s *M*csl: iuraueistis *U*, iurauistis *U*c: *om.* *H*   6 proferendo exercitus exitu *V* (*sic*), *Bayet*: proferendo exitu *Perizonius*: proferendo exercitu
N   augures **N**: augeres *V*   7 uelint *V*: uellent **N**   8 possit *Ed.*
Frob. 1535: posset **N**: *defit V*

futuros esse polliciti sunt. Tunc referente consule de tribu- 2
norum et plebis postulatis senatus consulta fiunt ut neque
tribuni legem eo anno ferrent neque consules ab urbe exercitum educerent; in reliquum magistratus continuari et
eosdem tribunos refici iudicare senatum contra rem publicam esse. Consules fuere in patrum potestate: tribuni recla- 3
mantibus consulibus refecti. Patres quoque, ne quid cederent
plebi, et ipsi L. Quinctium consulem reficiebant. Nulla toto
anno uehementior actio consulis fuit. 'Mirer,' inquit, 'si 4
uana uestra, patres conscripti, auctoritas ad plebem est?
Vos eleuatis eam quippe qui, quia plebs senatus consultum
in continuandis magistratibus soluit, ipsi quoque solutum
uoltis, ne temeritati multitudinis cedatis, tamquam id sit 5
plus posse in ciuitate, plus leuitatis ac licentiae habere.
Leuius enim uaniusque profecto est sua decreta et consulta
tollere quam aliorum. Imitamini, patres conscripti, turbam 6
inconsultam, et qui exemplo aliis esse debetis, aliorum
exemplo peccate potius quam alii uestro recte faciant, dum
ego ne imiter tribunos nec me contra senatus consultum
consulem renuntiari patiar. Te uero, C. Claudi, adhortor ut 7
et ipse populum Romanum hac licentia arceas, et de me hoc
tibi persuadeas me ita accepturum ut non honorem meum a
te impeditum, sed gloriam spreti honoris auctam, inuidiam
quae ex continuato eo impenderet leuatam putem.' Com- 8
muniter inde edicunt ne quis L. Quinctium consulem faceret;
si quis fecisset, se id suffragium non obseruaturos.

   Consules creati Q. Fabius Vibulanus tertium et L. Cor- 22
nelius Maluginensis. Census actus eo anno; lustrum propter
Capitolium captum, consulem occisum condi religiosum fuit.

---

21 2 fiunt ut *V*: fiunt **N**   ferrent **N**: ferre *V*   eosdem *V*: eos **N**
4 qui, quia *Madvig*: quia quia *V*: quia **N**   in continuandis Ω: continuandis *Madvig*   cedatis **N**: ceditis *V*   6 peccate *Klockius*:
peccatis Ω: peccetis *Gruter*   inuidiam quae *V*: inuidiamque **N**   impenderet **N**: impenderit *V*   7 auctam **N**: autiam *V*   8 se id
N: sed id *V*
   22 1 tertium *Ed. Rom.* 1470: tertio **N**: *defit V*   actus *V*: auctus
MHOP^cU: auctos *P*

2 Q. Fabio L. Cornelio consulibus principio anni statim
res turbulentae. Instigabant plebem tribuni: bellum ingens
a Volscis et Aequis Latini atque Hernici nuntiabant: iam
Antii Volscorum legiones esse. Et ipsam coloniam ingens
metus erat defecturam; aegreque impetratum a tribunis ut
3 bellum praeuerti sinerent. Consules inde partiti prouincias:
Fabio ut legiones Antium duceret datum, Cornelius ut
Romae praesidio esset, ne qua pars hostium, qui Aequis
4 mos erat, ad populandum ueniret. Hernici et Latini iussi
milites dare ex foedere, duaeque partes sociorum in exercitu,
tertia ciuium fuit. Postquam ad diem praestitutum uenerunt
socii, consul extra portam Capenam castra locat. Inde
lustrato exercitu Antium profectus haud procul oppido stati-
5 uisque hostium consedit. Vbi cum Volsci, quia nondum
ab Aequis uenisset exercitus, dimicare non ausi, quemadmodum quieti uallo se tutarentur, pararent, postero die
Fabius non permixtam unam sociorum ciuiumque sed trium
populorum tres separatim acies circa uallum hostium
instruxit; ipse erat medius cum legionibus Romanis.
6 Inde signum obseruare iussit, ut pariter et socii rem
inciperent referrentque pedem, si receptui cecinisset.
Equites item suae cuique parti post principia conlocat.
7 Ita trifariam adortus castra circumuenit et cum undique
instaret non sustinentes impetum Volscos uallo deturbat. Transgressus inde munitiones pauidam turbam in-
8 clinatamque in partem unam castris expellit. Inde effuse
fugientes eques, cui superare uallum haud facile fuerat,
cum ad id spectator pugnae adstitisset, libero campo
9 adeptus parte uictoriae fruitur territos caedendo. Magna
et in castris et extra munimenta caedes fugientium fuit
sed praeda maior, quia uix arma secum efferre hostis

---

3 legiones N: leges V   Cornelius Ω: Cornelio *Sigonius*   6 obseruare N: obseruari *Madvig*   pariter et N: pariter ciues et *Ogilvie*
8 effuse *Mπ*: effusi *V*: effusae *H*   ad id N: ad *V*   9 caedes *M^cHOU*:
caedis *P*: caede *M*: *defit V*   efferre] eferre *H*: effere *P*, *add.* r
P^csl   hostis *M^cHOP^cU*: hostes *MP*: *defit V*

potuit; deletusque exercitus foret ni fugientes siluae texissent.

Dum ad Antium haec geruntur, interim Aequi robore 23 iuuentutis praemisso arcem Tusculanam improuiso nocte capiunt, reliquo exercitu haud procul moenibus Tusculi considunt ut distenderent hostium copias. Haec celeriter 2 Romam, ab Roma in castra Antium perlata mouent Romanos haud secus quam si Capitolium captum nuntiaretur; adeo et recens erat Tusculanorum meritum et similitudo ipsa periculi reposcere latum auxilium uidebatur. Fabius omissis omnibus praedam ex castris raptim Antium 3 conuehit; ibi modico praesidio relicto, citatum agmen Tusculum rapit. Nihil praeter arma et quod cocti ad manum fuit cibi ferre militi licuit; commeatum ab Roma consul Cornelius subuehit. Aliquot menses Tusculi bellatum. Parte 4 exercitus consul castra Aequorum oppugnabat; partem Tusculanis dederat ad arcem reciperandam. Vi nunquam eo subire potuit: fames postremo inde detraxit hostem. Quo postquam uentum ad extremum est, inermes nudique 5 omnes sub iugum ab Tusculanis missi. Hos ignominiosa fuga domum se recipientes Romanus consul in Algido consecutus ad unum omnes occidit. Victor ad Columen—id 6 loco nomen est—exercitu reducto castra locat. Et alter consul, postquam moenibus iam Romanis pulso hoste periculum esse desierat, et ipse ab Roma profectus. Ita bifariam 7 consules ingressi hostium fines ingenti certamine hinc Volscos, hinc Aequos populantur. Eodem anno descisse Antiates apud plerosque auctores inuenio; L. Cornelium consulem id bellum gessisse oppidumque cepisse. Certum

9 foret ni *VHOP*: fore nisi *M*: foret nisi *MU*   siluae texissent *M*c*OPU*, cf. *Tac. Agr.* 26. 4: silua* etexissent *M*: silua etexissent *H*: [silua texis]set *V*, cf. *Verg. Aen.* 6. 444

23 2 reposcere N: s[e]poscere *V*   latum *Ruperti*: datum Ω   3 cocti *Ed. Rom.* 1469: coacti N: *defit V*   4 subire *MHOP*: subiri *U, Gron.*; cf. 3. 27. 7: *defit V*   6 ad Columen *MHOU*: Incolumen *P*, ad *P*cs1: ad colume *V*   reducto *V*: relicto N   7 descisse] decisse *MU*, add. s *M*cs1

181

adfirmare, quia nulla apud uetustiores scriptores eius rei mentio est, non ausim.

24 Hoc bello perfecto tribunicium domi bellum patres territat. Clamant fraude fieri quod foris teneatur exercitus; frustrationem eam legis tollendae esse; se nihilo minus rem 2 susceptam peracturos. Obtinuit tamen L. Lucretius praefectus urbis ut actiones tribuniciae in aduentum consulum 3 differrentur. Erat et noua exorta causa motus. A. Cornelius et Q. Seruilius quaestores M. Volscio, quod falsus haud 4 dubie testis in Caesonem exstitisset, diem dixerant. Multis enim emanabat indiciis neque fratrem Volsci ex quo semel fuerit aeger unquam non modo in publico uisum, sed ne adsurrexisse quidem ex morbo, multorumque tabe 5 mensum mortuum; nec iis temporibus in quae testis crimen coniecisset Caesonem Romae uisum, adfirmantibus qui una meruerant secum eum tum frequentem ad signa sine ullo commeatu fuisse. Nisi ita esset multi priuatim ferebant 6 Volscio iudicem. Cum ad iudicium ire non auderet, omnes eae res in unum congruentes haud magis dubiam damnationem Volsci quam Caesonis Volscio teste fuerat faciebant. 7 In mora tribuni erant, qui comitia quaestores habere de reo, nisi prius habita de lege essent, passuros negabant. Ita 8 extracta utraque res in consulum aduentum est. Qui ubi triumphantes uictore cum exercitu urbem inierunt, quia silentium de lege erat, perculsos magna pars credebant tri9 bunos; at illi—etenim extremum anni iam erat—quartum adfectantes tribunatum, in comitiorum disceptationem ab

---

24 1 esse; se N: esse *V*   2 L. Lucretius *V*: p̄. lucretius *PU*: p̄ lucretius *H*: P. lucretius *O*: p̄. l. lucretius *M*   differrentur *VOU*: differrentur *MHP*   3 Volscio N: uoluscio *V*   exstitisset N: extitisse *V*   diem dixerant *M^cHO*: diem dixerat *MPU*: dicens dixerat *V* 4 in publico uisum *V*: uisum in publico N   5 nec iis *Madvig*: nec his *VMπ*: ne his *H*   coniecisset N: confecisset *V*   una N: unam *V* frequentem *Sigonius*: frequente *V*: frequentemque N   signa N: signas *V* multi priuatim *HO*: multi priuatim multis priuatis *PU*: multi multis priuati is priuatis *M*   6 eae *Ed. Rom.* 1469: ease *M*: eas *M^cΔ*   fuerat *O*: fuerant *MHPU*   7 mora *Δ*: moram *M*

lege certamen auerterant. Et cum consules nihilo minus
aduersus continuationem tribunatus quam si lex minuen-
dae suae maiestatis causa promulgata ferretur tetendissent
uictoria certaminis penes tribunos fuit.

Eodem anno Aequis pax est petentibus data. Census, 10
res priore anno incohata, perficitur, idque lustrum ab origine
urbis decimum conditum ferunt. Censa ciuium capita centum septendecim milia trecenta undeuiginti. Consulum 11
magna domi bellique eo anno gloria fuit, quod et foris
pacem peperere, et domi, etsi non concors, minus tamen
quam alias infesta ciuitas fuit.

L. Minucius inde et C. Nautius consules facti duas resi- 25
duas anni prioris causas exceperunt. Eodem modo consules
legem, tribuni iudicium de Volscio impediebant; sed in
quaestoribus nouis maior uis, maior auctoritas erat. Cum 2
M. Valerio Mani filio Volesi nepote quaestor erat T. Quinctius Capitolinus qui ter consul fuerat. Is, quoniam neque 3
Quinctiae familiae Caeso neque rei publicae maximus
iuuenum restitui posset, falsum testem qui dicendae causae
innoxio potestatem ademisset, iusto ac pio bello perseque-
batur. Cum Verginius maxime ex tribunis de lege ageret, 4
duum mensum spatium consulibus datum est ad inspiciendam legem ut cum edocuissent populum quid fraudis
occultae ferretur, sinerent deinde suffragium inire. Hoc
interualli datum res tranquillas in urbe fecit. Nec 5
diuturnam quietem Aequi dederunt, qui rupto foedere
quod ictum erat priore anno cum Romanis, imperium

9 tetendissent *HU*: tedendissent *O*: tetendisset *MP*   10 res *Δ*:
rex *M*: ex *Mᶜ*   priore] priores *P, corr. Pᶜ*: propriore *M*   conditum
ferunt. Censa *Ed. Mediol.* 1480: conditum. fuerunt censa *MPU*: conditae.
fuerunt censa *HO*   centum septendecim milia] c̄xvii *MUPᶜ*: ∞vii *P*:
cxxxii *H*: c̄xiiii *O*   trecenta undeuiginti] cccxviiii *MO*: cccxviii *PU*:
acccxviii *H*
25 1 C. Nautius *Glareanus, coll. D.H.* 10. 22. 1: L. Nautius **N**   maior
uis *Δ*: om. *M*   2 Mani *Sigonius*: ualeri *MH*: ualerii *O*: uoleri *U*
4 ex tribunis *MO*: et tribunis *H*: et tribuni ex tribunis *PU*   edocuissent *Δ*: eo docuissent *M*

ad Gracchum Cloelium deferunt; is tum longe princeps in
Aequis erat.

6　　Graccho duce in Lanuuinum agrum, inde in Tusculanum
hostili populatione ueniunt, plenique praedae in Algido
castra locant. In ea castra Q. Fabius, P. Volumnius,
A. Postumius legati ab Roma uenerunt questum iniurias
7 et ex foedere res repetitum. Eos Aequorum imperator,
quae mandata habeant ab senatu Romano, ad quercum
iubet dicere; se alia interim acturum. Quercus ingens arbor
8 praetorio imminebat, cuius umbra opaca sedes erat. Tum
ex legatis unus abiens 'Et haec' inquit 'sacrata quercus
et quidquid deorum est audiant foedus a uobis ruptum,
nostrisque et nunc querellis adsint et mox armis, cum deorum
9 hominumque simul uiolata iura exsequemur.' Romam ut
rediere legati, senatus iussit alterum consulem contra Gracchum in Algidum exercitum ducere, alteri populationem
finium Aequorum prouinciam dedit. Tribuni suo more
impedire dilectum, et forsitan ad ultimum impedissent; sed
26 nouus subito additus terror est. Vis Sabinorum ingens prope
ad moenia urbis infesta populatione uenit; foedati agri,
terror iniectus urbi est. Tum plebs benigne arma cepit;
reclamantibus frustra tribunis magni duo exercitus scripti.
2 Alterum Nautius contra Sabinos duxit, castrisque ad Eretum
positis, per expeditiones paruas, plerumque nocturnis incursionibus, tantam uastitatem in Sabino agro reddidit ut com-
parati ad eam prope intacti bello fines Romani uiderentur.
3 Minucio neque fortuna nec uis animi eadem in gerendo
negotio fuit; nam cum haud procul ab hoste castra posuisset,
nulla magnopere clade accepta castris se pauidus tenebat.
4 Quod ubi senserant hostes, creuit ex metu alieno, ut fit,
audacia, et nocte adorti castra postquam parum uis aperta

6 Lanuuinum *OUP*c: lanum uinum *P*: lanu uinum *MH*: Labicanum *Gruter, sed cf.* 4. 9. 12　　ex foedere *Sigonius*: ex eo foedere **N**
9 Romam ut *M*: Romam *Δ*　　rediere *Δ*: redire *M, add.* e *M*csl
　　26 1 foedati **N**: nudati *Cornelissen, coll.* 44. 27. 4　　3 clade] claude
*M, corr. M*c: clada *O, add.* e *O*csl　　4 senserant *MOPU*c: senserat *HU*

profecerat, munitiones postero die circumdant. Quae priusquam undique uallo obiectae clauderent exitus quinque
equites inter stationes hostium emissi Romam pertulere
consulem exercitumque obsideri. Nihil tam necopinatum 5
nec tam insperatum accidere potuit. Itaque tantus pauor,
tanta trepidatio fuit quanta si urbem, non castra hostes
obsiderent. Nautium consulem arcessunt. In quo cum 6
parum praesidii uideretur dictatoremque dici placeret qui
rem perculsam restitueret, L. Quinctius Cincinnatus consensu omnium dicitur.

Operae pretium est audire qui omnia prae diuitiis humana 7
spernunt neque honori magno locum neque uirtuti putant
esse, nisi ubi effuse affluant opes. Spes unica imperii populi 8
Romani, L. Quinctius trans Tiberim, contra eum ipsum
locum ubi nunc naualia sunt, quattuor iugerum colebat
agrum, quae prata Quinctia uocantur. Ibi ab legatis—seu 9
fossam fodiens palae innixus, seu cum araret, operi certe, id
quod constat, agresti intentus—salute data in uicem reddi-
taque rogatus ut, quod bene uerteret ipsi reique publicae,
togatus mandata senatus audiret, admiratus rogitansque
'Satin salue?' togam propere e tugurio proferre uxorem
Raciliam iubet. Qua simul absterso puluere ac sudore 10
uelatus processit, dictatorem eum legati gratulantes con-
salutant, in urbem uocant; qui terror sit in exercitu exponunt. Nauis Quinctio publice parata fuit, transuectumque 11
tres obuiam egressi filii excipiunt, inde alii propinqui atque

5 necopinatum *Rhenanus*: nec inopinatum *MO*: ned in oppinatum *H*:
inopinatum *U*: inopinatum *P*, *add*. u *P*csl; *cf*. 1. 57. 7   tam insperatum
*M*c*Δ*: tamen insperatam *M*   7 qui *M*c*Δ*: quia *M*   effuse *Ed.
Rom*. 1469: effusae **N**   affluant *HO*: afluant *M*: afluent *P*: affluent *P*c*U*
8 naualia *Δ*: alia *M*   9 palae *Sabellicus*: paleae *V*: palo *MHPU*:
paulo *O*   uerteret *VHOU*: uerterat *MP*   Satin salue *VP*: sat iam
satisne salua essent omnia in saluem *M*: sne a essent omnia *add*. *P*csl (*sc*.
satisne salua essent omnia): satisne salua essent omnia *OU*: sati nesalua
essent omnia *H*   propere e tugurio *MOU*: propere tugurio *V*: propere
et ugurio *P*: propere et augurio *H*   10 absterso *VHO*: abterso
MPU   exercitu **N**: exercitui *V*

amici, tum patrum maior pars. Ea frequentia stipatus ante-
12 cedentibus lictoribus deductus est domum. Et plebis concursus ingens fuit; sed ea nequaquam tam laeta Quinctium
uidit, et imperium nimium et uirum in ipso imperio uehe-
mentiorem rata. Et illa quidem nocte nihil praeterquam
uigilatum est in urbe.

27   Postero die dictator cum ante lucem in forum uenisset,
magistrum equitum dicit L. Tarquinium, patriciae gentis,
sed qui, cum stipendia pedibus propter paupertatem fecisset,
bello tamen primus longe Romanae iuuentutis habitus esset.
2 Cum magistro equitum in contionem uenit, iustitium edicit,
claudi tabernas tota urbe iubet, uetat quemquam priuatae
3 quicquam rei agere; tum quicumque aetate militari essent
armati cum cibariis in dies quinque coctis uallisque duodenis
4 ante solis occasum in campo Martio adessent; quibus aetas
ad militandum grauior esset, uicino militi, dum is arma pa-
5 raret uallumque peteret, cibaria coquere iussit. Sic iuuentus
discurrit ad uallum petendum. Sumpsere unde cuique proximum fuit; prohibitus nemo est; impigreque omnes ad edi-
6 ctum dictatoris praesto fuere. Inde composito agmine non
itineri magis apti quam proelio si res ita tulisset, legiones
ipse dictator, magister equitum suos equites ducit. In utroque
agmine quas tempus ipsum poscebat adhortationes erant:
7 adderent gradum; maturato opus esse, ut nocte ad hostem
peruenire posset; consulem exercitumque Romanum obsideri, tertium diem iam clausos esse; quid quaeque nox aut

---

11 amici, tum **N**: amici tui et tum *V*   12 imperium *Walters*:
imperi(i) **Ω**: (et imperi . . . rata *om. H*)   uirum in ipso *VMOPU*ᶜ:
uirium in ipso *U*ᶜ: uirum ipso *Douiatius*

   27 1 Tarquinium **Ω**: Tarquitium *Sigonius*; *cf. D.H.* 10. 24. 3: (27. 1
magistrum equitum . . . 28. 7 per media *om. M*)   qui cum *V, Vorm.*:
qui tum *π*: tum qui *H*: qui *Conway*   3 aetate *Δ*: aetatem *V*   duodenis *Δ*: *defit V*: quaternis *olim Ogilvie* (*coll. Polyb.* 18. 18. 8) *sed Quinctio
et ipsos obsessores in animo erat circumuallare*   in campo Martio *Luterbacher,
coll.* 3. 69. 7: Martio in campo **Ω**: in campo Martio *H. J. Müller*
5 Sic *Δ*: si *V*   6 apti *HP*: acti *O*: apto *U*: apte *Madvig*   7 peruenire *Δ*: perueniri *Drak.*: *defit V*   obsideri *Δ*: Nobsideri *V*

dies ferat incertum esse; puncto saepe temporis maximarum
rerum momenta uerti. 'Adcelera, signifer' 'sequere, miles' 8
inter se quoque, gratificantes ducibus, clamabant. Media
nocte in Algidum perueniunt et ut sensere se iam prope
hostes esse, signa constituunt.

Ibi dictator quantum nocte prospici poterat equo circum- 28
uectus contemplatusque qui tractus castrorum quaeque
forma esset, tribunis militum imperauit ut sarcinas in unum
conici iubeant, militem cum armis ualloque redire in ordines
suos. Facta quae imperauit. Tum quo fuerant ordine in 2
uia, exercitum omnem longo agmine circumdat hostium
castris et ubi signum datum sit clamorem omnes tollere
iubet; clamore sublato ante se quemque ducere fossam et
iacere uallum. Edito imperio, signum secutum est. Iussa 3
miles exsequitur; clamor hostes circumsonat. Superat inde
castra hostium et in castra consulis uenit; alibi pauorem,
alibi gaudium ingens facit. Romani ciuilem esse clamorem 4
atque auxilium adesse inter se gratulantes, ultro ex stationibus ac uigiliis territant hostem. Consul differendum negat; 5
illo clamore non aduentum modo significari sed rem ab
suis coeptam, mirumque esse ni iam exteriore parte castra
hostium oppugnentur. Itaque arma suos capere et se subse-
qui iubet. Nocte initum proelium est; legionibus dictatoris 6
clamore significant ab ea quoque parte rem in discrimine
esse. Iam se ad prohibenda circumdari opera Aequi para- 7
bant cum ab interiore hoste proelio coepto, ne per media
sua castra fieret eruptio, a munientibus ad pugnantes introrsum uersi uacuam noctem operi dedere, pugnatumque cum
consule ad lucem est. Luce prima iam circumuallati ab 8
dictatore erant et uix aduersus unum exercitum pugnam
sustinebant. Tum a Quinctiano exercitu, qui confestim a
perfecto opere ad arma rediit, inuaditur uallum. Hic
instabat noua pugna: illa nihil remiserat prior. Tum anci- 9
piti malo urgente, a proelio ad preces uersi hinc dictatorem,

hinc consulem orare, ne in occidione uictoriam ponerent, ut
inermes se inde abire sinerent. Ab consule ad dictatorem
10 ire iussi; is ignominiam infensus addidit; Gracchum Cloelium ducem principesque alios uinctos ad se adduci iubet,
oppido Corbione decedi. Sanguinis se Aequorum non
egere; licere abire, sed ut exprimatur tandem confessio
subactam domitamque esse gentem, sub iugum abituros.
11 Tribus hastis iugum fit, humi fixis duabus superque eas
transuersa una deligata. Sub hoc iugum dictator Aequos
misit.

29   Castris hostium receptis plenis omnium rerum—nudos
enim emiserat—praedam omnem suo tantum militi dedit;
2 consularem exercitum ipsumque consulem increpans 'Care-
bis' inquit 'praedae parte, miles, ex eo hoste cui prope
praedae fuisti. Et tu, L. Minuci, donec consularem animum
3 incipias habere, legatus his legionibus praeeris.' Ita se
Minucius abdicat consulatu iussusque ad exercitum manet.
Sed adeo tum imperio meliori animus mansuete oboediens
erat, ut beneficii magis quam ignominiae hic exercitus
memor et coronam auream dictatori, libram pondo, decre-
4 uerit et proficiscentem eum patronum salutauerit. Romae
a Q. Fabio praefecto urbis senatus habitus triumphantem
Quinctium quo ueniebat agmine urbem ingredi iussit.
Ducti ante currum hostium duces; militaria signa prae-
5 lata; secutus exercitus praeda onustus. Epulae instructae
dicuntur fuisse ante omnium domos, epulantesque cum
carmine triumphali et sollemnibus iocis comisantium modo
6 currum secuti sunt. Eo die L. Mamilio Tusculano adprobantibus cunctis ciuitas data est. Confestim se dictator
magistratu abdicasset ni comitia M. Volsci, falsi testis, tenu-

9 ut **N**: et *Alan*   iussi; is *Ruperti*: iussis **N**   infensus *MH*: incensus π
10 sub iugum Δ: *om. M*: sub iuḡ del. P^{cm} 11 superque $M\pi$: super
HP^c iugum *Duker*: iugo **N**
29 2 his *U*: is *MP*: iis P^c: sis *HO*   5 domos MOP^cU: domus
PH   triumphali et *V*: triumphali ex **N**   iocis *V*: locis **N**   comisantium *VP*: commisantium *M*: comessantium *HU*: commessantium *O*
6 data est **N**: data *V*

issent. Ea ne impedirent tribuni dictatoris obstitit metus; Volscius damnatus Lanuuium in exsilium abiit. Quinctius 7 sexto decimo die dictatura in sex menses accepta se abdicauit. Per eos dies consul Nautius ad Eretum cum Sabinis egregie pugnat; ad uastatos agros ea quoque clades accessit Sabinis. Minucio Fabius successor in Algidum missus. Extremo anno agitatum de lege ab tribunis est; sed quia 8 duo exercitus aberant, ne quid ferretur ad populum patres tenuere; plebes uicit ut quintum eosdem tribunos crearet. Lupos uisos in Capitolio ferunt a canibus fugatos; ob id 9 prodigium lustratum Capitolium esse. Haec eo anno gesta.

Sequuntur consules Q. Minucius M. Horatius Puluillus. 30 Cuius initio anni cum foris otium esset, domi seditiones 2 iidem tribuni, eadem lex faciebat; ulteriusque uentum foret —adeo exarserant animis—ni, uelut dedita opera, nocturno impetu Aequorum Corbione amissum praesidium nuntiatum esset. Senatum consules uocant; iubentur subitarium scri- 3 bere exercitum atque in Algidum ducere. Inde posito legis certamine noua de dilectu contentio orta; uincebaturque 4 consulare imperium tribunicio auxilio cum alius additus terror, Sabinum exercitum praedatum descendisse in agros Romanos, inde ad urbem uenire. Is metus perculit ut scribi 5 militem tribuni sinerent, non sine pactione tamen ut quoniam ipsi quinquennium elusi essent paruumque id plebi praesidium foret, decem deinde tribuni plebis crearentur. Expressit hoc necessitas patribus: id modo excepere ne postea 6 eosdem tribunos uiderent. Tribunicia comitia, ne id quoque

6 in exsilium *Rhenanus*: exilium Ω   7 Nautius] Nauicius *H*: auntius *U, corr. U*ᶜ   Eretum] fretum *M*   ad uastatos **N**: uasta *V*   Fabius *Ed. Frob.* 1531: fabius quinctius *MH*: fabius quintius *PU*: fabius quintus *O*; *cf.* 3. 1. 1.   8 aberant **N**: aberat *V*   crearet *V, cf.* 4. 16. 7: crearent **N**
30 1 M. Horatius **N**: *defit V*: C. Horatius *Glareanus, coll.* 2. 51. 1   3 dilectu **N**: dilecta *V*   4 uincebaturque **N**: uincebanturque *V*   additus terror *H*: [ad]ditur terros *V*: additur terror *Mπ*; *cf.* 3. 25. 9   agros Romanos **N**, *cf.* 3. 6. 7: agrum Romano[rum agru]m *V*; *cf.* 2. 43. 1   5 tribuni sinerent **N**: tribunis silerent *V*   ipsi **N**: ipsis *V*   elusi essent **N**: elusesset *V*

7 post bellum ut cetera uanum esset, extemplo habita. Tricesimo sexto anno a primis tribuni plebis decem creati sunt, bini ex singulis classibus; itaque cautum est ut postea
8 crearentur. Dilectu deinde habito Minucius contra Sabinos profectus non inuenit hostem. Horatius, cum iam Aequi Corbione interfecto praesidio Ortonam etiam cepissent, in Algido pugnat; multos mortales occidit; fugat hostem non ex Algido modo sed a Corbione Ortonaque. Corbionem etiam diruit propter proditum praesidium.

31   Deinde M. Valerius Sp. Verginius consules facti. Domi forisque otium fuit; annona propter aquarum intemperiem laboratum est. De Auentino publicando lata lex est. Tri
2 buni plebis iidem refecti. Insequente anno, T. Romilio C. Veturio consulibus, legem omnibus contionibus suis celebrant: pudere se numeri sui nequiquam aucti, si ea res aeque suo biennio iaceret ac toto superiore lustro iacuisset.
3 Cum maxime haec agerent, trepidi nuntii ab Tusculo ueniunt Aequos in agro Tusculano esse. Fecit pudorem recens eius populi meritum morandi auxilii. Ambo consules cum exercitu missi hostem in sua sede, in Algido inueniunt.
4 Ibi pugnatum. Supra septem milia hostium caesa, alii fugati; praeda parta ingens. Eam propter inopiam aerarii consules uendiderunt. Inuidiae tamen res ad exercitum fuit, eademque tribunis materiam criminandi ad plebem consules praebuit.
5   Itaque ergo, ut magistratu abiere, Sp. Tarpeio A. Aternio consulibus dies dicta est Romilio ab C. Caluio Cicerone tribuno plebis, Veturio ab L. Alieno aedile plebis.

---

7 Tricesimo *MHUP*^c: tricessimo *P*: tricensimo *VO*   8 Ortonam *VO*: hortonam *MH*: hortanam *PU*   Ortonaque *VHO*: hortonaque *P*: ortonamque *M*: hortanaque *U*

31 1 laboratum est **N**: laboratum *V*   refecti. Insequente *U*, *Petterson*: refectis his sequente *V*: refecti hi sequente *MHOP*   2 celebrant *Mπ*: celebrabant *VH*   3 exercitu *M*^c*π*: exercitum *MH*   4 eademque *HU*: ea denique *MOP*   5 Sp. *Ed. Rom.* 1469: spurio p̄. *MHO*: spurio p. *P*: sp̄. p. *U*   Aternio *Pighius*: aeternio *MHO*: eternio *P*: ethernio *U*   Caluio *Weissenborn*: caluio claudio *MH*: claudio *π*

Vterque magna patrum indignatione damnatus, Romilius 6
decem milibus aeris, Veturius quindecim. Nec haec priorum calamitas consulum segniores nouos fecerat consules.
Et se damnari posse aiebant, et plebem et tribunos legem
ferre non posse. Tum abiecta lege quae promulgata con- 7
senuerat, tribuni lenius agere cum patribus: finem tandem
certaminum facerent. si plebeiae leges displicerent, at illi
communiter legum latores et ex plebe et ex patribus, qui
utrisque utilia ferrent quaeque aequandae libertatis essent,
sinerent creari. Rem non aspernabantur patres; daturum 8
leges neminem nisi ex patribus aiebant. Cum de legibus con-
ueniret, de latore tantum discreparet, missi legati Athenas Sp. Postumius Albus, A. Manlius, P. Sulpicius Camerinus,
iussique inclitas leges Solonis describere et aliarum Grae-
ciae ciuitatium instituta mores iuraque noscere.

   Ab externis bellis quietus annus fuit, quietior insequens 32
P. Curiatio et Sex. Quinctilio consulibus, perpetuo silentio
tribunorum, quod primo legatorum qui Athenas ierant
legumque peregrinarum exspectatio praebuit, dein duo 2
simul mala ingentia exorta, fames pestilentiaque, foeda
homini, foeda pecori. Vastati agri sunt, urbs adsiduis ex-
hausta funeribus; multae et clarae lugubres domus. Fla- 3
men Quirinalis Ser. Cornelius mortuus, augur C. Horatius
Puluillus, in cuius locum C. Veturium, eo cupidius quia
damnatus a plebe erat, augures legere. Mortuus consul Quin- 4
ctilius, quattuor tribuni plebi. Multiplici clade foedatus
annus; ab hoste otium fuit. Inde consules C. Menenius P. 5
Sestius Capitolinus. Neque eo anno quicquam belli externi
fuit: domi motus orti. Iam redierant legati cum Atticis legi- 6
bus. Eo intentius instabant tribuni ut tandem scribendarum

   7 latores] atores M: labores P   8 daturum N: laturum Klockius:
uide Frederiksen, J.R.S. 55 (1965), 189
   32 2 Curiatio Ed. Rom. 1470: curatio MOP: curacio H: curario U:
Horatio Pighius, cf. D.H. 10. 53. 1   3 Ser. π: seruius sextus MH
Puluillus Ed. Rom. 1469: puluilius N   5 Sestius Sigonius, cf. 3. 33. 4:
sextius MHOUPᶜ: textius P

legum initium fieret. Placet creari decemuiros sine prouoca-
7 tione, et ne quis eo anno alius magistratus esset. Admisce-
renturne plebeii controuersia aliquamdiu fuit; postremo
concessum patribus, modo ne lex Icilia de Auentino aliaeque sacratae leges abrogarentur.

33   Anno trecentesimo altero quam condita Roma erat iterum
mutatur forma ciuitatis, ab consulibus ad decemuiros, quemadmodum ab regibus ante ad consules uenerat, translato
2 imperio. Minus insignis, quia non diuturna, mutatio fuit.
Laeta enim principia magistratus eius nimis luxuriauere;
eo citius lapsa res est repetitumque duobus uti mandare-
3 tur consulum nomen imperiumque. Decemuiri creati Ap.
Claudius, T. Genucius, P. Sestius, T. Veturius, C. Iulius,
A. Manlius, P. Sulpicius, P. Curiatius, T. Romilius, Sp.
4 Postumius. Claudio et Genucio, quia designati consules in
eum annum fuerant, pro honore honos redditus, et Sestio,
alteri consulum prioris anni, quod eam rem collega inuito
5 ad patres rettulerat. His proximi habiti legati tres qui
Athenas ierant, simul ut pro legatione tam longinqua praemio esset honos, simul peritos legum peregrinarum ad con-
6 denda noua iura usui fore credebant. Suppleuere ceteri
numerum. Graues quoque aetate electos nouissimis suffragiis ferunt, quo minus ferociter aliorum scitis aduersarentur.
7 Regimen totius magistratus penes Appium erat fauore plebis,
adeoque nouum sibi ingenium induerat ut plebicola repente omnisque aurae popularis captator euaderet pro truci
8 saeuoque insectatore plebis. Decimo die ius populo singuli

7 plebeii *Aldus*: plebi N   Icilia *Glareanus*: acilia *MHPU*cm: ialia *O*:
(*om.* postremo . . . abrogarentur *U*, *rest.* *U*cm)

33 1 Anno trecentesimo *MU*: anno trecentessimo *P*: anno trecentesimo
anno *O*, *sed alterum* anno *expunxit* *O*c: trecentesimo anno *H*   translato
imperio *MU*: translata imperio *H*: tranl lato imperio *P*: translati imperii *O*, *corr.* *O*c   2 consulum *Δ*: consulibus *M*   3 Sestius
Sigonius, coll. 3. 32. 5: Sextius N   T. Veturius *Ogilvie, coll. D.H.* 10.
56. 1: l. ueturius N   Romilius *Sigonius*: Romulius N   4 Sestio
MHPU: sextio *O*   7 fauore *O*: auore *P, add.* l *P*csl, p *P*cil, f *P*cm
(*sc.* fauore): pauore *MHU*   plebis *M*cΔ: plebi *M*

reddebant. Eo die penes praefectum iuris fasces duodecim
erant: collegis nouem singuli accensi apparebant. Et in
unica concordia inter ipsos, qui consensus priuatis interdum
inutilis esset, summa aduersus alios aequitas erat. Modera- 9
tionis eorum argumentum exemplo unius rei notasse satis
erit. Cum sine prouocatione creati essent, defosso cadauere
domi apud L. Sestium, patriciae gentis uirum, inuento pro- 10
latoque in contionem, in re iuxta manifesta atque atroci
C. Iulius decemuir diem Sestio dixit et accusator ad
populum exstitit, cuius rei iudex legitimus erat, decessit-
que iure suo, ut demptum de ui magistratus populi libertati adiceret.

Cum promptum hoc ius uelut ex oraculo incorruptum 34
pariter ab iis summi infimique ferrent, tum legibus condendis opera dabatur; ingentique hominum exspectatione pro-
positis decem tabulis, populum ad contionem aduocauerunt 2
et, quod bonum faustum felixque rei publicae ipsis liberis-
que eorum esset, ire et legere leges propositas iussere: 3
se, quantum decem hominum ingeniis prouideri potuerit,
omnibus, summis infimisque, iura aequasse: plus pollere
multorum ingenia consiliaque. uersarent in animis secum 4
unamquamque rem, agitarent deinde sermonibus, atque in
medium quid in quaque re plus minusue esset conferrent.
eas leges habiturum populum Romanum quas consensus 5
omnium non iussisse latas magis quam tulisse uideri posset.

Cum ad rumores hominum de unoquoque legum capite 6
editos satis correctae uiderentur, centuriatis comitiis decem

8 iuris N: urbis *Niebuhr*   esset N: est *Doering*   9 L. Sestium
Ogilvie; *cf. Cic. de Rep.* 2. 61: P. Sestium *Sigonius*: p. sextium *Hπ*: sextium *M*   10 contionem *McHO*: contentionem *M*: contione
UP   Sestio *HPU*: festio *M*: sextio *O*   iure *H. Valesius*: ex iure N: ei
iure *Harant*

34 1 contionem *Δ*: contentionem *M*   5 non iussisse *PU*: inuasisse
non iussisse *M*: non inuasisse *HO*: inuasisse *Pcm*   tulisse *HOPcU*:
tulisset *MP*   6 editos *Duker*: edito *Ω*   qui nunc *V*: quae nunc
MHOU: nunc *P, add.* quae *Pcm*

tabularum leges perlatae sunt, qui nunc quoque, in hoc
immenso aliarum super alias aceruatarum legum cumulo,
fons omnis publici priuatique est iuris.

7   Volgatur deinde rumor duas deesse tabulas quibus adiectis absolui posse uelut corpus omnis Romani iuris. Ea
exspectatio, cum dies comitiorum adpropinquaret, desi-
8 derium decemuiros iterum creandi fecit. Iam plebs, praeterquam quod consulum nomen haud secus quam regum perosa
erat, ne tribunicium quidem auxilium, cedentibus in uicem
35 appellationi decemuiris, quaerebat. Postquam uero comitia
2 decemuiris creandis in trinum nundinum indicta sunt, tanta
exarsit ambitio, ut primores quoque ciuitatis—metu, credo,
ne tanti possessio imperii, uacuo ab se relicto loco, haud
satis dignis pateret—prensarent homines, honorem summa
ope a se impugnatum ab ea plebe, cum qua contenderant,
3 suppliciter petentes. Demissa iam in discrimen dignitas ea
aetate iisque honoribus actis stimulabat Ap. Claudium.
Nescires utrum inter decemuiros an inter candidatos nume-
4 rares; propior interdum petendo quam gerendo magistratui
erat. Criminari optimates, extollere candidatorum leuissi-
mum quemque humillimumque, ipse medius inter tribuni-
5 cios, Duilios Iciliosque, in foro uolitare, per illos se plebi
uenditare, donec collegae quoque, qui unice illi dediti
fuerant ad id tempus, coniecere in eum oculos, mirantes
6 quid sibi uellet: apparere nihil sinceri esse; profecto haud

6 aliarum super alias] aliorum super alios *V*: aliarum super alia
H   fons *V*: frons **N**   7 uolgatur *MOP*^c*U*: uulgator *HP*: mulga-
tur *V*   Ea *M*^c*Δ*: *om. VM*   8 perosa erat *V*: per os erat *M*:
perosum erat *M*^c*U*: per hos erat *H*: per oserat *P*, peroserat *P*^c: per ora
erat *O*   appellationi *Drak.*: appellatione **Ω**

35 1 trinum nundinum *VP*: trinum nundinium *MHO*: trinundinum
U   2 pateret—prensarent *M*^c*OU*: pateret pensaret *MP*: paterent
prensarent *V*: pateret *H*, paterent *H*^c: *add.* prensarent *H*^cm   con-
tenderant *Ed. Rom.* 1469: contenderent **Ω**   3 Demissa *Gron.*: dimissa
N: *defit V*   4 propior *Δ*: proprior *V*: (*om.* 3 inter candidatos . . .
4 propior *M*)   5 Duilios *Sigonius*: duellios **N**: *defit V*; *cf.* 2. 58. 2
Iciliosque *Aldus*: siciliosque *VH*: siliciosque *MPU*: silitiosque *O*   plebi
N: plebe *V*   quoque **N**: quodque *V*

gratuitam in tanta superbia comitatem fore; nimium in
ordinem se ipsum cogere et uolgari cum priuatis non tam
properantis abire magistratu quam uiam ad continuandum
magistratum quaerentis esse. Propalam obuiam ire cupidi- 7
tati parum ausi, obsecundando mollire impetum adgrediuntur. Comitiorum illi habendorum, quando minimus natu sit,
munus consensu iniungunt. Ars haec erat, ne semet ipse 8
creare posset, quod praeter tribunos plebi—et id ipsum
pessimo exemplo—nemo unquam fecisset. Ille enimuero,
quod bene uertat, habiturum se comitia professus, impedi-
mentum pro occasione arripuit; deiectisque honore per 9
coitionem duobus Quinctiis, Capitolino et Cincinnato, et
patruo suo C. Claudio, constantissimo uiro in optimatium
causa, et aliis eiusdem fastigii ciuibus, nequaquam splendore
uitae pares decemuiros creat, se in primis, quod haud secus 10
factum improbabant boni quam nemo facere ausurum
crediderat. Creati cum eo M. Cornelius Maluginensis, M. 11
Sergius, L. Minucius, Q. Fabius Vibulanus, Q. Poetelius, T.
Antonius Merenda, K. Duilius, Sp. Oppius Cornicen, M'.
Rabuleius.

Ille finis Appio alienae personae ferendae fuit. Suo iam 36
inde uiuere ingenio coepit nouosque collegas, iam priusquam
inirent magistratum, in suos mores formare. Cottidie coibant 2
remotis arbitris; inde impotentibus instructi consiliis, quae
secreto ab aliis coquebant, iam haud dissimulando super-

6 ordinem] ordine *MO*   continuandum *VMᶜUᶜ*: contionandum
HOU: concionandum *P*: continunandum *M*   7 obsecundando
VHO: obsequendo secum dando *M*: obsequndo obsecundando *P*: obsequendo obsecundando *PᶜU*   natu sit, munus *MHO*: natus sit minus *V*:
om. *PU* (*qui tamen* ius *post* habendorum *addunt*)   consensu iniungunt **N**:
consensui iungunt *V*   8 posset **N**: posse *V*   9 coitionem
Sigonius: contionem *VΔ*: contentionem *M*   constantissimo **N**: consulib.
tantissimo *V*   fastigii **N**: fastigiis *V*   10 improbabant *HP*: impro-
brabant *O*: improbant *VM*: improbrant *U*   11 Poetelius *Sigonius*:
poetilius *VMHPU*: petilius *O*   K. Duilius *Rhenanus*: c. duilius *VHOP*:
c̄. duilius *U*: c̄. duillius *M*   Sp. **N**: p. *V*   M'. Rabuleius *Sigonius*,
coll. *D.H.* 10. 58. 4: m. rabulius *V*: M̄. rabulegius *O*: m̄. rabuleius *MU*:
m. rabuleius *HP*

biam, rari aditus, conloquentibus difficiles, ad idus Maias
rem perduxere. Idus tum Maiae sollemnes ineundis magi-
3 stratibus erant. Initio igitur magistratus primum honoris
diem denuntiatione ingentis terroris insignem fecere. Nam
cum ita priores decemuiri seruassent ut unus fasces haberet
et hoc insigne regium in orbem, suam cuiusque uicem, per
omnes iret, subito omnes cum duodenis fascibus prodiere.
4 Centum uiginti lictores forum impleuerant et cum fascibus
secures inligatas praeferebant; nec attinuisse demi secu-
rem, cum sine prouocatione creati essent, interpretaban-
5 tur. Decem regum species erat, multiplicatusque terror non
infimis solum sed primoribus patrum, ratis caedis causam ac
principium quaeri, ut si quis memorem libertatis uocem aut
in senatu aut apud populum misisset statim uirgae secures-
6 que etiam ad ceterorum metum expedirentur. Nam praeterquam quod in populo nihil erat praesidii sublata prouocatione, intercessionem quoque consensu sustulerant, cum
priores decemuiri appellatione collegae corrigi reddita ab se
iura tulissent et quaedam, quae sui iudicii uideri possent,
7 ad populum reiecissent. Aliquamdiu aequatus inter omnes
terror fuit; paulatim totus uertere in plebem coepit; abstinebatur a patribus; in humiliores libidinose crudeliterque
consulebatur. Hominum, non causarum toti erant, ut apud
8 quos gratia uim aequi haberet. Iudicia domi conflabant,
pronuntiabant in foro. Si quis collegam appellasset, ab eo
ad quem uenerat ita discedebat ut paeniteret non prioris
9 decreto stetisse. Opinio etiam sine auctore exierat non in
praesentis modo temporis eos iniuriam conspirasse, sed

---

36 2 rari aditus **N**: rari aditu *Douiatius*; *cf.* 24. 5. 5   ad Idus] aditus
*HP, corr. P*ᶜ   **3** denuntiatione *Δ*: denuntiationem *M*   regium in
orbem *π*: regnum in orbem *H*: regium orbem *M*   **4** inligatas *MPU*:
inligates *H*: inligate *O*   praeferebant *MPU*: per ferrebantur *H*: prae-
ferrebantur *O*   **5** in senatu *MHPU*: in senatum *M*ᶜ*O*   apud
populum *Ogilvie, coll.* 28. 40. 10: in populum **N**: ad populum *Drak.*: in
populo *Ed. Paris.* 1510   **6** consensu sustulerant *M*: consensus
sustulerant *PU*: consensus tulerat *HO*   ab se *Aldus*: ad se *MHPU*: a
se *O*   uideri *Δ*: quae uideri *M*   **7** haberet *Δ*: habere *M*

foedus clandestinum inter ipsos iure iurando ictum, ne
comitia haberent perpetuoque decemuiratu possessum semel
obtinerent imperium.

Circumspectare tum patriciorum uoltus plebeii et inde 37
libertatis captare auram, unde seruitutem timendo in eum
statum rem publicam adduxerant. Primores patrum odisse 2
decemuiros, odisse plebem; nec probare quae fierent, et
credere haud indignis accidere; auide ruendo ad libertatem
in seruitutem elapsos iuuare; nolle cumulare quoque iniu- 3
rias, ut taedio praesentium consules duo tandem et status
pristinus rerum in desiderium ueniant. Iam et processerat 4
pars maior anni et duae tabulae legum ad prioris anni
decem tabulas erant adiectae, nec quicquam iam supererat,
si eae quoque leges centuriatis comitiis perlatae essent, cur
eo magistratu rei publicae opus esset. Exspectabant quam 5
mox consulibus creandis comitia edicerentur; id modo
plebes agitabat quonam modo tribuniciam potestatem,
munimentum libertati, rem intermissam, repararent;
cum interim mentio comitiorum nulla fieri. Et decemuiri, 6
qui primo tribunicios homines, quia id populare habebatur, circum se ostentauerant plebi, patriciis iuuenibus
saepserant latera. Eorum cateruae tribunalia obsederant; 7
hi ferre agere plebem plebisque ⟨cum⟩ res tum fortunas, quasi quidquid cupitum foret, potentioris esset. Et
iam ne tergo quidem abstinebatur; uirgis caedi, alii 8
securi subici; et, ne gratuita crudelitas esset, bonorum

9 decemuiratu] decemuiratum MP
37 1 plebeii Ed. Rom. 1470: plebei MHPU: plebes O   auram Δ:
auream M   2 ruendo Δ: ruentib M   3 cumulare N: cumulari
Madvig, qui post nolle interpunxit   5 plebes H: plebs O: plebe P:
plebem PcU: (modo . . . quonam om. M)   fieri. Et Δ: fieret M
6 quia id populare HOU: quia populares quia id populare MP, sed expunxit Pc   plebi M: plebei Δ   7 obsederant Δ: obsedebant M:
obsidebant Ed. Frob. 1535   cum res tum fortunas Ogilvie: res cum
fortuna N: res et fortunas Gron.   quasi Ogilvie: qua N: quia Perizonius:
cum Gron.   8 caedi, alii N: caedi alii, alii Ed. Parm. 1480; cf. Tac.
Ann. 1. 63. 7, et al.

donatio sequi domini supplicium. Hac mercede iuuentus nobilis corrupta non modo non ire obuiam iniuriae,
sed propalam licentiam suam malle quam omnium libertatem.

38　　Idus Maiae uenere. Nullis subrogatis magistratibus, priuati pro decemuiris, neque animis ad imperium inhibendum
imminutis neque ad speciem honoris insignibus prodeunt.
2 Id uero regnum haud dubie uideri. Deploratur in perpetuum libertas, nec uindex quisquam exsistit aut futurus
uidetur. Nec ipsi solum desponderant animos, sed contemni coepti erant a finitimis populis qui imperium ibi esse
3 ubi non esset libertas indignabantur. Sabini magna manu
incursionem in agrum Romanum fecere; lateque populati
cum hominum atque pecudum inulti praedas egissent, recepto ad Eretum quod passim uagatum erat agmine castra
locant, spem in discordia Romana ponentes: eam impedi-
4 mentum dilectui fore. Non nuntii solum sed per urbem
agrestium fuga trepidationem iniecit. Decemuiri consultant
quid opus facto sit, destituti inter patrum et plebis odia.
5 Addidit terrorem insuper alium fortuna. Aequi alia ex parte
castra in Algido locant depopulanturque inde excursionibus Tusculanum agrum; legati ea ab Tusculo, praesidium
6 orantes, nuntiant. Is pauor perculit decemuiros ut senatum,
simul duobus circumstantibus urbem bellis, consulerent.
Citari iubent in curiam patres, haud ignari quanta inuidiae
7 immineret tempestas: omnes uastati agri periculorumque
imminentium causas in se congesturos; temptationemque
eam fore abolendi sibi magistratus, ni consensu resisterent
imperioque inhibendo acriter in paucos praeferocis animi co-
8 natus aliorum comprimerent. Postquam audita uox in foro

---

38 1 uenere _Δ_: uenire _M_　　　2 qui imperium _Goodyear_: imperiumque
_N_: imperium qui _Perizonius_　　　3 Eretum _Ed. Venet._ 1495, _cf._ 3. 26. 2:
fretum _VMHO_: efretum _PU_　　　eam _N_: ea _V_　　　4 nuntii _N_: nuntiis
_V_　　trepidationem _N_: trepidatione _V_　　sit _N_: sint _V_　　Addidit _VH_:
addit _Mπ_　　　5 alia ex parte _N_: ex alia parte _V_; _cf._ 4. 9. 14　　excursionibus _MHO_: excursationibus _V_: exincursionibus _PU_　　ea _V_: _om._ _N_

est praeconis patres in curiam ad decemuiros uocantis, uelut
noua res, quia intermiserant iam diu morem consulendi
senatus, mirabundam plebem conuertit quidnam incidisset
cur ex tanto interuallo rem desuetam usurparent; hostibus 9
belloque gratiam habendam quod solitum quicquam liberae
ciuitati fieret. Circumspectare omnibus fori partibus senatorem, raroque usquam noscitare; curiam inde ac solitudinem circa decemuiros intueri, cum et ipsi consensu 10
inuisum imperium, et plebs, quia priuatis ius non esset
uocandi senatum, non conuenire patres interpretarentur;
iam caput fieri libertatem repetentium, si se plebs comi-
tem senatui det et quemadmodum patres uocati non coeant
in senatum, sic plebs abnuat dilectum. Haec fremunt.
Patrum haud fere quisquam in foro, in urbe rari erant. 11
Indignitate rerum cesserant in agros, suarumque rerum
erant amissa publica, tantum ab iniuria se abesse rati
quantum a coetu congressuque impotentium dominorum se
amouissent. Postquam citati non conueniebant, dimissi 12
circa domos apparitores simul ad pignera capienda scisci-
tandumque num consulto detractarent referunt senatum
in agris esse. Laetius id decemuiris accidit quam si praesentes detractare imperium referrent. Iubent acciri omnes, 13
senatumque in diem posterum edicunt; qui aliquanto spe
ipsorum frequentior conuenit. Quo facto proditam a patribus plebs libertatem rata, quod iis qui iam magistratu
abissent priuatisque si uis abesset, tamquam iure cogentibus,
senatus paruisset.

Sed magis oboedienter uentum in curiam esse quam ob- 39
noxie dictas sententias accepimus. L. Valerium Potitum 2

8 uocantis *OU*: [uo]cantis *V*: uo cantis *H*: aduocantis *M*: conuocan-
tis *M*c: uocantes *P*   9 ciuitati *V*: ciuitatis **N**   10 ipsi *M*c*Δ*:
ipsis *M*   consensu inuisum *MOU*: concensu inuisum *P*: inuisum consensu *H*   fremunt *Fügner*: fremunt plebes **N**   12 apparitores *OU*:
adparitores *M*c: adparatores *MP*: apparatores *H*   13 edicunt *Δ*:
dicunt *M*   si uis *HOU*: sius *M*: suis *M*c*P*: si ius *P*csl

39 1 esse *Gaertner*: est **N**: *del. Madvig*   obnoxie] obnoxiae *M*: ab-
noxie *P*: abnoxiae *U*, o *U*csl (*sc.* obnoxiae)

proditum memoriae est post relationem Ap. Claudi, priusquam ordine sententiae rogarentur, postulando ut de re
publica liceret dicere, prohibentibus minaciter decemuiris
proditurum se ad plebem denuntiantem, tumultum exciuisse.
3 Nec minus ferociter M. Horatium Barbatum isse in certamen, decem Tarquinios appellantem admonentemque
4 Valeriis et Horatiis ducibus pulsos reges. nec nominis
homines tum pertaesum esse, quippe quo Iouem appellari
fas sit, quo Romulum, conditorem urbis, deincepsque reges,
quod sacris etiam ut sollemne retentum sit: superbiam uio-
5 lentiamque tum perosos regis. quae si in rege †tum eodem
aut in filio regis ferenda non fuerint, quem laturum in tot
6 priuatis? uiderent ne uetando in curia libere homines loqui
extra curiam etiam mouerent uocem; neque se uidere qui
sibi minus priuato ad contionem populum uocare quam
7 illis senatum cogere liceat. ubi uellent experirentur quanto
fortior dolor libertate sua uindicanda quam cupiditas in
8 iniusta dominatione esset. de bello Sabino eos referre,
tamquam maius ullum populo Romano bellum sit quam
cum iis qui legum ferendarum causa creati nihil iuris in
ciuitate reliquerint; qui comitia, qui annuos magistratus,
qui uicissitudinem imperitandi, quod unum exaequandae
sit libertatis, sustulerint; qui priuati fasces et regium im-
9 perium habeant. fuisse regibus exactis patricios magistratus; creatos postea post secessionem plebis plebeios; cuius
illi partis essent, rogitare. populares? quid enim eos per
populum egisse? optimates? qui anno iam prope senatum non habuerint, tunc ita habeant ut de re publica loqui
10 prohibeant? ne nimium in metu alieno spei ponerent;

4 nominis *HOU*: nomen is *P*: nomen *M*   reges *Madvig*: reges appellatos **N**   5 tum eodem **N**: et uno eodem *Madvig*: tunc uno *Könighoff*: *fort.* uno tandem   6 loqui *Δ*: loqui qui *M*   qui sibi *U*: quin sibi *MHP*: qum sibi *O*   contionem *Δ*: contentionem *M*   7 in iniusta *HOP*: iniusta *MU*   dominatione *Δ*: dominationem *M*, is *M*cs1 (*sc.* dominationis)   8 iis *Aldus*: is *MOP*: his *HV*   ferendarum] feruendarum *MP, corr. M*c*P*c   9 tunc **N** (*sc.* εἶτα δή, *cf.* 3. 70. 8): nunc *Ruperti*

grauiora quae patiantur uideri iam hominibus quam quae
metuant.

Haec uociferante Horatio cum decemuiri nec irae nec 40
ignoscendi modum reperirent nec quo euasura res esset
cernerent, C. Claudi, qui patruus Appi decemuiri erat, 2
oratio fuit precibus quam iurgio similior, orantis per sui
fratris parentisque eius manes ut ciuilis potius societatis in 3
qua natus esset, quam foederis nefarie icti cum collegis
meminisset. multo id magis se illius causa orare quam rei
publicae; quippe rem publicam, si a uolentibus nequeat, 4
ab inuitis ius expetituram; sed ex magno certamine magnas
excitari ferme iras; earum euentum se horrere. Cum aliud 5
praeterquam de quo rettulissent decemuiri dicere prohi-
berent, Claudium interpellandi uerecundia fuit. Sententiam igitur peregit nullum placere senatus consultum fieri.
Omnesque ita accipiebant priuatos eos a Claudio iudicatos; 6
multique ex consularibus uerbo adsensi sunt. Alia sententia, 7
asperior in speciem, uim minorem aliquanto habuit, quae
patricios coire ad prodendum interregem iubebat. Censendo
enim quodcumque, magistratus esse qui senatum haberent
iudicabant, quos priuatos fecerat auctor nullius senatus
consulti faciendi. Ita labente iam causa decemuirorum, 8
L. Cornelius Maluginensis, M. Corneli decemuiri frater,
cum ex consularibus ad ultimum dicendi locum consulto
seruatus esset, simulando curam belli fratrem collegasque
eius tuebatur, quonam fato incidisset mirari se dictitans 9
ut decemuiros qui decemuiratum petissent—aut soli aut ii
maxime—oppugnarent, aut quid ita, cum per tot menses 10
uacua ciuitate nemo iustine magistratus summae rerum
praeessent controuersiam fecerit, nunc demum cum hostes

40 1 similior *Ascensius*: similis N; *cf.* 23. 43. 13, 28. 44. 9   orantis
P^cU: perorantis *MHOP*   7 coire P^{csl}U: coniuere coire *M*: coco-
miuere ire *P*: coniuere *HO*   quodcumque *Madvig*: quoscumque N
7 iudicabant N: iudicabat *Ed. Rom.* 1469   8 labente N: labante
Ed. Frob. 1535   consulto N: consulib. M^c   seruatus esset simulando
om. M   9 soli *Crevier*: socii N   ii *Aldus*: hii *MOP*: hi *HU*   oppugnarent *Δ*: oppugnarunt *M*   10 fecerit *U*: fecerint *MHP*: fecerñt *O*

prope ad portas sint, ciuiles discordias serant, nisi quod
in turbido minus perspicuum fore putent quid agatur.
11 ceterum †neminem maiore cura occupatis animis uerum
esse praeiudicium rei tantae† auferri. sibi placere de eo
quod Valerius Horatiusque ante idus Maias decemuiros
abisse magistratu insimulent, bellis quae immineant perfectis, re publica in tranquillum redacta, senatu disceptante
12 agi, et iam nunc ita se parare Ap. Claudium ut comitiorum
quae decemuiris creandis decemuir ipse habuerit sciat sibi
rationem reddendam esse utrum in unum annum creati
13 sint, an donec leges quae deessent perferrentur. in praesentia omnia praeter bellum omitti placere; cuius si falso
famam uolgatam, uanaque non nuntios solum sed Tusculanorum etiam legatos attulisse putent, speculatores mit-
14 ten dos censere qui certius explorata referant: sin fides et
nuntiis et legatis habeatur, dilectum primo quoque tempore
haberi et decemuiros quo cuique eorum uideatur exercitus
ducere, nec rem aliam praeuerti.
41 In hanc sententiam ut discederetur iuniores patrum
euincebant. Ferocioresque iterum coorti Valerius Horatiusque uociferari ut de re publica liceret dicere; dicturos ad
populum, si in senatu per factionem non liceat; neque enim
sibi priuatos aut in curia aut in contione posse obstare,
2 neque se imaginariis fascibus eorum cessuros esse. Tum
Appius iam prope esse ratus ut ni uiolentiae eorum pari
3 resisteretur audacia, uictum imperium esset, 'Non erit

11 neminem . . . auferri $M^c\Delta$: nemini se . . . auferri M: etenim . . .
haud fieri *Madvig*: neminem . . . adferre *Drak.*: nemini non . . . auferri
Rhenanus: nonne enim . . . auferri *Walters*: neminem . . . auferre *Gron.*:
an nemini uideri posse . . . fieri *scribendum est?* quod *Ed. Rom.* 1470:
quo N magistratu *Ed. Rom.* 1469: magistratum N re publica]
reip̄. M: rēp. P: rem p̄. H 12 decemuir HOU: decemuirum
MP perferrentur] perferentur HP, corr. P^c 13 nuntios] nuntio
MP, add. s M^{csl} 14 et decemuiros Δ: decemuiros M
41 1 Valerius Horatiusque H: ualerius enim oratiusque OP: ualerius
enim horatiusque U: ualerius ualerius horatiusque contra sententiam
maluginensis oratiusque M; *uide* L. Voit, *Philologus* 91 (1936), 308 *et seq.*

melius,' inquit, 'nisi de quo consulimus, uocem misisse', et
ad Valerium, negantem se priuato reticere, lictorem accedere iussit. Iam Quiritium fidem implorante Valerio a curiae 4
limine, L. Cornelius complexus Appium, non cui simulabat
consulendo, diremit certamen; factaque per Cornelium
Valerio dicendi gratia quae uellet, cum libertas non ultra
uocem excessisset, decemuiri propositum tenuere. Consu- 5
lares quoque ac seniores ab residuo tribuniciae potestatis
odio, cuius desiderium plebi multo acrius quam consularis
imperii rebantur esse, prope malebant postmodo ipsos
decemuiros uoluntate abire magistratu quam inuidia
eorum exsurgere rursus plebem: si leniter ducta res sine 6
populari strepitu ad consules redisset, aut bellis interposi-
tis aut moderatione consulum in imperiis exercendis posse
in obliuionem tribunorum plebem adduci.

Silentio patrum edicitur dilectus. Iuniores cum sine pro- 7
uocatione imperium esset ad nomina respondent. Legionibus scriptis, inter se decemuiri comparabant quos ire ad
bellum, quos praeesse exercitibus oporteret. Principes inter 8
decemuiros erant Q. Fabius et Ap. Claudius. Bellum domi
maius quam foris apparebat. Appi uiolentiam aptiorem
rati ad comprimendos urbanos motus: in Fabio minus
in bono constans quam nauum in malitia ingenium 9
esse. Hunc enim uirum, egregium olim domi militiaeque, decemuiratus collegaeque ita mutauerant ut Appi
quam sui similis mallet esse. Huic bellum in Sabinis,
M'. Rabuleio et Q. Poetelio additis collegis, mandatum.
M. Cornelius in Algidum missus cum L. Minucio et 10

4 cui *Rhenanus*: quid cui *M*: quid *HOP*: quod *U* diremit *Δ*: dimittit diremit *M* non ultra *Δ*: in ultra *M*: non *Ruperti* 5 malebant
OU: mallebant *MHP* exsurgere *M*c: exurgere *MH*: exsurgeret *PU*:
exurgueret *O*, exurgeret *O*c 6 redisset *Δ*: redissent *M*
7 exercitibus **N**, *cf.* 29. 20. 7: rebus ciuilibus *Stroth*: urbanis rebus *Bayet*:
urbi *Ogilvie* 8 minus **N**: potius minus *Madvig* malitia *MHOP*,
cf. 38.44. 1 : militia *U, Frigell* 9 M'. Rabuleio *Sigonius, coll.* 3. 35. 11 :
m̄. rabulleio *MHO*: m̄. rabuleio *U*: m. rabulleio *P* Poetelio *Sigonius*:
poetilio **N**

T. Antonio et K. Duilio et M. Sergio. Sp. Oppium Ap.
Claudio adiutorem ad urbem tuendam, aequo omnium
decemuirorum imperio, decernunt.

42   Nihilo militiae quam domi melius res publica administrata
2 est. Illa modo in ducibus culpa quod ut odio essent ciuibus fecerant: alia omnis penes milites noxia erat, qui ne
quid ductu atque auspicio decemuirorum prospere usquam
gereretur uinci se per suum atque illorum dedecus patieban-
3 tur. Fusi et ab Sabinis ad Eretum et in Algido ab Aequis
exercitus erant. Ab Ereto per silentium noctis profugi
propius urbem, inter Fidenas Crustumeriamque, loco edito
4 castra communierant; persecutis hostibus nusquam se aequo
certamini committentes, natura loci ac uallo, non uirtute aut
5 armis tutabantur. Maius flagitium in Algido, maior etiam
clades accepta; castra quoque amissa erant, exutusque
omnibus utensilibus miles Tusculum se, fide misericordia-
que uicturus hospitum, quae tamen non fefellerunt, con-
6 tulerat. Romam tanti erant terrores allati, ut posito iam
decemuirali odio patres uigilias in urbe habendas censerent,
omnes qui per aetatem arma ferre possent custodire moenia
7 ac pro portis stationes agere iuberent, arma Tusculum ac
supplementum decernerent, decemuirosque ab arce Tusculi
degressos in castris militem habere, castra alia a Fidenis in
Sabinum agrum transferri, belloque ultro inferendo deterreri
hostes a consilio urbis oppugnandae.

43   Ad clades ab hostibus acceptas duo nefanda facinora
2 decemuiri belli domique adiciunt. L. Siccium in Sabinis,

---

10 Duilio *U*: duillio *MHOP*   M. Sergio *Ed. Ven.* 1495: l. sergio
MHOP: sergio *U*

42 2 noxia *M*: noxa *Δ*   3 Eretum *Ed. Rom.* 1470: fretum **N**: *add.*
e *U*csl (*sc.* efretum); *cf.* 3. 26. 2   Ereto *M*: efreto *PU*: freto *HO*   pro-
pius] proprius *M*: propitius *P, corr. P*c   4 nusquam *MHOP, cf.*
36. 17. 10: numquam *VU*   certamini *V*: certamine **N**   5 fide **N**:
fidem *V*   contulerat *U*: contulerant *MHOP et P*cm   6 urbe **N**:
urbem *V*   arma ferre **N**: ferre arma *V*   7 ac supplementum *VM,
cf.* 25. 5. 6: ad supplementum *M*cΔ*, cf.* 26. 47. 3   degressos *Gron., cf.*
5. 52. 3: digressos *Ω*   a Fidenis **N**: fide[nis] *V*

204

per inuidiam decemuiralem tribunorum creandorum seces-
sionisque mentiones ad uolgus militum sermonibus oc-
cultis serentem, prospeculatum ad locum castris capiendum
mittunt. Datur negotium militibus quos miserant expedi- 3
tionis eius comites, ut eum opportuno adorti loco interfice-
rent. Haud inultum interfecere; nam circa repugnantem 4
aliquot insidiatores cecidere, cum ipse se praeualidus, pari
uiribus animo, circumuentus tutaretur. Nuntiant in castra 5
ceteri praecipitatum in insidias esse; Siccium egregie pugnantem militesque quosdam cum eo amissos. Primo fides 6
nuntiantibus fuit; profecta deinde cohors ad sepeliendos
qui ceciderant decemuirorum permissu, postquam nullum
spoliatum ibi corpus Sicciumque in medio iacentem armatum omnibus in eum uersis corporibus uidere, hostium
neque corpus ullum nec uestigia abeuntium, profecto ab
suis interfectum memorantes rettulere corpus. Inuidiaeque 7
plena erant castra, et Romam ferri protinus Siccium placebat, ni decemuiri funus militare ei publica impensa facere
maturassent. Sepultus ingenti militum maestitia, pessima
decemuirorum in uolgus fama est.

Sequitur aliud in urbe nefas, ab libidine ortum, haud 44
minus foedo euentu quam quod per stuprum caedemque
Lucretiae urbe regnoque Tarquinios expulerat, ut non finis
solum idem decemuiris qui regibus sed causa etiam eadem
imperii amittendi esset. Ap. Claudium uirginis plebeiae 2
stuprandae libido cepit. Pater uirginis, L. Verginius, honestum ordinem in Algido ducebat, uir exempli recti domi
militiaeque. Perinde uxor instituta fuerat liberique institue- 3
bantur. Desponderat filiam L. Icilio tribunicio, uiro acri et
pro causa plebis expertae uirtutis. Hanc uirginem adul- 4
tam forma excellentem Appius amore amens pretio ac spe

43 4 pari **N**: par M^cV 6 permissu **N**: permisso V armatum V:
armatumque **N**; cf. 3. 24. 5   7 erant castra V: castra erant **N**
44 1 ab libidine *MHOP*: ab libine U: a libidine V urbe **N**: urbem V
3 Desponderat **N**: desponderant V L. Icilio *MHOP*: icilio iunio U:
l. sicilio V 4 amens $V\pi$: ardens mens M: ardens H

perlicere adortus, postquam omni apudore saepta animaduerterat, ad crudelem superbamque uim animum conuertit.
5 M. Claudio clienti negotium dedit, ut uirginem in seruitutem adsereret neque cederet secundum libertatem postulantibus uindicias, quod pater puellae abesset locum iniuriae
6 esse ratus. Virgini uenienti in forum—ibi namque in tabernaculis litterarum ludi erant—minister decemuiri libidinis manum iniecit, serua sua natam seruamque appellans;
7 se sequi iubebat: cunctantem ui abstracturum. Pauida puella stupente, ad clamorem nutricis fidem Quiritium implorantis fit concursus; Vergini patris sponsique Icili populare nomen celebrabatur. Notos gratia eorum, turbam
8 indignitas rei uirgini conciliat. Iam a ui tuta erat, cum adsertor nihil opus esse multitudine concitata ait; se iure
9 grassari, non ui. Vocat puellam in ius, auctoribus qui aderant ut sequeretur: ad tribunal Appi peruentum est. Notam iudici fabulam petitor, quippe apud ipsum auctorem argumenti, peragit: puellam domi suae natam furtoque inde
10 in domum Vergini translatam suppositam ei esse; id se indicio compertum adferre probaturumque uel ipso Verginio iudice, ad quem maior pars iniuriae eius pertineat; interim
11 dominum sequi ancillam aequum esse. Aduocati puellae, cum Verginium rei publicae causa dixissent abesse, biduo adfuturum si nuntiatum ei sit, iniquum esse absentem de
12 liberis dimicare, postulant ut rem integram in patris ad-

---

4 animaduerterat **N**: animaduertit *V*   5 cederet *MO*c*PU*: cedere *H*: crederet *O*: ederet *V*   postulantibus **N**: petentibus *V*   uindicias *VHPU*: uindictis *M*: uinditias *O*   ratus **N**: *om. V*   6 tabernaculis *VMO*: tabernis *HPU*   manum iniecit **N**: magnum inicit *V*   serua sua *V*: seruam suam **N**   se sequi *Ogilvie, coll.* 42. 43. 6: sequi *V*: esse sequique se **N**: sequi se *uel* sequique se *Gron.*   cunctantem ui **N**: cunctantem qui *V*   7 Vergini *MP*: uerginii *U*: uirginii *HO*: uirginis *V*   celebrabatur *MHPU*: celebratur *O*: celebratum *V*   uirgini **N**: uirginis *V*   8 a ui tuta *Δ*: ui tuta *M*: a ui ui *V*   concitata **N**: concita *V*   9 ius, auctoribus . . . sequeretur: *sic interpunxit Ed. Ven.* 1470: ius. Auctoribus . . . sequerentur, *interpunxit Gron.*   sequeretur *VU*: sequerentur *MHOP*   apud **N**: aut *V*   10 ipso **N**: ipsa *V*   iudice **N**: iudicem *V*   12 postulant **N**: postumlant *V*

uentum differat, lege ab ipso lata uindicias det secundum
libertatem, neu patiatur uirginem adultam famae prius
quam libertatis periculum adire.

Appius decreto praefatus quam libertati fauerit eam ipsam 45
legem declarare quam Vergini amici postulationi suae prae-
tendant; ceterum ita in ea firmum libertati fore praesidium, 2
si nec causis nec personis uariet. in iis enim qui adserantur
in libertatem, quia quiuis lege agere possit, id iuris esse: in
ea quae in patris manu sit, neminem esse alium cui dominus
possessione cedat. placere itaque patrem arcessiri; interea 3
iuris sui iacturam adsertorem non facere quin ducat puellam
sistendamque in aduentum eius qui pater dicatur promittat.

Aduersus iniuriam decreti cum multi magis fremerent 4
quam quisquam unus recusare auderet, P. Numitorius
puellae auus et sponsus Icilius interueniunt; dataque inter 5
turbam uia, cum multitudo Icili maxime interuentu resisti
posse Appio crederet, lictor decresse ait uociferantemque
Icilium submouet. Placidum quoque ingenium tam atrox 6
iniuria accendisset. 'Ferro hinc tibi submouendus sum,
Appi,' inquit, 'ut tacitum feras quod celari uis. Virginem
ego hanc sum ducturus nuptamque pudicam habiturus.
Proinde omnes collegarum quoque lictores conuoca; ex- 7
pediri uirgas et secures iube; non manebit extra domum
patris sponsa Icili. Non si tribunicium auxilium et prouo- 8
cationem plebi Romanae, duas arces libertatis tuendae,
ademistis, ideo in liberos quoque nostros coniugesque
regnum uestrae libidini datum est. Saeuite in tergum et in 9
ceruices nostras: pudicitia saltem in tuto sit. Huic si uis ad-
feretur, ego praesentium Quiritium pro sponsa, Verginius
militum pro unica filia, omnes deorum hominumque implorabimus fidem, neque tu istud unquam decretum sine

45 1 praefatus Ω: praefatur *Luterbacher*; *cf.* 34. 27. 6, 35. 25. 7
2 in iis *Aldus*: in his N: in aliis *Karsten*: *defit V*   agere N: adsignare *V*
4 auus Ω: auunculus *Sabellicus, coll. D.H.* 11. 28. 7; *cf.* 3. 54. 11,
3. 57. 4   8 liberos *Mᶜ∆*: libros *M*   9 implorabimus *MOU*: im-
plorabibus *H*: implorauimus *P*: *ante* implorabimus *add.* pro ingenua *Boot*

10 caede nostra referes. Postulo, Appi, etiam atque etiam
11 consideres quo progrediare. Verginius uiderit de filia ubi
uenerit quid agat; hoc tantum sciat ⟨aliam⟩ sibi si huius
uindiciis cesserit condicionem filiae quaerendam esse. Me
uindicantem sponsam in libertatem uita citius deseret quam
46 fides.' Concitata multitudo erat certamenque instare uidebatur. Lictores Icilium circumsteterant; nec ultra minas
2 tamen processum est, cum Appius non Verginiam defendi
ab Icilio, sed inquietum hominem et tribunatum etiam
3 nunc spirantem locum seditioni quaerere diceret. non prae-
biturum se illi eo die materiam, sed, ut iam sciret non id
petulantiae suae sed Verginio absenti et patrio nomini et
libertati datum, ius eo die se non dicturum neque decretum
interpositurum: a M. Claudio petiturum ut decederet iure
suo uindicarique puellam in posterum diem pateretur;
4 quod nisi pater postero die adfuisset, denuntiare se Icilio
similibusque Icili neque legi suae latorem neque decemuiro constantiam defore; nec se utique collegarum lictores
conuocaturum ad coercendos seditionis auctores: contentum
se suis lictoribus fore.
5 Cum dilatum tempus iniuriae esset secessissentque aduocati puellae, placuit omnium primum fratrem Icili filiumque
Numitori, impigros iuuenes, pergere inde recta ad portam,
6 et quantum adcelerari posset Verginium acciri e castris; in
eo uerti puellae salutem, si postero die uindex iniuriae ad
tempus praesto esset. Iussi pergunt citatisque equis nun-
7 tium ad patrem perferunt. Cum instaret adsertor puellae ut
uindicaret sponsoresque daret, atque id ipsum agi diceret
Icilius, sedulo tempus terens dum praeciperent iter nuntii

9 referes **N**: perferes *Madvig*　　　11 aliam *hic addidi*: *post* filiae
Doering　　　deseret *Δ*: desereret *M*

46 2 spirantem] sperantem *M*ᶜ: spirentem *O*　　　seditioni *Gron.*:
seditionis **N**　　　3 absenti] absentis *P, corr. P*ᶜ: absanti *H*　　　ius eo *Δ*:
iusto *M*　　　decederet] decedere *H*: deceret *O, add.* de *O*ᶜˢˡ　　　4 legi
suae latorem] legis suae latorem *O*: legis uelatorem *H*　　　neque decemuiro *Δ*: decemuiro *M*　　　coercendos *Δ*: coernendos *M*～　　　7 atque *Δ*:
ad quae *M*　　　iter nuntii *Ed. Rom.* 1469: inter nuntii *HOP*: internuntii *MU*

missi in castra, manus tollere undique multitudo et se quisque paratum ad spondendum Icilio ostendere. Atque ille 8
lacrimabundus 'Gratum est,' inquit; 'crastina die uestra
opera utar; sponsorum nunc satis est.' Ita uindicatur Ver-
ginia spondentibus propinquis. Appius paulisper moratus 9
ne eius rei causa sedisse uideretur, postquam omissis rebus
aliis prae cura unius nemo adibat, domum se recepit collegisque in castra scribit, ne Verginio commeatum dent atque
etiam in custodia habeant. Improbum consilium serum, ut 10
debuit, fuit et iam commeatu sumpto profectus Verginius
prima uigilia erat, cum postero die mane de retinendo eo
nequiquam litterae redduntur.

At in urbe prima luce cum ciuitas in foro exspectatione 47
erecta staret, Verginius sordidatus filiam secum obsoleta
ueste comitantibus aliquot matronis cum ingenti aduocatione
in forum deducit. Circumire ibi et prensare homines coepit 2
et non orare solum precariam opem, sed pro debita petere:
se pro liberis eorum ac coniugibus cottidie in acie stare, nec
alium uirum esse cuius strenue ac fortiter facta in bello plura
memorari possent: quid prodesse si, incolumi urbe, quae
capta ultima timeantur liberis suis sint patienda? Haec
prope contionabundus circumibat homines. Similia his ab 3
Icilio iactabantur. Comitatus muliebris plus tacito fletu
quam ulla uox mouebat. Aduersus quae omnia obstinato 4
animo Appius—tanta uis amentiae uerius quam amoris
mentem turbauerat—in tribunal escendit, et ultro querente
pauca petitore quod ius sibi pridie per ambitionem dictum
non esset, priusquam aut ille postulatum perageret aut Verginio respondendi daretur locus, Appius interfatur. Quem 5
decreto sermonem praetenderit, forsan aliquem uerum

8 crastina die N, cf. 3. 20. 4: crastino die Fraenkel   9 moratus]
moratur H, corr. Hᶜ: maratus P, add. o Pᶜˢˡ   adibat MPU: eum
adibat HO

47 1 aliquot MPU: aliquit H: aliquod O   2 fortiter Douiatius:
ferociter N   4 obstinato HOU: abstinato MP   escendit MP, cf.
2. 28. 6: ascendit MᶜPᶜHOU   ius sibi Ed. Rom. 1469: sibi N

auctores antiqui tradiderint: quia nusquam ullum in tanta
foeditate decreti ueri similem inuenio, id quod constat
nudum uidetur proponendum, decresse uindicias secundum
6 seruitutem. Primo stupor omnes admiratione rei tam atrocis
defixit; silentium inde aliquamdiu tenuit. Dein cum M.
Claudius, circumstantibus matronis, iret ad prehendendam
uirginem, lamentabilisque eum mulierum comploratio exce-
7 pisset, Verginius intentans in Appium manus, 'Icilio' inquit,
'Appi, non tibi filiam despondi et ad nuptias, non ad stuprum educaui. Placet pecudum ferarumque ritu promisce
in concubitus ruere? Passurine haec isti sint nescio: non
spero esse passuros illos qui arma habent.'
8   Cum repelleretur adsertor uirginis a globo mulierum cir-
cumstantiumque aduocatorum, silentium factum per prae-
48 conem. Decemuir alienatus ad libidinem animo negat ex
hesterno tantum conuicio Icili uiolentiaque Vergini, cuius
testem populum Romanum habeat, sed certis quoque indiciis compertum se habere nocte tota coetus in urbe factos
2 esse ad mouendam seditionem. itaque se haud inscium
eius dimicationis cum armatis descendisse, non ut quemquam quietum uiolaret, sed ut turbantes ciuitatis otium pro
3 maiestate imperii coerceret. 'Proinde quiesse erit melius.
I,' inquit, 'lictor, submoue turbam et da uiam domino ad
prehendendum mancipium.' Cum haec intonuisset plenus
irae, multitudo ipsa se sua sponte dimouit desertaque praeda
4 iniuriae puella stabat. Tum Verginius ubi nihil usquam
auxilii uidit, 'Quaeso,' inquit, 'Appi, primum ignosce patrio
dolori, si quid inclementius in te sum inuectus; deinde sinas
hic coram uirgine nutricem percontari quid hoc rei sit, ut

  5 antiqui *Δ*: qui *M*   6 atrocis *M*c*Δ*: atroci *M*   prehendendam
HOU: prehendam *P*: prendendam *M*   7 sint *MOP*: sunt *HU*
    48 1 alienatus **N**, *cf*. 25. 39. 4: alienato *Ed. Rom.* 1470   ex hesterno
Rhenanus: ex haesterno *M*: exsterno *P*: esterno *U*: externo *H*   Romanum
HO: romŏr *M*: romor *P*, *add*. u *P*cs1 (*sc*. rumor): rumor *U*   3 'I' inquit
Aldus: inquit **N**   ad prehendendum *PU*: ad prendendum *MH*: appren-
dendum *O*   4 si quid *Ed. Rom.* 1469: si quod **N**: si quo *Weissenborn*,
cf. 4. 1. 5: si *Ed. Frob.* 1535

si falso pater dictus sum aequiore hinc animo discedam.'
Data uenia seducit filiam ac nutricem prope Cloacinae ad 5
tabernas, quibus nunc Nouis est nomen, atque ibi ab lanio
cultro arrepto, 'Hoc te uno quo possum,' ait, 'modo, filia,
in libertatem uindico.' Pectus deinde puellae transfigit,
respectansque ad tribunal 'Te,' inquit, 'Appi, tuumque
caput sanguine hoc consecro.' Clamore ad tam atrox faci- 6
nus orto excitus Appius comprehendi Verginium iubet. Ille
ferro quacumque ibat uiam facere, donec multitudine etiam
prosequentium tuente ad portam perrexit. Icilius Numito- 7
riusque exsangue corpus sublatum ostentant populo; scelus
Appi, puellae infelicem formam, necessitatem patris deplo-
rant. Sequentes clamitant matronae, eamne liberorum pro- 8
creandorum condicionem, ea pudicitiae praemia esse?—
cetera, quae in tali re muliebris dolor, quo est maestior
imbecillo animo, eo miserabilia magis querentibus subicit.
Virorum et maxime Icili uox tota tribuniciae potestatis ac 9
prouocationis ad populum ereptae publicarumque indigna-
tionum erat.

Concitatur multitudo partim atrocitate sceleris, partim spe 49
per occasionem repetendae libertatis. Appius nunc uocari 2
Icilium, nunc retractantem arripi, postremo, cum locus
adeundi apparitoribus non daretur, ipse cum agmine patriciorum iuuenum per turbam uadens, in uincula duci iubet.
Iam circa Icilium non solum multitudo sed duces quoque 3
multitudinis erant, L. Valerius et M. Horatius, qui repulso
lictore, si iure ageret, uindicare se a priuato Icilium aiebant; si uim adferre conaretur, ibi quoque se haud im-
pares fore. Hinc atrox rixa oritur. Valerium Horatiumque 4
lictor decemuiri inuadit: franguntur a multitudine fasces. In

5 filiain *PU*: filiam in *MHO*   8 cetera quae *Weissenborn*: ceteraque *MHPU*: cetera *O*: ceteraque quae *Edd. uet.*   9 uox tota *Δ*:
uota *M*

49 3 aiebant *M^{c}U*: aiebat *M*: agebant *O*, *add.* i *O^{csl}* (*sc.* aiebant):
agebant *HP*   conaretur *HOU*: conarentur *MP*   quoque se *Δ*:
quoque *M*   fore *Δ*: *om. M*

contionem Appius escendit: sequuntur Horatius Valeriusque.
5 Eos contio audit: decemuiro obstrepitur. Iam pro imperio
Valerius discedere a priuato lictores iubebat, cum fractis
animis Appius, uitae metuens, in domum se propinquam
6 foro insciis aduersariis capite obuoluto recipit. Sp. Oppius,
ut auxilio collegae esset, in forum ex altera parte inrumpit.
Videt imperium ui uictum. Agitatis deinde consiliis, postquam ex omni parte adsentiendo multis auctoribus trepida-
7 uerat, senatum postremo uocari iussit. Ea res, quod magnae
parti patrum displicere acta decemuirorum uidebantur, spe
per senatum finiendae potestatis eius multitudinem sedauit.
8 Senatus nec plebem inritandam censuit et multo magis pro-
uidendum ne quid Vergini aduentus in exercitu motus face-
50 ret. Itaque missi iuniores patrum in castra, quae tum in
monte Vecilio erant, nuntiant decemuiris ut omni ope ab
seditione milites contineant.
2   Ibi Verginius maiorem quam reliquerat in urbe motum
exciuit. Nam praeterquam quod agmine prope quadringen-
torum hominum ueniens, qui ab urbe indignitate rei accensi
3 comites ei se dederant, conspectus est, strictum etiam telum
respersusque ipse cruore tota in se castra conuertit. Et
togae multifariam in castris uisae maioris aliquanto quam
4 erat speciem urbanae multitudinis fecerant. Quaerentibus
quid rei esset, flens diu uocem non misit; tandem, ut iam
ex trepidatione concurrentium turba constitit ac silentium
5 fuit, ordine cuncta, ut gesta erant, exposuit. Supinas deinde
tendens manus, commilitones appellans orabat ne quod
scelus Ap. Claudi esset sibi attribuerent neu se ut parrici-

---

4 escendit *M*ᶜ*P*: ascendit *MP*ᶜ*HOU*; *cf.* 5. 50. 8   sequuntur *HOP*:
secunturque *MU*   5 *post* metuens *add.* Appius fugit *M*, appius
figit *P*   6 inrumpit *MOP*ᶜ: inrumpet *P*: irrumpit *U*: irrupit *H*   Videt
Δ: uidit *M*   Agitatis *Sigonius*: agitatus *N*: agitatur *Luterbacher, qui post*
trepidauerat *interpunxit*   postquam *Drak.*: atque *N*: ad quae *Stroth*: per
quae *Ruperti*
   50 1 Vecilio *MHOPU*ᶜ: uelicio *U*: Algido *Douiatius*   2 Ibi *M*:
ubi *Δ*   3 strictum *M*ᶜ*Δ*: structum *M*: cruentum *Cobet*   multifariam
HU: multifaria *MP*: multifariae *O*   speciem *N*: species *M*ᶜ

dam liberum auersarentur. sibi uitam filiae sua cariorem 6
fuisse, si liberae ac pudicae uiuere licitum fuisset: cum
uelut seruam ad stuprum rapi uideret, morte amitti melius
ratum quam contumelia liberos, misericordia se in speciem
crudelitatis lapsum; nec se superstitem filiae futurum fuisse, 7
nisi spem ulciscendae mortis eius in auxilio commilitonum
habuisset. illis quoque enim filias sorores coniugesque esse,
nec cum filia sua libidinem Ap. Claudi exstinctam esse, sed
quo impunitior sit eo effrenatiorem fore. aliena calamitate 8
documentum datum illis cauendae similis iniuriae. quod ad
se attineat, uxorem sibi fato ereptam, filiam, quia non ultra
pudica uictura fuerit, miseram sed honestam mortem occu-
buisse; non esse iam Appi libidini locum in domo sua: ab 9
alia uiolentia eius eodem se animo suum corpus uindicatu-
rum quo uindicauerit filiae: ceteri sibi ac liberis suis consulerent.

Haec Verginio uociferanti succlamabat multitudo nec 10
illius dolori nec suae libertati se defuturos. Et immixti
turbae militum togati, eadem illa querendo docendoque
quanto uisa quam audita indigniora potuerint uideri, simul
profligatam iam rem nuntiando Romae esse, insecutique 11
qui Appium prope interemptum in exsilium abisse dicerent,
perpulerunt ut ad arma conclamaretur uellerentque signa
et Romam proficiscerentur. Decemuiri simul iis quae uide- 12
bant iisque quae acta Romae audierant perturbati, alius
in aliam partem castrorum ad sedandos motus discurrunt.
Et leniter agentibus responsum non redditur: imperium si
quis inhiberet, et uiros et armatos se esse respondetur.
Eunt agmine ad urbem et Auentinum insidunt, ut quisque 13

6 sua *Ed. Rom.* 1469: suae **N**   liberae ac pudicae *Ed. Frob.* 1535:
libere ac pudice **N**   8 miseram sed honestam mortem **N**: misera
sed honesta morte M^c; *cf.* 1. 7. 7   10 immixti *HOU*: inmixtae *M*:
inmixte *P*   eadem *Madvig*: cum eadem *MHPU*: cum eidem *O, corr.*
O^{cm}: simul eadem *Zingerle*   potuerint *MHPU*: potuerunt *O*: opor-
tuerit *Madvig*   insecutique *Gron.*: insecutosque **N**: insecutis *Alschefski*
12 simul iis *Ed. Rom.* 1469: simul his *MHOU*: similis his *P*, add. u P^{csl} (*sc.*
simul his)   leniter *Ed. Rom.* 1469, *cf.* 7. 31. 10: leuiter **N**

213

occurrerat plebem ad repetendam libertatem creandosque
tribunos plebis adhortantes. Alia uox nulla uiolenta audita
14 est. Senatum Sp. Oppius habet. Nihil placet aspere agi;
15 quippe ab ipsis datum locum seditioni esse. Mittuntur tres
legati consulares, Sp. Tarpeius, C. Iulius, P. Sulpicius, qui
quaererent senatus uerbis cuius iussu castra deseruissent aut
quid sibi uellent qui armati Auentinum obsedissent bello-
16 que auerso ab hostibus patriam suam cepissent. Non defuit
quod responderetur: deerat qui daret responsum, nullodum
certo duce nec satis audentibus singulis inuidiae se offerre.
Id modo a multitudine conclamatum est ut L. Valerium et
M. Horatium ad se mitterent: his se daturos responsum.

51 Dimissis legatis, admonet milites Verginius in re non
maxima paulo ante trepidatum esse, quia sine capite multitudo fuerit, responsumque, quamquam non inutiliter,
fortuito tamen magis consensu quam communi consilio esse;
2 placere decem creari qui summae rei praeessent militarique
3 honore tribunos militum appellari. Cum ad eum ipsum primum is honos deferretur, 'Melioribus meis uestrisque rebus
4 reseruate' inquit 'ista de me iudicia. Nec mihi filia inulta
honorem ullum iucundum esse patitur, nec in perturbata
re publica eos utile est praeesse uobis qui proximi inuidiae
5 sint. Si quis usus mei est, nihilo minor ex priuato capietur.'
6 Ita decem numero tribunos militares creant.
7 Neque in Sabinis quieuit exercitus. Ibi quoque auctore
Icilio Numitorioque secessio ab decemuiris facta est, non
minore motu animorum Sicci caedis memoria renouata
quam quem noua fama de uirgine adeo foede ad libidinem

13 repetendam N: petendam V   uiolenta] uiolentia U: uiolencia H
14 seditioni V, Glareanus: seditionis N   16 quod V: quid Mπ: quid
non H
   51 1 legatis N: legis V   esse] est HUP   2 rei Ed. Rom. 1469:
[re]i V: rei p̄. MHPU: rei· P· O   appellari Ed. Frob. 1531: appellare Mπ:
capellare H: defit V   3 primum is honos N: is [honos primum] uel
[primum honos] V   4 inulta V: inuita N   7 quieuit Mπ: qui
fuit V: qui H   quam quem Rhenanus (Vorm.): quamque MHV: quam
quae OPU

petita accenderat. Icilius ubi audiuit tribunos militum in 8
Auentino creatos, ne comitiorum militarium praerogatiuam
urbana comitia iisdem tribunis plebis creandis sequerentur,
peritus rerum popularium imminensque ei potestati et ipse, 9
priusquam iretur ad urbem, pari potestate eundem numerum ab suis creandum curat. Porta Collina urbem intrauere 10
sub signis, mediaque urbe agmine in Auentinum pergunt.
Ibi coniuncti alteri exercitui uiginti tribunis militum negotium dederunt ut ex suo numero duos crearent qui summae rerum praeessent. M. Oppium Sex. Manilium creant. 11
    Patres solliciti de summa rerum cum senatus cottidie esset
iurgiis saepius terunt tempus quam consiliis. Sicci caedes 12
decemuiris et Appiana libido et dedecora militiae obicie-
bantur. Placebat Valerium Horatiumque ire in Auentinum.
Illi negabant se aliter ituros quam si decemuiri depone-
rent insignia magistratus eius quo anno iam ante abissent.
Decemuiri querentes se in ordinem cogi, non ante quam per- 13
latis legibus quarum causa creati essent deposituros imperium se aiebant.
    Per M. Duilium qui tribunus plebis fuerat certior facta 52
plebs contentionibus adsiduis nihil transigi, in Sacrum montem ex Auentino transit, adfirmante Duilio non prius quam 2
deseri urbem uideant curam in animos patrum descensuram;
admoniturum Sacrum montem constantiae plebis: scituros quam sine restituta potestate redigi in concordiam res

---

7 accenderat *H*: [acce]nderat *V*: acci accenderat *M*: acciderat *OPUᶜ*:
fama acciderat *U*   8 praerogatiuam *MO*: praeroga[tiua]m *V*: praerogatiua *MᶜU*: prerogatiua *P*: prorogatiua *H*   urbana **N**: urbanam *V*
9 imminensque ei *Rhenanus*: imminensque et *MPU*: imminensque *HO*:
imminens[*V*   10 Porta **N**: [po]rtam *V*   agmine **N**: [*iu uel u litt.*]
entia agmine *V*: [*iu uel u litt.*]enti agmine *Vᶜ*: frequenti agmine *Ogilvie*,
coll. 27. 15. 18: silenti agmine *Wodrig*   13 perlatis legibus *Mπ*:
per legibus latis *H*: pellalitis legibus *V*   se aiebant *HOU*: se aiebat
P, *add.* n *Pᶜˢˡ*: se alebant *M*: aiebant *V*

52 1 transigi] transii *H*: transgi *P*, *add.* i *Pᶜˢˡ*   2 Duilio *Ed. Rom.*
1469: c. duilio *MHOP*: č. duilio *U*   scituros quam *Gron.*, *cf.* 4. 24. 6:
sciturosque **N**: sciturosque quam *Rhenanus*: sciturosque qua *Madvig*:
Romanae cum *olim Ogilvie*

3 nequeant. Via Nomentana, cui tum Ficulensi nomen fuit,
profecti castra in monte Sacro locauere, modestiam patrum
4 suorum nihil uiolando imitati. Secuta exercitum plebs, nullo
qui per aetatem ire posset retractante. Prosequuntur coniuges liberique, cuinam se relinquerent in ea urbe in qua nec
pudicitia nec libertas sancta esset miserabiliter rogitantes.
5   Cum uasta Romae omnia insueta solitudo fecisset, in foro
praeter paucos seniorum nemo esset, uocatis utique in senatum patribus desertum apparuisset forum, plures iam quam
6 Horatius ac Valerius uociferabantur: 'Quid exspectabitis,
patres conscripti? Si decemuiri finem pertinaciae non faciunt, ruere ac deflagrare omnia passuri estis? Quod autem
istud imperium est, decemuiri, quod amplexi tenetis? Tectis
7 ac parietibus iura dicturi estis? Non pudet lictorum uestrorum maiorem prope numerum in foro conspici quam togato-
rum aliorum? Quid si hostes ab urbem ueniant facturi
estis? Quid si plebs mox, ubi parum secessione moueatur,
8 armata ueniat? Occasune urbis uoltis finire imperium? Atqui aut plebs non est habenda aut habendi sunt tribuni plebis. Nos citius caruerimus patriciis magistratibus quam illi
9 plebeiis. Nouam inexpertamque eam potestatem eripuere
patribus nostris, ne nunc dulcedine semel capti ferant desiderium, cum praesertim nec nos temperemus imperiis, quo
10 minus illi auxilii egeant.' Cum haec ex omni parte iactaren-
tur, uicti consensu decemuiri futuros se, quando ita uidea-
11 tur, in potestate patrum adfirmant. Id modo simul orant ac
monent ut ipsis ab inuidia caueatur nec suo sanguine ad
supplicia patrum plebem adsuefaciant.
53   Tum Valerius Horatiusque missi ad plebem condicionibus
quibus uideretur reuocandam componendasque res, decem-

---

3 Ficulensi *Ed. Rom.* 1469: figulensi *HPU*: ficolensi *O*: figulensi
figulensi *M*   5 plures *Ed. Rom.* 1470: pluresque **N**: plures plusque
Bayet: indignabantur senatores pluresque *Rossbach*   7 aliorum *Ed.*
Frob. 1531, *Lipsius*: aliorumque *Mπ*: aliorum quae *H*   moueatur
MPU: moueantur *O*: moueamur *H*   Occasune] occasione *O*: hocca-
sune *H*   9 capti ferant] captis erant *H*: capti fuerant *P, corr. Pᶜ*
    53 1 Horatiusque *O*: oratiusque *MPU*: horatius *H*

uiris quoque ab ira et impetu multitudinis praecauere iubentur. Profecti gaudio ingenti plebis in castra accipiuntur, 2
quippe liberatores haud dubie et motus initio et exitu rei.
Ob haec iis aduenientibus gratiae actae; Icilius pro multitudine uerba facit. Idem, cum de condicionibus ageretur, 3
quaerentibus legatis quae postulata plebis essent, composito
iam ante aduentum legatorum consilio ea postulauit ut appareret in aequitate rerum plus quam in armis reponi spei.
Potestatem enim tribuniciam prouocationemque repetebant, 4
quae ante decemuiros creatos auxilia plebis fuerant, et ne
cui fraudi esset concisse milites aut plebem ad repetendam
per secessionem libertatem. De decemuirorum modo sup- 5
plicio atrox postulatum fuit; dedi quippe eos aequum censebant uiuosque igni concrematuros minabantur. Legati ad 6
ea: 'Quae consilii fuerunt adeo aequa postulastis ut ultro
uobis deferenda fuerint; libertati enim ea praesidia petitis,
non licentiae ad impugnandos alios. Irae uestrae magis 7
ignoscendum quam indulgendum est, quippe qui crudelitatis odio in crudelitatem ruitis et prius paene quam ipsi
liberi sitis dominari iam in aduersarios uoltis. Nunquamne 8
quiescet ciuitas nostra a suppliciis aut patrum in plebem
Romanam aut plebis in patres? Scuto uobis magis quam
gladio opus est. Satis superque humili est, qui iure aequo 9
in ciuitate uiuit, nec inferendo iniuriam nec patiendo.
Etiam si quando metuendos uos praebituri estis, cum 10
reciperatis magistratibus legibusque uestris iudicia penes
uos erunt de capite nostro fortunisque, tunc ut quaeque
causa erit statuetis: nunc libertatem repeti satis est.'
Facerent ut uellent permittentibus cunctis, mox redi- 54
turos se legati rebus perfectis adfirmant. Profecti cum 2

2 et exitu *HPU*: et eitu *O*: exitu *M*   iis *Ed. Rom.* 1469: his **N**: *secl.
Gron.*   3 ea postulauit *PU*: expostulauit *O*: exapostulauit *M*: at ex
ea postulauit *H*   4 concisse *M*: conscisse *Δ*   6 aequa]
aeque *M, corr. M*ᶜ: aequam *O, corr. O*ᶜ   7 liberi *M*ᶜ*Δ*: libera *M*
8 quiescet *Ed. Parm.* 1480: quiescit **N**   9 humili *P*: humilis
MHOU   aequo *Δ*: de quo *M*   10 penes uos *M*ᶜ*HOU*: penes
suos *MP*

mandata plebis patribus exposuissent, alii decemuiri,
quando quidem praeter spem ipsorum supplicii sui nulla
3 mentio fieret, haud quicquam abnuere, Appius truci
ingenio et inuidia praecipua odium in se aliorum suo
in eos metiens odio, 'Haud ignaro' inquit 'imminet for-
4 tuna. Video donec arma aduersariis tradantur differri aduersus nos certamen. Dandus inuidiae est sanguis. Nihil
ne ego quidem moror quo minus decemuiratu abeam.'
5 Factum senatus consultum ut decemuiri se primo quoque
tempore magistratu abdicarent, Q. Furius pontifex maximus
tribunos plebis crearet; et ne cui fraudi esset secessio militum
plebisque.

6   His senatus consultis perfectis dimisso senatu, decemuiri
prodeunt in contionem abdicantque se magistratu, ingenti
7 hominum laetitia. Nuntiantur haec plebi. Legatos quidquid
in urbe hominum supererat prosequitur. Huic multitudini
laeta alia turba ex castris occurrit. Congratulantur liber-
8 tatem concordiamque ciuitati restitutam. Legati pro contione: 'Quod bonum faustum felixque sit uobis reique
publicae, redite in patriam ad penates coniuges liberosque
uestros; sed qua hic modestia fuistis, ubi nullius ager in
tot rerum usu necessario tantae multitudini est uiolatus, eam
9 modestiam ferte in urbem. In Auentinum ite, unde profecti
estis; ibi felici loco, ubi prima initia incohastis libertatis
uestrae, tribunos plebi creabitis. Praesto erit pontifex maxi-
10 mus qui comitia habeat.' Ingens adsensus alacritasque
cuncta adprobantium fuit. Conuellunt inde signa profecti-
que Romam certant cum obuiis gaudio. Armati per urbem
11 silentio in Auentinum perueniunt. Ibi extemplo pontifice

54 2 abnuere Δ: abnueret M   3 metiens Δ: mentiens M
4 decemuiratu H: decemuiratum Mπ   5 militum plebisque O:
militum TR· PL· ebisque M: militis tr̄· plebisque PU: (om. 5 decemuiri . . .
6 senatu H)   7 ciuitati MOUH^c: ciuitate HP   8 pro contione.
Quod MPU: procontionantur quod O: pro concione onantur quod
H   fuistis Δ: fuisti M   ferte Δ: forte M   ibi . . . ubi Δ: ubi
. . . ubi M: ibi . . . ibi M^c   10 conuellunt OP^cm: conuertunt
MHPU

maximo comitia habente tribunos plebis creauerunt,
omnium primum L. Verginium, inde L. Icilium et P. Numitorium, auunculum Vergini, auctores secessionis, tum C. 12
Sicinium, progeniem eius quem primum tribunum plebis
creatum in Sacro monte proditum memoriae est, et M. Duilium, qui tribunatum insignem ante decemuiros creatos
gesserat nec in decemuiralibus certaminibus plebi defuerat.
Spe deinde magis quam meritis electi M. Titinius, M. 13
Pomponius, C. Apronius, Ap. Villius, C. Oppius. Tribunatu 14
inito L. Icilius extemplo plebem rogauit et plebs sciuit ne
cui fraudi esset secessio ab decemuiris facta. Confestim de 15
consulibus creandis cum prouocatione M. Duilius rogationem pertulit. Ea omnia in pratis Flaminiis concilio plebis
acta, quem nunc circum Flaminium appellant.

Per interregem deinde consules creati L. Valerius M. 55
Horatius, qui extemplo magistratum occeperunt. Quorum
consulatus popularis sine ulla patrum iniuria nec sine offensione fuit; quidquid enim libertati plebis caueretur, id suis 2
decedere opibus credebant. Omnium primum, cum uelut 3
in controuerso iure esset tenerenturne patres plebi scitis,
legem centuriatis comitiis tulere ut quod tributim plebes
iussisset populum teneret; qua lege tribuniciis rogationi-
bus telum acerrimum datum est. Aliam deinde consularem 4
legem de prouocatione, unicum praesidium libertatis, decemuirali potestate euersam, non restituunt modo, sed etiam in
posterum muniunt sanciendo nouam legem, ne quis ullum 5

11 tribunos . . . 12 primum *om. H*   11 L. Verginium *Sigonius,*
coll. 3. 44. 2: aulum uerginium *MPU*: A. uerginium *O*   Vergini *MP*:
uerginii *OU*: Verginiae *Sabellicus*: *si* auus (45. 4) *idem et* auunculus *signi-*
ficat, Verginiae *scribendum est; sin aliter, nisi aut* auus *aut* auunculus *cor-*
ruptum sit, Liuius diuersos auctores secutus Vergini *scripsit; cf. D.H.* 11. 28. 7
12 progeniem *U*: progenies *MPO*   Duilium *O*: duulium *U*: duillium
MHP   13 Ap.] appius **N**: P. *Sigonius*   C. Oppius *M*: copius *O*:
soppius *H*: gopius *P*: g. opius *U*   15 Duilius *O*: duillius *MHPU*
    55 1 ulla] ullam *MP, corr.* M^cP^c   iniuria] iniuriam *M, corr.* M^c:
inuria *H*   3 esset *Δ*: essetne *M*   tributim *MHOP*: tribuni *M^c*:
tributum *U*   plebes *O*: plebis *MPU*: plebe *H*   iussisset *HPU*:
iussissent *MO*

magistratum sine prouocatione crearet; qui creasset, eum
ius fasque esset occidi, neue ea caedes capitalis noxae
6 haberetur. Et cum plebem hinc prouocatione, hinc tribunicio auxilio satis firmassent, ipsis quoque tribunis, ut sacrosancti uiderentur, cuius rei prope iam memoria aboleuerat,
relatis quibusdam ex magno interuallo caerimoniis renoua-
7 runt, et cum religione inuiolatos eos, tum lege etiam fecerunt, sanciendo ut qui tribunis plebis, aedilibus, iudicibus
decemuiris nocuisset, eius caput Ioui sacrum esset, familia
ad aedem Cereris Liberi Liberaeque uenum iret.
8   Hac lege iuris interpretes negant quemquam sacrosan-
ctum esse, sed eum qui eorum cui nocuerit sacrum sanciri;
9 itaque aedilem prendi ducique a maioribus magistratibus,
quod, etsi non iure fiat—noceri enim ei cui hac lege non
liceat—tamen argumentum esse non haberi pro sacrosancto
10 aedilem; tribunos uetere iure iurando plebis, cum primum
11 eam potestatem creauit, sacrosanctos esse. Fuere qui interpretarentur eadem hac Horatia lege consulibus quoque et
praetoribus, quia iisdem auspiciis quibus consules crearen-
12 tur, cautum esse: iudicem enim consulem appellari. Quae
refellitur interpretatio, quod iis temporibus nondum consulem iudicem sed praetorem appellari mos fuerit.
13   Hae consulares leges fuere. Institutum etiam ab iisdem
consulibus ut senatus consulta in aedem Cereris ad aediles
plebis deferrentur, quae antea arbitrio consulum supprime-
14 bantur uitiabanturque. M. Duilius deinde tribunus plebis
plebem rogauit plebesque sciuit qui plebem sine tribunis

5 qui creasset *HO*: quis creasset *MPU*   7 iudicibus decemuiri
N: iudicibus, decemuiris *Ant. Augustinus*: iudicibus *Sigonius*: decemuiri
Nicolau   8 lege iuris *M*c: iuris lege *N*   quieorum *O, Rhenanus*; *add.*
d *O*csl: quid eorum *HP*: qui deorum *MP*c*U*   cui *Gron.*: cuiquem *M*
cuiquam *P*c*U*: quecui *P*: quem *HO*: cuipiam *Madvig*   sacrum *Rhenanus*:
id sacrum *N*: ideo sacrum *Drak.*: Ioui sacrum *H. J. Müller*   9 hac
Δ: haec *M*   sacrosancto *Δ*: sacro sanctoque *M*   10 uetere *Ed.
Mediol.* 1480: ueteres *N*   11 Horatia] oratia *MP*   13 Hae
OU: haec *MHP*   deferrentur *MO*: defferrentur *P*: defferrentur *P*c*U*:
differrentur *HU*   14 Duilius *OU*: duillius *MHP*

reliquisset, quique magistratum sine prouocatione creasset,
tergo ac capite puniretur. Haec omnia ut inuitis, ita non 15
aduersantibus patriciis transacta, quia nondum in quemquam unum saeuiebatur.

Fundata deinde et potestate tribunicia et plebis libertate, 56
tum tribuni adgredi singulos tutum maturumque iam rati,
accusatorem primum Verginium et Appium reum deligunt.
Cum diem Appio Verginius dixisset et Appius stipatus 2
patriciis iuuenibus in forum descendisset, redintegrata extemplo est omnibus memoria foedissimae potestatis, cum
ipsum satellitesque eius uidissent. Tum Verginius 'Oratio' 3
inquit 'rebus dubiis inuenta est; itaque neque ego accu-
sando apud uos eum tempus teram, a cuius crudelitate
uosmet ipsi armis uindicastis, nec istum ad cetera scelera
impudentiam in defendendo se adicere patiar. Omnium 4
igitur tibi, Appi Claudi, quae impie nefarieque per biennium alia super alia es ausus, gratiam facio. Vnius tantum
criminis nisi ⟨ad⟩ iudicem dices, te ab libertate in seruitutem
contra leges uindicias non dedisse, in uincula te duci iube-
bo.' Nec in tribunicio auxilio Appius nec in iudicio populi 5
ullam spem habebat; tamen et tribunos appellauit et, nullo
morante arreptus a uiatore, 'Prouoco' inquit. Audita uox 6
una uindex libertatis, ex eo missa ore quo uindiciae nuper
ab libertate dictae erant, silentium fecit. Et dum pro se 7
quisque deos tandem esse et non neglegere humana fremunt
et superbiae crudelitatique etsi seras, non leues tamen
uenire poenas—prouocare qui prouocationem sustulisset, 8
et implorare praesidium populi qui omnia iura populi
obtrisset, rapique in uincula egentem iure libertatis qui

14 creasset *HO*: creassent *MPU*   tergo ac *HO*: ergo a *M, corr. Mᶜ*:
ergo ac *P*: ergo *U*
    56 2 descendisset *Δ*: discendisset *M*   redintegrata] redintegratae *P*,
corr. Pᶜ: sed integrata *H*   4 ad iudicem dices, te *Pelling*: iudicem dices te *Mπ*: iudicem dices *H*: iudicem uindices te *Rhenanus*: in
iudicem dices, te *Ed. Rom.* 1470: iudicium dices, te *Petrarch*: ad iudicem
ibis, te *Ogilvie, cf.* 3. 57. 5, 3. 72. 7   5 habebat *Δ*: habeat *M*   tamen
Madvig: attamen **N**   8 implorare *MOU*: imploraret *MᶜHP*

liberum corpus in seruitutem addixisset—ipsius Appi inter
contionis murmur fidem populi Romani implorantis uox
9 audiebatur: maiorum merita in rem publicam domi
militiaeque commemorabat, suum infelix erga plebem
Romanam studium, quo aequandarum legum causa cum
maxima offensione patrum consulatu abisset, suas leges,
10 quibus manentibus lator earum in uincula ducatur. ceterum sua propria bona malaque, cum causae dicendae data
facultas sit, tum se experturum; in praesentia se communi
iure ciuitatis ciuem Romanum die dicta postulare ut dicere
11 liceat, ut iudicium populi Romani experiri. non ita se
inuidiam pertimuisse, ut nihil in aequitate et misericordia
ciuium suorum spei habeat. quod si indicta causa in uincla
ducatur, iterum se tribunos plebei appellare et monere ne
12 imitentur quos oderint. quod si tribuni eodem foedere
obligatos se fateantur tollendae appellationis in quod
conspirasse decemuiros criminati sint, at se prouocare ad
populum, implorare leges de prouocatione et consulares et
13 tribunicias, eo ipso anno latas. quem enim prouocaturum,
si hoc indemnato indicta causa non liceat? cui plebeio et
humili praesidium in legibus fore, si Ap. Claudio non sit?
se documento futurum utrum nouis legibus dominatio an
libertas firmata sit, et appellatio prouocatioque aduersus
iniuriam magistratuum ostentata tantum inanibus litteris
an uere data sit.

57   Contra ea Verginius unum Ap. Claudium et legum ex-
2 pertem et ciuilis et humani foederis esse aiebat: respicerent
tribunal homines, castellum omnium scelerum, ubi decemuir ille perpetuus, bonis, tergo, sanguini ciuium infestus,

8 contionis *HOP*: contiones *MU*   implorantis *M*c*Δ*: implorantes *M*
9 quo aequandarum *Weissenborn*: coaequandarum *MU*: coequandarum
HP: Co aequandarum *O*   ducatur *Δ*: ducitur *M*   10 populi
Romani] p̄. r̄. *PU*: P. R. *O*: R̄. p̄. *H*: r̄.p̄. *M*   12 appellationis *V*:
add. causa **N**   in quod *Crevier*: in quam *Δ*: in quam in quam *M*   at se
Iac. Gron., coll. 9. 1. 8: ait se *Ω*   13 nouis *OPU*: nuis *M, add.* o *M*csl:
nobis *V*: niuis *H*   an libertas **N**: ac libertas *V*   iniuriam **N**: iniuria
V   litteris **N**: litteras *V*

uirgas securesque omnibus minitans, deorum hominumque
contemptor, carnificibus, non lictoribus stipatus, iam ab 3
rapinis et caedibus animo ad libidinem uerso uirginem in-
genuam in oculis populi Romani, uelut bello captam, ab
complexu patris abreptam ministro cubiculi sui clienti dono
dederit; ubi crudeli decreto nefandisque uindiciis dextram 4
patris in filiam armauerit; ubi tollentes corpus semianime
uirginis sponsum auumque in carcerem duci iusserit, stupro
interpellato magis quam caede motus. et illi carcerem
aedificatum esse quod domicilium plebis Romanae uocare
sit solitus. proinde ut ille iterum ac saepius prouocet, sic se 5
iterum ac saepius iudicem illi ferre ni uindicias ab libertate
in seruitutem dederit; si ad iudicem non eat, pro damnato
in uincula duci iubere. Vt haud quoquam improbante, sic 6
magno motu animorum, cum tanti uiri supplicio suamet
plebi iam nimia libertas uideretur, in carcerem est coniectus;
tribunus ei diem prodixit.

Inter haec ab Latinis et Hernicis legati gratulatum de 7
concordia patrum ac plebis Romam uenerunt, donumque ob
eam Ioui optimo maximo coronam auream in Capitolium
tulere parui ponderis, prout res haud opulentae erant cole-
banturque religiones pie magis quam magnifice. Iisdem 8
auctoribus cognitum est Aequos Volscosque summa ui
bellum apparare. Itaque partiri prouincias consules iussi. 9
Horatio Sabini, Valerio Aequi euenere. Cum ad ea bella
dilectum edixissent, fauore plebis non iuniores modo sed
emeritis etiam stipendiis pars magna uoluntariorum ad
nomina danda praesto fuere, eoque non copia modo sed
genere etiam militum, ueteranis admixtis, firmior exercitus

---

57 4 auumque Ω: auunculumque *Sabellicus*, *cf*. 3. 45. 4, 3. 54. 11
5 proinde *VHO*: siro inde *M*: deinde *PU*   ferre ni *V*: ferrent *MP*: ferre
ne *M^cHO*: ferre ut *U*   dederit *VHOU*: dederint *MP*   6 suamet
V: suam et *MP*: sua et *HOU*   7 ob eam **N**: ab ea *V*   religiones
N: regiones *V*   8 apparare *MHP^cU*: apparere *VOP*   9 Sabini Ω, *cf*. 3. 51. 7: Volsci *Petrarch*   euenere *MHPU*: uenere *O*:
[e]uen[e]runt *V*: *cf*. 4. 7. 8, 5. 5. 5   uoluntariorum **N**: uoluptario-
rum *V*

10 fuit. Priusquam urbe egrederentur, leges decemuirales, quibus tabulis duodecim est nomen, in aes incisas in publico
posuerunt. Sunt qui iussu tribunorum aediles functos eo
ministerio scribant.

58   C. Claudius, qui perosus decemuirorum scelera et ante
omnes fratris filii superbiae infestus Regillum, antiquam in
patriam, se contulerat, is magno iam natu cum ad pericula
eius deprecanda redisset cuius uitia fugerat, sordidatus cum
gentilibus clientibusque in foro prensabat singulos orabatque
2 ne Claudiae genti eam inustam maculam uellent ut carcere
et uinculis uiderentur digni. uirum honoratissimae imaginis
futurum ad posteros, legum latorem conditoremque Romani
3 iuris, iacere uinctum inter fures nocturnos ac latrones. auerterent ab ira parumper ad cognitionem cogitationemque
animos, et potius unum tot Claudiis deprecantibus condonarent quam propter unius odium multorum preces asper-
4 narentur. se quoque id generi ac nomini dare nec cum eo
in gratiam redisse, cuius aduersae fortunae uelit succursum.
uirtute libertatem reciperatam esse: clementia concordiam
5 ordinum stabiliri posse. Erant quos moueret sua magis
pietate quam eius pro quo agebat causa; sed Verginius sui
potius ut misererentur orabat filiaeque, nec gentis Claudiae
regnum in plebem sortitae sed necessariorum Verginiae
trium tribunorum preces audirent, qui ad auxilium plebis
6 creati ipsi plebis fidem atque auxilium implorarent. Iustio-
res hae lacrimae uidebantur. Itaque spe incisa, priusquam
prodicta dies adesset, Appius mortem sibi consciuit.

7   Subinde arreptus a P. Numitorio Sp. Oppius, proximus
inuidiae, quod in urbe fuerat cum iniustae uindiciae a collega
8 dicerentur. Plus tamen facta iniuria Oppio quam non pro-
hibita inuidiae fecit. Testis productus, qui septem et uiginti
enumeratis stipendiis, octiens extra ordinem donatus dona-
que ea gerens in conspectu populi, scissa ueste, tergum

---

10 urbe *PU*: urbem *VMHO*

58 2 uirum *O*ᶜ, *Ed. Rom.* 1469: uerum **N**   4 generi *Δ*: generis *M*
clementia *M*ᶜ*HOU*: clementiam *MP*   8 scissa *Δ*: scisca *M*

laceratum uirgis ostendit, nihilum deprecans quin si quam
suam noxam reus dicere posset, priuatus iterum in se
saeuiret. Oppius quoque ductus in uincula est, et ante 9
iudicii diem finem ibi uitae fecit. Bona Claudi Oppique
tribuni publicauere. Collegae eorum exsilii causa solum
uerterunt; bona publicata sunt. Et M. Claudius, adsertor 10
Verginiae, die dicta damnatus, ipso remittente Verginio
ultimam poenam dimissus Tibur exsulatum abiit, manes-
que Verginiae, mortuae quam uiuae felicioris, per tot domos 11
ad petendas poenas uagati, nullo relicto sonte tandem quie-
uerunt.

Ingens metus incesserat patres, uoltusque iam iidem tri- 59
bunorum erant qui decemuirorum fuerant, cum M. Duilius
tribunus plebis, inhibito salubriter modo nimiae potestati,
'Et libertatis' inquit 'nostrae et poenarum ex inimicis satis 2
est; itaque hoc anno nec diem dici cuiquam nec in uincula
duci quemquam sum passurus. Nam neque uetera peccata 3
repeti iam oblitterata placet, cum noua expiata sint decemuirorum suppliciis, et nihil admissum iri quod uim tribuniciam desideret spondet perpetua consulum amborum in
libertate uestra tuenda cura.' Ea primum moderatio tribuni 4
metum patribus dempsit, eademque auxit consulum inuidiam, quod adeo toti plebis fuissent ut patrum salutis
libertatisque prior plebeio magistratui quam patricio cura
fuisset, et ante inimicos satietas poenarum suarum cepisset
quam obuiam ituros licentiae eorum consules appareret.
Multique erant qui mollius consultum dicerent, quod 5
legum ab iis latarum patres auctores fuissent; neque erat
dubium quin turbato rei publicae statu tempori succu-
buissent.

11 felicioris *Gulielmus*: feliciores **N**
59 1 iidem *Ed. Rom.* 1470: inde **N**   qui *M*^{csl} *Δ*: *om. M*   Duilius
OP: duillius *MHU*   potestati *Gron.*: potestatis **N**   2 ex inimicis
Δ: et inimicis *M*   3 uetera *Ed. Rom.* 1469: uestra **N**   placet, cum
Rhenanus: placet et cum *M*: placet cum et *Δ*: placet cum etiam *Ed. Rom.*
1469

60   Consules rebus urbanis compositis fundatoque plebis
statu, in prouincias diuersi abiere. Valerius aduersus con-
iunctos iam in Algido exercitus Aequorum Volscorumque
2 sustinuit consilio bellum; quod si extemplo rem fortunae
commisisset, haud scio an, qui tum animi ab decemuirorum
infelicibus auspiciis Romanis hostibusque erant, magno
3 detrimento certamen staturum fuerit. Castris mille passuum
ab hoste positis copias continebat. Hostes medium inter bina
castra spatium acie instructa complebant, prouocantibus-
que ad proelium responsum Romanus nemo reddebat.
4 Tandem fatigati stando ac nequiquam exspectando certamen Aequi Volscique, postquam concessum propemodum
de uictoria credebant, pars in Hernicos, pars in Latinos
praedatum abeunt; relinquitur magis castris praesidium
5 quam satis uirium ad certamen. Quod ubi consul sensit,
reddit inlatum antea terrorem, instructaque acie ultro
6 hostem lacessit. Vbi illi, conscientia quid abesset uirium,
detractauere pugnam, creuit extemplo Romanis animus, et
7 pro uictis habebant pauentes intra uallum. Cum per totum
diem stetissent intenti ad certamen, nocti cessere. Et Romani quidem pleni spei corpora curabant: haudquaquam pari
hostes animo nuntios passim trepidi ad reuocandos prae-
8 datores dimittunt. Recurritur ex proximis locis: ulteriores
non inuenti. Vbi inluxit, egreditur castris Romanus, uallum inuasurus ni copia pugnae fieret. Et postquam multa
iam dies erat neque mouebatur quicquam ab hoste, iubet
signa inferri consul; motaque acie, indignatio Aequos et
Volscos incessit, si uictores exercitus uallum potius quam
uirtus et arma tegerent. Igitur et ipsi efflagitatum ab duci-
9 bus signum pugnae accepere. Iamque pars egressa portis
erat deincepsque alii seruabant ordinem, in suum quisque

60 1 abiere $M^c\pi$: abire MH 2 animi ab PU: animi MHO, fort.
recte: an animi sub scribendum? cf. 28. 27. 12   3 continebat Valla:
continebant N   Hostes Δ: oste M nemo Δ: remo M 4 fatigati
Δ: fatigatis M 5 reddit MO: sedit H: reddidit PU 9 portis
Δ: fortis M seruabant Δ: seruiebant M

locum descendentes, cum consul Romanus, priusquam totis
uiribus fulta constaret hostium acies, intulit signa; adortus- 10
que nec omnes dum eductos nec, qui erant, satis explicatis
ordinibus, prope fluctuantem turbam trepidantium huc
atque illuc circumspectantiumque se ac suos, addito turbatis
mentibus clamore atque impetu inuadit. Rettulere primo 11
pedem hostes; deinde cum animos collegissent et undique
duces uictisne cessuri essent increparent, restituitur pugna.

Consul ex altera parte Romanos meminisse iubebat illo 61
die primum liberos pro libera urbe Romana pugnare, sibimet ipsis uicturos, non ut decemuirorum uictores praemium essent. non Appio duce rem geri, sed consule Valerio, 2
ab liberatoribus populi Romani orto, liberatore ipso. osten-
derent prioribus proeliis per duces non per milites stetisse
ne uincerent. turpe esse contra ciues plus animi habuisse 3
quam contra hostes et domi quam foris seruitutem magis
timuisse. unam Verginiam fuisse cuius pudicitiae in pace 4
periculum esset, unum Appium ciuem periculosae libidinis;
at si fortuna belli inclinet, omnium liberis ab tot milibus
hostium periculum fore; nolle ominari quae nec Iuppiter 5
nec Mars pater passuri sint iis auspiciis conditae urbi accidere. Auentini Sacrique montis admonebat, ut ubi libertas
parta esset paucis ante mensibus, eo imperium inlibatum
referrent, ostenderentque eandem indolem militibus Roma- 6
nis post exactos decemuiros esse quae ante creatos fuerit,
nec aequatis legibus imminutam uirtutem populi Romani
esse. Haec ubi inter signa peditum dicta dedit, aduolat 7
deinde ad equites. 'Agite, iuuenes,' inquit, 'praestate uirtute
peditem ut honore atque ordine praestatis. Primo concursu 8
pedes mouit hostem; pulsum uos immissis equis exigite e
campo. Non sustinebunt impetum, et nunc cunctantur magis

9 fulta M^cHP^cU: fuita M: fuilta P: fuit aut O 10 nec, qui Δ: ne qui M
61 1 ipsis **N**: ipsi V 4 belli] bellum U: hi belli M, corr. M^c 5 iis
VP: his MHU: om. O 7 dicta dedit **N**: dedit dic[ta] V aduolat $M\pi$:
auolat H: defit V 8 mouit Δ: [mo]uit V: mouebit M de campo VM,
cf. 3. 62. 5: e campo HPU, cf. 23. 47. 5: e campos O sustinebunt impetum **N**: sustinebant impetu V

9 quam resistunt.' Concitant equos permittuntque in hostem
pedestri iam turbatum pugna, et perruptis ordinibus elati
ad nouissimam aciem, pars libero spatio circumuecti, iam
fugam undique capessentes plerosque a castris auertunt
10 praeterequitantesque absterrent. Peditum acies et consul
ipse uisque omnis belli fertur in castra, captisque cum
ingenti caede, maiore praeda potitur.

11   Huius pugnae fama perlata non in urbem modo sed in
Sabinos ad alterum exercitum, in urbe laetitia celebrata
est, in castris animos militum ad aemulandum decus accen-
12 dit. Iam Horatius eos excursionibus proeliisque leuibus
experiundo adsuefecerat sibi potius fidere quam meminisse
ignominiae decemuirorum ductu acceptae, paruaque cer-
13 tamina in summam totius profecerant spei. Nec cessabant
Sabini, feroces ab re priore anno bene gesta, lacessere atque
instare, rogitantes quid latrocinii modo procursantes pauci
recurrentesque tererent tempus et in multa proelia paruaque
14 carperent summam unius belli? quin illi congrederentur
acie inclinandamque semel fortunae rem darent?

62   Ad id, quod sua sponte satis collectum animorum erat,
indignitate etiam Romani accendebantur: iam alterum
exercitum uictorem in urbem rediturum; sibi ultro per con-
tumelias hostem insultare; quando autem se, si tum non
2 sint, pares hostibus fore? Vbi haec fremere militem in castris
consul sensit, contione aduocata, 'Quemadmodum' inquit 'in Algido res gesta sit, arbitror uos, milites, audisse.
Qualem liberi populi exercitum decuit esse, talis fuit; con-

11 laetitia *V*: laetitia modo **N**   12 excursionibus *V*: excursionibus
sufficiendo *MHOP*: ex incursionibus sufficiendo *U*   leuibus *V*: lenibus
MHO: lenius *PU*   13 Nec cessabant] necessabant *VH*   latrocinii
MHOP: latrocinio *V*: latronicii *U*   recurrentesque **N**: recursantes-
que *V*   tererent tempus *MHUP*c: terrerent tempus *OP*: terrentesmpus
V   et in **N**: in *V*   carperent *MPU*: caperent *VHO*
    62 1 indignitate **N**: indignitatem *V*   rediturum **N**: redicturum
V   se si **N**: si *V*   2 consilio *Petrarch*: [con]silio *V*: consilio con-
sulto *M*: Gy (= cos.) consulto *H*: consulto *OU*: consul consilto *P*, consul *expunxit P*c

silio collegae, uirtute militum uictoria parta est. Quod ad 3
me attinet, id consilii animique habiturus sum, quod uos
mihi feceritis, milites. Et trahi bellum salubriter et mature
perfici potest. Si trahendum est, ego ut in dies spes uirtusque 4
uestra crescat, eadem qua institui disciplina efficiam: si iam
satis animi est decernique placet, agite dum, clamorem
qualem in acie sublaturi estis, tollite hic indicem uoluntatis
uirtutisque uestrae.' Postquam ingenti alacritate clamor est 5
sublatus, quod bene uertat gesturum se illis morem posteroque die in aciem deducturum adfirmat. Reliquum diei ap-
parandis armis consumptum est.

Postero die simul instrui Romanam aciem Sabini uidere, 6
et ipsi, iam pridem auidi certaminis, procedunt. Proelium
fuit, quale inter fidentes sibimet ambo exercitus, ueteris
perpetuaeque alterum gloriae, alterum noua nuper uictoria
elatum. Consilio etiam Sabini uires adiuuere; nam cum 7
aequassent aciem, duo extra ordinem milia quae in sinistrum
cornu Romanorum in ipso certamine impressionem facerent
tenuere. Quae ubi inlatis ex transuerso signis degrauabant 8
prope circumuentum cornu, equites duarum legionum, sescenti fere, ex equis desiliunt cedentibusque iam suis prouolant in primum, simulque et hosti se opponunt et aequato
primum periculo, pudore deinde animos peditum accendunt.
Verecundiae erat equitem suo alienoque Marte pugnare, 9
peditem ne ad pedes quidem degresso equiti parem esse.

Vadunt igitur in proelium ab sua parte omissum et 63
locum ex quo cesserant repetunt; momentoque non restituta
modo pugna, sed inclinatur etiam Sabinis cornu. Eques 2

3 [mi]hi feceritis [milite]s *V*: mihi milites feceritis *P*: mihi effeceritis
PᶜU: milites mihi tegaritis feceritis *O*: tegeritis *H*: milites geritis *M*: mihi
feceritis *Crevier*   4 agite dum *MHOPUᶜ*: agedum *U*: agite *V*   hic
indicem *MHPU*: hinc indicem *V*: candicem *O*   6 gloriae **N**, *cf.*
21. 21. 6: uictoriae *ut Mommsen confirmauit, uel, ut mihi uidetur,* ui gloriae
V: gloriae auidum *Sigonius*   noua nuper *V*: nuper noua **N**   7 cornu
N: cornum *V*   8 cornu *MᶜU*: cornum *VMHOP*   duarum **N**: earum
V   sescenti *Ed. Rom.* 1469: sescentis *V*: ac *MOPU*: a̅c̅ *H*   desiliunt
N: exiliunt *V*

inter ordines peditum tectus se ad equos recipit; transuolat
inde in partem alteram suis uictoriae nuntius; simul et in
hostes iam pauidos, quippe fuso suae partis ualidiore cornu,
impetum facit. Non aliorum eo proelio uirtus magis enituit.
3 Consul prouidere omnia, laudare fortes, increpare sicubi
segnior pugna esset. Castigati fortium statim uirorum opera
edebant tantumque hos pudor quantum alios laudes excita-
4 bant. Redintegrato clamore undique omnes conisi hostem
auertunt, nec deinde Romana uis sustineri potuit. Sabini
fusi passim per agros castra hosti ad praedam relinquunt.
Ibi non sociorum sicut in Algido res, sed suas Romanus
populationibus agrorum amissas recipit.
5 　Gemina uictoria duobus bifariam proeliis parta, maligne
senatus in unum diem supplicationes consulum nomine decreuit. Populus iniussu et altero die frequens iit supplicatum; et haec uaga popularisque supplicatio studiis prope
6 celebratior fuit. Consules ex composito eodem biduo ad
urbem accessere senatumque in Martium campum euocauere. Vbi cum de rebus ab se gestis agerent, questi primores patrum senatum inter milites dedita opera terroris
7 causa haberi. Itaque inde consules, ne criminationi locus
esset, in prata Flaminia, ubi nunc aedes Apollinis est—iam
8 tum Apollinare appellabant—auocauere senatum. Vbi cum
ingenti consensu patrum negaretur triumphus, L. Icilius tribunus plebis tulit ad populum de triumpho consulum, multis
dissuasum prodeuntibus, maxime C. Claudio uociferante de
9 patribus, non de hostibus consules triumphare uelle gra-

63 2 se ad *VHU*: sed ad *M*, *corr. M^c*: sed *OP*　　　transuolat **N**: trauo-
lat *V*　　　2 et in hostes **N**: et hostis *V*　　fuso *Vπ*: fusos *MH*　　　3 laudare
N: laudere *V*　　edebant **N**: debebant *V*　　recipit **N**: recepit *V*　　　5 in
unum **N**: unum *V*　　Populus iniussu **N**: populi iussu *V*　　frequens iit **N**:
om. V　　supplicatum *Ed. Frob.* 1531: supplicatumque est *Ω*; *cf.* 10. 23. 2
6 Martium campum *VMP*: marcium campum *HOU*: campum *Madvig*;
cf. 3. 27. 3　　euocauere **N**: uocauere *V*　　ab se **N**: ad se *V*　　　7 Apollinare *V*: apollinarum *P*, e *P^csl*: apollinarem *HU*: appollinarem *MO*:
apollinar *Gron.*　　auocauere **N**: aduocauere *V* (*quod de contionibus et consiliis usurpatur*); *cf.* 3. 16. 6　　　8 L. Icilius **N**: Q. Sili[ci]us *V*

tiamque pro priuato merito in tribunum, non pro uirtute
honorem peti. nunquam ante de triumpho per populum
actum; semper aestimationem arbitriumque eius honoris
penes senatum fuisse; ne reges quidem maiestatem summi 10
ordinis imminuisse. ne ita omnia tribuni potestatis suae
implerent, ut nullum publicum consilium sinerent esse. ita
demum liberam ciuitatem fore, ita aequatas leges, si sua
quisque iura ordo, suam maiestatem teneat. In eandem 11
sententiam multa et a ceteris senioribus patrum cum essent
dicta, omnes tribus eam rogationem acceperunt. Tum
primum sine auctoritate senatus populi iussu triumphatum est.

Haec uictoria tribunorum plebisque prope in haud salu- 64
brem luxuriam uertit, conspiratione inter tribunos facta ut
iidem tribuni reficerentur, et, quo sua minus cupiditas emine-
ret, consulibus quoque continuarent magistratum. Consen- 2
sum patrum causabantur, quo per contumeliam consulum
iura plebis labefactata essent. quid futurum nondum fir- 3
matis legibus, si nouos tribunos per factionis suae consules
adorti essent? non enim semper Valerios Horatiosque consules fore, qui libertati plebis suas opes postferrent. Forte 4
quadam utili ad tempus, ut comitiis praeesset potissimum
M. Duilio sorte euenit, uiro prudenti et ex continuatione magistratus inuidiam imminentem cernenti. Qui cum ex uete- 5
ribus tribunis negaret se ullius rationem habiturum, pugna-
rentque collegae ut liberas tribus in suffragium mitteret aut
concederet sortem comitiorum collegis, habituris e lege potius
comitia quam ex uoluntate patrum, iniecta contentione Dui- 6
lius consules ad subsellia accitos cum interrogasset quid de
comitiis consularibus in animo haberent, respondissentque

9 tribunum VM^c: tributum **N**   11 a ceteris $V\pi$: ceteris MH
64 1 conspiratione **N**: conspirationem V iidem V: idem **N**   consulibus **N**: con$\overline{ss}$ V: consules *Madvig*; *cf.* 5. 29. 1   2 iura plebis
N: iuratr. pl. V labefactata *Valla*: labefacta tum V: labefacta **N**
3 factionis suae *Madvig*: factionis sua V: factionis suas M: factiones suas
$M^c\Delta$ 4 Duilio PU: dulio O, *add.* i O^{cs1}: duillio VMH: *sed in* §6
Duillius Ω sorte $M\pi$: sorti V: forte H

se nouos consules creaturos, auctores populares sententiae
7 haud popularis nactus in contionem cum iis processit. Vbi
cum consules producti ad populum interrogatique, si eos
populus Romanus, memor libertatis per illos receptae domi,
memor militiae rerum gestarum, consules iterum faceret,
8 quidnam facturi essent, nihil sententiae suae mutassent, con-
laudatis consulibus quod perseuerarent ad ultimum dissi-
miles decemuirorum esse, comitia habuit; et quinque tribunis plebi creatis cum prae studiis aperte petentium nouem
9 tribunorum alii candidati tribus non explerent, concilium
dimisit nec deinde comitiorum causa habuit. Satisfactum
legi aiebat, quae numero nusquam praefinito tribuni modo
ut relinquerentur sanciret et ab iis qui creati essent cooptari
10 collegas iuberet; recitabatque rogationis carmen in quo
⟨scriptum est⟩ 'Si tribunos plebei decem rogabo, si qui uos
minus hodie decem tribunos plebei feceritis, tum ut i quos
hi sibi collegas cooptassint legitimi eadem lege tribuni
11 plebei sint ut illi quos hodie tribunos plebei feceritis.' Duilius cum ad ultimum perseuerasset negando quindecim tribunos plebei rem publicam habere posse, uicta collegarum
cupiditate pariter patribus plebeique acceptus magistratu
abiit.
65   Noui tribuni plebis in cooptandis collegis patrum uolun-

6 populares sententiae haud popularis *Stroth*: popularis sententiae
haud populari *V*: popularis sententiae haud populares **N**   7 militiae
rerum *Iac. Gron.*: militiae quae rerum *V*: militiae rerumque **N**   8 causa
MP: causam *VHOU*   9 aiebat *VMᶜO*: agebat *MPU*: alebat
H   tribuni *VMᶜ*: tribunis **N**   iis *V*: his **N**   cooptari] coaptari *HU*
10 in quo scriptum est *Ogilvie*: in quo Ω, *cf*. 21. 18. 8: *add*. sic erat
H. J. Müller, est *Madvig, alia alii*   decem tribunos **N**: ex tribuni *V*
plebei *H*: plebis *Mπ*: p[l]. *V*   feceritis *V*: fecerint ii *M*: fecerint iis
HOP: fecerint his *U*   ut i *Housman*: uti Ω: ut ii *Rhenanus*   hi sibi *V*:
sibi **N**   cooptassint *Rhenanus*: cooptassent *V*: cooptassent ut illi *MHOᶜ*:
coaptassent ut illi *OPU*   11 Duilius *U*: duillius *MHOP*
     65 1   no[ui
                          pariciosnetl[
                          cooptauere   *V*
collegis *Δ*: collegiis *M*

tatem fouerunt; duos etiam patricios consularesque, Sp. Tarpeium et A. Aternium, cooptauere. Consules creati Sp. 2 Herminius T. Verginius Caelimontanus, nihil magnopere ad patrum aut plebis causam inclinati, otium domi ac foris habuere. L. Trebonius tribunus plebis, infestus patribus 3 quod se ab iis in cooptandis tribunis fraude captum proditumque a collegis aiebat, rogationem tulit ut qui 4 plebem Romanam tribunos plebei rogaret, is usque eo rogaret dum decem tribunos plebei faceret; insectandisque patribus, unde Aspero etiam inditum cognomen, tribuna- tum gessit.

Inde M. Geganius Macerinus et C. Iulius consules facti 5 contentiones tribunorum aduersus nobilium iuuentutem ortas, sine insectatione potestatis eius conseruata maiestate patrum, sedauere; plebem, decreto ad bellum Volscorum 6 et Aequorum dilectu, sustinendo rem ab seditionibus con- tinuere, urbano otio foris quoque omnia tranquilla esse ad- firmantes, per discordias ciuiles externos tollere animos. 7 Cura pacis concordiae quoque intestinae causa fuit. Sed alter semper ordo grauis alterius modestiae erat; quiescenti plebi ab iunioribus patrum iniuriae fieri coeptae. Vbi tribuni 8 auxilio humilioribus essent, in primis parum proderat; deinde ne ipsi quidem inuiolati erant, utique postremis mensibus, cum et per coitiones potentiorum iniuria fieret et uis potesta- tis omnis aliquanto posteriore anni parte languidior ferme esset. Iamque plebs ita in tribunatu ponere aliquid spei, si 9

1 patricios π: et patricios M: om. H: de V uid. sup.   Aternium Pighius, coll. 3. 31. 5: aeternium MPO: aethernium U: aeternum H   2 Sp. Herminius Ω: Lars Herminius Ogilvie, coll. de Praen. 4   causam N: causa V   3 ab iis V: ab his N   4 tribunos plebei] tribunos plebi N: tr. pl. V   usque eo MHO: usque PU: adeo V   plebei] plebi H: plebeios U, corr. U^c: p[l]. V   [inditu]m V: inditum est M^cHOP: indictum est MU; cf. 2. 13. 1, et al.   5 Macerinus Sigonius: macrinus OU: m. acrinus P: m̄. acrinus M: m̄. agrinus H: defit V   contentiones V: contiones Mπ: conciones H   insectatione] intestatione M, corr. M^c: inspectatione U: exspectatione P, corr. P^c   conseruata N: [con]ser- uatam V   6 dilectu VU: dilectum MOP: dilectos H   continuere N: continueret V   otio foris quoque V: quoque otio foris N

similes Icilio tribunos haberet: nomina tantum se biennio
10 habuisse. Seniores contra patrum ut nimis feroces suos
credere iuuenes, ita malle, si modus excedendus esset, suis
11 quam aduersariis superesse animos. Adeo moderatio tuendae libertatis, dum aequari uelle simulando ita se quisque
extollit ut deprimat alium, in difficili est, cauendoque ne
metuant, homines metuendos ultro se efficiunt, et iniuriam
ab nobis repulsam, tamquam aut facere aut pati necesse sit,
iniungimus aliis.

66   T. Quinctius Capitolinus quartum et Agrippa Furius consules inde facti nec seditionem domi nec foris bellum acce-
2 perunt; sed imminebat utrumque. Iam non ultra discordia
ciuium reprimi poterat, et tribunis et plebe incitata in patres,
cum dies alicui nobilium dicta nouis semper certaminibus
3 contiones turbaret. Ad quarum primum strepitum, uelut
signo accepto, arma cepere Aequi Volscique, simul quod per-
suaserant iis duces, cupidi praedarum, biennio ante dilectum
indictum haberi non potuisse, abnuente iam plebe imperium:
4 eo aduersus se non esse missos exercitus. dissolui licentia
militandi morem, nec pro communi iam patria Romam esse.
quicquid irarum simultatiumque cum externis fuerit in
ipsos uerti. occaecatos lupos intestina rabie opprimendi
5 occasionem esse. Coniunctis exercitibus Latinum primum
agrum perpopulati sunt; deinde postquam ibi nemo uindex
occurrebat, tum uero exsultantibus belli auctoribus ad
moenia ipsa Romae populabundi regione portae Esquilinae
6 accessere, uastationem agrorum per contumeliam urbi
ostentantes. Vnde postquam inulti, praedam prae se agentes, retro ad Corbionem agmine iere, Quinctius consul ad
contionem populum uocauit.

    9 Icilio] Sicilio *MP, corr. M*ᶜ   10 Seniores **N**: senioris *V*   iuuenes
Δ: iuuenes essent *M*: inuenes esse *Valla*: *defit V*   11 ab nobis *MH*:
a nobis *π*: nobis *V*
    66 2 non ultra **N**: nec ultra *V*   3 Aequi Volscique] aequi
uols[ci]qu[ae] *V*: aequi ac uolsci **N**   non esse **N**: non nosse *V*
4 licentia **N**: licentiam *V*   Romam **N**: roma *V*   5 Esquilinae *U*:
aes[quiline] *V*: exquilinae *MHO*: exquiline *P*

Ibi in hanc sententiam locutum accipio: 'Etsi mihi nullius 67
noxae conscius, Quirites, sum, tamen cum pudore summo
in conspectum uestrum processi. Hoc uos scire, hoc posteris
memoriae traditum iri Aequos et Volscos, uix Hernicis
modo pares, T. Quinctio quartum consule ad moenia urbis
Romae impune armatos uenisse! Hanc ego ignominiam, 2
quamquam iam diu ita uiuitur, is status rerum est ut nihil
boni diuinet animus, si huic potissimum imminere anno
scissem, uel exsilio uel morte, si alia fuga honoris non esset,
uitassem. Ergo si uiri arma illa habuissent quae in portis 3
fuere nostris, capi Roma me consule potuit? Satis honorum,
satis superque uitae erat; mori consulem tertium oportuit.
Quem tandem ignauissimi hostium contempsere? nos 4
consules an uos Quirites? Si culpa in nobis est, auferte
imperium indignis et, si id parum est, insuper poenas ex-
petite: si in uobis, nemo deorum nec hominum sit, qui uestra 5
puniat peccata, Quirites: uosmet tantum eorum paeniteat.
Non illi uestram ignauiam contempsere nec suae uirtuti con-
fisi sunt; quippe totiens fusi fugatique, castris exuti, agro
multati, sub iugum missi, et se et uos nouere: discordia 6
ordinum et uenenum urbis huius, patrum ac plebis certamina, dum nec nobis imperii nec uobis libertatis est modus,
dum taedet uos patriciorum, nos plebeiorum magistratuum,
sustulere illis animos. Pro deum fidem, quid uobis uoltis?
Tribunos plebis concupistis; concordiae causa concessimus. 7
Decemuiros desiderastis; creari passi sumus. Decemuirorum

---

67 1 sententiam **N**: sententia *V*   mihi **N**: [n]ihil *V*   Quirites **N**: *om.*
V   conspectum uestrum *V*: contionem uestram **N**   iri **N**: ire *V*   pares
N: parses *V*   2 uiuitur is status **N**: uiuitu[r is st]atus *V*: is status
rerum est *secl. Karsten, sed cf.* 2. 40. 12, 8. 13. 2   diuinet **N**: diuindet
V   scissem **N**: scisse *V*   4 ignauissimi **N**: ignauissimi hi *V*   an uos
VH: annos *M, add.* os *M*^cs1 (*sc.* annosos): annuos *OU*: an nuos *P*   5 si
in *VOU*: sin *MHP*   nouere *MH*^cπ: mouere *H*: nonuere *V*   6 discordia **N**: discordiam *V*   est *V, Madvig*: et **N**   urbis huius *MHOP, cf.*
1. 16. 6 *et al.*: huius urbis *VU, cf.* 7. 30. 7   modus, dum **N**: modus
V   nos *V*: hos **N**   magistratuum **N**: magistratum *V*   illis *Clericus*:
illi *VMHPU*: *om. O*   7 causa *M*^cΔ: causam *VM*

8 uos pertaesum est; coegimus abire magistratu. Manente in
eosdem priuatos ira uestra, mori atque exulare nobilissimos
9 uiros honoratissimosque passi sumus. Tribunos plebis creare iterum uoluistis; creastis. Consules facere uestrarum
partium; etsi patribus uidebamus iniquum, patricium quoque magistratum plebi donum fieri uidimus. Auxilium tribunicium, prouocationem ad populum, scita plebis iniuncta
patribus, sub titulo aequandarum legum nostra iura
10 oppressa tulimus et ferimus. Qui finis erit discordiarum?
ecquando unam urbem habere, ecquando communem hanc
esse patriam licebit? Victi nos aequiore animo quiescimus
11 quam uos uictores. Satisne est nobis uos metuendos esse?
Aduersus nos Auentinum capitur, aduersus nos Sacer
occupatur mons; Esquiliasque uidemus ab hoste prope
captas et scandentem in aggerem Volscum hostem nemo
submouit. In nos uiri, in nos armati estis.

68   Agitedum, ubi hic curiam circumsederitis et forum in-
2 festum feceritis et carcerem impleueritis principibus, iisdem
istis ferocibus animis egredimini extra portam Esquilinam,
aut, si ne hoc quidem audetis, ex muris uisite agros uestros
ferro ignique uastatos, praedam abigi, fumare passim in-
3 censa tecta. At enim communis res per haec loco est peiore;
ager uritur, urbs obsidetur, belli gloria penes hostes est.
Quid tandem? priuatae res uestrae quo statu sunt? Iam
4 unicuique ex agris sua damna nuntiabuntur. Quid est

8 exulare *U*: exulari *MHOP*: *defit V*   9 iniquum *MPᶜU*: iniquos
HOP, sed HO iniquum *etiam inserunt ante* donum: *defit V*   uidimus Ω:
siuimus *Harant*   10 ecquando *Ed. Frob.* 1531: et quando Ω   ecquando
Ed. Frob. 1531: et quando **N**: (*om.* unam urbem habere ecquando *V*)
11 Esquiliasque] exquiliasq. *V*: aesquilias **N**   uidemus *Harant*: uid[emus]
V: quidem **N**: uidimus *Welz*   captas et scandentem *U*: capta set scandentem *M*: capta esset scandentem *Mᶜ*: captas et candentem *P*: captas
scandentem *HO*   Volscum hostem Ω, *cf.* 6. 13. 7: Volscum *Gron.*:
Volscum. Hostem *interpunxit Madvig*
     68 1 ubi Ω: quibus *Doering*   hic] huc *H, corr. Hᶜ*: in *OU*: hic *Uᶜˢˡ*
2 passim incensa *V, cf.* 22. 14. 1: incensa passim **N**   3 quo statu
MOPU: in quo statu *VH, cf.* 34. 51. 2: quo in statu *Ed. Rom.* 1469, *cf.*
25. 30. 2, 27. 5. 10   nuntiabuntur **N**: nuntiabantur *V*

tandem domi unde ea expleatis? Tribuni uobis amissa
reddent ac restituent? Vocis uerborumque quantum uoletis
ingerent, et criminum in principes et legum aliarum super
alias et contionum; sed ex illis contionibus nunquam
uestrum quisquam re, fortuna domum auctior rediit. Ecquis 5
rettulit aliquid ad coniugem ac liberos praeter odia offen-
siones simultates publicas priuatasque, a quibus semper non
uestra uirtute innocentiaque, sed auxilio alieno tuti sitis? At 6
hercules, cum stipendia nobis consulibus, non tribunis
ducibus, et in castris, non in foro faciebatis, et in acie
uestrum clamorem hostes, non in contione patres Romani
horrebant, praeda parta agro ex hoste capto pleni fortuna-
rum gloriaeque simul publicae simul priuatae triumphantes
domum ad penates redibatis: nunc oneratum uestris fortunis hostem abire sinitis. Haerete adfixi contionibus et in 7
foro uiuite: sequitur uos necessitas militandi quam fugitis.
Graue erat in Aequos et Volscos proficisci: ante portas est
bellum. Si inde non pellitur, iam intra moenia erit et arcem
et Capitolium scandet et in domos uestras uos persequetur.
Biennio ante senatus dilectum haberi et educi exercitum in 8
Algidum iussit: sedemus desides domi mulierum ritu inter
nos altercantes, praesenti pace laeti nec cernentes ex otio
illo breui multiplex bellum rediturum. His ego gratiora 9
dictu alia esse scio; sed me uera pro gratis loqui, etsi meum
ingenium non moneret, necessitas cogit. Vellem equidem
uobis placere, Quirites; sed multo malo uos saluos esse,
qualicumque erga me animo futuri estis. Natura hoc ita 10
comparatum est, ut qui apud multitudinem sua causa
loquitur gratior eo sit cuius mens nihil praeter publicum
commodum uidet; nisi forte adsentatores publicos, plebicolas

4 expleatis N: expletas *V*   re, fortuna *VM*π: fortuna re *H*: re
Rhenanus   5 Ecquis *M*: et quis π: ac quis *H*: *defit V*   6 At
hercules *MPO*: at hercule *P^cU*: Aut herculae *H*: adher[cules] *V*   capto
N: capta *V*   redibatis *V*: rediebatis N   7 sequitur N: sequetur
V   fugitis N: fungitis *V*   Aequos et Volscos N, *cf.* 3. 67. 1: aequos ac
uolscos *V*, *cf.* 3. 66. 3   persequetur N: persequentur *V*   8 haberi
et educi N: abierieduci *V*

istos, qui uos nec in armis nec in otio esse sinunt, uestra
11 uos causa incitare et stimulare putatis. Concitati aut honori aut quaestui illis estis; et quia in concordia ordinum
nullos se usquam esse uident, malae rei se quam nullius,
12 turbarum ac seditionum duces esse uolunt. Quarum rerum
si uos taedium tandem capere potest et patrum uestrosque
13 antiquos mores uoltis pro his nouis sumere, nulla supplicia
recuso, nisi paucis diebus hos populatores agrorum nostrorum fusos fugatosque castris exuero et a portis nostris
moenibusque ad illorum urbes hunc belli terrorem quo
nunc uos attoniti estis transtulero.'

69   Raro alias tribuni popularis oratio acceptior plebi quam
2 tunc seuerissimi consulis fuit. Iuuentus quoque, quae inter
tales metus detractationem militiae telum acerrimum aduersus patres habere solita erat, arma et bellum spectabat. Et
agrestium fuga spoliatique in agris et uolnerati, foediora iis
quae subiciebantur oculis nuntiantes, totam urbem ira im-
3 pleuere. In senatum ubi uentum est, ibi uero in Quinctium
omnes uersi ut unum uindicem maiestatis Romanae intueri,
et primores patrum dignam dicere contionem imperio consulari, dignam tot consulatibus ante actis, dignam uita omni,
4 plena honorum saepe gestorum, saepius meritorum. alios
consules aut per proditionem dignitatis patrum plebi adula-
tos aut acerbe tuendo iura ordinis asperiorem domando
multitudinem fecisse: T. Quinctium orationem memorem
maiestatis patrum concordiaeque ordinum et temporum in
5 primis habuisse. Orare eum collegamque ut capesserent rem
publicam; orare tribunos ut uno animo cum consulibus
bellum ab urbe ac moenibus propulsari uellent plebemque
oboedientem in re tam trepida patribus praeberent; appellare tribunos communem patriam auxiliumque eorum

    12 capere $M^c\Delta$: carpere M 13 quo $M^c\Delta$: qui M
    69 2 detractationem HPU: detractionem MO iis quae OP^c: iisque
P: his quae MU: hisque H 3 uita omni OPU: uitam omni MH:
uitam omnium M^c plena Δ: plenam M 4 fecisse M^cHO: fecisset
MP: fecissent U

implorare uastatis agris, urbe prope oppugnata. Consensu 6
omnium dilectus decernitur habeturque. Cum consules in
contione pronuntiassent tempus non esse causas cogno-
scendi, omnes iuniores postero die prima luce in campo Martio adessent; cognoscendis causis eorum qui nomina non 7
dedissent bello perfecto se daturos tempus; pro desertore
futurum, cuius non probassent causam—omnis iuuentus
adfuit postero die. Cohortes sibi quaeque centuriones lege- 8
runt; bini senatores singulis cohortibus praepositi. Haec
omnia adeo mature perfecta accepimus ut signa, eo ipso die
a quaestoribus ex aerario prompta delataque in campum,
quarta diei hora mota ex campo sint, exercitusque nouus,
paucis cohortibus ueterum militum uoluntate sequentibus,
manserit ad decimum lapidem. Insequens dies hostem in 9
conspectum dedit, castraque ad Corbionem castris sunt
coniuncta. Tertio die, cum ira Romanos, illos, cum totiens 10
rebellassent, conscientia culpae ac desperatio inritaret, mora
dimicandi nulla est facta.

  In exercitu Romano cum duo consules essent potestate 70
pari, quod saluberrimum in administratione magnarum
rerum est, summa imperii concedente Agrippa penes collegam erat; et praelatus ille facilitati submittentis se comiter
respondebat communicando consilia laudesque et aequando
imparem sibi. In acie Quinctius dextrum cornu, Agrippa 2
sinistrum tenuit; Sp. Postumio Albo legato datur media
acies tuenda; legatum alterum P. Sulpicium equitibus prae-
ficiunt. Pedites ab dextro cornu egregie pugnauere, haud 3
segniter resistentibus Volscis. P. Sulpicius per mediam 4
hostium aciem cum equitatu perrupit. Vnde cum eadem
reuerti posset ad suos, priusquam hostis turbatos ordines reficeret terga impugnare hostium satius uisum est;

  6 Cum consules *HO*: cum consules cum *P*: consules cum *P*ᶜ: cum conso
M: cum *M*ᶜ: consules *U*   10 conscientia] cum sciencia *H*: con-
sientia *M*, *add*. c *M*ᶜˢˡ   mora *Δ*: ora *H*
  70 1 facilitati *U*: facilitate *MHOP*   laudesque **N**: laudesque participando H. J. Müller   2 cornu *M*ᶜ*Δ*: cornum *M*

momentoque temporis in auersam incursando aciem ancipiti
terrore dissipasset hostes, ni suo proprio eum proelio equites
Volscorum et Aequorum exceptum aliquamdiu tenuissent.
5 Ibi uero Sulpicius negare cunctandi tempus esse, circum-
uentos interclusosque ab suis uociferans, ni equestre
6 proelium conixi omni ui perficerent; nec fugare equitem
integrum satis esse: conficerent equos uirosque, ne quis
reueheretur inde ad proelium aut integraret pugnam; non
posse illos resistere quibus sibi conferta peditum acies
7 cessisset. Haud surdis auribus dicta. Impressione una totum
equitatum fudere, magnam uim ex equis praecipitauere,
8 ipsos equosque spiculis confodere. Is finis pugnae equestris
fuit. Tunc adorti peditum aciem, nuntios ad consules rei
gestae mittunt, ubi iam inclinabatur hostium acies. Nuntius
deinde et uincentibus Romanis animos auxit et referentes
9 gradum perculit Aequos. In media primum acie uinci coepti,
10 qua permissus equitatus turbauerat ordines; sinistrum
deinde cornu ab Quinctio consule pelli coeptum; in dextro
plurimum laboris fuit. Ibi Agrippa, aetate uiribusque ferox,
cum omni parte pugnae melius rem geri quam apud se
uideret, arrepta signa ab signiferis ipse inferre, quaedam
11 iacere etiam in confertos hostes coepit; cuius ignominiae
metu concitati milites inuasere hostem. Ita aequata ex
omni parte uictoria est. Nuntius tum a Quinctio uenit
uictorem iam se imminere hostium castris; nolle inrumpere
12 antequam sciat debellatum et in sinistro cornu esse: si iam
fudisset hostes, conferret ad se signa, ut simul omnis exer-
13 citus praeda potiretur. Victor Agrippa cum mutua gratulatione ad uictorem collegam castraque hostium uenit. Ibi
paucis defendentibus momentoque fusis, sine certamine
in munitiones inrumpunt, praedaque ingenti compotem

4 auersam *Valla*: aduersam N　　　6 integrum *M*: interdum *Δ*　　reueheretur *MPᶜU*: reuehereatur *P*: reuehatur *O*: reuereatur *H*　　quibus
sibi *MPU*: sibi quibus *HO*　　　10 rem *Δ*: re *M*　　arrepta *Duker*:
accepta N　　　　　13 praedaque ingenti N: *an* praedaeque ingentis
scribendum?

exercitum suis etiam rebus reciperatis quae populatione
agrorum amissae erant reducunt. Triumphum nec ipsos 14
postulasse nec delatum iis ab senatu accipio, nec traditur
causa spreti aut non sperati honoris. Ego quantum in tanto 15
interuallo temporum conicio, cum Valerio atque Horatio
consulibus qui praeter Volscos et Aequos Sabini etiam belli
perfecti gloriam pepererant negatus ab senatu triumphus
esset, uerecundiae fuit pro parte dimidia rerum consulibus
petere triumphum, ne etiamsi impetrassent magis hominum
ratio quam meritorum habita uideretur.

Victoriam honestam ex hostibus partam turpe domi de 71
finibus sociorum iudicium populi deformauit. Aricini atque 2
Ardeates de ambiguo agro cum saepe bello certassent,
multis in uicem cladibus fessi iudicem populum Romanum
cepere. Cum ad causam orandam uenissent, concilio populi 3
a magistratibus dato magna contentione actum. Iamque
editis testibus, cum tribus uocari et populum inire suffragium
oporteret, consurgit P. Scaptius de plebe, magno natu, et
'Si licet' inquit, 'consules, de re publica dicere, errare ego
populum in hac causa non patiar.' Cum ut uanum eum 4
negarent consules audiendum esse uociferantemque prodi
publicam causam submoueri iussissent, tribunos appellat.
Tribuni, ut fere semper reguntur a multitudine magis quam 5
regunt, dedere cupidae audiendi plebi ut quae uellet Scaptius diceret. Ibi infit annum se tertium et octogesimum 6
agere, et in eo agro de quo agitur militasse, non iuuenem,
uicesima iam stipendia merentem, cum ad Coriolos sit bellatum. eo rem se uetustate oblitteratam, ceterum suae memor- 7
iae infixam adferre agrum de quo ambigitur finium Coriola-
norum fuisse captisque Coriolis iure belli publicum populi
Romani factum. mirari se quonam ore Ardeates Aricinique,

---

15 Horatio] oratio *MP*

71 3 inire suffragium *Δ*: iniret ut fragium *M*   Si licet *M*c*OP*: scilicet
MH: licet *U*   4 negarent *M*c*Δ*: negaret *M*   6 octogensimum
*MHP*c*U*: octagessimum *P*: nonagesimum *O*   agere *M*c*Δ*: ageret *Δ*
7 quonam ore *Klockius*: quonam more **N**

cuius agri ius nunquam usurpauerint incolumi Coriolana
re, eum se a populo Romano, quem pro domino iudicem
8 fecerint, intercepturos sperent. sibi exiguum uitae tempus superesse; non potuisse se tamen inducere in animum
quin, quem agrum miles pro parte uirili manu cepisset, eum
senex quoque uoce, qua una posset, uindicaret. magnopere
se suadere populo ne inutili pudore suam ipse causam
damnaret.

72 Consules cum Scaptium non silentio modo, sed cum
adsensu etiam audiri animaduertissent, deos hominesque
testantes flagitium ingens fieri, patrum primores arcessunt.
2 Cum iis circumire tribus, orare ne pessimum facinus peiore
exemplo admitterent iudices in suam rem litem uertendo,
cum praesertim etiamsi fas sit curam emolumenti sui iudici
esse, nequaquam tantum agro intercipiendo adquiratur,
3 quantum amittatur alienandis iniuria sociorum animis. nam
famae quidem ac fidei damna maiora esse quam quae
aestimari possent: hoc legatos referre domum, hoc uolgari,
hoc socios audire, hoc hostes, quo cum dolore hos, quo cum
4 gaudio illos? Scaptione hoc, comptionali seni, adsignaturos
putarent finitimos populos? clarum hac fore imagine Scaptium; sed populum Romanum quadruplatoris et inter-
5 ceptoris litis alienae personam laturum. quem enim hoc
priuatae rei iudicem fecisse ut sibi controuersiosam adiu-
dicaret rem? Scaptium ipsum id quidem, etsi praemortui
iam sit pudoris, non facturum.
6 Haec consules, haec patres uociferantur; sed plus cupiditas
et auctor cupiditatis Scaptius ualet. Vocatae tribus iudica-

7 iudicem Δ: iudice iudicem M   8 uirili Δ: uiri M   eum π:
tum MH

72 2 tribus Perizonius: tribunos N   iudici U: iudicis MOP: (om. 2
admitterent . . . 7 mansit H)   tantum π: om. M   4 Scaptione
Petrarch: scaptio ni MO: scaptioni PU   comptionali Sigonius: contionali
N   hac fore U, Nonnius: hoc fore MPO   Scaptium; sed Alschefski:
scaptium esse N: Scaptium Gron.   6 Scaptius PU: scapsius M: om.
O   ualet. Vocatae O: uocate uallet P: uocate ualet MPᶜ: uoce ualet
Mᶜ: uocare ualet U

uerunt agrum publicum populi Romani esse. Nec abnuitur 7
ita fuisse, si ad iudices alios itum foret; nunc haud sane
quicquam bono causae leuatur dedecus iudicii; idque non
Aricinis Ardeatibusque quam patribus Romanis foedius
atque acerbius uisum. Reliquum anni quietum ab urbanis
motibus et ab externis mansit.

7 bono **N**: bonae *M*ᶜ
  Subscriptio Titi Livi Nicomachvs Dexter V̄C̄ emendavi ab vrbe
cōnd victorianvs · V̄C̄ emendabā domnis symmachis liber · iii · explicit·
Incipit Liber · iiii · feliciter *H*   incipit liber iiii feliciter *P*   explicit lib · iii Titi Livi Liber Qvartvs Incipit Feliciter *O*   titi livii
qvartvs liber incipit *U*

T. LIVI

AB VRBE CONDITA

LIBER IV

1 Hos secuti M. Genucius et C. Curiatius consules. Fuit
annus domi forisque infestus. Nam principio anni et de
conubio patrum et plebis C. Canuleius tribunus plebis roga-
2 tionem promulgauit, qua contaminari sanguinem suum patres confundique iura gentium rebantur, et mentio primo
sensim inlata a tribunis ut alterum ex plebe consulem liceret fieri, eo processit deinde ut rogationem nouem tribuni
promulgarent, ut populo potestas esset, seu de plebe seu de
3 patribus uellet, consules faciendi. Id uero si fieret, non uolgari modo cum infimis, sed prorsus auferri a primoribus ad
4 plebem summum imperium credebant. Laeti ergo audiere
patres Ardeatium populum ob iniuriam agri abiudicati
descisse, et Veientes depopulatos extrema agri Romani, et
Volscos Aequosque ob communitam Verruginem fremere;
5 adeo uel infelix bellum ignominiosae paci praeferebant.
His itaque in maius etiam acceptis, ut inter strepitum
tot bellorum conticescerent actiones tribuniciae, dilectus
haberi, bellum armaque ui summa apparari iubent, si quo
intentius possit quam T. Quinctio consule apparatum sit.
6 Tum C. Canuleius, pauca in senatu uociferatus, nequiquam
territando consules auertere plebem a cura nouarum legum,
nunquam eos se uiuo dilectum habituros, antequam ea quae

---

1 1 C. Curiatius *Ogilvie*: P. Curiatius *Ed. Asc.* 1513: p. curatius **N**:
C. Curtius *Sigonius, coll. Varr. de Ling. Lat.* 5. 150   Nam principio
anni *Ogilvie:* nam anni principio *HOP^cU*: nam animi principio *P*: anni
nam principio *M*   5 conticescerent *HOP^c*: conticiscerent *MP*: con-
ticesserent *U*   6 nequiquam *Δ*: nequaquam *M*

promulgata ab se collegisque essent plebes sciuisset, confestim ad contionem aduocauit.

Eodem tempore et consules senatum in tribunum et tri- 2
bunus populum in consules incitabat. Negabant consules
iam ultra ferri posse furores tribunicios; uentum iam ad
finem esse; domi plus belli concitari quam foris. id adeo
non plebis quam patrum neque tribunorum magis quam
consulum culpa accidere. cuius rei praemium sit in ciuitate, 2
eam maximis semper auctibus crescere; sic pace bonos, sic
bello fieri. maximum Romae praemium seditionum esse; 3
seditiones singulis uniuersisque semper honori fuisse. remi- 4
niscerentur quam maiestatem senatus ipsi a patribus accepissent, quam liberis tradituri essent †ut quem ad modum†
plebs gloriari posset auctiorem amplioremque esse. finem
ergo non fieri, nec futuram donec quam felices seditiones
tam honorati seditionum auctores essent. quas quantasque 5
res C. Canuleium adgressum! conluuionem gentium, per-
turbationem auspiciorum publicorum priuatorumque adferre, ne quid sinceri, ne quid incontaminati sit, ut discrimine omni sublato nec se quisquam nec suos nouerit.
quam enim aliam uim conubia promiscua habere nisi ut 6
ferarum prope ritu uolgentur concubitus plebis patrumque?
ut qui natus sit ignoret, cuius sanguinis, quorum sacrorum
sit; dimidius patrum sit, dimidius plebis, ne secum quidem
ipse concors. parum id uideri quod omnia diuina humana- 7
que turbentur: iam ad consulatum uolgi turbatores accingi.
et primo ut alter consul ex plebe fieret, id modo sermonibus
temptasse; nunc rogari ut seu ex patribus seu ex plebe uelit
populus consules creet. et creaturos haud dubie ex plebe

6 sciuisset *Ed. Frob.* 1531: sciuisset et **N**, *cf.* 10. 12. 9

2 1 ferri *Δ*: ferre *M*   adeo non *Δ*: non adeo *M*   3 seditiones
D. M. Last: id et **N**: ideo *Weissenborn*   4 ipsi *π*: ipssi *H*: *om. M*
ut quemadmodum **N**: quemadmodum *Porson*: ut *Lehner*: tum quemadmodum *Rhenanus*: deminutam, dum *Ogilvie*   auctiorem *MU*: auctorem *HOP*   5 Canuleium *Δ*: canulegium *M*   incontaminati sit *Δ*:
incontaminatis *M*   7 parum *Δ*: patrum *M*   nunc *MH*: nuc *O*:
non *PU*   rogari ut *Δ*: rogari *M*   et creaturos **N**: creaturus *Dobree*

seditiosissimum quemque: Canuleios igitur Iciliosque con-
8 sules fore. ne id Iuppiter optimus maximus sineret regiae
maiestatis imperium eo recidere; et se miliens morituros
9 potius quam ut tantum dedecoris admitti patiantur. certum
habere maiores quoque, si diuinassent concedendo omnia
non mitiorem in se plebem, sed asperiorem alia ex aliis
10 iniquiora postulando cum prima impetrasset futuram, primo
quamlibet dimicationem subituros fuisse potius quam eas
leges sibi imponi paterentur. quia tum concessum sit de
11 tribunis, iterum concessum esse. finem non fieri posse si in
eadem ciuitate tribuni plebis et patres essent; aut hunc
ordinem aut illum magistratum tollendum esse, potiusque
sero quam nunquam obuiam eundum audaciae temerita-
12 tique. illine ut impune primo discordias serentes concitent
finitima bella, deinde aduersus ea quae concitauerint
armari ciuitatem defendique prohibeant, et cum hostes
tantum non arcessierint, exercitus conscribi aduersus hostes
13 non patiantur, sed audeat Canuleius in senatu proloqui se
nisi suas leges tamquam uictoris patres accipi sinant dilectum haberi prohibiturum? quid esse aliud quam minari se
proditurum patriam, oppugnari atque capi passurum? quid
eam uocem animorum, non plebi Romanae, sed Volscis et
14 Aequis et Veientibus allaturam? nonne Canuleio duce se
speraturos Capitolium atque arcem scandere posse? si
patribus tribuni cum iure ac maiestate adempta animos
etiam eripuerint, consules paratos esse duces prius aduersus
scelus ciuium quam aduersus hostium arma.
3 Cum maxime haec in senatu agerentur, Canuleius pro
2 legibus suis et aduersus consules ita disseruit: 'Quanto
opere uos, Quirites, contemnerent patres, quam indignos
ducerent qui una secum urbe intra eadem moenia uiueretis,

10 tum *MH*: dum *OPU*   11 si in *Conway*: in **N**   tribuni plebis
P: tr̄. pl *MU*: T̄R. P̄L *H*: tribunos plebis *O*: tribunos pleb̄ *M*ᶜˢ¹   essent
Conway: esse **N**   13 plebi *HOU*: plebis *MP*   14 si **N**: ni *Madvig*:
nisi *Luterbacher*   adempta *Δ*: adepta *M*
    3 2 qui una *U*, *Valla*: quia una *MHOP*   secum *Δ*: septum *M*

saepe equidem et ante uideor animaduertisse, nunc tamen 3
maxime quod adeo atroces in has rogationes nostras coorti
sunt, quibus quid aliud quam admonemus ciues nos eorum
esse et, si non easdem opes habere, eandem tamen patriam
incolere? Altera conubium petimus, quod finitimis exter- 4
nisque dari solet; nos quidem ciuitatem, quae plus quam
conubium est, hostibus etiam uictis dedimus: altera nihil 5
noui ferimus, sed id quod populi est repetimus atque usur-
pamus, ut quibus uelit populus Romanus honores mandet.
Quid tandem est cur caelum ac terras misceant, cur in me 6
impetus modo paene in senatu sit factus, negent se manibus
temperaturos, uiolaturosque denuntient sacrosanctam potestatem? Si populo Romano liberum suffragium datur, ut 7
quibus uelit consulatum mandet, et non praeciditur spes
plebeio quoque, si dignus summo honore erit, apiscendi
summi honoris, stare urbs haec non poterit? de imperio
actum est? et perinde hoc ualet, plebeiusne consul fiat,
tamquam seruum aut libertinum aliquis consulem futurum
dicat? Ecquid sentitis in quanto contemptu uiuatis? Lucis 8
uobis huius partem, si liceat, adimant; quod spiratis, quod
uocem mittitis, quod formas hominum habetis, indignantur.
Quin etiam, si dis placet, nefas aiunt esse consulem ple- 9
beium fieri. Obsecro uos, si non ad fastos, non ad commentarios pontificum admittimur, ne ea quidem scimus quae
omnes peregrini etiam sciunt, consules in locum regum
successisse nec aut iuris aut maiestatis quicquam habere
quod non in regibus ante fuerit? Enunquam creditis fando 10
auditum esse, Numam Pompilium, non modo non patricium
sed ne ciuem quidem Romanum, ex Sabino agro accitum,
populi iussu, patribus auctoribus Romae regnasse? L. 11
deinde Tarquinium, non Romanae modo sed ne Italicae

7 actum est Δ: factum est M   plebeiusne U: plebeius ne HOP:
plebeius nec M   8 Ecquid M: etquid H: et quid OPU   9 fastos
MPUOᶜ: factos O: fatos H   ne ea HOᶜU: ne aa O: nec ea MP
10 Enunquam Petrarch: en umquam MO: enim quam P: en inquam
PᶜU: ennumquam H   auctoribus Ed. Rom. 1469: om. N

247

quidem gentis, Demarati Corinthii filium, incolam ab Tar-
12 quiniis, uiuis liberis Anci, regem factum? Ser. Tullium
post hunc, captiua Corniculana natum, patre nullo, matre
serua, ingenio, uirtute regnum tenuisse? Quid enim de T.
Tatio Sabino dicam, quem ipse Romulus, parens urbis, in
13 societatem regni accepit? Ergo dum nullum fastiditur genus
in quo eniteret uirtus, creuit imperium Romanum. Paeniteat
nunc uos plebeii consulis, cum maiores nostri aduenas reges
non fastidierint, et ne regibus quidem exactis clausa urbs
14 fuerit peregrinae uirtuti? Claudiam certe gentem post reges
exactos ex Sabinis non in ciuitatem modo accepimus sed
15 etiam in patriciorum numerum. Ex peregrinone patricius, deinde consul fiat, ciuis Romanus si sit ex plebe,
16 praecisa consulatus spes erit? Vtrum tandem non credimus fieri posse, ut uir fortis ac strenuus, pace belloque
17 bonus, ex plebe sit, Numae, L. Tarquinio, Ser. Tullio
similis, an, ne si sit quidem, ad gubernacula rei publicae
accedere eum patiemur, potiusque decemuiris, taeterri-
mis mortalium, qui tum omnes ex patribus erant, quam
optimis regum, nouis hominibus, similes consules sumus
habituri?

4   At enim nemo post reges exactos de plebe consul fuit.
Quid postea? Nullane res noua institui debet? et quod nondum est factum—multa enim nondum sunt facta in nouo
2 populo—ea ne si utilia quidem sunt fieri oportet? Pontifices, augures Romulo regnante nulli erant; ab Numa Pompilio creati sunt. Census in ciuitate et descriptio centuriarum
3 classiumque non erat; ab Ser. Tullio est facta. Consules
nunquam fuerant; regibus exactis creati sunt. Dictatoris

11 Demarati *Ed. Rom.* 1469: Demarathi N   Corinthii *O*: corinthi
MH: chorinthi *P*: chorintii *U*   ab *Δ, cf.* 1. 34. 5, *et. al.*: a *M*
12 Corniculana *MOP*: cornicula nam *H*: cornicula *U*   13 eniteret
*M*ᶜπ: enuteret *M*: enim terret *H*   nunc uos *Δ*: uos *M*   17 ne si
sit *Δ*: ne sit *M*

4 2 ab Numa *HOPU*ᶜ, *cf.* 1. 32. 2: a numa *M*: ab nunuma *U*   descriptio N, *cf.* 1. 42. 5: discriptio *H. J. Müller*   classiumque *MOP*ᶜ*U*: classi
usque *P*: clausiumque *H*   3 fuerant *Ed. Rom.* 1469: fuerunt N

nec imperium nec nomen fuerat; apud patres esse coepit.
Tribuni plebi, aediles, quaestores nulli erant; institutum est
ut fierent. Decemuiros legibus scribendis intra decem hos
annos et creauimus et e re publica sustulimus. Quis dubitat 4
quin in aeternum urbe condita, in immensum crescente noua
imperia, sacerdotia, iura gentium hominumque instituantur?
Hoc ipsum, ne conubium patribus cum plebe esset, non 5
decemuiri tulerunt paucis his annis pessimo exemplo cum
summa iniuria plebis? An esse ulla maior aut insignitior
contumelia potest quam partem ciuitatis uelut contamina-
tam indignam conubio haberi? Quid est aliud quam ex- 6
silium intra eadem moenia, quam relegationem pati? Ne
adfinitatibus, ne propinquitatibus immisceamur cauent, ne
societur sanguis. Quid? hoc si polluit nobilitatem istam 7
uestram, quam plerique oriundi ex Albanis et Sabinis non
genere nec sanguine sed per cooptationem in patres habetis,
aut ab regibus lecti aut post reges exactos iussu populi,
sinceram seruare priuatis consiliis non poteratis, nec
ducendo ex plebe neque uestras filias sororesque enubere
sinendo e patribus? Nemo plebeius patriciae uirgini uim 8
adferret; patriciorum ista libido est; nemo inuitum pactionem nuptialem quemquam facere coegisset. Verum enim- 9
uero lege id prohiberi et conubium tolli patrum ac plebis,
id demum contumeliosum plebi est. Cur enim non fertis, ne
sit conubium diuitibus ac pauperibus? Quod priuatorum 10
consiliorum ubique semper fuit, ut in quam cuique feminae
conuenisset domum nuberet, ex qua pactus esset uir domo,
in matrimonium duceret, id uos sub legis superbissimae
uincula conicitis, qua dirimatis societatem ciuilem duasque
ex una ciuitate faciatis. Cur non sancitis ne uicinus patricio 11

5 pessimo exemplo *Δ*: publico *P*cm: pessimo exemplo publico *M*   insignitior *MP*: insignior *HOP*c*U*   6 cauent *Ed. Rom.* 1470: caueant **N**
7 istam *Δ*: iustam *M*   oriundi *Δ*: oriundum *M*   enubere *Rhenanus*:
et nubere *MHOP*: nubere *U*   8 pactionem *Δ*: actionem *M*: p *add.*
*M*csl   9 Cur enim non fertis *Madvig*: cur enim non confertis
MHO: cur non confertis *U*: curent non confertis *P*   10 ciuitate *Δ*,
cf. 2. 24. 1: ciuitates *M*   11 sancitis *π*: sanctitis *M*: facitis *H*

sit plebeius nec eodem itinere eat, ne idem conuiuium ineat, ne in foro eodem consistat? Quid enim in re est aliud,
si plebeiam patricius duxerit, si patriciam plebeius? Quid
12 iuris tandem immutatur? Nempe patrem sequuntur liberi.
Nec quod nos ex conubio uestro petamus quicquam est,
praeterquam ut hominum, ut ciuium numero simus, nec
uos, nisi in contumeliam ignominiamque nostram certare
iuuat, quod contendatis quicquam est.

5   Denique utrum tandem populi Romani an uestrum summum imperium est? Regibus exactis utrum uobis dominatio
2 an omnibus aequa libertas parta est? Oportet licere populo
Romano, si uelit, iubere legem, an ut quaeque rogatio promulgata erit uos dilectum pro poena decernetis, et simul
ego tribunus uocare tribus in suffragium coepero, tu statim
consul sacramento iuniores adiges et in castra educes, et
3 minaberis plebi, minaberis tribuno? Quid si non quantum
istae minae aduersus plebis consensum ualerent bis iam
experti essetis? Scilicet quia nobis consultum uolebatis,
certamine abstinuistis; an ideo non est dimicatum, quod
4 quae pars firmior eadem modestior fuit? Nec nunc erit
certamen, Quirites; animos uestros illi temptabunt semper,
5 uires non experientur. Itaque ad bella ista, seu falsa seu
uera sunt, consules, parata uobis plebes est, si conubiis
redditis unam hanc ciuitatem tandem facitis, si coalescere, si
iungi miscerique uobis priuatis necessitudinibus possunt,
si spes, si aditus ad honores uiris strenuis et fortibus datur,
si in consortio, si in societate rei publicae esse, si, quod aequandae libertatis est, in uicem annuis magistratibus parere
6 atque imperitare licet. Si haec impediet aliquis, ferte ser-

11 itinere eat, ne idem conuiuium ineat, ne *MP*: itinere eat nec
conuiuium ineat nec *O*: conuiuium ineat ne *H*: itinere eat ne *U*   immutatur *M*: mutatur *Δ*
    5 2 decernetis *MO*: decertis *H, add.* ne *H*[cs1]: decertatis *U, add.* n *U*[cs1]
(*sc.* decernatis): decernitis *P*   ego *Δ*: ergo *M*   coepero, tu *Δ*: coeperit
ut *M*   3 nobis *Ed. Rom.* 1469: uobis **N**: uos nobis *Bayet*   5 aequandae libertatis *Porson, coll.* 3. 31. 7: aequae libertatis **N**   6 impediet
MPU: impedit *HO*

monibus et multiplicate fama bella; nemo est nomen datu-
rus, nemo arma capturus, nemo dimicaturus pro superbis
dominis, cum quibus nec in re publica honorum nec in
priuata conubii societas est.'

Cum in contionem et consules processissent et res a per- 6
petuis orationibus in altercationem uertisset, interroganti tribuno cur plebeium consulem fieri non oporteret, ut fortasse 2
uere, sic parum utiliter in praesens certamen respondit,
quod nemo plebeius auspicia haberet, ideoque decemuiros
conubium diremisse ne incerta prole auspicia turbarentur.
Plebes ad id maxime indignatione exarsit, quod auspicari, 3
tamquam inuisi dis immortalibus, negarentur posse; nec
ante finis contentionum fuit, cum et tribunum acerrimum
auctorem plebes nacta esset et ipsa cum eo pertinacia certaret, quam uicti tandem patres ut de conubio ferretur concessere, ita maxime rati contentionem de plebeiis consulibus 4
tribunos aut totam deposituros aut post bellum dilaturos
esse, contentamque interim conubio plebem paratam dilectui fore.

Cum Canuleius uictoria de patribus et plebis fauore ingens 5
esset, accensi alii tribuni ad certamen pro rogatione sua
summa ui pugnant et crescente in dies fama belli dilectum
impediunt. Consules, cum per senatum intercedentibus 6
tribunis nihil agi posset, consilia principum domi habebant.
Apparebat aut hostibus aut ciuibus de uictoria conceden-
dum esse. Soli ex consularibus Valerius atque Horatius non 7
intererant consiliis. C. Claudi sententia consules armabat in
tribunos, Quinctiorum Cincinnatique et Capitolini sententiae abhorrebant a caede uiolandisque quos foedere icto cum

6 fama $M^c\Delta$: famam M

6 1 uertisset Δ: uertissent M 2 respondit **N**: respondetur *Ruperti*:
responsum *Bitschofsky*: *fortasse* Curiatius respondit   3 nec ante Δ:
negante M concessere *Rhenanus*: consenserere concessere M:
consensere Δ 4 contentionem *Petrarch*: cotentionem M: contionem
Δ 5 uictoria Δ: uictoriam M belli Δ: *om. M*   6 posset Δ:
possit M aut ciuibus Δ: ut ciuibus M 7 Quinctiorum Δ:
quintianorum M

8 plebe sacrosanctos accepissent. Per haec consilia eo deducta
est res, ut tribunos militum consulari potestate promisce ex
patribus ac plebe creari sinerent, de consulibus creandis
nihil mutaretur; eoque contenti tribuni, contenta plebs fuit.
9 Comitia tribunis consulari potestate tribus creandis indicuntur. Quibus indictis, extemplo quicumque aliquid seditiose
dixerat aut fecerat unquam, maxime tribunicii, et prensare
10 homines et concursare toto foro candidati coepere, ut patricios desperatio primo inritata plebe adipiscendi honoris,
deinde indignatio, si cum his gerendus esset honos, deter-
reret. Postremo coacti tamen a primoribus petiere, ne
11 cessisse possessione rei publicae uiderentur. Euentus eorum
comitiorum docuit alios animos in contentione libertatis
dignitatisque, alios secundum deposita certamina incor-
rupto iudicio esse; tribunos enim omnes patricios creauit
12 populus, contentus eo quod ratio habita plebeiorum esset.
Hanc modestiam aequitatemque et altitudinem animi ubi
nunc in uno inueneris, quae tum populi uniuersi fuit?
7   Anno trecentesimo decimo quam urbs Roma condita erat
primum tribuni militum pro consulibus magistratum ineunt,
A. Sempronius Atratinus, L. Atilius, T. Cluilius, quorum
in magistratu concordia domi pacem etiam foris praebuit.
2 Sunt qui propter adiectum Aequorum Volscorumque bello
et Ardeatium defectioni Veiens bellum, quia duo consules obire
obire tot simul bella nequirent, tribunos militum tres creatos
dicant, sine mentione promulgatae legis de consulibus creandis ex plebe. Et imperio et insignibus consularibus usi sunt.
3 Non tamen pro firmato iam stetit magistratus eius ius, quia
tertio mense quam inierunt, augurum decreto perinde ac

9 indicuntur Δ: inducuntur M   unquam *Crevier*: hunc quam N
10 adipiscendi HO: adpiscendi M: apiscendi PU   petiere Δ: petire M:
petere Mᶜ   11 contentione HO: contione MPU   libertatis
Δ: libertati M   12 altitudinem Δ: habitudinem M
7 1 Atilius MOPᶜU: tatilius P: altilius H   Cluilius *Ogilvie, coll.*
4. 11. 5: caecilius M: caelius H, ci *add.* Hᶜˢ¹: cecilius π: Cloelius *Sigonius*   2 usi sunt V: usos N   3 firmato U: famato V: formato
MHOP

AB VRBE CONDITA 4. 7. 3

uitio creati, honore abiere, quod C. Curiatius qui comitiis
eorum praefuerat parum recte tabernaculum cepisset.

Legati ab Ardea Romam uenerunt, ita de iniuria que- 4
rentes ut si demeretur ea in foedere atque amicitia mansuros
restituto agro appareret. Ab senatu responsum est iudicium 5
populi rescindi ab senatu non posse, praeterquam quod nullo
nec exemplo nec iure fieret, concordiae etiam ordinum
causa: si Ardeates sua tempora exspectare uelint arbitrium- 6
que senatui leuandae iniuriae suae permittant, fore ut postmodo gaudeant se irae moderatos, sciantque patribus
aeque curae fuisse ne qua iniuria in eos oreretur ac ne orta
diuturna esset. Ita legati cum se rem integram relaturos 7
dixissent, comiter dimissi.

Patricii cum sine curuli magistratu res publica esset,
coiere et interregem creauere. Contentio consulesne an tribuni militum crearentur in interregno rem dies complures
tenuit. Interrex ac senatus, consulum comitia, tribuni plebis 8
et plebs, tribunorum militum ut habeantur, tendunt. Vicere
patres, quia et plebs, patriciis seu hunc seu illum delatura
honorem, frustra certare supersedit, et principes plebis ea 9
comitia malebant, quibus non haberetur ratio sua, quam
quibus ut indigni praeterirentur. Tribuni quoque plebi
certamen sine effectu in beneficio apud primores patrum
reliquere. T. Quinctius Barbatus interrex consules creat 10
L. Papirium Mugillanum L. Sempronium Atratinum. His
consulibus cum Ardeatibus foedus renouatum est; idque
monumenti est consules eos illo anno fuisse, qui neque in
annalibus priscis neque in libris magistratuum inueniun-
tur. Credo, quod tribuni militum initio anni fuerunt, eo 11

3 C. Curiatius N: c. curatius V: centum curiatius M: C. Curtius Sigonius; cf. 4. 1. 1.   recte Ω: rite Valesius   4 Ardea VHOPᶜU: ardeat P:
ardeatibus M   6 irae HO: iram VPU: ut . . . irae om. M; cf. 8. 33.
15   7 coiere HOU: coire V: coierere M: colere P   8 Vicere
V: uicerunt N   et plebs N: plebs V   delatura N: delaturam V
9 reliquere. Titus Δ: relinquere Titus V: reliqueretur M   10 Mugillanum Sigonius: mugilanum Ω   eos N: eo V   11 fuerunt, eo N:
fuerunta . . . V

253

perinde ac totum annum in imperio fuerint, suffectis iis consulibus praetermissa ⟨nomina⟩. Nomina consulum horum
12 Licinius Macer auctor est et in foedere Ardeatino et in lin-
teis libris ad Monetae inuenta. Et foris, cum tot terrores a
finitimis ostentati essent, et domi otium fuit.

8 Hunc annum, seu tribunos modo seu tribunis suffectos
consules quoque habuit, sequitur annus haud dubiis consulibus, M. Geganio Macerino iterum T. Quinctio Capitolino
2 quintum. Idem hic annus censurae initium fuit, rei a parua
origine ortae, quae deinde tanto incremento aucta est, ut
morum disciplinaeque Romanae penes eam regimen, senatui
equitumque centuriis decoris dedecorisque discrimen, sub
dicione eius magistratus publicorum ius priuatorumque
locorum, uectigalia populi Romani sub nutu atque arbitrio
3 essent. Ortum autem initium est rei, quod in populo per
multos annos incenso neque differri census poterat neque
consulibus, cum tot populorum bella imminerent, operae
4 erat id negotium agere. Mentio inlata ad senatum est rem
operosam ac minime consularem suo proprio magistratu
egere, cui scribarum ministerium custodiaeque tabularum
5 cura, cui arbitrium formulae censendi subiceretur. Et patres
quamquam rem paruam, tamen quo plures patricii
magistratus in re publica essent, laeti accepere, id quod
euenit futurum, credo, etiam rati, ut mox opes eorum qui
praeessent ipsi honori ius maiestatemque adicerent, et

11 perinde ac V, cf. 2. 58. 1: perinde ac si MHO, cf. 5. 14. 2: postinde
ac si PU   nomina add. Peter: suffectos iis consules praetermissos Madvig
12 et in foedere N: etiam in foedere V   ad Monetae HO: ad monete
MP: ammonet U: ad moneta V   inuenta VU: inuentae MHO: inuente
P   Et foris N: foris V

8 1 quintum Gron.: quintum consule MHPU: quintum consulem O:
quintum [. . . .] (sc. cons.) V; cf. 3. 67. 1   2 senatui M. Müller:
senatus Ω   sub dicione V: sub ditione MH: sub conditione π   magistratus N: magistratus ius V   publicorum ius VΔ: publicorum M
3 est rei π: est regi H: fiunt rei M: sit rei Mᶜ: deft V   4 ad
senatum Alschefski: ab senatum P: ab senatu MHOPᶜU: in senatu Novák:
apud senatum Madvig   tabularum Crevier: et tabularum N

tribuni, id quod tunc erat, magis necessarii quam speciosi 6
ministerii procurationem intuentes, ne in paruis quoque
rebus incommode aduersarentur, haud sane tetendere. Cum 7
a primoribus ciuitatis spretus honor esset, Papirium Sem-
proniumque, quorum de consulatu dubitabatur, ut eo
magistratu parum solidum consulatum explerent, censui
agendo populus suffragiis praefecit. Censores ab re appellati sunt.

Dum haec Romae geruntur, legati ab Ardea ueniunt, pro 9
ueterrima societate renouatoque foedere recenti auxilium
prope euersae urbi implorantes. Frui namque pace optimo 2
consilio cum populo Romano seruata per intestina arma
non licuit; quorum causa atque initium traditur ex certamine factionum ortum, quae fuerunt eruntque pluribus 3
populis magis exitio quam bella externa, quam fames
morbiue quaeque alia in deum iras uelut ultima publicorum malorum uertunt. Virginem plebeii generis maxime 4
forma notam petiere iuuenes, alter uirgini genere par,
tutoribus fretus, qui et ipsi eiusdem corporis erant, nobilis
alter, nulla re praeterquam forma captus. Adiuuabant 5
eum optimatium studia, per quae in domum quoque puellae certamen partium penetrauit. Nobilis superior iudicio
matris esse, quae quam splendidissimis nuptiis iungi puellam uolebat: tutores in ea quoque re partium memores ad
suum tendere. Cum res peragi intra parietes nequisset, 6
uentum in ius est. Postulatu audito matris tutorumque,
magistratus secundum parentis arbitrium dant ius nupti-
arum. Sed uis potentior fuit; namque tutores, inter suae 7
partis homines de iniuria decreti palam in foro contionati,
manu facta uirginem ex domo matris rapiunt; aduersus 8

6 necessarii *Madvig*: necessarium **N**   7 dubitabatur *Mπ*: dubitur
H: dubitatur *Ed. Rom.* 1469
    9 2 causa *Δ*: causae *M*   3 fuerunt *M*: fuere *Δ*   deum *Δ*: deos *M*:
um *M*csl   4 petiere **N**: duo petiere *Doering*   5 per quae *π*: per
qua *M*: per qua⸱ *H*   in domum *HOP*: in domo *MU*: um *U*csl
6 intra *Δ*: inter *M*   dant ius *HPU*: dantium *M*: dant ius *O*c *in ras.*

quos infestior coorta optimatium acies sequitur accensum
iniuria iuuenem. Fit proelium atrox. Pulsa plebs, nihil
Romanae plebi similis, armata ex urbe profecta, colle
quodam capto, in agros optimatium cum ferro ignique
9 excursiones facit; urbem quoque, omnis etiam expertem
ante certaminis, multitudine opificum ad spem praedae
10 euocata, obsidere parat; nec ulla species cladesque belli
abest, uelut contacta ciuitate rabie duorum iuuenum
11 funestas nuptias ex occasu patriae petentium. Parum parti
utrique domi armorum bellique est uisum; optimates
Romanos ad auxilium urbis obsessae, plebs ad expugnan-
12 dam secum Ardeam Volscos exciuere. Priores Volsci duce
Aequo Cluilio Ardeam uenere et moenibus hostium uallum
13 obiecere. Quod ubi Romam est nuntiatum, extemplo M.
Geganius consul cum exercitu profectus tria milia passuum
ab hoste locum castris cepit, praecipitique iam die curare
corpora milites iubet. Quarta deinde uigilia signa profert;
coeptumque opus adeo adproperatum est, ut sole orto Volsci
firmiore se munimento ab Romanis circumuallatos quam
14 a se urbem uiderent; et alia parte consul muro Ardeae
brachium iniunxerat, qua ex oppido sui commeare possent.
10　Volscus imperator, qui ad eam diem non commeatu prae-
parato sed ex populatione agrorum rapto in diem frumento aluisset militem, postquam saeptus uallo repente inops
omnium rerum erat, ad conloquium consule euocato, si
soluendae obsidionis causa uenerit Romanus, abducturum
2 se inde Volscos ait. Aduersus ea consul uictis condiciones ac-
cipiendas esse, non ferendas respondit, neque ut uenerint ad
oppugnandos socios populi Romani suo arbitrio, ita abituros
3 Volscos esse. Dedi imperatorem, arma poni iubet, fatentes

8 plebi *Δ*: plebis *M*　　　9 euocata *Mᶜπ*: aeuocata *H*: reuocata *M*
12 Cluilio *Ed. Frob.* 1535: ciuilio *V*: ciuili **N**　　　13 tria milia passuum
O: ͞I͞I͞I · ͞M͞I͞L passuum *H*: ɪɪɪ milia passuum *U*: ɪɪɪ mił. passum *MP*: [ɪɪ]ɪ
passuum *V*　　munimento *VHPU*: monumento *MO*　　　14 iniunxerat
MHOP: inuixerat (*uel* iniuxerat) *U*: iunxerat *V*

　10 1 ad eam diem *MHOP*: ad eum diem *U*: ad eadem diem *V*　　consule *Δ*: consulis *M*: *defit V*　　　2 esse *Δ*: *om. M*: *defit V*

uictos se esse et imperio parere; aliter tam abeuntibus quam
manentibus se hostem infensum uictoriam potius ex Volscis
quam pacem infidam Romam relaturum. Volsci exiguam 4
spem in armis alia undique abscisa cum temptassent, praeter cetera aduersa loco quoque iniquo ad pugnam congressi,
iniquiore ad fugam, cum ab omni parte caederentur, ad
preces a certamine uersi, dedito imperatore traditisque
armis sub iugum missi, cum singulis uestimentis ignominiae
cladisque pleni dimittuntur; et cum haud procul urbe 5
Tusculo consedissent, uetere Tusculanorum odio inermes
oppressi dederunt poenas, uix nuntiis caedis relictis.
Romanus Ardeae turbatas seditione res principibus eius 6
motus securi percussis bonisque eorum in publicum Ardeatium redactis composuit; demptamque iniuriam iudicii
tanto beneficio populi Romani Ardeates credebant; senatui
superesse aliquid ad delendum publicae auaritiae monumentum uidebatur. Consul triumphans in urbem redit, Cluilio 7
duce Volscorum ante currum ducto praelatisque spoliis
quibus dearmatum exercitum hostium sub iugum miserat.

Aequauit, quod haud facile est, Quinctius consul togatus 8
armati gloriam collegae, quia concordiae pacisque domesticae curam iura infimis summisque moderando ita tenuit ut
eum et patres seuerum consulem et plebs satis comem crediderint. Et aduersus tribunos auctoritate plura quam certa- 9
mine tenuit; quinque consulatus eodem tenore gesti uitaque
omnis consulariter acta uerendum paene ipsum magis quam
honorem faciebat. Eo tribunorum militarium nulla mentio
his consulibus fuit; consules creantur M. Fabius Vibulanus 11
Postumus Aebutius Cornicen. Fabius et Aebutius consules,

3 infensum N: infestum V   6 Ardeae turbatas seditione res
HOU: ardeae turbata seditione res MP: ardea turbata seditione V
7 Cluilio Vascosanus: ciuilio MHO: ciuili PU   8 quia HU: qua
MOP: defit V   domesticae Iac. Gron.: domesticam N: defit V   9 faciebat VO: faciebant MHPU
    11 1 creantur V: creant N   Fabius Vibulanus] Fabius Bibulanus V:
fabium uibulanum N   Postumus] Postumius V: postumum MHOP:
postumium U   Aebutius V: aebutium N   Cornicen] [.]ornicen V:

2 quo maiori gloriae rerum domi forisque gestarum succedere
se cernebant, maxime autem memorabilem annum apud
finitimos socios hostesque esse quod Ardeatibus in re
3 praecipiti tanta foret cura subuentum, eo impensius ut
delerent prorsus ex animis hominum infamiam iudicii, senatus consultum fecerunt ut, quoniam ciuitas Ardeatium intestino tumultu redacta ad paucos esset, coloni eo praesidii
4 causa aduersus Volscos scriberentur. Hoc palam relatum in
tabulas, ut plebem tribunosque falleret iudicii rescindendi
consilium initum; consenserant autem ut, multo maiore
parte Rutulorum colonorum quam Romanorum scripta,
nec ager ullus diuideretur nisi is, qui interceptus iudicio
infami erat, nec ulli prius Romano ibi quam omnibus
5 Rutulis diuisus esset, gleba ulla agri adsignaretur. Sic ager
ad Ardeates rediit. Triumuiri ad coloniam Ardeam deducendam creati Agrippa Menenius, T. Cluilius Siculus,
6 M. Aebutius Helua. Qui praeter minime populare ministerium agro adsignando sociis quem populus Romanus suum
iudicasset cum plebem offendissent, ne primoribus quidem
patrum satis accepti, quod nihil gratiae cuiusquam dede-
7 rant, uexationes ad populum iam die dicta ab tribunis,
remanendo in colonia quam testem integritatis iustitiaeque
habebant, uitauere.

12   Pax domi forisque fuit et hoc et insequente anno, C. Furio
2 Pacilo et M. Papirio Crasso consulibus. Ludi ab decemuiris per secessionem plebis a patribus ex senatus con-
3 sulto uoti eo anno facti sunt. Causa seditionum nequiquam

cornicem *H*: cornicinem *Mπ*   2 memorabilem annum] memorabile
manum *M*: memorabile annum *O*   foret *Mπ*: fore *V*: feret *H*
3 coloni] colonie *H*: colono *U, corr. Uᶜ*   4 nisi is **N**: nisi hiis *V*
5 Cluilius *VMP*: ciuilius *HO*: duilius *U*; *cf.* 4. 7. 1   6 adsignando
MHP: assignando *OU*: adsignandos *V*   7 *ante* remanendo *add.*
coloni adscripti *Δ*, coloni adscribiti *M*

   12 1 C. Furio *Ω*: Q. Furio *Ogilvie, coll.* 3. 54. 5, *Diod. Sic.* 12. 53. 1
Pacilo *Sigonius*: pacilio *Δ*: p̄. *M*: [. . . .]lio *V*: Paculo *Conway*   2 uoti
N: uotis *V*   3 nequiquam *HOU*: necquicquam *V*: nequaquam
MP

a Poetelio quaesita, qui tribunus plebis iterum ea ipsa
denuntiando factus, neque ut de agris diuidendis plebi 4
referrent consules ad senatum peruincere potuit, et cum
magno certamine obtinuisset ut consulerentur patres, consulum an tribunorum placeret comitia haberi, consules
creari iussi sunt; ludibrioque erant minae tribuni denunti- 5
antis se dilectum impediturum, cum quietis finitimis neque
bello neque belli apparatu opus esset.

Sequitur hanc tranquillitatem rerum annus Proculo 6
Geganio Macerino L. Menenio Lanato consulibus multiplici clade ac periculo insignis, seditionibus, fame, regno
prope per largitionis dulcedinem in ceruices accepto; unum 7
afuit bellum externum; quo si adgrauatae res essent, uix
ope deorum omnium resisti potuisset. Coepere a fame
mala, seu aduersus annus frugibus fuit, seu dulcedine contionum et urbis deserto agrorum cultu; nam utrumque
traditur. Et patres plebem desidem et tribuni plebis nunc
fraudem, nunc neglegentiam consulum accusabant. Po- 8
stremo perpulere plebem, haud aduersante senatu, ut L.
Minucius praefectus annonae crearetur, felicior in eo
magistratu ad custodiam libertatis futurus quam ad
curationem ministerii sui, quamquam postremo annonae
quoque leuatae haud immeritam et gratiam et gloriam
tulit. Qui cum multis circa finitimos populos legationibus 9
terra marique nequiquam missis, nisi quod ex Etruria haud
ita multum frumenti aduectum est, nullum momentum
annonae fecisset, et reuolutus ad dispensationem inopiae,
profiteri cogendo frumentum et uendere quod usui men- 10
struo superesset, fraudandoque parte diurni cibi seruitia,

3 Poetelio *Sigonius*: poetilio *VHPU*: petilio *O*: poetirio *M*   5 bello
neque *MHOP^cU*: *om. V*: bello q neque *P*   6 consulibus *MHU*:
conss *P*: cons *O*: conssubi *V*   8 haud aduersante *MHO*: aut aduersante *V*: haud uersante *U*: haud uersante *P*   curationem **N**: curatione
V   annonae quoque *Δ*: anone quoque *M*: annoae quoque *V*   9 ex
Etruria *Vπ*: extruria *MH*   nullum *V*: ut nullum *MHOP*: ut ullum *U*
10 et uendere *MHOP*: uendere *U*: ut uenderet *V*   usui *VM*: usu
Δ   parte *Rhenanus*: partem *Ω*

criminando inde et obiciendo irae populi frumentarios,
11 acerba inquisitione aperiret magis quam leuaret inopiam,
multi ex plebe, spe amissa, potius quam ut cruciarentur
trahendo animam, capitibus obuolutis se in Tiberim prae-
cipitauerunt.

13   Tum Sp. Maelius ex equestri ordine, ut illis temporibus
praediues, rem utilem pessimo exemplo, peiore consilio est
2 adgressus. Frumento namque ex Etruria priuata pecunia
per hospitum clientiumque ministeria coempto, quae,
credo, ipsa res ad leuandam publica cura annonam im-
pedimento fuerat, largitiones frumenti facere instituit;
3 plebemque hoc munere delenitam, quacumque incederet,
conspectus elatusque supra modum hominis priuati, secum
trahere, haud dubium consulatum plebeio fauore ac spe
4 despondente. Ipse, ut est humanus animus insatiabilis eo
quod fortuna spondet, ad altiora et non concessa tendere
et, quoniam consulatus quoque eripiendus inuitis patribus
esset, de regno agitare: id unum dignum tanto apparatu
consiliorum et certamine quod ingens exsudandum esset
5 praemium fore. Iam comitia consularia instabant; quae res
necdum compositis eum maturisue satis consiliis oppressit.
6 Consul sextum creatus T. Quinctius Capitolinus, minime
opportunus uir nouanti res; collega additur ei Agrippa
7 Menenius cui Lanato erat cognomen; et L. Minucius
praefectus annonae seu refectus seu, quoad res posceret, in
incertum creatus; nihil enim constat, nisi in libros linteos

13 1 ex equestri *MOP^cU*: ex sequestri *VP*: exquestri *H*   peiore
VMOP^cU: peiorem *HP*   2 hospitum *V*: hostium *Mπ*: postium *H*
publica cura annonam **N**: publicam curam annona *V*   3 delenitam
VP: delinitam *MHU*: delinatum *O*   incederet *VHOU*: incedere et *P*:
incideret *M*   elatusque *MHPU*: relatusque *O*: inflatusque *V*   priuati
M^cΔ: priuatis *VM*   plebeio fauore ac spe despondente *Ogilvie*: plebeio
fauore ac sipe despondente *V*: fauore ac spe despondentem **N**: plebe ei
fauore ac spe despondente *Mommsen*   4 patribus *Δ*: partibus *M*:
pa[. .]ib *V*   certamine *V*: certaminum **N**   5 [nec]dum compositis
eum *V*: eum necdum compositis **N**   6 Menenius *Δ*: mallius *V*:
iamaniliusenenius *M*   7 seu, quoad *H*: seu quod ad *OP*: seu quod
id *U*: seu seu quod *M*; *add. a M^cs1 (sc. quoad): seu quod *V*

utroque anno relatum inter magistratus praefecti nomen.
Hic Minucius eandem publice curationem agens quam 8
Maelius priuatim agendam susceperat, cum in utraque
domo genus idem hominum uersaretur, rem compertam ad
senatum defert: tela in domum Maeli conferri, eumque 9
contiones domi habere, ac non dubia regni consilia esse.
tempus agendae rei nondum stare: cetera iam conuenisse:
tribunos mercede emptos ad prodendam libertatem et par-
tita ducibus multitudinis ministeria esse. serius se paene
quam tutum fuerit, ne cuius incerti uanique auctor esset,
ea deferre. Quae postquam sunt audita, cum undique pri- 10
mores patrum et prioris anni consules increparent quod eas
largitiones coetusque plebis in priuata domo passi essent
fieri, et nouos consules quod exspectassent donec a praefecto annonae tanta res ad senatum deferretur, quae
consulem non auctorem solum desideraret sed etiam
uindicem, tum Quinctius consules immerito increpari ait, 11
qui constricti legibus de prouocatione ad dissoluendum
imperium latis, nequaquam tantum uirium in magistratu
ad eam rem pro atrocitate uindicandam quantum animi
haberent. opus esse non forti solum uiro sed etiam libero
exsolutoque legum uinclis. itaque se dictatorem L. Quinc- 12
tium dicturum; ibi animum parem tantae potestati esse.
Adprobantibus cunctis, Quinctius primo abnuere et quid
sibi uellent rogitare qui se aetate exacta tantae dimicationi
obicerent. Dein cum undique plus in illo senili animo non 13
consilii modo sed etiam uirtutis esse quam in omnibus aliis

7 relatum N: relatus V   8 eandem publice *Florebellus*: eandem
rep̄. M: eandem rei p. O: eandem reip̄. HPU: ead[em] reip. V   defert
V: refert N   9 Maeli *Conway*: maelii M: melii HOPU: maeuii
V   tribunos V: et tribunos N   ea deferre N: eam deferre V
10 audita N: audique V   cum undique *Lallemand*: et undique N: et
undiquae V: undique *Madvig*   increparent Ω: increpare *Madvig*
11 increpari N: increparit V   nequaquam M^cΔ: nequamquam VM
uirium N: uirum V   12 dicturum; ibi N: uicturum[…] V   Quinctius
primo V: primo quinctius N; *cf.* 33. 29. 7   et quid N: quid V   obicerent
Δ: obic[erent] V: obiecerent M   13 consilii VHU: consilia MPO

dicerent laudibusque haud immeritis onerarent, et consul
14 nihil remitteret, precatus tandem deos immortales Cincinnatus ne senectus sua in tam trepidis rebus damno dedecoriue rei publicae esset, dictator a consule dicitur. Ipse
deinde C. Seruilium Ahalam magistrum equitum dicit.

14　　Postero die, dispositis praesidiis cum in forum descendisset conuersaque in eum plebs nouitate rei ac miraculo esset,
et Maeliani atque ipse dux eorum in se intentam uim tanti
2 imperii cernerent, expertes consiliorum regni qui tumultus,
quod bellum repens aut dictatoriam maiestatem aut Quinctium post octogesimum annum rectorem rei publicae quae-
3 sisset rogitarent, missus ab dictatore Seruilius magister
equitum ad Maelium 'Vocat te' inquit 'dictator'. Cum
pauidus ille quid uellet quaereret, Seruiliusque causam
dicendam esse proponeret crimenque a Minucio delatum ad
4 senatum diluendum, tunc Maelius recipere se in cateruam
suorum, et primum circumspectans tergiuersari, postremo
cum apparitor iussu magistri equitum duceret, ereptus a circumstantibus fugiensque fidem plebis Romanae implorare,
5 et opprimi se consensu patrum dicere, quod plebi benigne
fecisset; orare ut opem sibi ultimo in discrimine ferrent
6 neue ante oculos suos trucidari sinerent. Haec eum uociferantem adsecutus Ahala Seruilius obtruncat; respersusque
cruore obtruncati, stipatus caterua patriciorum iuuenum,
dictatori renuntiat uocatum ad eum Maelium, repulso
apparitore concitantem multitudinem, poenam meritam
7 habere. Tum dictator 'Macte uirtute,' inquit, 'C. Seruili,
esto liberata re publica'.

14 dedecoriue *MO*: decoriue *H*: rebus decoriue *P*: rebus dedecoriue
U: *defit V*

14 1 ac miraculo *OU*: ad miraculo *MP*: a miraculo *H*: *defit V*　　cernerent *M*c*Δ*: [cer]nerent *V*: cerneret *M*　　　　2 maiestatem aut **N**:
maiestatem ui *V*　　3 proponeret **N**: proponere *V*　　Maelium *VHOU*:
maeuium *MP*　　4 fugiensque **N**: fugiensque et *V*　　implorare et
HPU: imploraret *VO*: imploraret et *M*　　　5 dicere *MHPU*: *add*. t
*M*csl: diceret *VO*　　ferrent **N**: ferret *V*　　6 obtruncati **N**: *om. V*
meritam **N**: merita *V*　　7 dictator **N**: dictatoro *V*　　esto **N**: estob *V*

Tumultuantem deinde multitudinem incerta existima- 15
tione facti ad contionem uocari iussit, et Maelium iure
caesum pronuntiauit etiamsi regni crimine insons fuerit,
qui uocatus a magistro equitum ad dictatorem non uenisset.
se ad causam cognoscendam consedisse, qua cognita 2
habiturum fuisse Maelium similem causae fortunam; uim
parantem ne iudicio se committeret, ui coercitum esse.
nec cum eo tamquam cum ciue agendum fuisse, qui natus 3
in libero populo inter iura legesque, ex qua urbe reges
exactos sciret eodemque anno sororis filios regis et liberos
consulis, liberatoris patriae, propter pactionem indicatam
recipiendorum in urbem regum a patre securi esse per-
cussos, ex qua Collatinum Tarquinium consulem nominis 4
odio abdicare se magistratu atque exsulare iussum, in qua
de Sp. Cassio post aliquot annos propter consilia inita de
regno supplicium sumptum, in qua nuper decemuiros bonis,
exsilio, capite multatos ob superbiam regiam, in ea Sp.
Maelius spem regni conceperit. et quis homo? quamquam 5
nullam nobilitatem, nullos honores, nulla merita cuiquam
ad dominationem pandere uiam; sed tamen Claudios,
Cassios consulatibus, decemuiratibus, suis maiorumque
honoribus, splendore familiarum sustulisse animos quo nefas
fuerit: Sp. Maelium, cui tribunatus plebis magis optandus 6
quam sperandus fuerit, frumentarium diuitem, bilibris farris
sperasse libertatem se ciuium suorum emisse, ciboque obiciendo ratum uictorem finitimorum omnium populum in
seruitutem perlici posse, ut quem senatorem concoquere 7
ciuitas uix posset regem ferret, Romuli conditoris, ab dis
orti, recepti ad deos, insignia atque imperium habentem.
non pro scelere id magis quam pro monstro habendum, nec
satis esse sanguine eius expiatum, nisi tecta parietesque 8

15 3 nec cum *VHPU*: ne cum *MO*   indicatam *Δ*: indictam *M*:
initam *Bauer*: *defit V*   4 exsilio, capite *Δ*: auxilio capiente *M*: *defit V*
6 bilibris *Gron.*: bllibre libris *M*: bilibre libris *M*ᶜ: bilibre *HP*: bilibrae
OU   7 concoquere *PU*: conquoquere *MO*: conquere *H*: *defit*
V   orti *PUO*: sorti *MH*: *defit V*   ad deos *Δ*: ad eos *M*: *defit V*

263

intra quae tantum amentiae conceptum esset dissiparentur
bonaque contacta pretiis regni mercandi publicarentur. iubere itaque quaestores uendere ea bona atque in publicum
redigere.

16　　Domum deinde, ut monumento area esset oppressae
nefariae spei, dirui extemplo iussit. Id Aequimaelium ap-
2 pellatum est. L. Minucius boue aurato extra portam
Trigeminam est donatus, ne plebe quidem inuita, quia frumentum Maelianum assibus in modios aestimatum plebi
3 diuisit. Hunc Minucium apud quosdam auctores transisse
a patribus ad plebem, undecimumque tribunum plebis
cooptatum seditionem motam ex Maeliana caede sedasse
4 inuenio; ceterum uix credibile est numerum tribunorum
patres augeri passos, idque potissimum exemplum a patricio
homine introductum, nec deinde id plebem concessum
semel obtinuisse aut certe temptasse. Sed ante omnia refellit
falsum imaginis titulum paucis ante annis lege cautum ne
tribunis collegam cooptare liceret.

5　　Q. Caecilius, Q. Iunius, Sex. Titinius soli ex collegio
tribunorum neque tulerant de honoribus Minuci legem et
criminari nunc Minucium, nunc Seruilium apud plebem
6 querique indignam necem Maeli non destiterant. Peruice-
rant igitur ut tribunorum militum potius quam consulum
comitia haberentur, haud dubii quin sex locis—tot enim
iam creari licebat—et plebeii aliqui, profitendo se ulto-
7 res fore Maelianae caedis, crearentur. Plebs quamquam
agitata multis eo anno et uariis motibus erat, nec plures
quam tres tribunos consulari potestate creauit et in iis
L. Quinctium Cincinnati filium, ex cuius dictaturae in-
8 uidia tumultus quaerebatur. Praelatus suffragiis Quinctio

16 1 appellatum est π: appellatum esse M: appellatum H: *defit*
V　　2 boue aurato Δ, *cf. Perioch.* 4 boue aurata: boue aturato M:
defit V　　3 Maeliana *Sigonius*: meliana HOU: meuiana M: maeuiana
P: *defit* V　　4 plebem *Ed. Frob.* 1531: plebi N: *defit* V　　5 Caecilius
HU: cecilius OP: celius catilius M: *defit* V　　querique π: quaerique M:
quirique H: *defit* V　　6 dubii] dubiae HO　　7 iis *Ed. Rom.*
1469: is HP: his MOU

Mamercus Aemilius, uir summae dignitatis; L. Iulium tertium creant.

In horum magistratu Fidenae, colonia Romana, ad **17**
Lartem Tolumnium Veientium regem defecere. Maius **2**
additum defectioni scelus: C. Fulcinium, Cloelium Tullum,
Sp. Nautium, L. Roscium, legatos Romanos, causam noui
consilii quaerentes, iussu Tolumni interfecerunt. Leuant **3**
quidam regis facinus; in tesserarum prospero iactu uocem
eius ambiguam, ut occidi iussisse uideretur, a Fidenatibus
exceptam causam mortis legatis fuisse—rem incredibilem, **4**
interuentu Fidenatium, nouorum sociorum, consulentium
de caede ruptura ius gentium, non auersum ab intentione
lusus animum nec deinde in errorem uersum facinus. Propius est fidem obstringi Fidenatium populum ne respicere **5**
spem ullam ab Romanis posset conscientia tanti sceleris
uoluisse. Legatorum qui Fidenis caesi erant statuae publice **6**
in Rostris positae sunt.

Cum Veientibus Fidenatibusque, praeterquam finitimis
populis, ab causa etiam tam nefanda bellum exorsis atrox
dimicatio instabat. Itaque ad curam summae rerum quieta **7**
plebe tribunisque eius ⟨anni⟩, nihil controuersiae fuit quin
consules crearentur M. Geganius Macerinus tertium et L.
Sergius Fidenas. A bello credo quod deinde gessit appella- **8**
tum; hic enim primus cis Anienem cum rege Veientium
secundo proelio conflixit, nec incruentam uictoriam rettulit.

8 Mamercus *HUP*ᶜ: mamercius *MO*: mamercuis *P*: M. *V*
    17 1 *post* regem *add.* ac Veientes *MH*ᶜ*PU*, ac ueientis *O*, ac ueigentes
H   2 Fulcinium *VΔ*: fulgnium *M*   Cloelium *VΔ*: cloetium
M; *cf.* 4. 7. 1   Sp. Nautium *Mommsen*: spuantium *V*: e͞sp antium *M*:
sp. antium *M*ᶜ*PU*: sp. ancium *HO*   *De his nominibus uide, sis, Plin.*
N.H. 34. 23 Tulli Cloeli, L. Rosci, Sp. Nauti, C. Fulcini; *Cic. Phil.* 9. 5
Tullo Cluuio et L. Roscio et Sp. Antio et C. Fulcinio   consilii *Δ*:
concilii *M*: s *add.* *M*ᶜˢ¹: *defit V*   quidam **N**: *om. V*   interuentu **N**:
interuentum *V*   4 ruptura *HPU*: ruptur[a] *V*: rupturam *MO*   lusus
animum *VHO*: elusus animum *M*: clusum animo *U*: clusus animum *P*ᶜ:
cl. . . sus animum *P*   errorem *Ω*: horrorem *Gron.*   5 posset **N**:
possent *V*   conscientia *Vπ*: conscientiam *MH*   6 nefanda *M*ᶜ*Δ*:
nefandas *M*: nefandis *V*   7 anni *add. Freudenberg*: *om. Ω*

Maior itaque ex ciuibus amissis dolor quam laetitia fusis
hostibus fuit; et senatus, ut in trepidis rebus, dictatorem dici
9 Mam. Aemilium iussit. Is magistrum equitum ex collegio
prioris anni, quo simul tribuni militum consulari potestate
fuerant, L. Quinctium Cincinnatum, dignum parente
10 iuuenem, dixit. Ad dilectum a consulibus habitum centuriones ueteres belli periti adiecti et numerus amissorum
proxima pugna expletus. Legatos ⟨T.⟩ Quinctium Capitolinum et M. Fabium Vibulanum sequi se dictator iussit.
11 Cum potestas maior tum uir quoque potestati par hostes ex
agro Romano trans Anienem submouere; collesque inter
Fidenas atque Anienem ceperunt referentes castra, nec ante
in campos degressi sunt quam legiones Faliscorum auxilio
12 uenerunt. Tum demum castra Etruscorum pro moenibus
Fidenarum posita. Et dictator Romanus haud procul inde
ad confluentes consedit in utriusque ripis amnis, qua sequi
munimento† poterat uallo interposito. Postero die in aciem
eduxit.
18   Inter hostes uariae fuere sententiae. Faliscus procul ab
domo militiam aegre patiens satisque fidens sibi, poscere
pugnam: Veienti Fidenatique plus spei in trahendo bello
2 esse. Tolumnius, quamquam suorum magis placebant consilia, ne longinquam militiam non paterentur Falisci,
3 postero die se pugnaturum edicit. Dictatori ac Romanis,
quod detractasset pugnam hostis, animi accessere; posteroque die iam militibus castra urbemque se oppugnaturos
frementibus ni copia pugnae fiat, utrimque acies inter bina

---

8 Mamercum *MHPU*: mamercium *O*: m. *V*   9 fuerant **N**:
fuerunt *V*   10 T. Quinctium *H. J. Müller*: quintium *V*: quintum **N**
11 collesque π: collegesque *M*: colles quos *V*: *om.* submouere . . . Anienem
H   ceperunt *M*π: ceperant *V*: coeperunt *H*   degressi *Sigonius*:
digressi Ω   Faliscorum auxilio *Kiehl*: faliscorum auxiliorum *V*: auxilio
faliscorum *Δ*: auxilio phaliscorum *M*   12 munimento Ω: hostis
dubitanter Ogilvie, coll. 39. 2. 3: quae saepiri munimento poterant *coni.*
Drechsler   uallo *VΔ*: nullo *M*   interposito **N**: interposito in *V*
18 1 ab domo *Δ*: a domo *M*: *defit V usque ad* 21. 3   2 magis *Δ*:
agi *M*

castra in medium campi procedunt. Veiens multitudine 4
abundans, qui inter dimicationem castra Romana adgrede-
rentur post montes circummisit. Trium populorum exercitus
ita stetit instructus ut dextrum cornu Veientes, sinistrum
Falisci tenerent, medii Fidenates essent. Dictator dextro 5
cornu aduersus Faliscos, sinistro contra Veientem Capitolinus Quinctius intulit signa; ante mediam aciem cum
equitatu magister equitum processit. Parumper silentium et 6
quies fuit, nec Etruscis nisi cogerentur pugnam inituris
et dictatore arcem Romanam respectante, ut ex ⟨ea ab⟩
auguribus, simul aues rite admisissent, ex composito tolle-
retur signum. Quod simul ubi conspexit, primos equites 7
clamore sublato in hostem emisit; secuta peditum acies
ingenti ui conflixit. Nulla parte legiones Etruscae sustinuere
impetum Romanorum; eques maxime resistebat, equitum- 8
que longe fortissimus ipse rex ab omni parte effuse sequentibus obequitans Romanis trahebat certamen.

Erat tum inter equites tribunus militum A. Cornelius 19
Cossus, eximia pulchritudine corporis, animo ac uiribus par
memorque generis, quod amplissimum acceptum maius
auctiusque reliquit posteris. Is cum ad impetum Tolumni, 2
quacumque se intendisset, trepidantes Romanas uideret
turmas insignemque eum regio habitu uolitantem tota acie
cognosset, 'Hicine est' inquit 'ruptor foederis humani 3
uiolatorque gentium iuris? Iam ego hanc mactatam uicti-
mam, si modo sancti quicquam in terris esse di uolunt,
legatorum manibus dabo.' Calcaribus subditis infesta 4
cuspide in unum fertur hostem; quem cum ictum equo
deiecisset, confestim et ipse hasta innixus se in pedes excepit. Adsurgentem ibi regem umbone resupinat, repeti- 5

6 ex ea ab auguribus *Alschefski*: ab auguribus *Ed. Frob.* 1531: ex
auguribus *Δ*: ex auribus *M*   admisissent *Ed. Frob.* 1531: admissae
essent *MHOP*: ammissae essent *U*   7 simul ubi **N**: simul *Iac. Gron.*
8 effuse *HPU*: effusae *MO*

19 1 equites *MPU*: eques *H*: milites *O*   2 uideret *Ed. Rom.*
1469: uidet *MHOPᶜU*: uidit *P*   uolitantem *MᶜHOU*: uolitante *MP*
3 Hicine **N**: En hic *Brakman*; *cf.* 22. 6. 3

tumque saepius cuspide ad terram adfixit. Tum exsangui
detracta spolia caputque abscisum uictor spiculo gerens
terrore caesi regis hostes fundit. Ita equitum quoque fusa
6 acies, quae una fecerat anceps certamen. Dictator legionibus fugatis instat et ad castra compulsos caedit. Fidenatium
plurimi locorum notitia effugere in montes. Cossus Tiberim
cum equitatu transuectus ex agro Veientano ingentem
7 detulit praedam ad urbem. Inter proelium et ad castra
Romana pugnatum est aduersus partem copiarum ab Tolu-
8 mnio, ut ante dictum est, ad castra missam. Fabius Vibulanus corona primum uallum defendit; intentos deinde hostes
in uallum, egressus dextra principali cum triariis, repente
inuadit. Quo pauore iniecto caedes minor, quia pauciores
erant, fuga non minus trepida quam in acie fuit.

20 Omnibus locis re bene gesta, dictator senatus consulto ius-
2 suque populi triumphans in urbem rediit. Longe maximum
triumphi spectaculum fuit Cossus, spolia opima regis interfecti gerens; in eum milites carmina incondita aequantes
3 eum Romulo canere. Spolia in aede Iouis Feretri prope
Romuli spolia quae, prima opima appellata, sola ea tempestate erant, cum sollemni dedicatione dono fixit; auerteratque in se a curru dictatoris ciuium ora et celebritatis eius
4 diei fructum prope solus tulerat. Dictator coronam auream,
libram pondo, ex publica pecunia populi iussu in Capitolio
Ioui donum posuit.

5 Omnes ante me auctores secutus, A. Cornelium Cossum
tribunum militum secunda spolia opima Iouis Feretri templo
6 intulisse exposui; ceterum, praeterquam quod ea rite opima
spolia habentur, quae dux duci detraxit, nec ducem nouimus
nisi cuius auspicio bellum geritur, titulus ipse spoliis inscri-

---

5 fundit *Δ*: fudit *M*   6 plurimi *M*c*Δ*: plurimo *M*   7–8 missam. Fabius *MHO*, *cf.* 22. 53. 1: misam fabius *P*: missam m̄ fabius *U*
8 pauore] paruore *H*: fauore *M*

20 3 in aede *Δ*: inde *M*   auerteratque *HOP*: aduerteratque *M*:
auertitque *U*   celebritatis *HO*: celebritati *M*: celebritate *PU*: cele-
bratissimae *Alan*   prope *Δ*: pro *M*   4 libram *OU*: libra *MHP*

268

ptus illos meque arguit consulem ea Cossum cepisse. Hoc ego 7
cum Augustum Caesarem, templorum omnium conditorem
ac restitutorem, ingressum aedem Feretri Iouis quam uetustate dilapsam refecit, se ipsum in thorace linteo scriptum
legisse audissem, prope sacrilegium ratus sum Cosso spolio-
rum suorum Caesarem, ipsius templi auctorem, subtrahere
testem. Quis ea in re sit error quod tam ueteres annales 8
quodque magistratuum libri, quos linteos in aede repositos
Monetae Macer Licinius citat identidem auctores, decimo
post demum anno cum T. Quinctio Poeno A. Cornelium
Cossum consulem habeant, existimatio communis omnibus
est. Nam etiam illud accedit, ne tam clara pugna in eum 9
annum transferri posset, quod imbelle triennium ferme
pestilentia inopiaque frugum circa A. Cornelium consulem
fuit, adeo ut quidam annales uelut funesti nihil praeter
nomina consulum suggerant. Tertius ab consulatu Cossi 10
annus tribunum eum militum consulari potestate habet,
eodem anno magistrum equitum; quo in imperio alteram
insignem edidit pugnam equestrem. Ea libera coniectura 11
est sed, ut ego arbitror, uana. Versare in omnes opiniones
licet, cum auctor pugnae, recentibus spoliis in sacra sede
positis, Iouem prope ipsum, cui uota erant, Romulumque
intuens, haud spernendos falsi tituli testes, se A. Cornelium
Cossum consulem scripserit.

M. Cornelio Maluginense L. Papirio Crasso consulibus 21
exercitus in agrum Veientem ac Faliscum ducti. Praedae

7 ac *M*: aut *Δ*   Cosso *Sigonius*: Cossum **N**   8 Quis *Gron.*; *cf.*
23. 47. 8: qui si **N**   quodque] quod me *H*: qq. *U, add.* od *U*ᶜˢˡ   magistratuum *Δ*: magistratum *M*   aede *Δ*: eade *M*   Monetae *U*: moneta
eam *MHOP*   decimo *Glareanus, cf.* 3. 30. 4: septimo **N**, *cf.* 4. 31. 1   Quin-
ctio] quintiano *O*: quinctinio *P*   Poeno **N**: Penno *Sigonius*; *cf.* 4. 30.
5, 4. 31. 1, 4. 32. 9, 6. 42. 4   9 posset *Δ*: posse *M*   circa A. *Ed.*
Frob. 1531: circa m̄ *MHU*: quo m̄ *U*ᶜˢˡ: circa m *P*: circa marcium *O*
11 *sic distinxit J. Walker*: uana; auersari enim omnes *Wagner*: est. Sed,
ut ego arbitror, uana uersare . . . licet *dist. H. J. Müller*   scripserit **N**:
inscripserit *Perizonius*
    21 1 Cornelio Maluginense *Δ*: cornelium aluginense *M*

2 abactae hominum pecorumque; hostis in agris nusquam
inuentus neque pugnandi copia facta; urbes tamen non
3 oppugnatae quia pestilentia populum inuasit. Et seditiones
domi quaesitae sunt, nec motae tamen, ab Sp. Maelio tribuno plebis, qui fauore nominis moturum se aliquid ratus et
Minucio diem dixerat et rogationem de publicandis bonis
4 Seruili Ahalae tulerat, falsis criminibus a Minucio circumuentum Maelium arguens, Seruilio caedem ciuis indemnati
obiciens. Quae uaniora ad populum ipso auctore fuere.
5 Ceterum magis uis morbi ingrauescens curae erat terroresque
ac prodigia, maxime quod crebris motibus terrae ruere in
agris nuntiabantur tecta. Obsecratio itaque a populo duumuiris praeeuntibus est facta.
6   Pestilentior inde annus C. Iulio iterum et L. Verginio
consulibus tantum metum uastitatis in urbe agrisque fecit,
ut non modo praedandi causa quisquam ex agro Roma-
7 no exiret belliue inferendi memoria patribus aut plebi
esset, sed ultro Fidenates, qui se primo aut montibus aut
muris tenuerant, populabundi descenderent in agrum Ro-
8 manum. Deinde Veientium exercitu accito—nam Falisci
perpelli ad instaurandum bellum neque clade Romanorum
neque sociorum precibus potuere—duo populi transiere
Anienem atque haud procul Collina porta signa habuere.
9 Trepidatum itaque non in agris magis quam in urbe
est. Iulius consul in aggere murisque explicat copias, a
10 Verginio senatus in aede Quirini consulitur. Dictatorem
dici Q. Seruilium placet, cui Prisco alii, alii Structo
fuisse cognomen tradunt. Verginius dum collegam con-
suleret moratus, permittente eo nocte dictatorem dixit;

2 quia Δ: qua M   3 motae MU: mota HOP: add. uel tae H^csl
5 Ceterum N: cetera V   5 duumuiris N: duouiris V   6 metum
uastitatis VMπ: metum uastatis H: uastitatis Tan. Faber   in urbe N: in
urbem V   Romano exiret V: Romano non exiret N   7 aut montibus V: aut oppido aut montibus N   10 Q. Seruilium Ed. Paris.
1510: Ā. seruilium O: a. seruilium VM^cUP: a. seruilius M: aseruilium
H   cui V: cuique N   alii, alii π: alii aliis V: alii a M: alii H   Structo
N: instru[cto] V   dixit; is M^cΔ: dixistis VM

is sibi magistrum equitum Postumum Aebutium Heluam dicit.

Dictator omnes luce prima extra portam Collinam adesse 22 iubet. Quibuscumque uires suppetebant ad arma ferenda praesto fuere. Signa ex aerario prompta feruntur ad dicta-torem. Quae cum agerentur, hostes in loca altiora conces- 2 sere. Eo dictator agmine infesto subiit; nec procul Nomento signis conlatis fudit Etruscas legiones. Compulit inde in urbem Fidenas ualloque circumdedit; sed neque scalis capi 3 poterat urbs alta et munita neque in obsidione uis ulla erat, quia frumentum non necessitati modo satis, sed copiae quo-que abunde ex ante conuecto sufficiebat. Ita expugnandi 4 pariter cogendique ad deditionem spe amissa, dictator in locis propter propinquitatem notis ab auersa parte urbis, maxime neglecta quia suapte natura tutissima erat, agere in arcem cuniculum instituit. Ipse diuersissimis locis subeundo 5 ad moenia quadrifariam diuiso exercitu qui alii aliis succe-derent ad pugnam, continenti die ac nocte proelio ab sensu operis hostes auertebat, donec perfosso a castris monte erecta 6 in arcem uia est, intentisque Etruscis ad uanas a certo periculo minas clamor supra caput hostilis captam urbem ostendit.

Eo anno C. Furius Paculus et M. Geganius Macerinus 7 censores uillam publicam in campo Martio probauerunt, ibique primum census populi est actus.

Eosdem consules insequenti anno refectos, Iulium ter- 23 tium, Verginium iterum, apud Macrum Licinium inuenio: Valerius Antias et Q. Tubero M. Manlium et Q. Sulpicium

10 magistrum N: magistratum V   Postumum *Sigonius*: postumium Ω
Aebutium V: hebutium M: ebutium U: ebucium HOP   Heluam
Petrarch: heluam heluium M: heluium VΔ
   22 2 subiit V: subit N   Nomento *Ed. Ven.* 1470: momento Ω   3 ex
ante VOH: ex anie M: ex ane P: ex aniene U   4 auersa *Ed. Rom.*
1469: aduersa Ω   urbis, maxime N: [urbis] per[maxime] V   7 Pacilus
Sigonius, coll. 4. 12. 1: p. acilius Hπ: p. a. cilius M: *defit* V
   23 1 Macrum Licinium N: Licinium Macrum V   Antias et Q.
Tubero U: antiates Q. Tubero V: antias et q̄. tuuō M: antiasset q̄. itubero
H: ancias et q. tuuero P: acias et q. tubero O, *add.* n. O^{csl}: Antias atque

2 consules in eum annum edunt. Ceterum in tam discrepanti
editione et Tubero et Macer libros linteos auctores profitentur; neuter tribunos militum eo anno fuisse traditum a
3 scriptoribus antiquis dissimulat. Licinio libros haud dubie
sequi linteos placet: Tubero incertus ueri est. Sit inter cetera
uetustate cooperta hoc quoque in incerto positum.

4 Trepidatum in Etruria est post Fidenas captas, non
Veientibus solum exterritis metu similis excidii, sed etiam
Faliscis memoria initi primo cum iis belli, quamquam rebel-
5 lantibus non adfuerant. Igitur cum duae ciuitates legatis
circa duodecim populos missis impetrassent ut ad Voltumnae fanum indiceretur omni Etruriae concilium, uelut
magno inde tumultu imminente, senatus Mam. Aemilium
6 dictatorem iterum dici iussit. Ab eo A. Postumius Tubertus
magister equitum est dictus; bellumque tanto maiore quam
proximo conatu apparatum est quanto plus erat ab omni
Etruria periculi quam ab duobus populis fuerat.

24 Ea res aliquanto exspectatione omnium tranquillior fuit.
2 Itaque cum renuntiatum a mercatoribus esset negata Veientibus auxilia, iussosque suo consilio bellum initum suis
uiribus exsequi nec aduersarum rerum quaerere socios,
3 cum quibus spem integram communicare noluerint, tum
dictator, ne nequiquam creatus esset, materia quaerendae
bello gloriae adempta, in pace aliquid operis edere quod
monumentum esset dictaturae cupiens, censuram minuere

Tubero *G. F. Unger: uide R. Werner, Gymnasium* 75 (1968), 510 M.
Manlium *V*: malmanilium *M*: m̄. manilium *Mᶜ in ras.*, *H*: marcium
manilium *O*: m. manilium *P*: m̄. mallium *U* 2 discrepanti
PUOᶜᵐ: discrepantis *V*: discrepante *MH*: ceterum . . . profitentur *om. O*
3 placet *Muretus*: placet et **N**: placuit *V* Sit *Muretus*: [s]it *V*: sed
N cooperta *Mommsen*: conperta *VM*: add. in *Mᶜˢˡ*: inconperta *HP*:
incomperta *OU* in incerto *Δ*: incerto *M*: defit *V* 4 iis *Ed. Rom.* 1469:
his **N** 6 A. Postumius] Aul. [Postumius] *V*: Aurelius Postumius **N**
Tubertus *V*: tubero *Mπ*: tuber *H* proximo *Ω*, *cf.* 35. 21. 5: proxime
Gron.

24 2 communicare noluerint *H. J. Müller*: communicati non sint
VMHᶜπ: communicanti non sint *H*: communicari non sirint *Iac. Gron.*
3 ne nequiquam *Δ*: ne quiquam *VM*

parat, seu nimiam potestatem ratus seu non tam magnitudine honoris quam diuturnitate offensus. Contione itaque 4
aduocata, rem publicam foris gerendam ait tutaque omnia
praestanda deos immortales suscepisse: se, quod intra muros
agendum esset, libertati populi Romani consulturum. maximam autem eius custodiam esse, si magna imperia diuturna
non essent et temporis modus imponeretur, quibus iuris
imponi non posset. alios magistratus annuos esse, quin- 5
quennalem censuram; graue esse iisdem per tot annos,
magnam partem uitae, obnoxios uiuere. se legem laturum
ne plus quam annua ac semestris censura esset. Ingenti 6
consensu populi legem postero die pertulit et 'Vt re ipsa'
inquit 'sciatis, Quirites, quam mihi diuturna non placeant
imperia, dictatura me abdico'. Deposito suo magistratu, 7
imposito fine alteri, cum gratulatione ac fauore ingenti
populi domum est reductus. Censores aegre passi Mamercum quod magistratum populi Romani minuisset tribu
mouerunt octiplicatoque censu aerarium fecerunt. Quam 8
rem ipsum ingenti animo tulisse ferunt, causam potius
ignominiae intuentem quam ignominiam; primores patrum,
quamquam deminutum censurae ius noluissent, exemplo
acerbitatis censoriae offensos, quippe cum se quisque diutius
ac saepius subiectum censoribus fore cerneret quam censuram gesturum: populi certe tanta indignatio coorta 9
dicitur ut uis a censoribus nullius auctoritate praeterquam
ipsius Mamerci deterreri quiuerit.

   Tribuni plebi adsiduis contentionibus prohibendo con- 25
sularia comitia cum res prope ad interregnum perducta
esset, euicere tandem ut tribuni militum consulari potestate

3 magnitudine N: magnitudinem V   4 esset, libertati N: esse
libertati V   maximam N: maxima V   5 graue esse *Gron.*: gra[ue
ess]e V: grauem esse N   magnam partem *Madvig*: magna parte
Ω   semestris *VHOU*: semenstris *MP*   6 Ingenti consensu populi
Ogilvie, coll. 1. 35. 6, *et al.*: consensu ingenti populi N: consensu populi
ingenti V   quam mihi N: mihi V   placeant Δ: placeant re M:
placere V   7 *post* magistratu *add.* modo aliorum magistratui N
   25 1 contentionibus V: contionibus N

273

2 crearentur. Victoriae praemium quod petebatur ut plebeius crearetur nullum fuit: omnes patricii creati sunt,
M. Fabius Vibulanus, M. Folius, L. Sergius Fidenas.
3 Pestilentia eo anno aliarum rerum otium praebuit. Aedes
Apollini pro ualetudine populi uota est. Multa duumuiri
ex libris placandae deum irae auertendaeque a populo
4 pestis causa fecere; magna tamen clades in urbe agrisque
promisce hominum pecorumque pernicie accepta. Famem
quoque ex pestilentia morbo implicitis cultoribus agrorum
timentes in Etruriam Pomptinumque agrum et Cumas,
postremo in Siciliam quoque frumenti causa misere.
5 Consularium comitiorum nulla mentio habita est; tribuni
militum consulari potestate omnes patricii creati sunt, L.
Pinarius Mamercus, L. Furius Medullinus, Sp. Postumius
6 Albus. Eo anno uis morbi leuata neque a penuria frumenti,
7 quia ante prouisum erat, periculum fuit. Consilia ad
mouenda bella in Volscorum Aequorumque conciliis et in
8 Etruria ad fanum Voltumnae agitata. Ibi prolatae in
annum res decretoque cautum ne quod ante concilium
fieret, nequiquam Veiente populo querente eandem qua
Fidenae deletae sint imminere Veiis fortunam.

9   Interim Romae principes plebis, iam diu nequiquam imminentes spei maioris honoris, dum foris otium esset, coetus
10 indicere in domos tribunorum plebis; ibi secreta consilia
agitare; queri se a plebe adeo spretos, ut cum per tot annos
tribuni militum consulari potestate creentur, nulli unquam
11 plebeio ad eum honorem aditus fuerit. multum prouidisse
suos maiores qui cauerint ne cui patricio plebeii magistratus
paterent; aut patricios habendos fuisse tribunos plebi; adeo
se suis etiam sordere nec a plebe minus quam a patribus

2 nullum *Petrarch*: nullus **N**: nullius *Drak.*: *defit V*   3 Apollini
HOP: Apollinis *V, fort. recte, cf.* 10. 37. 15: Apolloni *U*: Appolloni *M*
duumuiri *MHOU*: dumuiri *VP*   4 promisce] promiscue *MP^{c}U, cf.*
24. 19. 9: promiscuae *VHOP*: promiscua *Gron.*   pernicie *OP^{c}U*: perniciae *VHP*: primitiae *M*   quoque . . . inplicitis *V*: *om.* **N**   9 nequiquam **N**: nec quicquam *V*   11 a patribus **N**: patribus *V*

274

contemni. Alii purgare plebem, culpam in patres uertere: 12
eorum ambitione artibusque fieri ut obsaeptum plebi sit
ad honorem iter; si plebi respirare ab eorum mixtis precibus
minisque liceat, memorem eam suorum inituram suffragia
esse et parto auxilio imperium quoque adscituram.

Placet tollendae ambitionis causa tribunos legem promul- 13
gare ne cui album in uestimentum addere petitionis causa liceret. Parua nunc res et uix serio agenda uideri possit, quae
tunc ingenti certamine patres ac plebem accendit. Vicere 14
tamen tribuni ut legem perferrent; apparebatque inritatis
animis plebem ad suos studia inclinaturam. Quae ne libera
essent, senatus consultum factum est ut consularia comitia
haberentur.

Tumultus causa fuit, quem ab Aequis et Volscis Latini 26
atque Hernici nuntiarant. T. Quinctius L. f. Cincinnatus— 2
eidem et Poeno cognomen additur—et C. Iulius Mento consules facti; nec ultra terror belli est dilatus. Lege sacrata, 3
quae maxima apud eos uis cogendae militiae erat, dilectu habito, utrimque ualidi exercitus profecti in Algidum
conuenere, ibique seorsum Aequi, seorsum Volsci castra 4
communiuere, intentiorque quam unquam antea muniendi
exercendique militem cura ducibus erat. Eo plus nuntii
terroris Romam attulere. Senatui dictatorem dici placuit, 5
quia etsi saepe uicti populi maiore tamen conatu quam alias
unquam rebellarant; et aliquantum Romanae iuuentutis
morbo absumptum erat. Ante omnia prauitas consulum 6

---

13 causa liceret *VO*: liceret causa *MPU*: liceret *H*   14 inritatis
animis **N**: iratis studiis *V*   inclinaturam. Quae ne **N**: inclinatumque
nec *V*   senatus consultum] senatus cōs [tu]m *V*: s.c.m *M*: s.c. *H*: s̄.c̄.
O: smc *P*: sic *U*

26 1 causa fuit **N**: causae fuerunt *V*   2 L.f.] L. filius **N**: T. filius
V   et C. Iulius Mento *Sigonius*: et genucius cn iulius *V*: G·nus iulius
mento *M*: Gneus iulius mento *M*ᶜ: et gneneus iulius mento *O*: et gneus
iulius mento *O*ᶜ: et g✳neus iulius mento *P*ᶜ *ras.*: et gneus iulius mento
HU; *cf. Diod. Sic.* 12. 38. 1   4 seorsum Volsci **N**: Volsci *V*   antea
V, cf. 5. 23. 4: ante **N**   5 rebellarant *V*: rebellarent *MHPU*: rebella-
bant *O, add.* rent *O*ᶜˢˡ

discordiaque inter ipsos et certamina in consiliis omnibus
terrebant. Sunt qui male pugnatum ab his consulibus in
Algido auctores sint eamque causam dictatoris creandi
7 fuisse. Illud satis constat ad alia discordes in uno aduersus
patrum uoluntatem consensisse ne dicerent dictatorem,
donec cum alia aliis terribiliora adferrentur nec in auctoritate senatus consules essent, Q. Seruilius Priscus, sum-
8 mis honoribus egregie usus, 'Vos,' inquit, 'tribuni plebis,
quoniam ad extrema uentum est, senatus appellat ut in
tanto discrimine rei publicae dictatorem dicere consules
9 pro potestate uestra cogatis.' Qua uoce audita occasionem
oblatam rati tribuni augendae potestatis secedunt proque
collegio pronuntiant placere consules senatui dicto audientes
esse; si aduersus consensum amplissimi ordinis ultra tendant,
10 in uincla se duci eos iussuros. Consules ab tribunis quam
ab senatu uinci maluerunt, proditum a patribus summi
imperii ius datumque sub iugum tribuniciae potestati consulatum memorantes, si quidem cogi aliquid pro potestate
ab tribuno consules et—quo quid ulterius priuato timendum
11 foret?—in uincla etiam duci possent. Sors ut dictatorem
diceret—nam ne id quidem inter collegas conuenerat—
T. Quinctio euenit. Is A. Postumium Tubertum, socerum
suum, seuerissimi imperii uirum, dictatorem dixit; ab eo
12 L. Iulius magister equitum est dictus. Dilectus simul edicitur et iustitium, neque aliud tota urbe agi quam bellum
apparari. Cognitio uacantium militiae munere post bellum
differtur; ita dubii quoque inclinant ad nomina danda. Et
Hernicis Latinisque milites imperati; utrimque enixe oboe-
ditum dictatori est.
27   Haec omnia celeritate ingenti acta; relictoque C. Iulio
consule ad praesidium urbis et L. Iulio magistro equitum ad

6 discordiaque N: discordiae quae V   his Vπ: iis MH   10 summi
Mπ: summi Hᶜ in ras.: summum V: quid scripserit H non discerni potest
11 Iulius N: illius V   dictus. Dilectus V: dictus N   12 differtur
Δ: difertur M: differri V   Hernicis N: Herniciis V
    27 1 C. Iulio Sigonius: Cn. Iulio Ω; cf. 4. 26. 2

subita belli ministeria. ne qua res qua eguissent in castris
moraretur, dictator, praeeunte A. Cornelio pontifice
maximo, ludos magnos tumultus causa uouit, profectusque 2
ab urbe, diuiso cum Quinctio consule exercitu, ad hostes
peruenit. Sicut bina castra hostium paruo inter se spatio 3
distantia uiderant, ipsi quoque mille ferme passus ab hoste
dictator Tusculo, consul Lanuuio propiorem locum castris
ceperunt. Ita quattuor exercitus, totidem munimenta 4
planitiem in medio non paruis modo excursionibus ad
proelia, sed uel ad explicandas utrimque acies satis patentem habebant. Nec ex quo castris castra conlata sunt 5
cessatum a leuibus proeliis est, facile patiente dictatore
conferendo uires spem uniuersae uictoriae temptato paulatim euentu certaminum suos praecipere. Itaque hostes 6
nulla in proelio iusto relicta spe, noctu adorti castra consulis
rem in casum ancipitis euentus committunt. Clamor subito
ortus non consulis modo uigiles, exercitum deinde omnem,
sed dictatorem quoque ex somno exciuit. Vbi praesenti ope 7
res egebant, consul nec animo defecit nec consilio; pars
militum portarum stationes firmat, pars corona uallum
cingunt. In alteris apud dictatorem castris quo minus 8
tumultus est, eo plus animaduertitur quid opus facto sit.
Missum extemplo ad castra subsidium, cui Sp. Postumius
Albus legatus praeficitur: ipse parte copiarum paruo
circuitu locum maxime secretum ab tumultu petit, unde
ex necopinato auersum hostem inuadat. Q. Sulpicium 9
legatum praeficit castris; M. Fabio legato adsignat equites,
nec ante lucem mouere iubet manum inter nocturnos
tumultus moderatu difficilem. Omnia quae uel alius imperator prudens et impiger in tali re praeciperet ageretque,

1 ne qua res N: neque res quo V   eguissent N: eguit V   2 urbe
N: urbe est V   3 uiderant N: uideret V   Lanuuio N: Labico
Weissenborn   propiorem] propriorem O: [pro]priorem V   4 post
acies defit V usque ad 33. 9 ab tergo   5 paulatim euentu Δ: paula-
time uentum M   6 non consulis Δ: consulis M   8 circuiti]
circumitu MP   auersum Petrarch: aduersum Δ: aduersus M
9 moderatu Δ: moderatum M

10 praecipit ordine atque agit: illud eximium consilii animique specimen et neutiquam uolgatae laudis, quod ultro
ad oppugnanda castra hostium, unde maiore agmine profectos exploratum fuerat, M. Geganium cum cohortibus
11 delectis misit. Qui postquam intentos homines in euentum
periculi alieni, pro se incautos neglectis uigiliis stationibus-
que est adortus, prius paene cepit castra quam oppugnari
12 hostes satis scirent. Inde fumo, ut conuenerat, datum signum
ubi conspectum ab dictatore est, exclamat capta hostium
castra nuntiarique passim iubet.

28   Et iam lucescebat omniaque sub oculis erant. Et Fabius
cum equitatu impetum dederat et consul eruptionem e
2 castris in trepidos iam hostes fecerat; dictator autem parte
altera subsidia et secundam aciem adortus, circumagenti se
ad dissonos clamores ac subitos tumultus hosti undique
3 obiecerat uictorem peditem equitemque. Circumuenti igitur
iam in medio ad unum omnes poenas rebellionis dedissent,
ni Vettius Messius ex Volscis, nobilior uir factis quam
genere, iam orbem uoluentes suos increpans clara uoce
4 'Hic praebituri' inquit, 'uos telis hostium estis indefensi,
inulti? Quid igitur arma habetis, aut quid ultro bellum
intulistis, in otio tumultuosi, in bello segnes? Quid hic
stantibus spei est? An deum aliquem protecturum uos
5 rapturumque hinc putatis? Ferro uia facienda est. Hac qua
me praegressum uideritis, agite, qui uisuri domos parentes
coniuges liberos estis, ite mecum. Non murus nec uallum
sed armati armatis obstant. Virtute pares, necessitate, quae
6 ultimum ac maximum telum est, superiores estis.' Haec
locutum exsequentemque dicta redintegrato clamore secuti

9 praecipit *HUP*: praecepit *MO*   10 profectos *Ed. Mediol.* 1478:
profectus **N**   cohortibus delectis *Δ*: cortibus dilectis *M*   11 euentum
Δ: uentum *M, add.* e *M*cs1   neglectis *HOU*: nec lectis *HP*: neglectos *M*
    28 1 lucescebat *MOP*c*U*: luciscebat *P*: lucescebant *H*   2 circum-
agenti se *Ed. Mogunt.* 1518: circumagentes *Δ*: agentes *M, qui* circum
post subitos *addit*   4 praebituri] praebitur *MH*   5 liberos]
liberatos *M*: liberes *P, corr. P*c   armati armatis *MO*c*PU*: armatis armatis
O: armatis armati *H*

dant impressionem qua Postumius Albus cohortes obiecerat;
et mouerunt uictorem, donec dictator pedem iam referentibus suis aduenit eoque omne proelium uersum est. Vni uiro 7
Messio fortuna hostium innititur. Multa utrimque uolnera,
multa passim caedes est; iam ne duces quidem Romani
incruenti pugnant. Vnus ⟨Sp.⟩ Postumius ictus saxo, per- 8
fracto capite acie excessit; non dictatorem umerus uolnera-
tus, non Fabium prope adfixum equo femur, non brachium
abscisum consulem ex tam ancipiti proelio submouit.

Messium impetus per stratos caede hostes cum globo 29
fortissimorum iuuenum extulit ad castra Volscorum, quae
nondum capta erant. Eodem omnis acies inclinatur. Con- 2
sul effusos usque ad uallum persecutus ipsa castra uallumque adgreditur; eodem et dictator alia parte copias admouet.
Non segnior oppugnatio est quam pugna fuerat. Consulem 3
signum quoque intra uallum iniecisse ferunt, quo milites
acrius subirent, repetendoque signo primam impressionem
factam. Et dictator proruto uallo iam in castra proelium
intulerat. Tum abici passim arma ac dedi hostes coepti, 4
castrisque et his captis, hostes praeter senatores omnes
uenum dati sunt. Praedae pars sua cognoscentibus Latinis
atque Hernicis reddita, partem sub hasta dictator uendidit;
praepositoque consule castris, ipse triumphans inuectus
urbem dictatura se abdicauit. Egregiae dictaturae tristem 5
memoriam faciunt, qui filium ab A. Postumio, quod occasione bene pugnandi captus iniussu decesserit praesidio,
uictorem securi percussum tradunt. Nec libet credere, et 6
licet in uariis opinionibus; et argumento est quod imperia
Manliana, non Postumiana appellata sunt, cum qui prior
auctor tam saeui exempli foret, occupaturus insignem

7 utrimque *Δ*: utrumque *M*   8 Vnus Sp. *Harant*: Vnus **N**: Albus
Luterbacher   ictus *MU*: ictu *PO*: icto *H*, u *H*^csl
29 3 signo *OU*: signa *MHP*   primam *Δ*: prima *M*   5 dictaturae
Δ: dictaturam *M*   decesserit *Gron.*: discesserit **N**   6 Manliana
Rhenanus: malliana **N**   sunt *Ed. Parm.* 1480: sint **N**   cum *Rhenanus*:
quem **N**

titulum crudelitatis fuerit. Imperioso quoque Manlio cognomen inditum; Postumius nulla tristi nota est insignitus.

7   C. Iulius consul aedem Apollinis absente collega sine sorte
dedicauit. Aegre id passus Quinctius cum dimisso exercitu
in urbem redisset, nequiquam in senatu est conquestus.

8   Insigni magnis rebus anno additur, nihil tum ad rem
Romanam pertinere uisum, quod Carthaginienses, tanti
hostes futuri, tum primum per seditiones Siculorum ad partis
alterius auxilium in Siciliam exercitum traiecere.

30   Agitatum in urbe ab tribunis plebis ut tribuni militum
consulari potestate crearentur nec obtineri potuit. Consules fiunt L. Papirius Crassus L. Iulius. Aequorum legati
foedus ab senatu cum petissent et pro foedere deditio osten-
2 taretur, indutias annorum octo impetrauerunt: Volscorum
res, super acceptam in Algido cladem, pertinaci certamine
inter pacis bellique auctores in iurgia et seditiones uersa:
3 undique otium fuit Romanis. Legem de multarum aestima-
tione pergratam populo cum ab tribunis parari consules
unius ex collegio proditione excepissent, ipsi praeoccupa-
uerunt ferre.

4   Consules L. Sergius Fidenas iterum Hostus Lucretius
Tricipitinus. Nihil dignum dictu actum his consulibus.
Secuti eos consules A. Cornelius Cossus T. Quinctius
5 Poenus iterum. Veientes in agrum Romanum excursiones
fecerunt. Fama fuit quosdam ex Fidenatium iuuentute
participes eius populationis fuisse, cognitioque eius rei L.
6 Sergio et Q. Seruilio et Mam. Aemilio permissa. Quidam
Ostiam relegati, quod cur per eos dies a Fidenis afuissent
parum constabat; colonorum additus numerus, agerque iis
7 bello interemptorum adsignatus. Siccitate eo anno plurimum

7 C. Iulius *Sigonius, coll.* 4. 26. 2: Cn. Iulius N   in urbem Δ: urbem
M   conquestus Δ: questus *M*   8 Carthaginienses] Cartaginienses
*HO*c: Cartaginiensis *O*   Siculorum *Ed. Rom.* 1469: singulorum
N   Siciliam *MOP*c*U*c: seciliam *P*: sicilia *H*: siciliciam *U*

30 4 Hostus *Sigonius*: hostius **N**   4 iis *OU*: his *MHP*   5 participes Δ: particeps *M*   6 Ostiam] hostiam *P*: hostium *M*   iis *Ed.*
Rom. 1469: his **N**

laboratum est, nec caelestes modo defuerunt aquae, sed
terra quoque ingenito umore egens uix ad perennes suffecit
amnes. Defectus alibi aquarum circa torridos fontes riuosque 8
stragem siti pecorum morientum dedit; scabie alia absum-
pta, uolgatique contactu in homines morbi. Et primo in
agrestes ingruerant seruitiaque; urbs deinde impletur. Nec 9
corpora modo adfecta tabo, sed animos quoque multiplex
religio et pleraque externa inuasit, nouos ritus sacrificandi
uaticinando inferentibus in domos quibus quaestui sunt capti
superstitione animi, donec publicus iam pudor ad primores 10
ciuitatis peruenit, cernentes in omnibus uicis sacellisque
peregrina atque insolita piacula pacis deum exposcendae.
Datum inde negotium aedilibus, ut animaduerterent ne qui 11
nisi Romani di neu quo alio more quam patrio colerentur.

Irae aduersus Veientes in insequentem annum, C. Serui- 12
lium Ahalam L. Papirium Mugillanum consules, dilatae
sunt. Tunc quoque ne confestim bellum indiceretur neue 13
exercitus mitterentur, religio obstitit; fetiales prius mitten-
dos ad res repetendas censuere. Cum Veientibus nuper acie 14
dimicatum ad Nomentum et Fidenas fuerat, indutiaeque
inde, non pax facta, quarum et dies exierat, et ante diem
rebellauerant. Missi tamen fetiales, nec eorum, cum more
patrum iurati repeterent res, uerba sunt audita. Contro- 15
uersia inde fuit utrum populi iussu indiceretur bellum an
satis esset senatus consultum. Peruicere tribuni, denuntiando impedituros se dilectum, ut Quinctius consul de bello
ad populum ferret. Omnes centuriae iussere. In eo quoque 16
plebs superior fuit, quod tenuit ne consules in proximum
annum crearentur.

8 uolgatique contactu in *OPU*: uolgatique contactu quam *M*: uolgatique in *H*   10 piacula *Δ*: pia culpa *M*   11 nisi *Δ*: si
M   Romani di] romani dii *HUP*: romam dii *M*: dii Romani *O*
12 C. Seruilium . . . consules] gaium seruilium ahalam l. papirium
mugilanum consules *MP*: per gaium seruilium ahalam l. papirium
mugilanum consules *U*: gaio seruilio ahala l. papirio mugilano consulibus *HO*   15 Peruicere *MEU*: peruiceret *P*: peruinceret *H*   ferret
Δ: ferre *M*

31   Tribuni militum consulari potestate quattuor creati sunt,
T. Quinctius Poenus ex consulatu, C. Furius, M. Postumius,
2 A. Cornelius Cossus. Ex his Cossus praefuit urbi, tres
dilectu habito profecti sunt Veios, documentoque fuere
quam plurium imperium bello inutile esset. Tendendo ad
sua quisque consilia, cum aliud alii uideretur, aperuerunt
3 ad occasionem locum hosti; incertam namque aciem,
signum aliis dari, receptui aliis cani iubentibus, inuasere
opportune Veientes. Castra propinqua turbatos ac terga
4 dantes accepere; plus itaque ignominiae quam cladis est
acceptum. Maestā ciuitas fuit uinci insueta; odisse tribunos,
poscere dictatorem: in eo uerti spes ciuitatis. Et cum ibi
quoque religio obstaret ne non posset nisi ab consule dici
5 dictator, augures consulti eam religionem exemere. A.
Cornelius dictatorem Mam. Aemilium dixit et ipse ab
eo magister equitum est dictus; adeo, simul fortuna
ciuitatis uirtute uera eguit, nihil censoria animaduersio
effecit, quo minus regimen rerum ex notata indigne domo
peteretur.
6   Veientes re secunda elati, missis circum Etruriae populos
legatis, iactando tres duces Romanos ab se uno proelio fusos,
cum tamen nullam publici consilii societatem mouissent,
7 uoluntarios undique ad spem praedae adsciuerunt. Vni
Fidenatium populo rebellare placuit; et tamquam nisi ab
scelere bellum ordiri nefas esset, sicut legatorum ante, ita
8 tum nouorum colonorum caede imbutis armis, Veientibus
sese coniungunt. Consultare inde principes duorum populorum, Veios an Fidenas sedem belli caperent. Fidenae
uisae opportuniores; itaque traiecto Tiberi Veientes Fidenas
9 transtulerunt bellum. Romae terror ingens erat. Accito

31 2 plurium *HE*ᶜ*P*: plurimum *MEU*   ad occasionem locum **N**; *cf.*
Tac. Agr. 14. 4: occasionem ad locum *Fügner*: occasionem ad inuadendum
locum *L. Herrmann*   5 Mam. Aemilium *Ed. Rom.* 1469: M̄. aemilium
H: m. aemilium *P*: m̄. aemilium *MU*: martium aemilium *E*   effecit
MHE, cf. 9. 5. 3: efficit *PU*: offecit *Tan. Faber*   6 secunda elati
*HUP*ᶜ: secunde lati *M, add.* a *M*ᶜˢˡ: secun delati *E*, secunda lati *E*ᶜ:
secum delati *P*   9 hostibus positis ad Fidenas *post* erat *add. Vorm.*,

exercitu a Veiis, eoque ipso ab re male gesta perculso,
castra locantur ante portam Collinam, et in muris armati
dispositi, et iustitium in foro tabernaeque clausae, fiuntque
omnia castris quam urbi similiora, cum trepidam ciuitatem 32
praeconibus per uicos dimissis dictator ad contionem ad-
uocatam increpuit quod animos ex tam leuibus momentis 2
fortunae suspensos gererent ut parua iactura accepta, quae
ipsa non uirtute hostium nec ignauia Romani exercitus sed
discordia imperatorum accepta sit, Veientem hostem sexiens
uictum pertimescant Fidenasque prope saepius captas quam
oppugnatas. eosdem et Romanos et hostes esse qui per tot 3
saecula fuerint; eosdem animos, easdem corporis uires,
eadem arma gerere. se quoque eundem dictatorem Mam.
Aemilium esse qui antea Veientium Fidenatiumque adiunctis Faliscis ad Nomentum exercitus fuderit, et magi- 4
strum equitum A. Cornelium eundem in acie fore qui
priore bello tribunus militum, Larte Tolumnio rege Veientium in conspectu duorum exercituum occiso, spolia opima
Iouis Feretri templo intulerit. proinde memores secum 5
triumphos, secum spolia, secum uictoriam esse, cum hostibus
scelus legatorum contra ius gentium interfectorum, caedem
in pace Fidenatium colonorum, indutias ruptas, septimam
infelicem defectionem, arma caperent. simul castra castris 6
coniunxissent, satis confidere nec sceleratissimis hostibus
diuturnum ex ignominia exercitus Romani gaudium fore,
et populum Romanum intellecturum quanto melius de re 7
publica meriti sint qui se dictatorem tertium dixerint quam
qui ob ereptum censurae regnum labem secundae dictaturae

in marg. add. P^c; *post* a Veis (abeis) *add.* romae terror hostibus positis ad
fidenas ab eis *M*   a Veiis] a ueis *EPU*: abeis *M*: ab ueis *H*   perculso
U: perculsa *HEP*: proculsa *M*: procul sua *M*^c   iustitium **N**: iustitium
indictum *Freudenberg*

   32 2 sexiens *P*: sexies *HEU*: exiens *M*: totiens *Petrarch*   3 et hostes
Δ: hostes *M*   Mam. *Ed. Rom.* 1469; *cf.* 4. 23. 5: M̄. *MH*: m̄ *U*: m *P*:
marcium *E*   4 Larte Tolumnio *Δ*: lartet collumnio *M*   Feretri]
ferretrii *HP*: feretrii *P*^c*EU*: ferre trii *M*   7 quam qui *Tan. Faber*:
quam eos qui **N**

8 suae imposuerint. Votis deinde nuncupatis profectus mille et
quingentos passus citra Fidenas castra locat, dextra monti-
9 bus, laeua Tiberi amne saeptus. T. Quinctium Poenum
legatum occupare montes iubet occultumque id iugum
capere, quod ab tergo hostibus foret.
10 Ipse postero die cum Etrusci pleni animorum ab pristini diei meliore occasione quam pugna in aciem processissent, cunctatus parumper dum speculatores referrent
Quinctium euasisse in iugum propinquum arci Fidenarum,
signa profert peditumque aciem instructam pleno gradu in
11 hostem inducit; magistro equitum praecipit ne iniussu
pugnam incipiat: se cum opus sit equestri auxilio signum
daturum; tum ut memor regiae pugnae, memor opimi doni
Romulique ac Iouis Feretri rem gereret. Legiones impetu
12 ingenti confligunt. Romanus odio accensus impium Fidenatem, praedonem Veientem, ruptores indutiarum, cruen-
tos legatorum infanda caede, respersos sanguine colonorum
suorum, perfidos socios, imbelles hostes compellans, factis
simul dictisque odium explet.
33 Concusserat primo statim congressu hostem cum repente
patefactis Fidenarum portis noua erumpit acies, inaudita
2 ante id tempus inuisitataque. Ignibus armata ingens multitudo facibusque ardentibus tota conlucens, uelut fanatico
instincta cursu in hostem ruit, formaque insolitae pugnae
3 Romanos parumper exterruit. Tum dictator, magistro
equitum equitibusque, tum ex montibus Quinctio accito,
proelium ciens ipse in sinistrum cornu, quod, incendio
4 similius quam proelio, territum cesserat flammis, accurrit
claraque uoce 'Fumone uicti,' inquit, 'uelut examen apum,
loco uestro exacti inermi cedetis hosti? Non ferro exstin-
guitis ignes? Non faces has ipsas pro se quisque, si igni, non

8 mille et quingentos]ↀ et ā E: ↀ et a P: cc et x U: m̄ et a M　　　passus
Δ: cossus M　　　　10 ab pristini Sigonius: ac pristini N　　　11 rem
gereret Δ: regeret M
33 2 instincta] intincta P: insticta H, n add. Hᶜˢˡ　　　3 ciens Δ:
sciens M　　4 si igni HU: signi MEP: igni Mᶜ: i add. Eᶜˢˡ Pᶜˢˡ (sc. si igni)

telis pugnandum est, ereptas ultro inferetis? Agite, nominis 5
Romani ac uirtutis patrum uestraeque memores uertite incendium hoc in hostium urbem, et suis flammis delete Fidenas, quas uestris beneficiis placare non potuistis. Legatorum
hoc uos uestrorum colonorumque sanguis uastatique fines
monent.' Ad imperium dictatoris mota cuncta acies. Faces 6
partim emissae excipiuntur, partim ui eripiuntur: utraque
acies armatur igni. Magister equitum et ipse nouat pu- 7
gnam equestrem; frenos ut detrahant equis imperat, et ipse
princeps calcaribus subditis euectus effreno equo in medios
ignes infertur, et alii concitati equi libero cursu ferunt equitem in hostem. Puluis elatus mixtusque fumo lucem ex 8
oculis uirorum equorumque aufert. Ea quae militem terrue-
rat species nihil terruit equos; ruinae igitur similem stragem
eques quacumque peruaserat dedit. Clamor deinde accidit 9
nouus; qui cum utramque mirabundam in se aciem uertisset, dictator exclamat Quinctium legatum et suos ab
tergo hostem adortos; ipse redintegrato clamore infert
acrius signa. Cum duae acies, duo diuersa proelia circum- 10
uentos Etruscos et a fronte et ab tergo urgerent, neque in
castra retro neque in montes, unde se nouus hostis obiecerat,
iter fugae esset, et equitem passim liberis frenis distulissent
equi, Veientium maxima pars Tiberim effusi petunt,
Fidenatium qui supersunt ad urbem Fidenas tendunt. Infert 11
pauidos fuga in mediam caedem; obtruncantur in ripis; alios
in aquam compulsos gurgites ferunt; etiam peritos nandi
lassitudo et uolnera et pauor degrauant; pauci ex multis
tranant. Alterum agmen fertur per castra in urbem. Eadem 12
et Romanos sequentes impetus rapit, Quinctium maxime et

---

5 uastatique] uastique *P*: uatatique *H*   monent *Δ*: mouent *M*
7 effreno *Δ*: efreno *M*: effrenato *Ogilvie*   ferunt *M*ᶜπ: fuerunt *M*:
fecerunt *H*   8 Ea quae *HE*: eaque *MPU*   9 hostem **N**: hostes *V*
10 duo diuersa **N**: duae diuersa *V*   unde se *V*π: unde *H*: inde se *M*
esset, et *M*π: esse et *H*: esset *V*   liberis **Ω**: liberi *Ed. Rom.* 1469; *cf.*
Tac. Ann. 5. 3. 1.   distulissent *V*: dispulissent **N**   Tiberim *Δ*: interim
M: *defit V*   11 tranant *V*π: trahant *H*: *om.* pauci ex multis
tranant *M*

cum eo degressos modo de montibus, recentissimum ad
laborem militem, quia ultimo proelio aduenerat.

34 Hi postquam mixti hostibus portam intrauere, in muros
euadunt, suisque capti oppidi signum ex muro tollunt.
2 Quod ubi dictator conspexit—iam enim et ipse in deserta
hostium castra penetrauerat—cupientem militem discurrere
ad praedam, spe iniecta maioris in urbe praedae, ad portam
ducit, receptusque intra muros in arcem quo ruere fugien-
3 tium turbam uidebat pergit; nec minor caedes in urbe
quam in proelio fuit donec abiectis armis nihil praeter
uitam petentes dictatori deduntur. Vrbs castraque diripiun-
4 tur. Postero die singulis captiuis ab equite ac centurionibus
sorte ductis et, quorum eximia uirtus fuerat, binis, aliis
sub corona uenundatis, exercitum uictorem opulentum-
5 que praeda triumphans dictator Romam reduxit; iussoque
magistro equitum abdicare se magistratu, ipse deinde abdicauit, die sexto decimo reddito in pace imperio quod
6 in bello trepidisque rebus acceperat. Classi quoque ad
Fidenas pugnatum cum Veientibus quidam in annales
rettulere, rem aeque difficilem atque incredibilem, nec nunc
lato satis ad hoc amne et tum aliquanto, ut a ueteribus
7 accepimus, artiore, nisi in traiectu forte fluminis prohibendo
aliquarum nauium concursum in maius, ut fit, celebrantes
naualis uictoriae uanum titulum appetiuere.

35 Insequens annus tribunos militares consulari potestate
habuit A. Sempronium Atratinum, L. Quinctium Cincinnatum, L. Furium Medullinum, L. Horatium Barbatum.
2 Veientibus annorum uiginti indutiae datae et Aequis
triennii, cum plurium annorum petissent; et ab seditionibus
urbanis otium fuit.

12 degressos *MEP*c: degressus *VP*: degressum *H*: digressos *U*   aduenerat *M*π: [aduen]erat *V*: peruenerat *H*
34 4 equite ac *Madvig*: equite ad *MHEP*c*U*: equitum ad *P*: equi[. . . .]
V   centurionibus *Weissenborn*: centurionis *V*: centurionem **N**   5 abdicauit *V*: abdicat **N**   6 artiore **N**: artiorem *V*
35 2 petissent; et **N**: petissent *V*   ab seditionibus *VΔ*: a seditionibus *M*

Annum insequentem neque bello foris neque domi sedi- 3
tione insignem ludi bello uoti celebrem et tribunorum militum apparatu et finitimorum concursu fecere. Tribuni con- 4
sulari potestate erant ⟨Ap.⟩ Claudius Crassus, Sp. Naeuius
Rutilus, L. Sergius Fidenas, Sex. Iulius Iulus. Spectaculum
comitate etiam hospitum, ad quam publice consenserant,
aduenis gratius fuit.

Post ludos contiones seditiosae tribunorum plebi fuerunt, 5
obiurgantium multitudinem quod admiratione eorum quos
odisset, stupens in aeterno se ipsa teneret seruitio, et non 6
modo ad spem consulatus in partem reuocandi adspirare
non auderet, sed ne in tribunis quidem militum creandis,
quae communia essent comitia patrum ac plebis, aut sui aut
suorum meminisset. desineret ergo mirari cur nemo de com- 7
modis plebis ageret; eo impendi laborem ac periculum unde
emolumentum atque honos speretur; nihil non adgressuros
homines si magna conatis magna praemia proponantur; ut 8
quidem aliquis tribunus plebis ruat caecus in certamina periculo ingenti, fructu nullo, ex quibus pro certo habeat, patres,
aduersus quos tenderet, bello inexpiabili se persecuturos,
apud plebem, pro qua dimicauerit, nihilo se honoratiorem
fore, neque sperandum neque postulandum esse. magnos 9
animos magnis honoribus fieri. neminem se plebeium con-
tempturum ubi contemni desissent. experiundam rem
denique in uno aut altero esse sitne aliqui plebeius ferendo
magno honori an portento simile miraculoque sit fortem

3 neque bello foris **N**: neque bello neque foris *V*   4 Ap. Claudius
Glareanus, coll. 4. 36. 5: claudius *VMπ*: cladius *H*   Naeuius *VMH*:
neuius *π*: Nautius *Ed. Frob.* 1531, *recte (cf.* 3. 44. 13) *nisi Liuius hic ex
fonte Liciniano hausisset*   Rutilus *Sigonius*: rutilius *VMHE^cPU*: ritilius
E   L. Sergius *Sigonius, coll.* 4. 25. 2: t̄. sergius *VME^cPU*: titus sergias
E: t. *H* (*om.* Sergius)   Iulus *Sigonius*: tullus *Mπ*: tullius *H*: *om.*
V   hospitum *HE^cU*: hospitium *VMEP*   publice consenserant *Gron.*:
publico consensu uenerant **Ω**   aduenis gratius **N**: aduenis ad[uenis
gratius] *V*   fuit *V*: afuit *M*: affuit *HEU*: adfuit *P*   5 odisset *Gron.*:
odissent **N**: *defit V*   6 reuocandi *Madvig*: reuocandam *VMHEP^cU*:
reuocantemdā *P*   8 ut quidem *HEP*: ut quidam *M*: ut quid enim
U: *defit V*   apud *Δ*: aut *M*: *defit V*

10 ac strenuum uirum aliquem exsistere ortum ex plebe. summa ui expugnatum esse ut tribuni militum consulari potestate et ex plebe crearentur. petisse uiros domi militiaeque
spectatos; primis annis suggillatos, repulsos, risui patribus
11 fuisse; desisse postremo praebere ad contumeliam os. nec
se uidere cur non lex quoque abrogetur, qua id liceat quod
nunquam futurum sit; minorem quippe ruborem fore in
iuris iniquitate, quam si per indignitatem ipsorum praeter-
eantur.

36   Huius generis orationes cum adsensu auditae incitauere
quosdam ad petendum tribunatum militum, alium alia de
2 commodis plebis laturum se in magistratu profitentem. Agri
publici diuidendi coloniarumque deducendarum ostentatae
spes et uectigali possessoribus agrorum imposito in stipen-
3 dium militum erogandi aeris. Captatum deinde tempus ab
tribunis militum, quo per discessum hominum ab urbe,
cum patres clandestina denuntiatione reuocati ad diem certam essent, senatus consultum fieret absentibus tribunis
4 plebi ut quoniam Volscos in Hernicorum agros praedatum
exisse fama esset, ad rem inspiciendam tribuni militum pro-
5 ficiscerentur consulariaque comitia haberentur. Profecti Ap.
Claudium, decemuiri filium, praefectum urbis relinquunt,
impigrum iuuenem et iam inde ab incunabulis imbutum
odio tribunorum plebisque. Tribuni plebi nec cum absentibus iis qui senatus consultum fecerant, nec cum Appio,
37 transacta re, quod contenderent, fuit. Creati consules sunt
C. Sempronius Atratinus Q. Fabius Vibulanus.
     Peregrina res, sed memoria digna traditur eo anno facta,
Volturnum, Etruscorum urbem, quae nunc Capua est, ab
Samnitibus captam, Capuamque ab duce eorum Capye uel,

10 os HE^c ras.: cōs E: c̄c̄ P: c̄s̄ P^c: om. M: defit V

36 3 ab tribunis $\varDelta$: a tribunis M: defit V clandestina M^cHEP^cU:
clandestina P: cladesti M: defit V 4 inspiciendam N: aspiciendam
V 5 decemuiri filium V: filium decemuiri N

37 1 Atratinus Q. $\varDelta$: aratinus Q. M: atratinusque H: defit V memoria]
memoriae M^c: memori E, add. a E^{csl}: defit V post anno defit V usque ad
54. 3   Volturnum H: uulturnum $MEPU$ Capye $Valla$: capio N

quod propius uero est, a campestri agro appellatam. Cepere 2
autem, prius bello fatigatis Etruscis, in societatem urbis
agrorumque accepti, deinde festo die graues somno epulis-
que incolas ueteres noui coloni nocturna caede adorti.

His rebus actis, consules ii, quos diximus, idibus Decem- 3
bribus magistratum occepere. Iam non solum qui ad id
missi erant rettulerant imminere Volscum bellum, sed legati 4
quoque ab Latinis et Hernicis nuntiabant non ante unquam
Volscos nec ducibus legendis nec exercitui scribendo intentiores fuisse; uolgo fremere aut in perpetuum arma bellum- 5
que obliuioni danda iugumque accipiendum, aut iis cum
quibus de imperio certetur, nec uirtute nec patientia nec
disciplina rei militaris cedendum esse. Haud uana attulere; 6
sed nec perinde patres moti sunt, et C. Sempronius cui ea
prouincia sorti euenit tamquam constantissimae rei fortunae
fretus, quod uictoris populi aduersus uictos dux esset omnia
temere ac neglegenter egit, adeo ut disciplinae Romanae 7
plus in Volsco exercitu quam in Romano esset. Ergo fortuna,
ut saepe alias, uirtutem est secuta. Primo proelio, quod ab 8
Sempronio incaute inconsulteque commissum est, non subsidiis firmata acie, non equite apte locato concursum est.
Clamor indicium primum fuit qua res inclinatura esset, 9
excitatior crebriorque ab hoste sublatus, ab Romanis dis-
sonus, impar, segnius saepe iteratus. ⟨Ita exercitus⟩ incerto
clamore prodidit pauorem animorum. Eo ferocior inlatus 10
hostis urgere scutis, micare gladiis. Altera ex parte nutant
circumspectantibus galeae, et incerti trepidant applicantque
se turbae; signa nunc resistentia deseruntur ab antesignanis, 11

2 accepti *U*: acceptis *MHEP*   graues *E*c*H*: graui *MEPU*: *add.* s *U*csl
(*scil.* grauis)   3 ii *Ed. Rom.* 1469: hi **N**   Decembribus *HE*:
decembris *M*: *om. PU*   magistratum occepere *Ed. Ven.* 1470: magistratum accepere *M*π: magistratus ceperunt *H*   5 iis *Ed. Rom.* 1469:
his *Δ*: hisque *M, del.* que *M*c   6 dux esset *U*: duxesset *E*: duxisset
MHP   8 incaute *M*c*Δ*: incauto *M*   inconsulteque *MP*: incon-
sultoque *H*: insulteque *EU, add.* con *E*csl*U*csl   9 *lacunam indicauit*
Stroth, ita exercitus *suppl. Ogilvie*: incerto clangore *Lipsius,* tenore *Sigonius,*
languore *Gron.,* pauore *Gebhard*: *alii alia*

nunc inter suos manipulos recipiuntur. Nondum fuga certa,
nondum uictoria erat; tegi magis Romanus quam pugnare;
Volscus inferre signa, urgere aciem, plus caedis hostium
uidere quam fugae.

38   Iam omnibus locis ceditur, nequiquam Sempronio consule
obiurgante atque hortante. Nihil nec imperium nec maiestas
2 ualebat, dataque mox terga hostibus forent, ni Sex. Tempanius, decurio equitum, labante iam re praesenti animo
subuenisset. Qui cum magna uoce exclamasset ut equites,
qui saluam rem publicam uellent esse, ex equis desilirent,
3 omnium turmarum equitibus uelut ad consulis imperium
motis, 'Nisi haec' inquit 'parmata cohors sistit impetum
hostium, actum de imperio est. Sequimini pro uexillo
cuspidem meam; ostendite Romanis Volscisque neque
equitibus uobis ullos equites nec peditibus esse pedites
4 pares.' Cum clamore comprobata adhortatio esset, uadit
alte cuspidem gerens. Quacumque incedunt, ui uiam faciunt; eo se inferunt obiectis parmis, ubi suorum plurimum
5 laborem uident. Restituitur omnibus locis pugna, in quae
eos impetus tulit; nec dubium erat quin, si tam pauci simul
obire omnia possent, terga daturi hostes fuerint.

39   Et cum iam parte nulla sustinerentur, dat signum Volscus
imperator, ut parmatis, nouae cohorti hostium, locus detur
2 donec impetu inlati ab suis excludantur. Quod ubi est
factum, interclusi equites nec perrumpere eadem qua trans-
3 ierant posse, ibi maxime confertis hostibus qua uiam
fecerant, et consul legionesque Romanae cum quod tegumen modo omnis exercitus fuerat nusquam uiderent, ne
tot fortissimos uiros interclusos opprimeret hostis, tendunt

11 uidere N: edere *Jacobs*

38 1 omnibus Δ: in omnibus *M*   2 Tempanius N: *fort.* Tam-
panius; *cf. C.I.L.* xiv. 32. 64: *et sic alibi*   labante *Gron., cf.* 26. 41. 17:
labente N, *cf.* 3. 33. 2   3 parmata *Scheelius*: armata N   cohors
sistit *PU*: cohorsistit *M*: cohors stit *M*c: cohors sistat *HE*   4 obiectis
Δ: subiectis *M*: subiecti *M*c

39 1 impetu inlati *PU*: impetu illati *HE*: impetum lati *M*: impetu
inlato *M*c   3 qua uiam Δ: qua | qua uiam *M*

in quemcumque casum. Diuersi Volsci hinc consulem ac 4
legiones sustinere, altera fronte instare Tempanio atque
equitibus; qui cum saepe conati nequissent perrumpere ad
suos, tumulo quodam occupato in orbem se tutabantur,
nequaquam inulti; nec pugnae finis ante noctem fuit. Con- 5
sul quoque nusquam remisso certamine dum quicquam
superfuit lucis hostem tenuit. Nox incertos diremit; tantus- 6
que ab imprudentia euentus utraque castra tenuit pauor ut
relictis sauciis et magna parte impedimentorum ambo pro
uictis exercitus se in montes proximos reciperent. Tumulus 7
tamen circumsessus ultra mediam noctem est; quo cum
circumsedentibus nuntiatum esset castra deserta esse, uictos
rati suos et ipsi, qua quemque in tenebris pauor tulit,
fugerunt. Tempanius metu insidiarum suos ad lucem tenuit. 8
Digressus deinde ipse cum paucis speculatum, cum ab
sauciis hostibus sciscitando comperisset castra Volscorum
deserta esse, laetus ab tumulo suos deuocat et in castra
Romana penetrat. Vbi cum uasta desertaque omnia atque 9
eandem quam apud hostes foeditatem inuenisset, priusquam
Volscos cognitus error reduceret, quibus poterat sauciis
ductis secum, ignarus quam regionem consul petisset, ad
urbem proximis itineribus pergit.

Iam eo fama pugnae aduersae castrorumque desertorum 40
perlata erat, et ante omnia deplorati erant equites non priuato magis quam publico luctu, Fabiusque consul terrore 2
urbi quoque iniecto stationem ante portas agebat, cum
equites procul uisi non sine terrore ab dubiis quinam essent,
mox cogniti tantam ex metu laetitiam fecere, ut clamor
urbem peruaderet gratulantium saluos uictoresque redisse
equites, et ex maestis paulo ante domibus quae concla-
mauerant suos, procurreretur in uias, pauidaeque matres 3
ac coniuges, oblitae prae gaudio decoris, obuiam agmini

---

9 atque] adque *MP*: *corr. Pᶜ*   reduceret *HEU*: reducere *M*: t *add.*
*M*ᶜˢˡ: redduceret *P*   sauciis *MᶜΔ*: saucius *M*   ductis *Δ*: dictis *M*
    40 2 non sine terrore *MᶜΔ*: nos in aeterrore *M*   cogniti *MᶜU*: cogni-
tis *MHEP*

occurrerent, in suos quaeque simul corpore atque animo,
4 uix prae gaudio compotes, effusae. Tribunis plebi qui M.
Postumio et T. Quinctio diem dixerant, quod ad Veios
eorum opera male pugnatum esset, occasio uisa est per
recens odium Semproni consulis renouandae in eos inuidiae.
5 Itaque aduocata contione cum proditam Veiis rem publicam esse ab ducibus, proditum deinde, quia illis impune
fuerit, in Volscis ab consule exercitum, traditos ad caedem
fortissimos equites, deserta foede castra uociferati essent,
6 C. Iunius, unus ex tribunis, Tempanium equitem uocari
iussit coramque ei 'Sex. Tempani,' inquit, 'quaero de te
arbitrerisne C. Sempronium consulem aut in tempore
pugnam inisse aut firmasse subsidiis aciem aut ullo boni
7 consulis functum officio; et tune ipse, uictis legionibus
Romanis, tuo consilio equitem ad pedes deduxeris restitu-
erisque pugnam; excluso deinde ab acie nostra tibi atque
equitibus num aut consul ipse subuenerit aut miserit
8 praesidium; postero denique die ecquid praesidii usquam
habueris, an tu cohorsque in castra uestra uirtute perru-
peritis; ecquem in castris consulem, ecquem exercitum
9 inueneritis an deserta castra, relictos saucios milites. Haec
pro uirtute tua fideque, qua una hoc bello res publica stetit,
dicenda tibi sunt hodie; denique ubi C. Sempronius, ubi
legiones nostrae sint; desertus sis an deserueris consulem
exercitumque; uicti denique simus an uicerimus.'
41 Aduersus haec Tempani oratio incompta fuisse dicitur,
ceterum militariter grauis, non suis uana laudibus, non
2 crimine alieno laeta: quanta prudentia rei bellicae in C.
Sempronio esset, non militis de imperatore existimationem
esse, sed populi Romani fuisse, cum eum comitiis consulem
3 legeret. itaque ne ab se imperatoria consilia neu consulares

3 compotes *Ed. Rom.* 1469: compotaes *U*: compote *MHEP*   5 Iunius
Ed. Rom. 1469: iulius **N**   6 ei Sex.] ei sexte *H*: eis · ex *M*: eis exte
PU: ei[. .]exte *E*: ei s*xte *E*ᶜ *ras.*   8 praesidii usquam *EU*: praesidi
usquam *E*ᶜ*P*: praesidius quam *H*: praesidiis quam *M*   9 qua una
*HE*ᶜ*PU*: quam una *E*: quam unam *M*
41 2 comitiis] comitis *MP*: *corr. M*ᶜ*P*ᶜ

artes exquirerent, quae pensitanda quoque magnis animis
atque ingeniis essent; sed quod uiderit referre posse.
uidisse autem se priusquam ab acie intercluderetur consu- 4
lem in prima acie pugnantem, adhortantem, inter signa
Romana telaque hostium uersantem. postea se a conspectu 5
suorum ablatum ex strepitu tamen et clamore sensisse usque
ad noctem extractum certamen; nec ad tumulum quem ipse
tenuerat prae multitudine hostium credere perrumpi potuisse. exercitus ubi esset se nescire; arbitrari, uelut ipse in 6
re trepida loci praesidio se suosque sit tutatus, sic consulem
seruandi exercitus causa loca tutiora castris cepisse; nec 7
Volscorum meliores res esse credere quam populi Romani;
fortunam noctemque omnia erroris mutui implesse. Precan-
temque deinde ne se fessum labore ac uolneribus tenerent,
cum ingenti laude non uirtutis magis quam moderationis
dimissum ⟨. . .⟩. Cum haec agerentur, iam consul uia 8
Labicana ad fanum Quietis erat. Eo missa plaustra iu-
mentaque alia ab urbe exercitum adfectum proelio ac uia
nocturna excepere. Paulo post in urbem est ingressus consul, 9
non ab se magis enixe amouens culpam quam Tempanium
meritis laudibus ferens. Maestae ciuitati ab re male gesta et 10
iratae ducibus M. Postumius reus obiectus, qui tribunus
militum pro consule ad Veios fuerat, decem milibus aeris
grauis damnatur. T. Quinctium collegam eius, quia et in 11
Volscis consul auspicio dictatoris Postumi Tuberti et ad
Fidenas legatus dictatoris alterius Mam. Aemili res prospere
gesserat, totam culpam eius temporis in praedamnatum
collegam transferentem omnes tribus absoluerunt. Profuisse 12
ei Cincinnati patris memoria dicitur, uenerabilis uiri, et
exactae iam aetatis Capitolinus Quinctius, suppliciter orans
ne se, breui reliquo uitae spatio, tam tristem nuntium ferre
ad Cincinnatum paterentur.

5 ex strepitu *U*: extrepitu *MHEP*: add. s *E*csl *P*csl   tenuerat *M*c*Δ*:
tenerat *M*: tenuerit *Ruperti*   7 *lacunam statuit Petrarch, qui* accipio
suppleuit: ferunt *uel* tradunt *Douiatius*   8 Labicana] *cf.* 2. 39. 4:
lauicana **N**   11 Mam. *Ed. Rom.* 1469: m̄. **N**

42   Plebs tribunos plebi absentes Sex. Tempanium, ⟨M.⟩
Asellium, Ti. Antistium, et Sp. Pullium fecit, quos et pro
centurionibus sibi praefecerant Tempanio auctore equites.
2 Senatus cum odio Semproni consulare nomen offenderet,
tribunos militum consulari potestate creari iussit. Creati
sunt L. Manlius Capitolinus, Q. Antonius Merenda, L. Pa-
3 pirius Mugillanus. Principio statim anni L. Hortensius tribunus plebis C. Sempronio, consuli anni prioris, diem dixit.
Quem cum quattuor collegae inspectante populo Romano
orarent ne imperatorem suum innoxium, in quo nihil praeter
fortunam reprehendi posset, uexaret, aegre Hortensius pati,
4 temptationem eam credens esse perseuerantiae suae, nec
precibus tribunorum, quae in speciem modo iactentur,
5 sed auxilio confidere reum. Itaque modo ad eum conuersus,
ubi illi patricii spiritus, ubi subnixus et fidens innocentiae
animus esset quaerebat; sub tribunicia umbra consularem
6 uirum delituisse; modo ad collegas: 'Vos autem, si reum
perago, quid acturi estis? An erepturi ius populo et euersuri
7 tribuniciam potestatem?' Cum illi et de Sempronio et de
omnibus summam populi Romani potestatem esse dicerent,
nec se iudicium populi tollere aut uelle aut posse, sed si
preces suae pro imperatore, qui sibi parentis esset loco, non
ualuissent, se uestem cum eo mutaturos, tum Hortensius
8 'Non uidebit' inquit 'plebs Romana sordidatos tribunos
suos. C. Sempronium nihil moror, quando hoc est in
9 imperio consecutus ut tam carus esset militibus.' Nec pietas
quattuor tribunorum quam Hortensi tam placabile ad
iustas preces ingenium pariter plebi patribusque gratius fuit.

42 1 ⟨M.⟩ Asellium *Mommsen*: a. sellium *MHEU*: ā. sellium *P*   Ti.
Antistium *Mommsen*: et antistium N   et Sp. Pullium *Ogilvie, cf.* 4. 44.
2, *C.I.L.* i. 251: et spurillium *Mπ*: et sparillium *H*: Ti. Spurillium
Mommsen   2 Manlius *Ed. Mediol.* 1478: manilius N   Mugillanus
*E*c: mugilianus *MHEP*: mugillanus *U*: *cf.* 4. 7. 10   4 speciem *Δ*:
paciendo *M*   6 collegas *Δ*: collega *M*   reum *HP*c*U*: rerum *MP*:
rem *E, add.* u *E*csl   populo *Δ*: populi *M*   potestatem *HE*: potestatem ·p̅l̅· *M*: potestatem r *P*: potestatem pr *P*c: potestatem p̅. s̅. *U*
9 ingenium *M*c*HE*c*U*: in ingenium *MEP*

Non diutius fortuna Aequis indulsit, qui ambiguam uicto- 10
riam Volscorum pro sua amplexi fuerant. Proximo anno, **43**
Cn. Fabio Vibulano T. Quinctio Capitolini filio Capitolino
consulibus, ductu Fabi, cui sorte ea prouincia euenerat,
nihil dignum memoratu actum; cum trepidam tantum 2
ostendissent aciem Aequi, turpi fuga funduntur, haud
magno consulis decore. Itaque triumphus negatus, ceterum
ob Sempronianae cladis leuatam ignominiam ut ouans
urbem intraret concessum est.

Quemadmodum bellum minore quam timuerant dimica- 3
tione erat perfectum, sic in urbe ex tranquillo necopinata
moles discordiarum inter plebem ac patres exorta est, coepta
ab duplicando quaestorum numero. Quam rem, praeter 4
duos urbanos quaestores ⟨ut alii crearentur⟩ duo qui
consulibus ad ministeria belli praesto essent, a consulibus
relatam cum et patres summa ope adprobassent, tribuni
plebi certamen intulerunt ut pars quaestorum—nam ad id
tempus ·patricii creati erant—ex plebe fieret. Aduersus 5
quam actionem primo et consules et patres summa ope
adnisi sunt: concedendo deinde ut quemadmodum in tribunis consulari potestate creandis, aeque in quaestoribus
liberum esset arbitrium populi, cum parum proficerent,
totam rem de augendo quaestorum numero omittunt.
Excipiunt omissam tribuni, aliaeque subinde, inter quas et 6
agrariae legis, seditiosae actiones exsistunt; propter quos
motus cum senatus consules quam tribunos creari mallet,
neque posset per intercessiones tribunicias senatus consultum

---

43 1 Cn.] c̄n̄. *MEPU*: C̄N̄·M̄·H   Capitolino] capitolio *M*: capito-
linino *H*; *corr. H*ᶜ   prouincia euenerat *EPᶜHᶜ*: prouinciae uenerat *MHP*:
prouincia euenit *U*   3 coepta ab *HE*: coepta ad *MP*: coepta a
*M*ᶜ: a *U*, *del. U*ᶜ   4 *lacunam statuit Weissenborn, qui* ⟨ut⟩ praeter . . .
praesto essent ⟨fierent⟩ *suppl.*: quaestores ⟨ut alii crearentur⟩ *Ogilvie*:
quaestores ⟨ut crearentur alii quaestores⟩ *Luterbacher*: alii alia: duo ut
consulibus *coni. Gron.*   relata *Δ*: relatam *M*   adprobassent *Weissen-*
born: adprobassent a consulibus **N**   ad id tempus *Valla*: id tempus **N**
5 aeque *Ogilvie*: usi sunt adaeque *Mπ*: usis ad aeque *H*: adaeque *Gruter*:
ita *Madvig*: sic *Conway*

7 fieri, res publica a consulibus ad interregnum, neque id
ipsum—nam coire patricios tribuni prohibebant—sine
8 certamine ingenti, redit. Cum pars maior insequentis anni
per nouos tribunos plebi et aliquot interreges certaminibus
extracta esset, modo prohibentibus tribunis patricios coire
ad prodendum interregem, modo interregem interpellantibus ne senatus consultum de comitiis consularibus face-
9 ret, postremo L. Papirius Mugillanus proditus interrex,
castigando nunc patres, nunc tribunos plebi, desertam
omissamque ab hominibus rem publicam, deorum prouidentia curaque exceptam memorabat Veientibus indutiis et
10 cunctatione Aequorum stare. unde si quid increpet terroris,
sine patricio magistratu placere rem publicam opprimi? non
exercitum, non ducem scribendo exercitui esse? an bello
11 intestino bellum externum propulsaturos? quae si in unum
conueniant, uix deorum opibus quin obruatur Romana res
resisti posse. quin illi, remittendo de summa quisque iuris,
12 mediis copularent concordiam, patres patiendo tribunos
militum pro consulibus fieri, tribuni plebi non intercedendo
quo minus quattuor quaestores promisce de plebe ac patribus libero suffragio populi fierent?

44   Tribunicia primum comitia sunt habita. Creati tribuni
consulari potestate omnes patricii, L. Quinctius Cincinnatus
tertium, Sex. Furius Medullinus iterum, M. Manlius, A.
2 Sempronius Atratinus. Hoc tribuno comitia quaestorum
habente, petentibusque inter aliquot plebeios filio ⟨A.⟩
Antisti tribuni plebis et fratre alterius tribuni plebis Sex.
†Polli, nec potestas nec suffragatio horum ualuit quin

8 prodendum *Δ*: prodeandum *M*: procreandum *M*ᶜ   9 Mugillanus *Ed. Mediol.* 1478, *cf.* 4. 7. 10: mugilanus **N**   10 increpet *Δ*: increparet *M*   11 mediis *suspectum*   12 tribuni plebi] tribuni plebis *U*:
tribunos plebi *MHEP*

44 1 tertium *Ed. Rom.* 1469: tertio **N**   Sex. **N**: L. *Sigonius, cf.* 4.48. 1
Manlius *Ed. Rom.* 1469: mallius **N**   Atratinus *Δ*: aratinus *M, cf.* 4. 35. 1
2 ⟨A.⟩ *suppl. Luterbacher*   †Polli] pōlli *M*: polii *H*: pompilii *EU*: pompili *P*: *fort.* Antistius *et* †Pollius *non alii sunt quam* Ti. Antistius *et* Sp.
Pullius (42. 1)   suffragatio] suffragio *H*: suffragium *E*: uel gatio *E*ᶜˢˡ

quorum patres auosque consules uiderant eos nobilitate
praeferrent. Furere omnes tribuni plebi, ante omnes 3
†Pollius Antistiusque, repulsa suorum accensi. Quidnam id 4
rei esset ⟨quaerebant⟩. non suis beneficiis, non patrum
iniuriis, non denique ius usurpandi libidine, cum liceat
quod ante non licuerit, si non tribunum militarem, ne
quaestorem quidem quemquam ex plebe factum. non
ualuisse patris pro filio, fratris pro fratre preces, tribunorum 5
plebis, potestatis sacrosanctae, ad auxilium libertatis
creatae. fraudem profecto in re esse, et A. Sempronium
comitiis plus artis adhibuisse quam fidei. eius iniuria queri
suos honore deiectos. Itaque cum in ipsum, et innocentia 6
tutum et magistratu, in quo tunc erat, impetus fieri non
posset, flexere iras in C. Sempronium, patruelem Atratini,
eique ob ignominiam Volsci belli adiutore collega M. Canuleio diem dixere. Subinde ab iisdem tribunis mentio in 7
senatu de agris diuidendis inlata est, cui actioni semper
acerrime C. Sempronius restiterat, ratis, id quod erat, aut
deposita causa leuiorem futurum apud patres reum aut
perseuerantem sub iudicii tempus plebem offensurum. 8
Aduersae inuidiae obici maluit et suae nocere causae quam
publicae deesse, stetitque in eadem sententia ne qua largitio, 9
cessura in trium gratiam tribunorum, fieret; nec tum agrum
plebi, sed sibi inuidiam quaeri; se quoque subiturum eam
tempestatem forti animo; nec senatui tanti se ciuem
aut quemquam alium debere esse, ut in parcendo uni
malum publicum fiat. Nihilo demissiore animo, cum dies 10
uenit causa ipse pro se dicta, nequiquam omnia expertis

3 †Pollius] polius *MHEP*: pompilius *U*   esset quaerebant *Ogilvie*:
esset quod **N**: esse *Gron.*: esset *Ed. Rom.* 1470; *cf.* 3. 50. 4   4 suis *Δ*:
sui *M*   ius usurpandi *Karsten*: usurpandi **N**   5 ualuisse *Δ*: ualissent
M: ualuissent *Petrarch*   6 in ipsum *ME*: ipsum *HPU*: *add.* in *U*^{csl}
P^{csl}   Atratini] aratini *M*: atranii *P*   7 actioni *M*^cπ: actionis *M*:
accionis *H*   restiterat *Δ*: resisterat *M*   ratis *Ed. Frob.* 1535: ratus
N   perseuerantem sub *HE*^c: perseuerantem per *EPU*: perseuerante per
sub *M*   10 causa ipse *Petrarch*: causa ipsa ipse *HEP*: causa ipsa *U*:
causa ipse sa ipse *M*

patribus ut mitigarent plebem, quindecim milibus aeris
damnatur.

11 Eodem anno Postumia uirgo Vestalis de incestu causam
dixit, crimine innoxia, ab suspicione propter cultum amoe-
niorem ingeniumque liberius quam uirginem decet parum
12 abhorrens. Eam ampliatam, deinde absolutam pro collegii
sententia pontifex maximus abstinere iocis colique sancte
potius quam scite iussit. Eodem anno a Campanis Cumae,
quam Graeci tum urbem tenebant, capiuntur.

13 Insequens annus tribunos militum consulari potestate
habuit Agrippam Menenium Lanatum, P. Lucretium Trici-
45 pitinum, Sp. Nautium Rutilum; annus ⟨fuit⟩, felicitate
populi Romani, periculo potius ingenti quam clade insignis. Seruitia urbem ut incenderent distantibus locis
coniurarunt, populoque ad opem passim ferendam tectis
2 intento ut arcem Capitoliumque armati occuparent. Auertit nefanda consilia Iuppiter, indicioque duorum compre-
hensi sontes poenas dederunt. Indicibus dena milia grauis
aeris, quae tum diuitiae habebantur, ex aerario numerata
et libertas praemium fuit.

3 Bellum inde ab Aequis reparari coeptum; et nouos hostes
Labicanos consilia cum ueteribus iungere, haud incertis
4 auctoribus Romam est allatum. Aequorum iam uelut anni-
uersariis armis adsueuerat ciuitas; Labicos legati missi cum
responsa inde rettulissent dubia, quibus nec tum bellum
parari nec diuturnam pacem fore appareret, Tusculanis
negotium datum, aduerterent animos ne quid noui tumultus
Labicis oreretur.

5 Ad insequentis anni tribunos militum consulari potestate,

11 crimine Δ: crimines M: criminis Mᶜ   ab suspicione Gron.: ob
suspicionem N   12 Eam Mᶜ: eamam M: famam HEU: om. P,
add. famam Pᶜˢˡ   13 Lanatum Δ: lenatum M   Rutilum Sigonius:
rutilium M: om. Δ
45 1 annus ⟨fuit⟩ . . . insignis Ogilvie: annus . . . insignis N: annus . . .
insignis ⟨fuit⟩ Fügner: annus del. Gron.: is add. Goodyear   2 habebantur
Δ: habentur M   praemium Δ: et praemium M   3 Labicanos]
lauicanos N   4 Labicos MP: lauicos HEU   Labicis] lauicis N

inito magistratu, legati ab Tusculo uenerunt, L. Sergium
Fidenatem, M. Papirium Mugillanum, C. Seruilium Prisci
filium, quo dictatore Fidenae captae fuerant. Nuntiabant 6
legati Labicanos arma cepisse et cum Aequorum exercitu
depopulatos agrum Tusculanum castra in Algido posuisse.
Tum Labicanis bellum indictum; factoque senatus consulto 7
ut duo ex tribunis ad bellum proficiscerentur, unus res
Romae curaret, certamen subito inter tribunos exortum; se
quisque belli ducem potiorem ferre, curam urbis ut ingratam
ignobilemque aspernari. Cum parum decorum inter colle- 8
gas certamen mirabundi patres conspicerent, Q. Seruilius
'Quando nec ordinis huius ulla' inquit 'nec rei publicae est
uerecundia, patria maiestas altercationem istam dirimet.
Filius meus extra sortem urbi praeerit. Bellum utinam,
qui adpetunt, consideratius concordiusque quam cupiunt
gerant.'

Dilectum haberi non ex toto passim populo placuit; 46
decem tribus sorte ductae sunt; ex iis scriptos iuniores duo
tribuni ad bellum duxere. Coepta inter eos in urbe certa- 2
mina cupiditate eadem imperii multo impensius in castris
accendi; nihil sentire idem, pro sententia pugnare; sua
consilia uelle, sua imperia sola rata esse; contemnere in
uicem et contemni, donec castigantibus legatis tandem 3
ita comparatum est ut alternis diebus summam imperii
haberent. Quae cum allata Romam essent, dicitur Q. Ser- 4
uilius, aetate et usu doctus, precatus ab dis immortalibus ne discordia tribunorum damnosior rei publicae esset
quam ad Veios fuisset, et uelut haud dubia clade imminente,
institisse filio ut milites scriberet et arma pararet. Nec
falsus uates fuit. Nam ductu L. Sergi, cuius dies imperii 5
erat, loco iniquo sub hostium castris, cum quia simulato

5 Mugillanum *Sigonius*, *cf.* 4. 7. 10: mugilanum **N**   6 Labicanos]
lauicanos **N**   cepisse] coepisset *P*: coepissent *M*: coepisse *M*c*P*c
7 Labicanis] lauicanis **N**   ferre *Δ*: fo*re *M*   ignobilemque *Δ*: igno-
bilem *M*
46 1 iis *Aldus*: his *Δ*: is *M*   scriptos *Δ*: scribitos *M*

metu receperat se hostis ad uallum, spes uana expugnandi
castra eo traxisset, repentino impetu Aequorum per supi-
nam uallem fusi sunt, multique in ruina maiore quam fuga
6 oppressi obtruncatique; castraque eo die aegre retenta,
postero die circumfusis iam magna ex parte hostibus per
auersam portam fuga turpi deseruntur. Duces legatique et
quod circa signa roboris de exercitu fuit Tusculum petiere:
7 palati alii per agros passim multis itineribus maioris quam
8 accepta erat cladis nuntii Romam contenderunt. Minus
trepidationis fuit, quod euentus timori hominum congruens
fuerat, et quod subsidia quae respicerent in re trepida
9 praeparata erant ab tribuno militum. Iussuque eiusdem
per minores magistratus sedato in urbe tumultu, speculatores propere missi nuntiauere Tusculi duces exercitum-
10 que esse, hostem castra loco non mouisse. Et quod plurimum
animorum fecit, dictator ex senatus consulto dictus Q.
Seruilius Priscus, uir cuius prouidentiam in re publica cum
multis aliis tempestatibus ante experta ciuitas erat, tum
euentu eius belli, quod uni certamen tribunorum suspectum
11 ante rem male gestam fuerat. Magistro equitum creato, a
quo ipse tribuno militum dictator erat dictus, filio suo—ut
12 tradidere quidam; nam alii Ahalam Seruilium magistrum
equitum eo anno fuisse scribunt—nouo exercitu profectus
ad bellum, accitis qui Tusculi erant, duo milia passuum ab
hoste locum castris cepit.
47 Transierat ex re bene gesta superbia neglegentiaque ad
2 Aequos, quae in Romanis ducibus fuerat. Itaque primo
statim proelio cum dictator equitatu immisso antesignanos
hostium turbasset, legionum inde signa inferri propere iussit
3 signiferumque ex suis unum cunctantem occidit. Tantus
ardor ad dimicandum fuit ut impetum Aequi non tulerint;

6 exercitu M^cHEU: exercitus M: excitu P   9 propere Δ: prope
M; add. re M^{csl}   10 Q. Seruilius Petrarch: q̄. sulpicius MPU: quintus sulpicius E: sulpicius H   11 a quo Δ: quo M   12 passum
EU: passuum MHP
47 2 inferri EPU: inferi M: inferre H

uictique acie cum fuga effusa petissent castra, breuior tempore et certamine minor castrorum oppugnatio fuit quam proelium fuerat. Captis direptisque castris cum praedam 4 dictator militi concessisset, secutique fugientem ex castris hostem equites renuntiassent omnes Labicanos uictos, magnam partem Aequorum Labicos confugisse, postero die ad 5 Labicos ductus exercitus oppidumque corona circumdata scalis captum ac direptum est. Dictator exercitu uictore 6 Romam reducto, die octauo quam creatus erat, magistratu se abdicauit; et opportune senatus priusquam ab tribunis plebi agrariae seditiones mentione inlata de agro Labicano diuidendo fierent, censuit frequens coloniam Labicos deducendam. Coloni ab urbe mille et quingenti missi bina 7 iugera acceperunt.

Captis Labicis, ac deinde tribunis militum consulari potestate Agrippa Menenio Lanato et C. Seruilio Structo et P. Lucretio Tricipitino, iterum omnibus his, et Sp. Rutilio Crasso, et insequente anno A. Sempronio Atratino tertium, 8 et duobus iterum, M. Papirio Mugillano et Sp. Nautio Rutilo, biennium tranquillae externae res, discordia domi ex agrariis legibus fuit. Turbatores uolgi erant Sp. Maecilius 48 quartum et ⟨M.⟩ Metilius tertium tribuni plebis, ambo absentes creati. Et cum rogationem promulgassent ut ager 2 ex hostibus captus uiritim diuideretur, magnaeque partis

3 breuior tempore et certamine minor *Ed. Frob.* 1535: breuiore tempore et certamine minor *MPU*: breuiore et certamine minor *E, add.* tempore *E*csl: breuiore tempore et certamine minor *H*   4 Labicanos] lauicanos **N**   uictos *del. Crevier*   Labicos *MP*: lauicos *HEU*
5 Labicos] lauicos **N**   circumdata *M*c: circumdatam *MP*: circumdatum *HEP*c*U*   6 Labicano] lauicano **N**   Labicos *MP*: lauicos *HEU*
7 acceperunt *Petrarch*: acceperant **N**   Labicis] lauicis **N**   C. Seruilio *Glareanus, coll.* 4. 45. 5: l. seruilio *H*: lucio seruilio *PU*: seruilio *M*: et . . . Structo *om. E*   Rutilio **N**: Veturio *Sigonius, cf. Diod. Sic.* 13. 7. 1
8 Mugillano *Sigonius, cf.* 4. 7. 10: mugilano **N**   Rutilo *Sigonius, cf.* 3. 7. 6: rutilio *MHEP*c*U*: rutilio *P*
48 1 Maecilius *Gruter*: mecilius **N**   quartum *Ed. Rom.* 1469: quarto **N**   M. Metilius *Alschefski*: metilius *Mπ*: mecilius *H*   tertium *Ed. Rom.* 1469: tertio **N**   2 Et cum **N**: ei cum *Madvig*

3 nobilium eo plebiscito publicarentur fortunae—nec enim
ferme quicquam agri, ut in urbe alieno solo posita, non
armis partum erat, nec quod uenisset adsignatumue publice
4 esset† praeterquam plebs habebat—atrox plebi patribusque
propositum uidebatur certamen. Nec tribuni militum, nunc
in senatu, nunc conciliis priuatis principum cogendis,
5 uiam consilii inueniebant, cum Ap. Claudius, nepos eius
qui decemuir legibus scribendis fuerat, minimus natu ex
6 patrum concilio, dicitur dixisse uetus se ac familiare consilium domo adferre; proauum enim suum Ap. Claudium
ostendisse patribus uiam unam dissoluendae tribuniciae
7 potestatis per collegarum intercessionem. facile homines
nouos auctoritate principum de sententia deduci, si temporum interdum potius quam maiestatis memor adhibeatur
8 oratio. pro fortuna illis animos esse; ubi uideant collegas
principes agendae rei gratiam omnem ad plebem praeoccu-
9 passe nec locum in ea relictum sibi, haud grauate acclinatu-
ros se ad causam senatus, per quam cum uniuerso ordini,
10 tum primoribus se patrum concilient. Adprobantibus cunctis et ante omnes Q. Seruilio Prisco, quod non degenerasset
ab stirpe Claudia, conlaudante iuuenem, negotium datur ut
quos quisque posset ex collegio tribunorum ad intercessionem
11 perlicerent. Misso senatu, prensantur ab principibus tribuni.
Suadendo monendo pollicendoque, gratum id singulis priuatim, gratum uniuerso senatui fore, sex ad intercessionem
12 comparauere. Posteroque die cum ex composito relatum ad
senatum esset de seditione quam Maecilius Metiliusque
13 largitione pessimi exempli concirent, eae orationes a primoribus patrum habitae sunt ut pro se quisque iam nec
consilium sibi suppetere diceret, nec se ullam opem cernere

　　3 *locus corruptus*: nec praeterquam quod . . . publice esset plebs habebat
Harant: unquam *pro* praeterquam *Ogilvie*　　4 conciliis *Crevier*: in consiliis **N**: in conciliis *Aldus*　　inueniebant *Δ*: ueniebant *M*　　9 cum
uniuerso ordini tum *Tan. Faber*: uniuerso ordini cum **N**　　10 cunctis
Δ: cunc *M*: *add.* tis *M*csl　　11 ab *MEP*: ad *H*: a *U*　　prensantur *Δ*:
prensatur *M*　　tribuni] tribunis *ME*: *add.* s *M*cEc　　12 Maecilius
Δ: mecilius *M*

aliam usquam praeterquam in tribunicio auxilio; in eius
potestatis fidem circumuentam rem publicam, tamquam
priuatum inopem, confugere; praeclarum ipsis potestatique 14
esse, non ad uexandum senatum discordiamque ordinum
mouendam plus in tribunatu uirium esse quam ad resistendum improbis collegis. Fremitus deinde uniuersi senatus 15
ortus, cum ex omnibus partibus curiae tribuni appellarentur.
Tum silentio facto ii qui praeparati erant gratia principum,
quam rogationem a collegis promulgatam senatus censeat
dissoluendae rei publicae esse, ei se intercessuros ostendunt.
Gratiae intercessoribus ab senatu actae. Latores rogationis 16
contione aduocata proditores plebis commodorum ac seruos
consularium appellantes aliaque truci oratione in collegas
inuecti, actionem deposuere.

At duo bella insequens annus habuisset, quo P. Cornelius 49
Cossus, C. Valerius Potitus, Q. Quinctius Cincinnatus,
Cn. Fabius Vibulanus tribuni militum consulari potestate
fuerunt, ni Veiens bellum religio principum distulisset,
quorum agros Tiberis super ripas effusus maxime ruinis 2
uillarum uastauit. Simul Aequos triennio ante accepta 3
clades prohibuit Bolanis, suae gentis populo, praesidium
ferre. Excursiones inde in confinem agrum Labicanum 4
factae erant nouisque colonis bellum inlatum. Quam noxam 5
cum se consensu omnium Aequorum defensuros sperassent,
deserti ab suis, ne memorabili quidem bello, per obsidionem
leuemque unam pugnam et oppidum et fines amisere.
Temptatum ab L. Decio tribuno plebis ut rogationem ferret 6
qua Bolas quoque, sicut Labicos, coloni mitterentur, per
intercessionem collegarum qui nullum plebi scitum nisi ex

13 confugere π: confugiere H: effugere M   14 uirium esse Δ:
uirum M: add. i Mᶜˢˡ   16 aliaque Δ: aliaeque M
49 1 At duo Valla: arduo P: arduo EPᶜU: aduo M: duo MᶜHEᶜ   Q.
Quinctius MPE: quinctius HU   Cn. Eᶜᵐ: marcus MHEP: m̅. U: Num.
Sigonius, coll. 4. 43. 1   3 Bolanis Sigonius: uolanis MHEP: uolentes U
4 Labicanum]: lauicanum N   6 Decio Ed. Rom. 1469: dexio MH:
q. dexio P: q̅ dexio E: quintio dexio U: Sextio Valla   Bolas Sigonius:
uolas MHEPᶜU: uolans P   Labicos] lauicos N

auctoritate senatus passuros se perferri ostenderunt, discus-
sum est.

7 Bolis insequente anno receptis Aequi coloniaque eo deducta nouis uiribus oppidum firmarunt, tribunis militum
Romae consulari potestate Cn. Cornelio Cosso, L. Valerio
Potito, Q. Fabio Vibulano iterum, M. Postumio Regillensi.
8 Huic bellum aduersus Aequos permissum est, prauae mentis
homini, quam tamen uictoria magis quam bellum ostendit.
9 Nam exercitu impigre scripto ductoque ad Bolas cum leuibus
proeliis Aequorum animos fregisset, postremo in oppidum
inrupit. Deinde ab hostibus in ciues certamen uertit et cum
inter oppugnationem praedam militis fore edixisset, capto
10 oppido fidem mutauit. Eam magis adducor ut credam irae
causam exercitui fuisse, quam quod in urbe nuper direpta
coloniaque noua minus praedicatione tribuni praedae fuerit.
11 Auxit eam iram, postquam ab collegis arcessitus propter
seditiones tribunicias in urbem reuertit, audita uox eius in
contione stolida ac prope uecors, qua M. Sextio tribuno
plebis legem agrariam ferenti, simul Bolas quoque ut
mitterentur coloni laturum se dicenti—dignum enim esse
qui armis cepissent, eorum urbem agrumque Bolanum esse
—'Malum quidem militibus meis,' inquit, 'nisi quieuerint.'
Quod auditum non contionem magis quam mox patres
12 offendit. Et tribunus plebis, uir acer nec infacundus, nactus
inter aduersarios superbum ingenium immodicamque lin-
guam, quam inritando agitandoque in eas impelleret uoces
quae inuidiae non ipsi tantum sed causae atque uniuerso ordini essent, neminem ex collegio tribunorum militum saepius

7 Bolis *Sigonius*: uolis N　　M. Postumio *H*: m. t. postumio *M*: m. t.
postumio *PU*: marcio t. postumio *E*: *cf. Diod. Sic.* 13. 38. 1 Τιβέριος
Ποστούμιος; *C.I.L.* i², *p.* 114 P. Postumius　　Regillensi *Sigonius*: regiliensi
*MEPU*ᶜ: religiensi *HU*　　9 ductoque *M*ᶜ*EU*: ductaque *M*: ductu-
que *P*: ductu · que *H*　　Bolas *Sigonius*: uolas N　　10 irae *ME*: iram
*H*ᴱᶜ*PU*　　11 qua M. Sextio] qua M. Sestio *Ed. Ven.* 1495: quam
sextio *M*π: qua sextio *U*ᶜ: q. sextio *E*ᶜ: que sextio *H*; *cf.* 4. 49. 6　　Bolas
Sigonius: uolas N　　dignum *Tan. Faber*: dignos N　　Bolanum *Sigonius*:
uolanum N　　nisi quieuerint *Δ*: si quieuerint *M*

quam Postumium in disceptationem trahebat. Tum uero 13
secundum tam saeuum atque inhumanum dictum 'Auditis,'
inquit, 'Quirites, sicut seruis malum minantem militibus?
Tamen haec belua dignior uobis tanto honore uidebitur 14
quam qui uos urbe agrisque donatos in colonias mittunt, qui
sedem senectuti uestrae prospiciunt, qui pro uestris commodis aduersus tam crudeles superbosque aduersarios de-
pugnant? Incipite deinde mirari cur pauci iam uestram 15
suscipiant causam. Quid ut a uobis sperent? An honores,
quos aduersariis uestris potius quam populi Romani pro-
pugnatoribus datis? Ingemuistis modo uoce huius audita. 16
Quid id refert? Iam si suffragium detur, hunc qui malum
uobis minatur, iis qui agros sedesque ac fortunas stabilire
uolunt praeferetis.'

Perlata haec uox Postumi ad milites multo in castris maio- 50
rem indignationem mouit: praedaene interceptorem frau-
datoremque etiam malum minari militibus? Itaque cum 2
fremitus aperte esset, et quaestor P. Sextius eadem uiolentia
coerceri putaret seditionem posse qua mota erat, misso ad
uociferantem quendam militem lictore cum inde clamor et
iurgium oreretur, saxo ictus turba excedit, insuper incre- 3
pante qui uolnerauerat habere quaestorem quod imperator
esset militibus minatus. Ad hunc tumultum accitus Postu- 4
mius asperiora omnia fecit acerbis quaestionibus, crudelibus
suppliciis. Postremo cum modum irae nullum faceret, ad
uociferationem eorum quos necari sub crate iusserat concursu facto, ipse ad interpellantes poenam uecors de tribunali decurrit. Ibi cum submouentes passim lictores 5
centurionesque uexarent turbam, eo indignatio erupit ut
tribunus militum ab exercitu suo lapidibus cooperiretur.
Quod tam atrox facinus postquam est Romam nuntiatum, 6

16 iis *Ed. Rom.* 1469: his *EU*: hiis *MHP*

50 2 Sextius *Mπ*: Sexius *H*: Sestius *Sigonius*   4 accitus] acctus
H: accitis *P, corr. Pᶜ*   Postumius asperiora omnia *om. M*   cum
modum *MEᶜPU*: commodum *HE*   crate *U*: grate *MEP*: c *add. Eᶜˢˡ*
Pᶜˢˡ: crato *H*   interpellantes *Gron.*: interpellantis *Δ*: interpellandis *M*
6 postquam est *Δ*: postquam *M*

tribunis militum de morte collegae per senatum quaestiones
7 decernentibus tribuni plebis intercedebant. Sed ea contentio ex certamine alio pendebat quod cura incesserat
patres ne metu quaestionum plebs iraque tribunos militum
ex plebe crearet, tendebantque summa ope ut consules
8 crearentur. Cum senatus consultum fieri tribuni plebis non
paterentur, iidem intercederent consularibus comitiis, res
51 ad interregnum rediit. Victoria deinde penes patres fuit.
Q. Fabio Vibulano interrege comitia habente consules creati sunt A. Cornelius Cossus L. Furius Medullinus.
2　His consulibus principio anni senatus consultum factum
est, ut de quaestione Postumianae caedis tribuni primo quoque tempore ad plebem ferrent, plebesque praeficeret quae-
3 stioni quem uellet. A plebe consensu populi consulibus
negotium mandatur; qui, summa moderatione ac lenitate
per paucorum supplicium, quos sibimet ipsos conscisse mortem satis creditum est, transacta re, nequiuere tamen conse-
4 qui ut non aegerrime id plebs ferret: iacere tam diu inritas
actiones quae de suis commodis ferrentur, cum interim de
sanguine ac supplicio suo latam legem confestim exerceri et
5 tantam uim habere. Aptissimum tempus fuerat, uindicatis
seditionibus, delenimentum animis Bolani agri diuisionem
obici, quo facto minuissent desiderium agrariae legis quae
6 possesso per iniuriam agro publico patres pellebat; tunc
haec ipsa indignitas angebat animos: non in retinendis
modo publicis agris quos ui teneret pertinacem nobilitatem
esse, sed ne uacuum quidem agrum, nuper ex hostibus

6 quaestiones *HU*: questionis *MEP*: questiones M^c　　8 res $M^c\Delta$:
rex *M*

51 1 L. Furius *Ed. Rom.* 1469: Furius **N**; *cf.* 4. 44. 1, 4. 57. 12
3 populi **N**: *del. Crevier*　　ut non Δ: *om.* M^c *qui* nequiuere . . . diu inritas
in rasura scripsit　　4 actiones $M\pi$: *add.* s n E^{cs1} (*sc.* sanctiones):
sancciones *H*　　ac supplicio *MEP*: ac sulpicium *U*: et supplicio *H*
5 tempus **N**: ad tempus *Madvig*　　fuerat *M*: erat Δ　　Bolani *Sigonius*:
uolani **N**　　obici $M\pi$: abici *H*: obiciendi *Ogilvie*　　possesso *Valla*:
possessio ME^cPUH: possit sio *E*　　pellebat Δ: psallebat *M*　　6 quos
ui *Ed. Frob.* 1531: quos ut **N**

captum, plebi diuidere, mox paucis, ut cetera, futurum
praedae.

Eodem anno aduersus Volscos populantes Hernicorum 7
fines legiones ductae a Furio consule cum hostem ibi non
inuenissent, Ferentinum quo magna multitudo Volscorum
se contulerat cepere. Minus praedae quam sperauerant fuit, 8
quod Volsci postquam spes tuendi exigua erat sublatis rebus
nocte oppidum reliquerunt; postero die prope desertum
capitur. Hernicis ipsum agerque dono datus.

Annum modestia tribunorum quietum excepit tribunus 52
plebis L. Icilius, Q. Fabio Ambusto C. Furio Pacilo consulibus. Is cum principio statim anni, uelut pensum nomi- 2
nis familiaeque, seditiones agrariis legibus promulgandis
cieret, pestilentia coorta, minacior tamen quam perniciosior, 3
cogitationes hominum a foro certaminibusque publicis ad
domum curamque corporum nutriendorum auertit; minusque eam damnosam fuisse quam seditio futura fuerit credunt. Defuncta ciuitate plurimorum morbis, perpaucis 4
funeribus, pestilentem annum inopia frugum, neglecto cultu
agrorum, ut plerumque fit, excepit, M. Papirio Atratino
C. Nautio Rutilo consulibus. Iam fames quam pestilen- 5
tia tristior erat, ni, dimissis circa omnes populos legatis
qui Etruscum mare quique Tiberim accolunt ad frumentum mercandum, annonae foret subuentum. Superbe 6
ab Samnitibus qui Capuam habebant Cumasque legati
prohibiti commercio sunt, contra ea benigne ab Siculorum
tyrannis adiuti; maximos commeatus summo Etruriae
studio Tiberis deuexit. Solitudinem in ciuitate aegra experti 7
consules sunt, cum in legationes non plus singulis senatoribus
inuenientes coacti sunt binos equites adicere. Praeterquam 8

7 ductae a $M^c\Delta$: ducta eo M 8 reliquerunt Δ: relinquerunt M;
cf. 4. 54. 6   ipsum agerque *Weissenborn*: ipse agerque M: ipse ager Δ
52 1 L. Icilius *Ed. Frob.* 1531: lucilius MHP: icilius U: lucius E Q.]
quincius H: quinto E: quintius E^c Pacilo *Sigonius, coll.* 4. 12. 1:
pactilo HEP: pactilio MU 3 a foro Δ: foro M domum Δ:
domumque M 4 Rutilo *Sigonius, coll.* 3. 7. 6: rutilio $MHEU$:
rutulio P 5 ni Δ: ne M 7 aegra Δ: agram M

ab morbo annonaque nihil eo biennio intestini externiue
incommodi fuit. At ubi eae sollicitudines discessere, omnia,
quibus turbari solita erat ciuitas, domi discordia, foris
bellum exortum.

53　M'. Aemilio C. Valerio Potito consulibus bellum Aequi
　parabant, Volscis, quamquam non publico consilio capes-
2 sentibus arma, uoluntariis mercede secutis militiam. Ad
　quorum famam hostium—iam enim in Latinum Hernicum-
　que transcenderant agrum—dilectum habentem Valerium
　consulem M. Menenius tribunus plebis legis agrariae lator
　cum impediret auxilioque tribuni nemo inuitus sacramento
3 diceret, repente nuntiatur arcem Caruentanam ab hostibus
4 occupatam esse. Ea ignominia accepta cum apud patres
　inuidiae Menenio fuit, tum ceteris tribunis, iam ante prae-
　paratis intercessoribus legis agrariae, praebuit iustiorem
5 causam resistendi collegae. Itaque cum res diu ducta per
　altercationem esset, consulibus deos hominesque testantibus
　quidquid ab hostibus cladis ignominiaeque aut iam acce-
　ptum esset aut immineret culpam penes Menenium fore qui
6 dilectum impediret, Menenio contra uociferante, si iniusti
　domini possessione agri publici cederent, se moram dilectui
　non facere, decreto interposito nouem tribuni sustulerunt
7 certamen pronuntiaueruntque ex collegii sententia: C.
　Valerio consuli se, damnum aliamque coercitionem aduer-
　sus intercessionem collegae dilectus causa detractantibus
8 militiam inhibenti, auxilio futuros esse. Hoc decreto consul
　armatus cum paucis appellantibus tribunum collum torsis-
9 set, metu ceteri sacramento dixere. Ductus exercitus ad

8 eae *Ed. Rom.* 1470: ae e *M*: celi *H*: ae *EP*: e *add. E*csl *P*csl: hae *U*
　53 1 M'. *Sigonius*: M. *MHPU*: marcio *E*; *cf. Diod. Sic.* 13. 76. 1　C.
Valerio] Valerio *H*: claudio ualerio *E*　　2 Menenius *U*: menius
MHEP: *add.* moe *E*csl　　4 legis *Δ*: legatis *M*　iustiorem *Δ*: *om. M*
5 Itaque *Δ*: itaque *om. M*　*post* cladis *add.* ignos *M*: *del. M*c　Menenium
HU: moeninium *M*: moenenium *M*c*EP*　6 Menenio *MU*: menio
H: moenenio *EP*　si iniusti *Δ*: iniusti *M*　7 C. Valerio *H*: lucio
ualerio *E*: l. ualerio *PU*: T. ualerio *M*　coercitionem *E*: coercionem
MHPU: *add.* ci *U*csl*P*csl　collegae *Δ*: colle *M*

Caruentanam arcem, quamquam inuisus infestusque consuli
erat, impigre primo statim aduentu deiectis qui in praesidio
erant arcem recepit; praedatores ex praesidio per neglegentiam dilapsi occasionem aperuere ad inuadendum. Praedae 10
ex adsiduis populationibus, quod omnia in locum tutum
congesta erant, fuit aliquantum. Venditum sub hasta consul in aerarium redigere quaestores iussit, tum praedicans
participem praedae fore exercitum cum militiam non
abnuisset. Auctae inde plebis ac militum in consulem irae. 11
Itaque cum ex senatus consulto urbem ouans introiret,
alternis inconditi uersus militari licentia iactati quibus
consul increpitus, Meneni celebre nomen laudibus fuit, cum 12
ad omnem mentionem tribuni fauor circumstantis populi
plausuque et adsensu cum uocibus militum certaret. Plus- 13
que ea res quam prope sollemnis militum lasciuia in consulem curae patribus iniecit; et tamquam haud dubius inter
tribunos militum honos Meneni si peteret consularibus
comitiis est exclusus.

Creati consules sunt Cn. Cornelius Cossus L. Furius 54
Medullinus iterum. Non alias aegrius plebs tulit tribunicia 2
comitia sibi non commissa. Eum dolorem quaestoriis comitiis simul ostendit et ulta est tunc primum plebeiis quaestoribus creatis, ita ut in quattuor creandis uni patricio,
K. Fabio Ambusto, relinqueretur locus, tres plebeii, Q. 3
Silius, P. Aelius, C. Papius, clarissimarum familiarum
iuuenibus praeferrentur. Auctores fuisse tam liberi populo 4
suffragii Icilios accipio, ex familia infestissima patribus tres

9 Caruentanam] caruetatnam *H, corr. H*c: caruetanam *M*   recepit
ME: recipit *HPU*   dilapsi *M*cΔ: dilapsa *M*   10 hasta Δ:
hastam *M*   in aerarium *MU*: in aerium *HE*: anierarium *P, corr. P*c
11 in consulem Δ: in consule *M*   12 Meneni] moenenii *H*:
moneni *P*
54 1 Cossus] Cossos *U*: u *U*cs1: cos̄s̄ *M*   2 commissa] commisa *P*:
comissa *M*   3 K. Fabio *Pighius*: c̄. fabio *MHU*: c. fabio *P*: claudio
fabio *E*: *cf.* 5. 10. 1   plebeii] plei *H*: plebe *P*: plebei *P*c   C. Papius
Ogilvie: c. appius *V, qui uocibus* Silius P. Aelius *rursus incipit*: p. papius *H*:
p̄. pipius *MEP*: p̄. pi✻pius *U ras.*   4 auctores *N*: actores *V*

in eum annum tribunos plebis creatos, multarum magna-
rumque rerum molem auidissimo ad ea populo ostentan-
5 tes, cum adfirmassent nihil se moturos si ne quaestoriis
quidem comitiis, quae sola promiscua plebei patribusque
reliquisset senatus, satis animi populo esset ad id quod tam
diu uellent et per leges liceret.

6   Pro ingenti itaque uictoria id fuit plebi, quaesturamque
eam non honoris ipsius fine aestimabant, sed patefactus ad
consulatum ac triumphos locus nouis hominibus uidebatur.
7 Patres contra non pro communicatis sed pro amissis honoribus fremere; negare, si ea ita sint, liberos tollendos esse,
qui pulsi maiorum loco cernentesque alios in possessione
dignitatis suae, salii flaminesque nusquam alio quam ad
sacrificandum pro populo sine imperiis ac potestatibus
8 relinquantur. Inritatis utriusque partis animis cum et
spiritus plebs sumpsisset et tres ad popularem causam cele-
berrimi nominis haberet duces, patres omnia quaestoriis
comitiis ubi utrumque plebi liceret similia fore cernentes,
tendere ad consulum comitia quae nondum promiscua
9 essent: Icilii contra tribunos militum creandos dicere et
55 tandem aliquando impertiendos plebi honores. Sed nulla
erat consularis actio quam impediendo id quod petebant
exprimerent, cum mira opportunitate Volscos et Aequos
praedatum extra fines exisse in agrum Latinum Hernicum-
2 que adfertur. Ad quod bellum ubi ex senatus consulto consules dilectum habere occipiunt, obstare tunc enixe tribuni,
3 sibi plebique eam fortunam oblatam memorantes. Tres

---

4 *post* creatos *add.* hi *MEU*, hii *MP*   ad ea *Glareanus*: adeo Ω
5 si ne **N**: si ne in *V*, *cf.* 4· 54· 2   reliquisset *V*π: relinquisset *MH*   uellent
N: uellet *V*   6 triumphos **N**: triumphus *V*   7 amissis **N**:
animissis *V*   fremere; negare **N**: fremere *V*   cernentesque alios **N**:
cernentes quem alios *V*   pro populo **N**: populos *V*   8 Inritatis
N: inflati *V*   animis cum et **N**: animi cum *V*   sumpsisset et **N**: sumpsisset *V*   9 Icilii **N**: illi *V*   tribunos **N**: tribuni *V*   dicere *Aldus*:
dicerent Ω

55 1 Hernicumque **N**: hernicosque *V*   2 sibi **N**: sibi enim *V*
3 Tres **N**: res *V*

erant, et omnes acerrimi uiri generosique iam, ut inter
plebeios. Duo singuli singulos sibi consules adseruandos
adsidua opera desumunt; uni contionibus data nunc detinenda, nunc concienda plebs. Nec dilectum consules nec 4
comitia quae petebant tribuni expediebant. Inclinante
deinde se fortuna ad causam plebis, nuntii ueniunt arcem
Caruentanam, dilapsis ad praedam militibus qui in praesidio
erant, Aequos interfectis paucis custodibus arcis inuasisse;
alios recurrentes ad arcem, alios palantes in agris caesos. Ea 5
aduersa ciuitatis res uires tribuniciae actioni adiecit. Nequiquam enim temptati ut tum denique desisterent impediendo bello, postquam non cessere nec publicae tempestati
nec suae inuidiae, peruincunt ut senatus consultum fiat de
tribunis militum creandis, certo tamen pacto ne cuius ratio 6
haberetur qui eo anno tribunus plebis esset, neue quis refi-
ceretur in annum tribunus plebis, haud dubie Icilios deno- 7
tante senatu, quos mercedem seditiosi tribunatus petere
consulatum insimulabant. Tum dilectus haberi bellumque
omnium ordinum consensu apparari coeptum. Consules 8
ambo profecti sint ad arcem Caruentanam, an alter ad
comitia habenda substiterit, incertum diuersi auctores
faciunt; illa pro certo habenda, in quibus non dissentiunt,
ab arce Caruentana, cum diu nequiquam oppugnata esset,
recessum, Verruginem in Volscis eodem exercitu receptam,
populationesque et praedas et in Aequis et in Volsco agro
ingentes factas.

   Romae sicut plebis uictoria fuit in eo ut quae mal- 56
lent comitia haberent, ita euentu comitiorum patres uicere; 2

---

3 Duo *V*: duos **N**   detinenda **N**: deretinenda *V*   singuli singulos
*MHE*c: singuli singulis *PU*: singulis singulos *E*: singulis *V*   4 fortuna
N: fortunam *V*   Caruentanam] caruetanam *V*: caruertanam *H*   ad
arcem *V*: in arcem **N**   in agris **N**: in agro *V*   5 Ea aduersa *π*:
ea aduersu *M*: ea aduers *H*: ex aduerso *V*   tum denique *HEP*cm*U*:
cum denique *VM*: *om.* ut tum . . . tempestati *P, rest.* *P*cm   militum]
mel· *P*: mil· *P*c: mil̃. mil̃ *H*: *om. E, add. E*csl   7 Icilios *Vπ: add.* ci
*P*csl (*sc.* icilicios): icilicos *M*: cicilios *H*   consensu **N**: consenso *V*   8 sint
VU: sunt *MHEP*

namque tribuni militum consulari potestate contra spem
omnium tres patricii creati sunt, C. Iulius Iulus, P. Corne-
3 lius Cossus, C. Seruilius Ahala. Artem adhibitam ferunt a
patriciis, cuius eos Icilii tum quoque insimulabant, quod
turbam indignorum candidatorum intermiscendo dignis
taedio sordium in quibusdam insignium populum a plebeiis
4 auertissent. Volscos deinde et Aequos, seu Caruentana arx
retenta in spem seu Verrugine amissum praesidium ad iram
cum impulisset, fama adfertur summa ui ad bellum coortos;
5 caput rerum Antiates esse; eorum legatos utriusque gentis
populos circumisse, castigantes ignauiam quod abditi intra
muros populabundos in agris uagari Romanos priore anno
6 et opprimi Verruginis praesidium passi essent. iam non
exercitus modo armatos sed colonias etiam in suos fines
mitti; nec ipsos modo Romanos sua diuisa habere, sed
7 Ferentinum etiam de se captum Hernicis donasse. Ad haec
cum inflammarentur animi, ut ad quosque uentum erat,
numerus iuniorum conscribebatur. Ita omnium populorum iuuentus Antium contracta ibi castris positis hostem
8 opperiebantur. Quae ubi tumultu maiore etiam quam res
erat nuntiantur Romam, senatus extemplo, quod in rebus trepidis ultimum consilium erat, dictatorem dici iussit.
9 Quam rem aegre passos Iulium Corneliumque ferunt,
10 magnoque certamine animorum rem actam, cum primores
patrum, nequiquam conquesti non esse in auctoritate
senatus tribunos militum, postremo etiam tribunos plebi
appellarent et consulibus quoque ab ea potestate uim super

---

56 2 Iulus *Sigonius, coll.* 4. 35. 4: tullius *MH*: tullus *π*: Iulus P. *om. V*
3 eos Icilii tum *VU*^c: eo Icilii tum *U*: eo si cilii citum *M*: eo si icilii citum
M^c: eo icilii scitum *E*^c *in ras.*: iciliisscitum *E*: eo iciliiscitum *H*   dignis
N: dignas *V*   populum **N**: populorum *V*   4 Caruentana *VEU*:
caruetana *MP*: aruentana *H*   arx **N**: ars *V*   Verrugine **N**: [uerrugi]-
nem *V*   cum impulisset Ω: compulisset *Iac. Gron.*   5 circumisse **N**:
circuisse *V*   castigantes *Ed. Frob.* 1531: castigantis *V*: castigantesque **N**
abditi **N**: abdii *V*   in agris *Mπ*: in agros *VH*   6 colonias] colonios
HU: colonos *U*^c   6 diuisa **N**: diuis *V*: diuisui *Gron.*   7 ibi
castris *MEUP*^c: ubi castris *P*: castris *H*: *defit V*   10 consulibus *HE*:

tali re inhibitam referrent, tribuni plebi, laeti discordia
patrum, nihil esse in ⟨se⟩ iis auxilii dicerent, quibus non 11
ciuium, non denique hominum numero essent: si quando 12
promiscui honores, communicata res publica esset, tum
se animaduersuros ne qua superbia magistratuum inrita
senatus consulta essent: interim patricii soluti legum magi- 13
stratuumque † uerecundia, per se tribuniciam quoque potestatem agerent.

Haec contentio minime idoneo tempore, cum tantum 57
belli in manibus esset, occupauerat cogitationes hominum, 2
donec ubi diu alternis Iulius Corneliusque cum ad id
bellum ipsi satis idonei duces essent, non esse aequum
mandatum sibi a populo eripi honorem disseruere, tum 3
Ahala Seruilius, tribunus militum, tacuisse se tam diu ait,
non quia incertus sententiae fuerit—quem enim bonum
ciuem secernere sua a publicis consilia?—sed quia maluerit
collegas sua sponte cedere auctoritati senatus quam tribuniciam potestatem aduersus se implorari paterentur. tum 4
quoque si res sineret, libenter se daturum tempus iis fuisse
ad receptum nimis pertinacis sententiae; sed cum belli
necessitates non exspectent humana consilia, potiorem sibi
collegarum gratia rem publicam fore, et si maneat in 5
sententia senatus, dictatorem nocte proxima dicturum; ac
si quis intercedat senatus consulto, auctoritate se fore
contentum. Quo facto cum haud immeritam laudem 6
gratiamque apud omnes tulisset, dictatore P. Cornelio dicto

consules *PU*: cons̄s̄. *M*: *defit V*   11 in se iis *Fulv. Orsini*: in iis *MHP*:
in hiis *V*: in his *EU*   quibus **Ω**: qui *Drak*.   12 tum se **N**: tum *V*
13 magistratuumque *HEP^cU*: magistratumque *VP*: magistratuque
M   [. .]i[. . . .(.)] uerecundia *V*: uerecundia **N**: omnium uerecundia
Ogilvie: ui atque uerecundia *Mommsen*   per se tribuniciam quoque
potestatem *Ogilvie*: per se quoque tribuniciam potestatem *Mπ*: pro se
quoque tribunitiam potestatem *H*: [. . . . .] potestatemquae tribuniciam *V*
    57 2 idonei **N**: idoidonei *V*   3 se tam *π*: se iam *V*: tam
MH   collegas *VH*: collega *MPE*: *add.* s *M^cs1 E^cs1*: collegae *U*   auctoritati *ME*: auctoritate *HPU*   4 rem publicam fore *π*: reip̄ fore *M*:
remp̄ bifore *H*: rep fore *V*   iis *Ed. Rom.* 1469: his **Ω**

ipse ab eo magister equitum creatus exemplo fuit collegas
eumque intuentibus, quam gratia atque honos opportuniora
7 interdum non cupientibus essent. Bellum haud memorabile
fuit. Vno atque eo facili proelio caesi ad Antium hostes;
uictor exercitus depopulatus Volscum agrum. Castellum ad
lacum Fucinum ui expugnatum, atque in eo tria milia
hominum capta, ceteris Volscis intra moenia compulsis nec
8 defendentibus agros. Dictator bello ita gesto ut tantum non
defuisse fortunae uideretur, felicitate quam gloria maior in
9 urbem rediit magistratuque se abdicauit. Tribuni militum,
mentione nulla comitiorum consularium habita, credo, ob
iram dictatoris creati, tribunorum militum comitia edixe-
10 runt. Tum uero grauior cura patribus incessit, quippe cum
11 prodi causam ab suis cernerent. Itaque sicut priore anno
per indignissimos ex plebeiis candidatos omnium, etiam
dignorum, taedium fecerant, sic tum primoribus patrum
splendore gratiaque ad petendum praeparatis omnia loca
12 obtinuere, ne cui plebeio aditus esset. Quattuor creati sunt,
omnes iam functi eo honore, L. Furius Medullinus, C.
Valerius Potitus, Cn. Fabius Vibulanus, C. Seruilius Ahala,
hic refectus continuato honore cum ob alias uirtutes, tum ob
recentem fauorem unica moderatione partum.

58　　Eo anno quia tempus indutiarum cum Veiente populo
exierat, per legatos fetialesque res repeti coeptae. Quibus
2 uenientibus ad finem legatio Veientium obuia fuit. Petiere
ne priusquam ipsi senatum Romanum adissent, Veios iretur.
Ab senatu impetratum, quia discordia intestina laborarent
Veientes, ne res ab iis repeterentur; tantum afuit ut ex in-
3 commodo alieno sua occasio peteretur. Et in Volscis accepta

6 creatus *Gebhard*: creatus est N: *defit V*　　collegas *M*: collegis *Mᶜᐃ*:
defit V: collegis se *Alschefski*　　7 ui *ᐃ*: uix *M*: *defit V*　　8 rediit
Ed. Rom. 1469: redit N: *defit V*　　10 cernerent *VHEᶜU*: cerneret *MPE*
11 Itaque sicut] *his uocibus rursus incipit O*; *cf.* 4. 30. 14　　ne cui *Vπ*: nec
cui *H*: nec in *M*　　12 Cn. N: Num. *Sigonius*: *defit V*; *cf.* 4. 43. 1
Ahala N: ahalala *V*　　partum *MHPE*: partium *U*: patrum *VO*
58 1 obuia *Petrarch*: obuiam N: obuia[.] *V*　　2 peteretur N:
penderetur *V*

clades amisso Verrugine praesidio; ubi tantum in tempore
fuit momenti ut cum precantibus opem militibus, qui ibi a
Volscis obsidebantur, succurri si maturatum esset potuisset,
ad id uenerit exercitus subsidio missus ut ab recenti caede
palati ad praedandum hostes opprimerentur. Tarditatis 4
causa ⟨non⟩ in senatu magis fuit quam tribunis qui, quia
summa ui restari nuntiabatur, parum cogitauerunt nulla
uirtute superari humanarum uirium modum. Fortissimi 5
milites non tamen nec uiui nec post mortem inulti fuere.

Insequenti anno, P. et Cn. Corneliis Cossis, Cn. Fabio 6
Ambusto, L. Valerio Potito tribunis militum consulari potestate, Veiens bellum motum ob superbum responsum
Veientis senatus, qui legatis repetentibus res, ni facesserent 7
propere ex urbe finibusque, daturos quod Lars Tolumnius
dedisset responderi iussit. Id patres aegre passi decreuere ut 8
tribuni militum de bello indicendo Veientibus primo quoque
die ad populum ferrent. Quod ubi primo promulgatum est, 9
fremere iuuentus nondum debellatum cum Volscis esse;
modo duo praesidia occidione occisa, castra cum periculo
retineri; nullum annum esse quo non acie dimicetur; et 10
tamquam paeniteat laboris, nouum bellum cum finitimo
populo et potentissimo parari qui omnem Etruriam sit
concitaturus.

Haec sua sponte agitata insuper tribuni plebis accendunt; 11
maximum bellum patribus cum plebe esse dictitant; eam 12
de industria uexandam militia trucidandamque hostibus
obici; eam procul urbe haberi atque ablegari, ne domi per

3 esset **N**: esse *V*   potuisset] potuisse *MO*   4 non *add. Weissen-*
born   restari *V*: restare **N**   nuntiabatur *Ruperti*: nuntiabantur Ω
6 Corneliis *H*: cornelius *Mπ*: cornelio *V*   Cossis *V*: coss̄.is *MOE*:
conss̄.is *P*: conss̄. his *U*: consularibus *H*   Cn. Ω: Num. *Sigonius*; *cf.* 4.
43. 1   7 ex urbe *Wesenberg*, *cf.* 6. 17. 8: urbe Ω   quod *V*: quos **N**
9 castra cum *Ogilvie*: et cum *VM*: cum *Δ*: cetera cum *Schenkl*: arces cum
Luterbacher   10 nouum **N**: nullum *V*   12 eam de industria *O*:
eadendustria *E*, eādendustria *E*^c: ea de industria *P*: eadem industria
HU: de industria *M, qui* cum plebe . . . eam *omisit*: ea[. . .] industria
V   militia **N**: militiam *V*   obici; eam **N**: obici . . . eam *V*

otium memor libertatis coloniarumque aut agri publici
13 aut suffragii libere ferendi consilia agitet. Prensantesque ueteranos stipendia cuiusque et uolnera ac cicatrices
numerabant; quid iam integri esse in corpore loci ad noua
uolnera accipienda, quid super sanguinis quod dari pro re
14 publica posset rogitantes. Haec cum in sermonibus con-
tionibusque interdum agitantes auertissent plebem ab
suscipiendo bello, profertur tempus ferundae legis quam si
subiecta inuidiae esset antiquari apparebat.

59　　Interim tribunos militum in Volscum agrum ducere
exercitum placuit; Cn. Cornelius unus Romae relictus.
2 Tres tribuni, postquam nullo loco castra Volscorum esse nec
commissuros se proelio apparuit, tripertito ad deuastandos
fines discessere. Valerius Antium petit, Cornelius Ecetras;
3 quacumque incessere, late populati sunt tecta agrosque, ut
distinerent Volscos; Fabius, quod maxime petebatur, ad
4 Anxur oppugnandum sine ulla populatione accessit. Anxur
fuit, quae nunc Tarracinae sunt, urbs prona in paludes. Ab
5 ea parte Fabius oppugnationem ostendit; circummissae
quattuor cohortes cum C. Seruilio Ahala cum imminentem
urbi collem cepissent, ex loco altiore, qua nullum erat
praesidium, ingenti clamore ac tumultu moenia inuasere.
6 Ad quem tumultum obstupefacti qui aduersus Fabium urbem infimam tuebantur locum dedere scalas admouendi,
plenaque hostium cuncta erant, et immitis diu caedes pariter
fugientium ac resistentium, armatorum atque inermium fuit.

12 coloniarumque Ω: coloniarum *Ed. Rom.* 1472　agitet **N**: agitent *V*
13 Prensantesque π: et praesantesque *M*: praesatisqu[.] *V*: pensatesque
H, add. n *H*csl　quod dari *V*: quid dari *HEO*: qui dari *PU*: om. *M*
　　59 2 deuastandos *V*π: leuastandos *H*: deuastandas *M*　　3 Ecetras
Ed. Rom. 1470: alteras et *V*: egitrans *M*: et girus *H*: et giras *EO*: egitras
PU　　distinerent *Petrarch*: destinerent *MP*c*U*: destirnerent *P*: dester-
nerent *HE*c: disternerent *EO*: *defit V*　Anxur *Ed. Rom.* 1469: ancxy *M*:
ancxyr *H*: ancxir *EO*: anxi *P, add.* r *P*c: anxir *U*: *defit V*　　4 Anxur *Ed.
Rom.* 1469: anxis *V*: anxyr *M*: ancxyr *H*: ancxir *EO*: anxir *PU*　Ab ea
N: ad ea *V*　　5 circummissae **N**: [.]accircummissae *V*　imminentem
urbi *M*cΔ: imminente urbi *M*: imminente urbe *V*　altiore **N**: altiori *V*
6 infimam Δ: intimam *V*: infirmam *M*

Cogebantur itaque uicti, quia cedentibus spei nihil erat, 7
pugnam inire, cum pronuntiatum repente ne quis praeter
armatos uiolaretur, reliquam omnem multitudinem uoluntariam exuit armis, quorum ad duo milia et quingenti uiui
capiuntur. A cetera praeda Fabius militem abstinuit, donec 8
collegae uenirent, ab illis quoque exercitibus captum An- 9
xur dictitans esse, qui ceteros Volscos a praesidio eius loci
auertissent. Qui ubi uenerunt, oppidum uetere fortuna 10
opulentum tres exercitus diripuere; eaque primum beni-
gnitas imperatorum plebem patribus conciliauit. Additum
deinde omnium maxime tempestiuo principum in multi- 11
tudinem munere, ut ante mentionem ullam plebis tribunorumue decerneret senatus, ut stipendium miles de publico
acciperet, cum ante id tempus de suo quisque functus eo
munere esset.

Nihil acceptum unquam a plebe tanto gaudio traditur. 60
Concursum itaque ad curiam esse prensatasque exeuntium
manus et patres uere appellatos, effectum esse fatentibus
ut nemo pro tam munifica patria, donec quicquam uirium
superesset, corpori aut sanguini suo parceret. Cum com- 2
moditas iuuaret rem familiarem saltem adquiescere eo
tempore quo corpus addictum atque operatum rei publicae
esset, tum quod ultro sibi oblatum esset, non a tribunis
plebis unquam agitatum, non suis sermonibus efflagitatum,
id efficiebat multiplex gaudium cumulatioremque gratiam
rei. Tribuni plebis, communis ordinum laetitiae concor- 3
diaeque soli expertes, negare tam id laetum patribus uniuersis nec prosperum fore quam ipsi crederent; consilium

7 *post* ne quis *defit V usque ad* 5. 2. 8   armatos *Ed. Rom.* 1469: armatus **N**   9 Anxur *HO*: anxir *MEPU*   11 multitudinem *Valla*:
multitudine **N**   tribunorumue *Δ*: tribunorum quae *M*   esset *Mᶜ Δ*:
essent *M*

60 1 plebe *Δ*: plebem *M*   prensatasque] pensatasque *H*: et
prensatas *U*   2 Cum commoditas *MᶜHO*: commoditas *PUE*: *add.*
cum *Eᶜˢˡ*: cūmoditas *M*   iuuaret *Δ*: iuuarebat *M*   3 patribus
uniuersis nec prosperum *MHOEP*: partibus uniuersis nec prosperum *U*:
uniuersis nec prosperum *Madvig*: patribus nec uniuersis prosperum *Crevier*

specie prima melius fuisse quam usu appariturum. unde
4 enim eam pecuniam confici posse nisi tributo populo indicto? ex alieno igitur aliis largitos; neque id etiamsi
ceteri ferant passuros eos, quibus iam emerita stipendia
essent, meliore condicione alios militare quam ipsi mili-
· tassent, et eosdem in sua stipendia impensas fecisse et in
5 aliorum facere. His uocibus mouerunt partem plebis;
postremo, indicto iam tributo, edixerunt etiam tribuni
auxilio se futuros si quis in militare stipendium tributum non
6 contulisset. Patres bene coeptam rem perseueranter tueri;
conferre ipsi primi; et quia nondum argentum signatum
erat, aes graue plaustris quidam ad aerarium conuehentes
7 speciosam etiam conlationem faciebant. Cum senatus
summa fide ex censu contulisset, primores plebis, nobilium
8 amici, ex composito conferre incipiunt. Quos cum et a patribus conlaudari et a militari aetate tamquam bonos ciues
conspici uolgus hominum uidit, repente, spreto tribunicio
9 auxilio, certamen conferendi est ortum. Et lege perlata de
indicendo Veientibus bello, exercitum magna ex parte
uoluntarium noui tribuni militum consulari potestate Veios
duxere.

61　　　Fuere autem tribuni T. Quinctius Capitolinus, Q. Quinctius Cincinnatus, C. Iulius Iulus iterum, A. Manlius, L.
2 Furius Medullinus tertium, M'. Aemilius Mamercus. Ab
iis primum circumsessi Veii sunt; sub cuius initium obsidionis cum Etruscorum concilium ad fanum Voltumnae
frequenter habitum esset, parum constitit bellone publico
3 gentis uniuersae tuendi Veientes essent. Ea oppugnatio
segnior insequenti anno fuit, parte tribunorum exercitusque
4 ad Volscum auocata bellum. Tribunos militum consulari

4 aliis **N**: *del. Dobree*　　5 contulisset *Δ*: contulissent *M*　　8 uidit
N: uideret *Madvig*: uidisset *Bauer*

61 1 Q. Quinctius] quintius quintius *M*: quinctius *U*　Cincinnatus]
cinnatus *MH*: *add.* cin *M*csl　　Iulus *Sigonius, cf.* 4. 35. 4: tullus **N**
Manlius *HOE*: mallius *U*: mamlius *P*: manilius *M*　　M'. *Sigonius*: M̄
HOE: am̄ *P*: m̄ *P*c*U*　　2 iis *MP*: his *EOU*: hiis *H*　tuendi] tuende *O*,
*corr. O*c: etuendi *M*

potestate is annus habuit C. Valerium Potitum tertium, M'.
Sergium Fidenatem, P. Cornelium Maluginensem, Cn. Cornelium Cossum, K. Fabium Ambustum, Sp. Nautium Rutilum iterum. Cum Volscis inter Ferentinum atque Ecetram 5
signis conlatis dimicatum; Romanis secunda fortuna pugnae
fuit. Artena inde, Volscorum oppidum, ab tribunis obsideri 6
coepta. Inde inter eruptionem temptatam compulso in urbem hoste, occasio data est Romanis inrumpendi, praeterque arcem cetera capta; in arcem munitam natura globus
armatorum concessit; infra arcem caesi captique multi mor- 7
tales. Arx deinde obsidebatur; nec aut ui capi poterat,
quia pro spatio loci satis praesidii habebat, aut spem dabat
deditionis, omni publico frumento priusquam urbs caperetur
in arcem conuecto; taedioque recessum inde foret ni seruus 8
arcem Romanis prodidisset. Ab eo milites per locum arduum
accepti cepere; a quibus cum custodes trucidarentur, cetera
multitudo repentino pauore oppressa in deditionem uenit.
Diruta et arce et urbe Artena, reductae legiones ex Volscis, 9
omnisque uis Romana Veios conuersa est. Proditori praeter 10
libertatem duarum familiarum bona in praemium data;
Seruius Romanus uocatus. Sunt qui Artenam Veientium,
non Volscorum fuisse credant. Praebet errorem quod eius- 11
dem nominis urbs inter Caere atque Veios fuit; sed eam
reges Romani deleuere, Caeretumque, non Veientium
fuerat; altera haec nomine eodem in Volsco agro fuit, cuius
excidium est dictum.

4 tertium *Bekker*: tertio *MEP*: tercio *HOU*   M'. *Sigonius*: m̄. N   Cos-
sum] cos̄s̄. *M*: cossus *P, corr.* P^c   K. *Sigonius*: c. *MHPU*: claudium
OE: *cf.* 5. 10. 1   Ambustum *Δ*: ambustium *M*   Rutilum *Sigonius*:
rutilium **N**   5 Ecetram *Petrarch*: eceteram *MHOEP*: aeceteram *U*
6 inrumpendi *Δ*: inrupendis *M*   praeterque *Ed. Frob.* 1531: praeterquam **N**   7 aut spem dabat *om. M*   9 omnisque uis *Δ*: omnisq.
quisq. *M*   10 uocatus *Ogilvie*: uocitatus **N**   11 Caeretumque
HOE: caeratumque *P*: ceretumque *U, add.* a *U*^{csl}: ceterumque *M*

Subscriptio TITI LIVI NICOMACHVS DEXTER V̄C̄ EMENDAVI AB VRBE COND̄
VICTORIANVS V̄C̄ EMENDABAM DOMNIS SYMMACHIS LĪB: IIII EXPLĪC INCĪP LĪB
·V· FELICĪT *M*: TITI LIVII NIKOMACHVS DEXTER V̄C̄ ·EMENDAVI· AB VRBE
CONDITA. VICTORIANVS V̄C̄ · EMENDABAM DOMNIS SYMMACHIS · LIBR IIII·

TITI LIVI

EX$\overline{PL}$. INCIPIT LIBER ·V· FELICITER E: TITI LIVI NICOMACHVS DEXTER VC
EMENDAVI AB VRBE CONDITOR. VICTORIANVS $\overline{VC}$ EMENDABAM DOMNIS
SYMMACHIS EXPLICIT LIBER QVARTVS INCIPIT LIBER QVINTVS FELICITER H:
TITI LIVI AB VRBE CONDITA LIBER IIII EX$\overline{P}$ INC$\overline{IP}$ L$\overline{IB}$ V P: *add.* NICOMACHVS
DEX$\overline{T}$ $\overline{VC}$ EMENDAVI VICTORIANVS EMENDABAM DOMINIS SYMMACHIS P^{c}:
Expt Liber IIII Titi Liuii Incipit Quintus O: TITI LIVII AB VRBE CONDITA
LIBER ·IIII· EXPL$\overline{IC}$. INCIPIT LIBER QVINTVS FELICITER U

T. LIVI

AB VRBE CONDITA

LIBER V

Pace alibi parta Romani Veiique in armis erant tanta ira 1
odioque ut uictis finem adesse appareret. Comitia utriusque
populi longe diuersa ratione facta sunt. Romani auxere 2
tribunorum militum consulari potestate numerum; octo,
quot numquam antea, creati, M'. Aemilius Mamercus
iterum, L. Valerius Potitus tertium, Ap. Claudius Crassus,
M. Quinctilius Varus, L. Iulius Iulus, M. Postumius, M.
Furius Camillus, M. Postumius Albinus. Veientes contra, 3
taedio annuae ambitionis quae interdum discordiarum
causa erat, regem creauere. Offendit ea res populorum
Etruriae animos, non maiore odio regni quam ipsius regis.
Grauis iam is antea genti fuerat opibus superbiaque, quia 4
sollemnia ludorum quos intermitti nefas est uiolenter
diremisset, cum ob iram repulsae, quod suffragio duode- 5
cim populorum alius sacerdos ei praelatus esset, artifices,
quorum magna pars ipsius serui erant, ex medio ludicro
repente abduxit. Gens itaque ante omnes alias eo magis 6
dedita religionibus quod excelleret arte colendi eas, auxilium Veientibus negandum donec sub rege essent decreuit;
cuius decreti suppressa fama est Veiis propter metum regis 7
qui a quo tale quid dictum referretur, pro seditionis eum
principe, non uani sermonis auctore habebat. Romanis etsi 8

---

1 1 parta *U*ᶜ: parte *U*: parata *MHOEP*   2 quot *HOE*ᶜᵐ:
quod *MPU*: qū *E*   M'. *Sigonius, cf.* 4. 61. 1: m̄. *MHPU*: marcius
OE   Aemilius π: aemalius *M*: aemelius *H*   Mamercus **N**: Mamercinus
Sigonius, coll. 4. 61. 1   Varus *Δ*: uarius *M*   L. Iulius *HOEP*: m̄. iulius
MU   Iulus *Sigonius*: rullus **N**   M. Postumius . . . Camillus *om. M*
7 principe *HOEP*ᶜ*U*: principem *MP*   auctore *P*ᶜ*U*: auctorem *MHOEP*

321

quietae res ex Etruria nuntiabantur, tamen quia omnibus
9 conciliis eam rem agitari adferebatur, ita muniebant ut
ancipitia munimenta essent: alia in urbem et contra oppidanorum eruptiones uersa, aliis frons in Etruriam spectans
auxiliis si qua forte inde uenirent obstruebatur.

2 Cum spes maior imperatoribus Romanis in obsidione
quam in oppugnatione esset, hibernacula etiam, res noua
militi Romano, aedificari coepta, consiliumque erat hie-
2 mando continuare bellum. Quod postquam tribunis plebis,
iam diu nullam nouandi res causam inuenientibus, Romam
3 est allatum, in contionem prosiliunt, sollicitant plebis
animos, hoc illud esse dictitantes quod aera militibus sint
constituta; nec se fefellisse id donum inimicorum ueneno
4 inlitum fore. uenisse libertatem plebis; remotam in perpetuum et ablegatam ab urbe et ab re publica iuuentutem
iam ne hiemi quidem aut tempori anni cedere ac domos
ac res inuisere suas. quam putarent continuatae militiae
5 causam esse? nullam profecto aliam inuenturos quam ne
quid per frequentiam iuuenum eorum in quibus uires
6 omnes plebis essent agi de commodis eorum posset. uexari
praeterea et subigi multo acrius quam Veientes; quippe
7 illos hiemem sub tectis suis agere, egregiis muris situque
naturali urbem tutantes, militem Romanum in opere ac
labore, niuibus pruinisque obrutum, sub pellibus durare,
ne hiemis quidem spatio quae omnium bellorum terra
8 marique sit quies arma deponentem. hoc neque reges neque
ante tribuniciam potestatem creatam superbos illos consules
neque triste dictatoris imperium neque importunos decemuiros iniunxisse seruitutis, ut perennem militiam facerent,

9 ancipitia Δ: ancipiti M　　aliis Δ: alii M　　auxiliis MHOEᶜ: a
Mᶜˢˡ (sc. auxilia): in auxiliis EPU　　obstruebatur MᶜEOᶜPU: obstrue-
bantur HO: obseruabantur M

2 3 inlitum fore N: inlitum Peerlkamp　　　4 ac domos N: aut
domos Wex: nec domos Weissenborn　　　7 urbem N: urbis se Ogilvie;
cf. 8. 29. 12　　　　8 neque reges om. M　　dictatoris] hac uoce rursus
incipit V　　　ut . . . facerent secl. Luterbacher: quod . . . exercerent secl.
Conway　　　seruitutis. quod cum . . . exercerent, quidnam Alan

quod tribuni militum in plebe Romana regnum exercerent.
quidnam illi consules dictatoresue facturi essent, qui pro- 9
consularem imaginem tam saeuam ac trucem fecerint? sed
id accidere haud immerito. non fuisse ne in octo quidem
tribunis militum locum ulli plebeio. antea trina loca cum 10
contentione summa patricios explere solitos: nunc iam octo-
iuges ad imperia obtinenda ire, et ne in turba quidem haerere 11
plebeium quemquam qui, si nihil aliud, admoneat collegas,
liberos et ciues eorum, non seruos militare, quos hieme
saltem in domos ac tecta reduci oporteat et aliquo tempore
anni parentes liberosque ac coniuges inuisere et usurpare 12
libertatem et creare magistratus.

Haec taliaque uociferantes aduersarium haud imparem 13
nacti sunt Ap. Claudium, relictum a collegis ad tribunicias
seditiones comprimendas, uirum imbutum iam ab iuuenta
certaminibus plebeiis, quem auctorem aliquot annis ante 14
fuisse memoratum est per collegarum intercessionem tribuniciae potestatis dissoluendae. Is tum iam non promptus 3
ingenio tantum, sed usu etiam exercitatus, talem orationem
habuit: 'Si unquam dubitatum est, Quirites, utrum tribuni 2
plebis uestra an sua causa seditionum semper auctores
fuerint, id ego hoc anno desisse dubitari certum habeo; et 3
cum laetor tandem longi erroris uobis finem factum esse,
tum, quod secundis potissimum uestris rebus hic error est
sublatus, et uobis et propter uos rei publicae gratulor. An 4
est quisquam qui dubitet nullis iniuriis uestris, si quae forte
aliquando fuerunt, unquam aeque quam munere patrum in
plebem, cum aera militantibus constituta sunt, tribunos
plebis offensos ac concitatos esse? Quis illos aliud aut tum 5

---

9 illi **N**: illic *V*   ne in octo] nec in octo *U*: non in octo *M*   11 qui
si *HOEU*: [q]ui se *V*: si *MP*: *add.* qui *P*csl   collegas **N**: nisi collegas *V*
14 dissoluendae. Is tum *VOEP*c*U*: dissolue unde istum *H*: dissoluenda
eis tum *P*: dissoluendae istum *M*

3 2 Quirites, utrum *Ed. Rom.* 1469: qui utram *V*: utrum *M*: qur
utrum *H*: qui͂r utrum *OE*c: quiin utrum *P*: quin utrum *EP*c: quin trum
U, *add.* u *U*csl   4 uestris Ω: nostris *Madvig*   5 aut tum] autum

timuisse creditis aut hodie turbare uelle nisi concordiam
ordinum, quam dissoluendae maxime tribuniciae potestatis
6 rentur esse? Sic hercule, tamquam artifices improbi, opus
quaerunt et semper aegri aliquid esse in re publica uolunt,
ut sit ad cuius curationem a uobis adhibeantur. Vtrum
7 enim defenditis an impugnatis plebem? Vtrum militantium
aduersarii estis an causam agitis? Nisi forte hoc dicitis:
"Quidquid patres faciunt displicet, siue illud pro plebe siue
8 contra plebem est", et quemadmodum seruis suis uetant
domini quicquam rei cum alienis hominibus esse pariterque
in iis beneficio ac maleficio abstineri aequum censent, sic
uos interdicitis patribus commercio plebis, ne nos comitate ac munificentia nostra prouocemus plebem, nec plebs
9 nobis dicto audiens atque oboediens sit. Quanto tandem,
si quicquam in uobis, non dico ciuilis, sed humani esset,
fauere uos magis et quantum in uobis esset indulgere potius
10 comitati patrum atque obsequio plebis oportuit? Quae si
perpetua concordia sit, quis non spondere ausit maximum
hoc imperium inter finitimos breui futurum esse?
4   Atque ego, quam hoc consilium collegarum meorum,
quod abducere infecta re a Veiis exercitum noluerunt, non
utile solum sed etiam necessarium fuerit, postea disseram:
2 nunc de ipsa condicione dicere militantium libet; quam orationem non apud uos solum sed etiam in castris si habeatur,
ipso exercitu disceptante, aequam arbitror uideri posse. In
qua si mihi ipsi nihil quod dicerem in mentem uenire posset,
3 aduersariorum certe orationibus contentus essem. Negabant
nuper danda esse aera militibus, quia nunquam data essent.
Quonam modo igitur nunc indignari possunt, quibus aliquid

MP: corr. *M*ᶜ*P*ᶜ   rentur *M*π: entur *H*: uiderentur *V*   6 et *Muretus*:
qui et **N**: qui *Conway*: *defit V*   7 Nisi forte hoc dicitis **N**: *om. V*
8 seruis *Aldus*: cum seruis Ω   iis *V*: his **N**   commercio *MOPU*: com-
mercia *E, add. o Eᶜˢ¹*: commertia *H*: *defit V*   9 humani esset π: humana
esset *M*: humanie ēt *H*: humani animi esset *Wölfflin*: *defit V*   10 quis
non **N**: qui non *V*

    4 1 Atque *VMPU*: atqui *HOE*   quod *V*: quo **N**   2 exercitu **N**:
exercito *V*   ipsi *VOEᶜU*: ipse *MHEP*

noui adiectum commodi sit, eis laborem etiam nouum pro
portione iniungi? Nusquam nec opera sine emolumento 4
nec emolumentum ferme sine impensa opera est. Labor
uoluptasque, dissimillima natura, societate quadam inter
se naturali sunt iuncta. Moleste antea ferebat miles se suo 5
sumptu operam rei publicae praebere; gaudebat idem partem anni se agrum suum colere, quaerere unde domi militiaeque se ac suos tueri posset: gaudet nunc fructui sibi rem 6
publicam esse, et laetus stipendium accipit; aequo igitur
animo patiatur se ab domo ac re familiari, cui grauis impensa non est, paulo diutius abesse. An si ad calculos eum 7
res publica uocet, non merito dicat: "Annua aera habes,
annuam operam ede: an tu aequum censes militia semestri
solidum te stipendium accipere?" Inuitus in hac parte 8
orationis, Quirites, moror; sic enim agere debent qui mer-
cennario milite utuntur; nos tamquam cum ciuibus agere
uolumus, agique tamquam cum patria nobiscum aequum
censemus. Aut non suscipi bellum oportuit, aut geri pro 9
dignitate populi Romani et perfici quam primum oportet.
Perficietur autem si urgemus obsessos, si non ante absce- 10
dimus quam spei nostrae finem captis Veiis imposuerimus.
Si hercules nulla alia causa, ipsa indignitas perseuerantiam
imponere debuit. Decem quondam annos urbs oppugnata 11
est ob unam mulierem ab uniuersa Graecia, quam procul ab
domo? quot terras, quot maria distans? nos intra uicesi- 12
mum lapidem, in conspectu prope urbis nostrae, annuam

4 nec opera *U*: nec operam *VMHEOP*   nec emolumentum **N**: neque
emolumentum *V*   quadam] quidam *M, corr. M*ᶜ: quamquam *P*: *add.*
dam *P*ᶜˢˡ   5 idem **N**: inde *V*   6 fructui **N**: fructus *V*   domo
ac *V*: domo ab **N**   7 aera habes *Δ*: uera habes *V*: aera dicas habes
M   eum **N**: etiam *V*   an tu *Δ*; *cf.* 4. 40. 8: an tum *M*: anitu *V*: an
id tu *Jung*   8 nos tamquam cum *VHOE*: nostram quam eum *M*:
nos tamquam *PU*   ciuibus . . . tamquam cum *om. V*   9 aut geri
Δ: ut ageri *M*: ut agere *M*ᶜ: augeri *V*   populi Romani et perfici
Vπ: populorum et perfici *H*: nobili et profici *M*: nobiliter perfici *M*ᶜ
10 abscedimus] absedimus *M, add.* c *M*ᶜˢˡ: discedimus *O, corr. O*ᶜ   captis
*VM*ᶜπ: capitis *MH*   hercules] herculems *V*: hercule *OE*   12 nos
*VOE*ᶜ *in ras.*: nosbis *EP*: nobis *MH*

oppugnationem perferre piget. Scilicet quia leuis causa
belli est nec satis quicquam iusti doloris est quod nos ad
13 perseuerandum stimulet. Septiens rebellarunt; in pace
nunquam fida fuerunt; agros nostros miliens depopulati
sunt; Fidenates deficere a nobis coegerunt; colonos nostros
14 ibi interfecerunt; auctores fuere contra ius caedis impiae
legatorum nostrorum; Etruriam omnem aduersus nos con-
citare uoluerunt; hodieque id moliuntur; res repetentes
legatos nostros haud procul afuit quin uiolarent.
5   Cum his molliter et per dilationes bellum geri oportet?
Si nos tam iustum odium nihil mouet, ne illa quidem, oro
2 uos, mouent? Operibus ingentibus saepta urbs est quibus
intra muros coercetur hostis; agrum non coluit, et culta
3 euastata sunt bello; si reducimus exercitum, quis est qui
dubitet illos non a cupiditate solum ulciscendi sed etiam
necessitate imposita ex alieno praedandi cum sua amiserint
agrum nostrum inuasuros? Non differimus igitur bellum
4 isto consilio, sed intra fines nostros accipimus. Quid?
illud, quod proprie ad milites pertinet, quibus boni tribuni
plebis tum stipendium extorquere uoluerunt, nunc consul-
5 tum repente uolunt, quale est? Vallum fossamque, ingentis
utramque rem operis, per tantum spatii duxere; castella
primo pauca, postea exercitu aucto creberrima fecerunt;
munitiones non in urbem modo sed in Etruriam etiam
6 spectantes si qua inde auxilia ueniant, opposuere; quid
turres, quid uineas testudinesque et alium oppugnandarum
urbium apparatum loquar? Cum tantum laboris exhaustum
sit et ad finem iam operis tandem peruentum, relinquen-

12 perferre *VHOE*: perferri *PU*: proferre *M*   quicquam *Hπ*: quisquam
VM   13 fida *VMPU*: fidi *HOE*   14 res repetentes *McEOU*:
res repetentis *P*: repetentis *VH*: res repes*tentes *M*   afuit *VHOEc*:
affuit *M*: fuit *EPU*

5 2 culta euastata] culte uastata *M*: culta uastata *Mc*: culta euastae *H*
4 tum *Drak.*: cum **N**: *om. V*: olim *Heidenhain*; *cf.* 5. 28. 1   5 utramque rem *V*: utrumque rem **N**   duxere *V*: duxerunt **N**   spectantes
Petrarch: spec[t]antis *V*: expectantes *MOU*: exspectantes *HEP*   6 alium
Petrarch: talium *Mπ*: talem *H*: *defit V*

dane haec censetis, ut ad aestatem rursus nouus de integro
his instituendis exsudetur labor? Quanto est minus ⟨operis⟩ 7
opera tueri facta et instare ac perseuerare defungique
certamine. Breuis enim profecto res est, si uno tenore
peragitur nec ipsi per intermissiones has interuallaque
lentiorem spem nostram facimus. Loquor de operae et de 8
temporis iactura; quid? periculi, quod differendo bello
adimus, num obliuisci nos haec tam crebra Etruriae concilia
de mittendis Veios auxiliis patiuntur? Vt nunc res se habet, 9
irati sunt, oderunt, negant missuros; quantum in illis est,
capere Veios licet. Quis est qui spondeat eundem, si differtur bellum, animum postea fore, cum si laxamentum 10
dederis, maior frequentiorque legatio itura sit, cum id quod
nunc offendit Etruscos, rex creatus Veiis, mutari spatio
interposito possit uel consensu ciuitatis ut eo reconcilient
Etruriae animos, uel ipsius uoluntate regis qui obstare
regnum suum saluti ciuium nolit? Videte, quot res, quam 11
inutiles sequantur illam uiam consilii, iactura operum tanto
labore factorum, uastatio imminens finium nostrorum,
Etruscum bellum pro Veiente concitatum. Haec sunt, 12
tribuni, consilia uestra, non hercule dissimilia ac si quis
aegro qui curari se fortiter passus extemplo conualescere
possit, cibi gratia praesentis aut potionis longinquum et
forsitan insanabilem morbum efficiat.

Si, mediusfidius, ad hoc bellum nihil pertineret, ad disci- 6
plinam certe militiae plurimum intererat, insuescere militem nostrum non solum parta uictoria frui, sed si etiam res

7 operis *add. Ogilvie*: operae *add. Luterbacher*: operae *pro* opera *Hell*
certamine *Ogilvie, coll.* 33. 6. 3: [. . . . .] *V*: cura **N**   tenore *VO*: tempore *MHEPU*: *add.* nore *E*csl   8 operae et *Ussing*: opere et **N**: opera
et *V*   periculi, quod **N**: periculi *V*   num *Ed. Mogunt.* 1518: nunc
Ω   crebra **N**: crebram *V*   de mittendis *VM*c*HOE*c: domittendis *M*:
di mittendis *E*: dimittendis *PU*   patiuntur *VEOP*: patiuntur et *M*:
patiuntiuntur *H*: patiantur *U, add.* u *U*csl   9 si differtur *VHE*:
differtur *O*: *add.* si *O*cm: sibi differtur *M*: si differetur *PU*   10 nunc]
non *VP*: nunc *P*csl   11 inutiles] inutilem *O*: iutiles *M, add.* n *M*csl
    6 1 parta] parua *O*: *om.* certe . . . . si etiam *U*: *add. U*cm, *qui* parata *scripsit*

2 lentior sit, pati taedium et quamuis serae spei exitum exspectare et si non sit aestate perfectum bellum, hiemem oppe-
riri nec sicut aestiuas aues statim autumno tecta ac recessus
3 circumspicere. Obsecro uos, uenandi studium ac uoluptas
homines per niues ac pruinas in montes siluasque rapit: belli
necessitatibus eam patientiam non adhibebimus quam uel
4 lusus ac uoluptas elicere solet? Adeone effeminata corpora
militum nostrorum esse putamus, adeo molles animos, ut
hiemem unam durare in castris, abesse ab domo non possint? ut, tamquam nauale bellum tempestatibus captandis
et obseruando tempore anni gerant, non aestus, non frigora
5 pati possint? Erubescant profecto, si quis eis haec obiciat,
contendantque et animis et corporibus suis uirilem patientiam inesse, et se iuxta hieme atque aestate bella gerere
posse, nec se patrocinium mollitiae inertiaeque mandasse
tribunis, et meminisse hanc ipsam potestatem non in umbra
6 nec in tectis maiores suos creasse. Haec uirtute militum
uestrorum, haec Romano nomine sunt digna, non Veios
tantum nec hoc bellum intueri quod instat, sed famam et ad
7 alia bella et ad ceteros populos in posterum quaerere. An
mediocre discrimen opinionis secuturum ex hac re putatis,
utrum tandem finitimi populum Romanum eum esse putent
cuius si qua urbs primum illum breuissimi temporis sustinue-
8 rit impetum, nihil deinde timeat, an hic sit terror nominis
nostri ut exercitum Romanum non taedium longinquae
oppugnationis, non uis hiemis ab urbe circumsessa semel
amouere possit, nec finem ullum alium belli quam uictoriam
nouerit, nec impetu potius bella quam perseuerantia gerat?
9 Quae in omni quidem genere militiae, maxime tamen in

2 recessus V: recessum N; cf. 38. 45. 9   3 adhibebimus] adhibi-
mus M: adhibemus O   lusus Ed. Rom. 1469: usus N: defit V   4 solet?
Adeone HEOU: soletne P: soleadeo M: soleat eo Mᶜ: -ne effeminata . . .
animos om. M: defit V   ut hiemem] om. H: in hiemem P, add. ut Pᶜˢˡ
5 eis haec obiciat HEOᶜPU: eis obiciat haec O: ei haec obiciat Pᶜ: eis
hoc obiciat M   6 et ad alia Ed. Rom. 1469: et alia N: [. . . . . .] V
7 eum esse HOEᶜU: meum esse EP: esse M: defit V   illum U: illud
MHOEPᶜ: illut P: defit V   8 impetu N: impetus V

obsidendis urbibus necessaria est, quarum plerasque muni-
tionibus ac naturali situ inexpugnabiles fame sitique tempus
ipsum uincit atque expugnat—sicut Veios expugnabit, nisi 10
auxilio hostibus tribuni plebis fuerint, et Romae inuenerint
praesidia Veientes quae nequiquam in Etruria quaerunt.
An est quicquam quod Veientibus optatum aeque contin- 11
gere possit quam ut seditionibus primum urbs Romana,
deinde uelut ex contagione castra impleantur? At hercule 12
apud hostes tanta modestia est ut non obsidionis taedio, non
denique regni, quicquam apud eos nouatum sit, non negata
auxilia ab Etruscis inritauerint animos; morietur enim ex- 13
templo quicumque erit seditionis auctor, nec cuiquam dicere
ea licebit quae apud uos impune dicuntur. Fustuarium 14
meretur, qui signa relinquit aut praesidio decedit: aucto-
res signa relinquendi et deserendi castra non uni aut alteri
militi sed uniuersis exercitibus palam in contione audiun-
tur; adeo, quidquid tribunus plebi loquitur, etsi prodendae 15
patriae dissoluendaeque rei publicae est, adsuestis, Quirites,
audire et dulcedine potestatis eius capti quaelibet sub ea
scelera latere sinitis. Reliquum est ut quae hic uociferan- 16
tur, eadem in castris et apud milites agant et exercitus cor-
rumpant ducibusque parere non patiantur, quoniam ea 17
demum Romae libertas est, non senatum, non magistratus,
non leges, non mores maiorum, non instituta patrum, non
disciplinam uereri militiae.'

Par iam etiam in contionibus erat Appius tribunis plebis, 7
cum subito unde minime quis crederet, accepta calamitas
apud Veios et superiorem Appium in causa et concordiam
ordinum maiorem ardoremque ad obsidendos pertinacius
Veios fecit. Nam cum agger promotus ad urbem uineaeque 2

13 uos] nos *O*, *Bauer*   15 Quirites *Gulielmus*: qui *MHEP*: ei *E*cm:
om. *OU*: quieti *Welz, Wölfflin*: *defit V*   quaelibet *VE*c *ras. OU*: que libet
iubet *E*: quaelibet iuuet *M*: quaelibet iubet *H*: que iubet *P*: quae iubet *P*c
7 1 Par iam *VHO*cm *E*cm *PU*: palam *OE*: patriam *M*   Veios . . .
pertinacius om. *V*   concordiam *Δ*: conconcordiam *M*: concordia *M*c
ardoremque *Δ*: ardorem *M*

tantum non iam iniunctae moenibus essent, dum opera interdiu fiunt intentius quam nocte custodiuntur, patefacta
repente porta ingens multitudo facibus maxime armata
ignes coniecit, horaeque momento simul aggerem ac uineas,
3 tam longi temporis opus, incendium hausit; multique ibi
mortales nequiquam opem ferentes ferro ignique absumpti
4 sunt. Quod ubi Romam est nuntiatum, maestitiam omnibus,
senatui curam metumque iniecit, ne tum uero sustineri nec
in urbe seditio nec in castris posset et tribuni plebis uelut ab
5 se uictae rei publicae insultarent, cum repente quibus census
equester erat, equi publici non erant adsignati, concilio prius
inter sese habito, senatum adeunt factaque dicendi potestate,
6 equis se suis stipendia facturos promittunt. Quibus cum
amplissimis uerbis gratiae ab senatu actae essent famaque
ea forum atque urbem peruasisset, subito ad curiam concur-
7 sus fit plebis; pedestris ordinis se aiunt nunc esse operamque
rei publicae extra ordinem polliceri, seu Veios seu quo alio
ducere uelint; si Veios ducti sint, negant se inde prius
8 quam capta urbe hostium redituros esse. Tum uero iam
superfundenti se laetitiae uix temperatum est; non enim
9 sicut equites, dato magistratibus negotio laudari iussi, neque
aut in curiam uocati quibus responsum daretur, aut limine
curiae continebatur senatus; sed pro se quisque ex superiore
loco ad multitudinem in comitio stantem uoce manibusque
10 significare publicam laetitiam, beatam urbem Romanam et
inuictam et aeternam illa concordia dicere, laudare equites,
laudare plebem, diem ipsum laudibus ferre, uictam esse
11 fateri comitatem benignitatemque senatus. Certatim patribus plebique manare gaudio lacrimae; deinde reuocatis in
12 curiam patribus senatus consultum factum est ut tribuni
militares contione aduocata peditibus equitibusque gratias

2 opera **N**: operae *V*   coniecit **N**: conicit *V*   3 ibi **N**: tibi *V*
4 seditio nec **N**: seditio[n]is *V*   insultarent **N**: insultarent nec *V*
8 superfundenti **N**: superfundente *V*   10 et inuictam *M*c*Δ*: etin-
etinuictam *M*: inuictam *V*   11 deinde *V*: donec **N**   12 peditibus
equitibusque **N**, *cf.* 38. 12. 8: equitibus peditibusque *V*

agerent, memorem pietatis eorum erga patriam dicerent senatum fore; placere autem omnibus his uoluntariam extra
ordinem professis militiam aera procedere; et equiti certus
numerus aeris est adsignatus. Tum primum equis suis 13
merere equites coeperunt. Voluntarius ductus exercitus
Veios non amissa modo restituit opera, sed noua etiam
instituit. Ab urbe commeatus intentiore quam antea subuehi cura, ne quid tam bene merito exercitui ad usum
deesset.

Insequens annus tribunos militum consulari potestate 8
habuit C. Seruilium Ahalam tertium, Q. Seruilium, L. Verginium, Q. Sulpicium, A. Manlium iterum, M'. Sergium
iterum. His tribunis, dum cura omnium in Veiens bellum 2
intenta est, neglectum Anxuri praesidium uacationibus militum et Volscos mercatores uolgo receptando, proditis repente
portarum custodibus oppressum est. Minus militum periit, 3
quia praeter aegros lixarum in modum omnes per agros
uicinasque urbes negotiabantur. Nec Veiis melius gesta 4
res, quod tum caput omnium curarum publicarum erat;
nam et duces Romani plus inter se irarum quam aduersus
hostes animi habuerunt, et auctum est bellum aduentu repentino Capenatium atque Faliscorum. Hi duo Etruriae 5
populi, quia proximi regione erant, deuictis Veiis bello quoque Romano se proximos fore credentes, Falisci propria 6
etiam causa infesti quod Fidenati bello se iam antea immi-
scuerant, per legatos ultro citroque missos iure iurando inter
se obligati, cum exercitibus necopinato ad Veios accessere.

---

12 placere *MHOE^cPU*: pacere *E*: placerent *V*   professis **N**: professi
V   13 equis suis merere *V*: equos simerere *M*: equos sumere *M^c*:
equos merere *P^cU*: aequos merere *P*: equos mereri *E*: equis merere
HOE^c   opera **N**: operam *V*

8 1 L. Verginium *V*: p̅L. uerginium *MH*: publicum uerginium *OE*: p.
uerginium *U*: publium uergium *P*   Manlium *V*: manilium *MHOE*:
mamilium *PU*   M'. *Sigonius*: marcum *MHOEP*: m̅. *U*: *deft V*
2 Anxuri *Petrarch*: anxyri *ME*: ancxyri *H*: anxiri *OPU*: *deft V*   3 periit
V: perit **N**   per agros . . . urbes *om. V*   4 irarum *M^cΔ*: iratum
M: *deft V*

7 Forte ea regione qua M'. Sergius tribunus militum praeerat
castra adorti sunt ingentemque terrorem intulere, quia Etruriam omnem excitam sedibus magna mole adesse Romani
crediderant. Eadem opinio Veientes in urbe concitauit.
8 Ita ancipiti proelio castra Romana oppugnabantur; con-
cursantesque cum huc atque illuc signa transferrent, nec
Veientem satis cohibere intra munitiones nec suis munimentis arcere uim ac tueri se ab exteriore poterant hoste.
9 Vna spes erat, si ex maioribus castris subueniretur, ut di-
uersae legiones aliae aduersus Capenatem ac Faliscum, aliae
contra eruptionem oppidanorum pugnarent; sed castris
10 praeerat Verginius, priuatim Sergio inuisus infestusque. Is
cum pleraque castella oppugnata, superatas munitiones,
utrimque inuehi hostem nuntiaretur, in armis milites tenuit,
si opus foret auxilio collegam dictitans ad se missurum.
11 Huius adrogantiam pertinacia alterius aequabat, qui, ne
quam opem ab inimico uideretur petisse, uinci ab hoste
12 quam uincere per ciuem maluit. Diu in medio caesi milites;
postremo desertis munitionibus, perpauci in maiora castra,
pars maxima atque ipse Sergius Romam pertenderunt. Vbi
cum omnem culpam in collegam inclinaret, acciri Verginium
13 ex castris, interea praeesse legatos placuit. Acta deinde in
senatu res est certatumque inter collegas maledictis. Pauci
rei publicae, ⟨plerique⟩ huic atque illi ut quosque studium
priuatim aut gratia occupauerat adsunt.

9   Primores patrum siue culpa siue infelicitate imperatorum
tam ignominiosa clades accepta esset censuere non exspe-
ctandum iustum tempus comitiorum, sed extemplo nouos
tribunos militum creandos esse, qui kalendis Octobribus
2 magistratum occiperent. In quam sententiam cum pedibus

7 qua M'. *Sigonius*: qua M̄. *H*: quam *MP*: qua *OEU*: *defit V*
11 aequabat *Δ*: rogabat *M*: *defit V*   ne quam **N**: ne *V*   12 desertis
N: deseretis *V*   13 plerique *add. Kiehl*, multi *Puteanus*   occupauerat
U: occupauerunt *MHOEP*: *defit V*

9 1 qui *VHOE*: quia *MP*: qui a *U*   Octobribus] Octobris *H*: octo-
brius *P*, *add.* b *P*ᶜˢ¹: *post* octobma[*defit V usque ad* 23. 6   occiperent *Δ*:
acciperent *M*

iretur, ceteri tribuni militum nihil contradicere; at enimuero 3
Sergius Verginiusque, propter quos paenitere magistratuum
eius anni senatum apparebat, primo deprecari ignominiam,
deinde intercedere senatus consulto, negare se ante idus
Decembres, sollemnem ineundis magistratibus diem, honore
abituros esse. Inter haec tribuni plebis, cum in concordia 4
hominum secundisque rebus ciuitatis inuiti silentium tenuissent, feroces repente minari tribunis militum, nisi in auctoritate senatus essent, se in uincla eos duci iussuros esse. Tum 5
C. Seruilius Ahala tribunus militum: 'Quod ad uos attinet,
tribuni plebis, minasque uestras, ne ego libenter experirer
quam non plus in iis iuris quam in uobis animi esset. Sed 6
nefas est tendere aduersus auctoritatem senatus. Proinde
et uos desinite inter nostra certamina locum iniuriae quaerere, et collegae aut facient quod censet senatus, aut si pertinacius tendent, dictatorem extemplo dicam qui eos abire
magistratu cogat.' Cum omnium adsensu comprobata ora- 7
tio esset, gauderentque patres sine tribuniciae potestatis
terriculis inuentam esse aliam uim maiorem ad coercendos
magistratus, uicti consensu omnium comitia tribunorum 8
militum habuere qui kalendis Octobribus magistratum
occiperent, seque ante eam diem magistratu abdicauere.

L. Valerio Potito quartum, M. Furio Camillo iterum, M'. 10
Aemilio Mamerco tertium, Cn. Cornelio Cosso iterum, K.
Fabio Ambusto, L. Iulio Iulo tribunis militum consulari
potestate multa domi militiaeque gesta; nam et bellum 2
multiplex fuit eodem tempore, ad Veios et ad Capenam et
ad Falerios et in Volscis ut Anxur ab hostibus reciperaretur,
et Romae simul dilectu simul tributo conferendo laboratum 3

---

3 Verginiusque Δ: uerginius M   magistratuum HO: magistratum
MEPU: add. u E^{csl}   honore Δ: honorem M   abituros M^cE^cU: habi-
turos MOEP: labituros H   4 hominum N: ordinum Whibley   ciuitatis
M^cΔ: ciuitatibus M   tribunis OE^cras.U: tribuni MP: add. s M^{csl}: quid
E scripserit non liquet   8 magistratu Δ: magistratum M
10 1 M'. Sigonius: M̄. MHOEP: m. U   K. Sigonius: c. MU: c̄. HP:
claudio OE   Iulo Sigonius, cf. 4. 35. 4: tullo Mπ: tullio H   2 Falerios
Ed. Rom. 1469: ualerios N   reciperaretur] recuraretur M: add. pe M^{csl}

est, et de tribunis plebi cooptandis contentio fuit, et haud
paruum motum duo iudicia eorum qui paulo ante consulari
4 potestate fuerant exciuere. Omnium primum tribunis militum fuit, dilectum haberi; nec iuniores modo conscripti sed
seniores etiam coacti nomina dare ut urbis custodiam agerent.
5 Quantum autem augebatur militum numerus, tanto maiore
pecunia in stipendium opus erat, eaque tributo conferebatur,
inuitis conferentibus qui domi remanebant, quia tuentibus
urbem opera quoque militari laborandum seruiendumque
6 rei publicae erat. Haec per se grauia indigniora ut uiderentur tribuni plebis seditiosis contionibus faciebant, ideo aera
militibus constituta esse arguendo ut plebis partem militia
7 partem tributo conficerent. unum bellum annum iam tertium trahi et consulto male geri ut diutius gerant. in quattuor deinde bella uno dilectu exercitus scriptos, et pueros
8 quoque ac senes extractos. iam non aestatis nec hiemis
discrimen esse, ne ulla quies unquam miserae plebi sit;
9 quae nunc etiam uectigalis ad ultimum facta sit, ut cum
confecta labore uolneribus postremo aetate corpora rettu-
lerint incultaque omnia diutino dominorum desiderio domi
inuenerint, tributum ex adfecta re familiari pendant aeraque militaria, uelut fenore accepta, multiplicia rei publicae
reddant.
10   Inter dilectum tributumque et occupatos animos maiorum
rerum curis, comitiis tribunorum plebis numerus expleri
nequiit. Pugnatum inde in loca uacua ut patricii coopta-
11 rentur. Postquam obtineri non poterat, tamen labefactan-

---

4 haberi **N**: habere *Karsten*   5 augebatur *Δ*: agebatur *M, add.*
u *M*ᶜˢˡ   6 indigniora *Ed. Rom.* 1470: indignioraque **N**   seditiosis
π: seditionis *H*: seditios *M*: seditiōs *M*ᶜ   militia *M*ᶜ*HOEU*: militiam *MP*
7 tertium **N**: quintum *Glareanus*   9 quae nunc *Aldus*: quae ne
MHOEP: quin *UP*ᶜˢˡ: quae *Luterbacher*   familiari pendant *OE*ᶜ*H*ᶜ*P*ᶜ*U*:
familiari pendant pendant *H*: familiaria pendant *MEP*: familiari a pendant *M*ᶜ   10 nequiit *Ed. Frob.* 1531: nequit *OEU*: nequiḍ *H*: nequid
P: ne quid *M*   Pugnatum *Δ*: pugnatum esset *M*: pugnatum est *Petrarch*
11 poterat *U*: poterant *MHOEP*   labefactandae *π*: labefectandae
MH

334

dae legis [tribuniciae] causa effectum est ut cooptarentur
tribuni plebis C. Lacerius et M. Acutius, haud dubie
patriciorum opibus. Fors ita tulit ut eo anno tribunus plebis 11
Cn. Trebonius esset, qui nomini ac familiae debitum praestare uideretur Treboniae legis patrocinium. Is quod 2
petissent patres quidam, primo incepto repulsi tamen
⟨per⟩ tribunos militum expugnassent, uociferans legem
Treboniam sublatam et cooptatos tribunos plebis non
suffragiis populi sed imperio patriciorum; et eo reuolui rem
ut aut patricii aut patriciorum adseculae habendi tribuni
plebis sint, eripi sacratas leges, extorqueri tribuniciam 3
potestatem: id fraude patriciorum, scelere ac proditione
collegarum factum arguere.

Cum arderent inuidia non patres modo sed etiam tribuni 4
plebis, cooptati pariter et qui cooptauerant, tum ex collegio
tres, P. Curiatius, M. Metilius, M. Minucius, trepidi rerum
suarum, in Sergium Verginiumque, prioris anni tribunos
militares, incurrunt; in eos ab se iram plebis inuidiamque
die dicta auertunt. Quibus dilectus, quibus tributum, qui- 5
bus diutina militia longinquitasque belli sit grauis, qui clade
accepta ad Veios doleant, qui amissis liberis, fratribus, propinquis, adfinibus lugubres domos habeant, his publici priuatique doloris exsequendi ius potestatemque ex duobus
noxiis capitibus datam ab se memorant. omnium namque 6
malorum in Sergio Verginioque causas esse; nec id accusatorem magis arguere quam fateri reos, qui noxii ambo alter
in alterum causam conferant, fugam Sergi Verginius, Sergius
proditionem increpans Vergini. quorum adeo incredibilem 7
amentiam fuisse ut multo ueri similius sit compecto eam rem

11 tribuniciae *secl. Madvig*: Treboniae *Pighius*   tribuni plebis Δ: T̄R̄. *M*
11 2 quidam **N**: quondam *Haupt*: nequiquam *Weissenborn*   tamen
N: tandem *Weissenborn*: iam *H. J. Müller*   per *addidi*: tribunos militum
secl. Haupt   expugnassent **N**: expugnasse *Ed. Frob.* 1531   et eo *Ed.
Rom.* 1469: et **N**   adseculae *HEP*ᶜ: adseculare *P*: adsaeculae *M*: adsaeclae
*M*ᶜ: asseculae *E*ᶜ: asseclae *U*   3 arguere **N**: arguebat *Sigonius*
4 Curiatius *Ed. Rom.* 1470: Curatius **N**; *cf.* 3. 32. 1   7 compecto
Petrarch: conpecto *MP*: compacto *OE*: conpacto *HU*

8 et communi fraude patriciorum actam. ab his et prius datum
locum Veientibus ad incendenda opera belli trahendi causa,
et nunc proditum exercitum, tradita Faliscis Romana castra.
9 omnia fieri ut consenescat ad Veios iuuentus, nec de agris
nec de aliis commodis plebis ferre ad populum tribuni frequentiaque urbana celebrare actiones et resistere conspira-
10 tioni patriciorum possint. praeiudicium iam de reis et ab
senatu et ab populo Romano et ab ipsorum collegis factum
11 esse; nam et senatus consulto eos ab re publica remotos
esse, et recusantes abdicare se magistratu dictatoris metu ab
collegis coercitos esse, et populum Romanum tribunos creasse qui non idibus Decembribus, die sollemni, sed extemplo
kalendis Octobribus magistratum occiperent, quia stare diu-
12 tius res publica his manentibus in magistratu non posset; et
tamen eos, tot iudiciis confossos praedamnatosque, uenire
ad populi iudicium et existimare defunctos se esse satisque
poenarum dedisse quod duobus mensibus citius priuati facti
13 sint, neque intellegere nocendi sibi diutius tum potestatem
ereptam esse, non poenam inrogatam; quippe et collegis
14 abrogatum imperium qui certe nihil deliquissent. illos repeterent animos Quirites, quos recenti clade accepta habuissent, cum fuga ac pauore trepidum, plenum uolnerum
incidentem portis exercitum uiderint, non fortunam aut
15 quemquam deorum sed hos duces accusantem. pro certo
se habere neminem in contione stare qui illo die non caput
domum fortunasque L. Vergini ac M'. Sergi sit exsecratus
16 detestatusque. minime conuenire quibus iratos quisque
deos precatus sit, in iis sua potestate, cum liceat et oporteat,
non uti. nunquam deos ipsos admouere nocentibus manus;
satis esse, si occasione ulciscendi laesos arment.

9 frequentiaque *Δ*: frequentia *M*   conspirationi *Δ*: conspirationem
M   10 collegis *O*: collegiis *MHEPU*   11 Decembribus *Δ*:
decem tribus *M*   14 ac pauore *huc transtulit Fügner*: *post* uolnerum
locauit N   incidentem *HOEP*: incedentem *P^cU*: incipientem *M*   uide-
rint] uiderunt *HO*   15 contione *Δ*: contionem *M*   Vergini]
uerginiae *M*: uergii *E*, *add.* ni *E^{csl}*   M'. *Sigonius*: m̄. *MPU*: M̄. *H*:
marcii *OE*

His orationibus incitata plebs denis milibus aeris grauis 12
reos condemnat, nequiquam Sergio Martem communem
belli fortunamque accusante, Verginio deprecante ne infeli-
cior domi quam militiae esset. In hos uersa ira populi 2
cooptationis tribunorum fraudisque contra legem Treboniam factae memoriam obscuram fecit.

Victores tribuni ut praesentem mercedem iudicii plebes 3
haberet legem agrariam promulgant, tributumque conferri
prohibent, cum tot exercitibus stipendio opus esset resque 4
militiae ita prospere gererentur ut nullo bello ueniretur ad
exitum rei. Namque Veiis castra quae amissa erant reciperata castellis praesidiisque firmantur; praeerant tribuni
militum M'. Aemilius et K. Fabius. A M. Furio in Faliscis 5
et Cn. Cornelio in Capenate agro hostes nulli extra moenia
inuenti; praedae actae incendiisque uillarum ac frugum
uastati fines; oppida ⟨nec⟩ oppugnata nec obsessa sunt. At 6
in Volscis depopulato agro Anxur nequiquam oppugnatum,
loco alto situm; et, postquam uis inrita erat, uallo fossaque
obsideri coeptum. Valerio Potito Volsci prouincia euenerat.
Hoc statu militarium rerum, seditio intestina maiore mole 7
coorta quam bella tractabantur; et cum tributum conferri
per tribunos non posset nec stipendium imperatoribus mit-
teretur aeraque militaria flagitaret miles, haud procul erat
quin castra quoque urbanae seditionis contagione turbarentur. Inter has iras plebis in patres cum tribuni plebi nunc 8
illud tempus esse dicerent stabiliendae libertatis et ab Sergiis
Verginiisque ad plebeios uiros fortes ac strenuos transferendi
summi honoris, non tamen ultra processum est quam ut unus 9

12 1 militiae Δ: militians M   4 militiae Gron.: miliae H: militia
Mπ: in militia Ogilvie; cf. 28. 14. 1   rei M^cHOE^csl: rei rei M: spei
EPU   M'. Sigonius, cf. 5. 10. 1: M· MH: m. P: m̄. EOU   K. Sigonius,
cf. 5. 10. 1: q̄. MHPU: quintus OE   5 A M. Furio] ā m̄. furio M:
m. furio Δ   et Cn. N: et a Cn. Wesenberg   ⟨nec⟩ oppugnata Valla:
oppugnata Mπ: om. oppugnata . . . nequiquam H   6 uallo Δ:
ualde M   prouincia euenerat] prouincie uenerat MP: corr. M^cP^c
7 posset Ed. Rom. 1469: possit N   8 Verginiisque HOEU: uirginiis-
que P: uirginisque M

ex plebe, usurpandi iuris causa, P. Licinius Caluus tribunus
10 militum consulari potestate crearetur: ceteri patricii creati,
P. Manlius, L. Titinius, P. Maelius, L. Furius Medullinus,
11 L. Publilius Volscus. Ipsa plebes mirabatur se tantam rem
obtinuisse, non is modo qui creatus erat, uir nullis ante
honoribus usus, uetus tantum senator et aetate iam grauis;
12 nec satis constat cur primus ac potissimus ad nouum deli-
bandum honorem sit habitus. Alii Cn. Corneli fratris, qui
tribunus militum priore anno fuerat triplexque stipendium
equitibus dederat, gratia extractum ad tantum honorem
credunt, alii orationem ipsum tempestiuam de concordia
13 ordinum patribus plebique gratam habuisse. Hac uictoria
comitiorum exsultantes tribuni plebis quod maxime rem
publicam impediebat de tributo remiserunt. Conlatum
oboedienter missumque ad exercitum est.

13   Anxur in Volscis breui receptum est, neglectis die festo
custodiis urbis. Insignis annus hieme gelida ac niuosa fuit,
adeo ut uiae clausae, Tiberis innauigabilis fuerit. Annona
2 ex ante conuecta copia nihil mutauit. Et quia P. Licinius
ut ceperat haud tumultuose magistratum maiore gaudio plebis quam indignatione patrum, ita etiam gessit, dulcedo
inuasit proximis comitiis tribunorum militum plebeios
3 creandi. Vnus M. Veturius ex patriciis candidatis locum
tenuit: plebeios alios tribunos militum consulari potestate
omnes fere centuriae dixere, M. Pomponium, Cn. Duilium,
Voleronem Publilium, Cn. Genucium, L. Atilium.
4   Tristem hiemem siue ex intemperie caeli, raptim muta-
tione in contrarium facta, siue alia qua de causa grauis
5 pestilensque omnibus animalibus aestas excepit; cuius in-
sanabili perniciei quando nec causa nec finis inueniebatur,

10 Manlius *Ed. Rom.* 1470: manilius *MHOE*: mamilius *PU*   L.
Titinius *Sigonius*: et p. titinius **N**   Maelius *MOP*: melius *HEU*   L. Furius
N: Sp. Furius *Pighius*   Publilius *Sigonius*: popilius **N**: *add.* u *U*csl (*sc.*
populius); *cf.* 2. 55. 4   Volscus *Sigonius*: Vols. *MHOE*c: uolsco *EPU*:
Volero *Valla*   12 ipsum *HOEP*: ad ipsum *M*: ipsi *U*
    13 1 fuit, adeo *Δ*: afuit ais *M*: fuit ais *M*c   3 Publilium *Sigonius*: pu-
blicium **N**   5 perniciei *Valla*: pernicie *P*c*U*: perniciae *MOEP*: pernitie *H*

libri Sibyllini ex senatus consulto aditi sunt. Duumuiri sacris 6
faciundis, lectisternio tunc primum in urbe Romana facto,
per dies octo Apollinem Latonamque, Herculem et Dianam,
Mercurium atque Neptunum tribus quam amplissime tum
apparari poterat stratis lectis placauere. Priuatim quoque 7
id sacrum celebratum est. Tota urbe patentibus ianuis pro-
miscuoque usu rerum omnium in propatulo posito, notos
ignotosque passim aduenas in hospitium ductos ferunt, et
cum inimicis quoque benigne ac comiter sermones habitos;
iurgiis ac litibus temperatum; uinctis quoque dempta in eos 8
dies uincula; religioni deinde fuisse quibus eam opem di
tulissent uinciri.

Interim ad Veios terror multiplex fuit tribus in unum 9
bellis conlatis. Namque eodem quo antea modo circa
munimenta cum repente Capenates Faliscique subsidio
uenissent, aduersus tres exercitus ancipiti proelio pugnatum
est. Ante omnia adiuuit memoria damnationis Sergi ac 10
Vergini. Itaque ⟨e⟩ maioribus castris, unde antea cessatum
fuerat, breui spatio circumductae copiae Capenates in
uallum Romanum uersos ab tergo adgrediuntur; inde 11
pugna coepta et Faliscis intulit terrorem, trepidantesque
eruptio ex castris opportune facta auertit. Repulsos deinde
insecuti uictores ingentem ediderunt caedem; nec ita multo 12
post iam palantes ueluti forte oblati; populatores Capenatis
agri reliquias pugnae absumpsere. Et Veientium refugientes 13
in urbem multi ante portas caesi, dum prae metu, ne simul
Romanus inrumperet, obiectis foribus extremos suorum ex-
clusere.

Haec eo anno acta; et iam comitia tribunorum militum 14
aderant, quorum prope maior patribus quam belli cura erat,

5 libri Sibyllini *Ed. Rom.* 1469: libri sybillini *MHOE*: libris sibillini *P*:
libris sibillinis *U*   6 Herculem et Dianam *Wölfflin*: et Dianam Herculem **N**   8 di tulissent *Rhenanus*: die tulissent *M*: ictulissent *P*: intulissent *HOE*: tulissent *P^cU*   9 conlatis *HOE^c*: conlati sunt *ME*:
conlatis sunte *P*: collatis ter *P^cU*   10 e maioribus *Perizonius*: maioribus **N**   11 et faliscis *M*: et falliscis *H*: faliscis *π*

quippe non communicatum modo cum plebe sed prope
2 amissum cernentibus summum imperium. Itaque claris-
simis uiris ex composito praeparatis ad petendum quos
praetereundi uerecundiam crederent fore, nihilo minus ipsi
perinde ac si omnes candidati essent cuncta experientes
non homines modo sed deos etiam exciebant, in religionem
3 uertentes comitia biennio habita; priore anno intolerandam
hiemem prodigiisque diuinis similem coortam, proximo non
4 prodigia sed iam euentus: pestilentiam agris urbique inlatam haud dubia ira deum, quos pestis eius arcendae causa
placandos esse in libris fatalibus inuentum sit; comitiis auspicato quae fierent indignum dis uisum honores uolgari
5 discriminaque gentium confundi. Praeterquam maiestate
petentium, religione etiam attoniti homines patricios
omnes, partem magnam honoratissimum quemque, tribunos militum consulari potestate creauere, L. Valerium
Potitum quintum, M. Valerium Maximum, M. Furium
Camillum iterum, L. Furium Medullinum tertium, Q.
Seruilium Fidenatem iterum, Q. Sulpicium Camerinum
6 iterum. His tribunis ad Veios nihil admodum memorabile
7 actum est; tota uis in populationibus fuit. Duo summi
imperatores, Potitus a Faleriis, Camillus a Capena praedas
ingentes egere, nulla incolumi relicta re cui ferro aut igni
noceri posset.

15   Prodigia interim multa nuntiari, quorum pleraque et quia
singuli auctores erant parum credita spretaque, et quia,
hostibus Etruscis, per quos ea procurarent haruspices non
2 erant: in unum omnium curae uersae sunt quod lacus in
Albano nemore, sine ullis caelestibus aquis causaue qua

14 2 exciebant *Drak.*: excipiebant N   5 partem *Δ*: parte
M   Potitum quintum *OEP*: potitum q̄. *MU*: potitumque *H*   M.
Valerium *Ed. Ven.* 1495: ualerium N   Q. Seruilium *H*: quintum
seruilium *E*: quintium seruilium *MOE^cU*: quinctium seruilium *P*
7 posset *Δ*: possit *M*

15 1 multa *MHOEP*: multi *U*   nuntiari *HOE^c*: nuntiauerim *M*:
nuntiaueri *EP*: nuntiauere *P^c*: nunciauere *U*   2 uersae *Δ*:
uersa *M*

alia quae rem miraculo eximeret, in altitudinem insoli-
tam creuit. Quidnam eo di portenderent prodigio missi 3
sciscitatum oratores ad Delphicum oraculum. Sed propior 4
interpres fatis oblatus senior quidam Veiens, qui inter cauil-
lantes in stationibus ac custodiis milites Romanos Etru-
scosque uaticinantis in modum cecinit priusquam ex lacu
Albano aqua emissa foret nunquam potiturum Veiis Romanum. Quod primo uelut temere iactum sperni, agitari 5
deinde sermonibus coeptum est donec unus ex statione
Romana percontatus proximum oppidanorum, iam per
longinquitatem belli commercio sermonum facto, quisnam
is esset qui per ambages de lacu Albano iaceret, postquam 6
audiuit haruspicem esse, uir haud intacti religione animi,
causatus de priuati portenti procuratione si operae illi esset
consulere uelle, ad conloquium uatem elicuit. Cumque 7
progressi ambo a suis longius essent inermes sine ullo metu,
praeualens iuuenis Romanus senem infirmum in conspectu
omnium raptum nequiquam tumultuantibus Etruscis ad
suos transtulit. Qui cum perductus ad imperatorem, inde 8
Romam ad senatum missus esset, sciscitantibus quidnam id
esset quod de lacu Albano docuisset, respondit profecto 9
iratos deos Veienti populo illo fuisse die quo sibi eam mentem obiecissent ut excidium patriae fatale proderet. Itaque 10
quae tum cecinerit diuino spiritu instinctus, ea se nec ut
indicta sint reuocare posse, et tacendo forsitan quae di
immortales uolgari uelint haud minus quam celanda effando
nefas contrahi. sic igitur libris fatalibus, sic disciplina Etru- 11
sca traditum esse, ut quando aqua Albana abundasset, tum
si eam Romanus rite emisisset uictoriam de Veientibus
dari; antequam id fiat deos moenia Veientium deserbu-
ros non esse. Exsequebatur inde quae sollemnis deriuatio 12
esset; sed auctorem leuem nec satis fidum super tanta re

---

5 percontatus *OE*: percunctatus *MHPU*   7 conspectu *MEOU*:
conspectum *HP*   11 sic *Ed. Mogunt.* 1518: his **N**   ut quando **N**:
quando *Duker*: ut *Walters*: si quando *Luterbacher*   non esse *EOUH*csl:
esse *MPH*   12 Exsequebatur *U*: exsequebantur *MHEOP*

patres rati decreuere legatos sortesque oraculi Pythici ex-
spectandas.

16 Priusquam a Delphis oratores redirent Albaniue prodigii piacula inuenirentur, noui tribuni militum consulari
potestate, L. Iulius Iulus, L. Furius Medullinus quartum,
L. Sergius Fidenas, A. Postumius Regillensis, P. Cornelius
2 Maluginensis, A. Manlius magistratum inierunt. Eo anno
Tarquinienses noui hostes exorti. Qui quia multis simul
bellis, Volscorum ad Anxur, ubi praesidium obsidebatur,
Aequorum ad Labicos, qui Romanam ibi coloniam oppugnabant, ad hoc Veientique et Falisco et Capenati bello
occupatos uidebant Romanos, nec intra muros quietiora
3 negotia esse certaminibus patrum ac plebis, inter haec
locum iniuriae rati esse, praedatum in agrum Romanum
cohortes expeditas mittunt: aut enim passuros inultam eam
iniuriam Romanos ne nouo bello se onerarent, aut exiguo
4 eoque parum ualido exercitu persecuturos. Romanis indignitas maior quam cura populationis Tarquiniensium fuit;
eo nec magno conatu suscepta nec in longum dilata res est.
5 A. Postumius et L. Iulius, non iusto dilectu—etenim ab
tribunis plebis impediebantur—sed prope uoluntariorum
quos adhortando incitauerant coacta manu, per agrum Cae-
retem obliquis tramitibus egressi, redeuntes a populationi-
6 bus grauesque praeda Tarquinienses oppressere. Multos
mortales obtruncant, omnes exuunt impedimentis, et re-
7 ceptis agrorum suorum poliis Romam reuertuntur. Biduum
ad recognoscendas res datum dominis; tertio incognita—

---

12 Pythici] phytici *H*: pithici *MEU*
16 1 Delphis] delfis *MHEP*   prodigii *M*c*Δ*: prodigia *M*   Iulus
Sigonius: tullus *H*: utullus *π*: i *add.* *U*csl (*scil.* iullus): silius tullus *M*   L.
Furius *Ed. Frob.* 1531: p̄. furius *M*: p̄furius *H*: praesilius furius *E*: presilius
furius *O*: p̄. silius furius *PU*   Regillensis *Sigonius*: regiliensis *MEO*: re-
ligiensis *HPU*   Manlius *MEO*: manilius *HU*: mamlius *P*   2 Qui
quia *Duker*: quia **N**   Labicos] lauicos **N**   Veientique **N**: Veienti
Luterbacher: Veienti quoque *Ed. Rom.* 1469   5 A. Postumius *Ed. Rom.*
1470: aurelius postumius **N**   prope **N**: prope omnium *H. J. Müller*:
propere *Koehler*   7 incognita *Δ*: incognitum *M*

erant autem ea pleraque hostium ipsorum—sub hasta ueni-
ere quodque inde redactum militibus est diuisum.

Cetera bella maximeque Veiens incerti exitus erant. Iam- 8
que Romani desperata ope humana fata et deos spectabant,
cum legati ab Delphis uenerunt, sortem oraculi adferen-
tes congruentem responso captiui uatis: 'Romane, aquam 9
Albanam caue lacu contineri, caue in mare manare suo
flumine sinas; emissam per agros rigabis dissipatamque riuis
exstingues; tum tu insiste audax hostium muris, memor 10
quam per tot annos obsides urbem ex ea tibi his quae nunc
panduntur fatis uictoriam datam. Bello perfecto donum 11
amplum uictor ad mea templa portato, sacraque patria, quorum omissa cura est, instaurata ut adsolet facito.'

Ingens inde haberi captiuus uates coeptus, eumque ad- 17
hibere tribuni militum Cornelius Postumiusque ad prodigii
Albani procurationem ac deos rite placandos coepere; in- 2
uentumque tandem est ubi neglectas caerimonias intermis-
sumue sollemne di arguerent: nihil profecto aliud esse quam
magistratus uitio creatos Latinas sacrumque in Albano
monte non rite concepisse; unam expiationem eorum esse 3
ut tribuni militum abdicarent se magistratu, auspicia de
integro repeterentur et interregnum iniretur. Ea ita facta 4
sunt ex senatus consulto. Interreges tres deinceps fuere, L.
Valerius, Q. Seruilius Fidenas, M. Furius Camillus. Nun- 5
quam desitum interim turbari, comitia interpellantibus
tribunis plebis donec conuenisset prius ut maior pars tribunorum militum ex plebe crearetur.

Quae dum aguntur, concilia Etruriae ad fanum Voltu- 6
mnae habita, postulantibusque Capenatibus ac Faliscis ut
Veios communi animo consilioque omnes Etruriae populi 7

8 fata] facta *HE*: *corr. H*c*E*c   deos spectabant *Δ*: deospectabant *M*:
add. s ex *M*csl (*sc.* deos exspectabant)   captiui uatis *PE*c: captiuatis
MU: *add.* ui *U*csl: captiuiatis *H*: captiuitatis *EO*: *add.* u *O*csl (*sc.* captiui
uatis)   9 rigabis *Δ*: rigabit *M*
17 1 captiuus uates coeptus *Δ*: captiuo uati honos coeptus captiuus
uates coeptus *M*

ex obsidione eriperent, responsum est antea se id Veientibus
negasse quia unde consilium non petissent super tanta re
8 auxilium petere non deberent; nunc iam pro se fortunam
suam illis negare maxime. in ea parte Etruriae gentem
inuisitatam, nouos accolas Gallos esse, cum quibus nec pax
9 satis fida nec bellum pro certo sit. sanguini tamen nominique
et praesentibus periculis consanguineorum id dari ut si qui
iuuentutis suae uoluntate ad id bellum eant non impediant.
10 Eum magnum aduenisse hostium numerum fama Romae
erat, eoque mitescere discordiae intestinae metu communi,
ut fit, coeptae.

18   Haud inuitis patribus P. Licinium Caluum praerogatiuae
tribunum militum non petentem creant, moderationis expertae in priore magistratu uirum, ceterum iam tum exactae
2 aetatis; omnesque deinceps ex collegio eiusdem anni refici
apparebat, L. Titinium, P. Maenium, Cn. Genucium, L.
Atilium. Qui priusquam renuntiarentur iure uocatis tribubus, permissu interregis P. Licinius Caluus ita uerba fecit:
3 'Omen concordiae, Quirites, rei maxime in hoc tempus
utilis, memoria nostri magistratus uos his comitiis petere in
4 insequentem annum uideo. Etsi collegas eosdem reficitis,
etiam usu meliores factos, me iam non eundem sed umbram
nomenque P. Licini relictum uidetis. Vires corporis ad-

8 negare maxime. In ea **N**: *distinxit Ruperti*: negare, maxime in ea
parte Etruriae. gentem . . . *distinxit Iac. Gron.*: negare. maxima in parte
Luterbacher   10 mitescere *MEO*: militiscere *H*: mites *PU*   coeptae
N: coepere *Weissenborn*

18 1 praerogatiuae *Sigonius*: praerogatiua *MHEOP^{c}UE^{cm}*: progatiua
P   petentem *U*: potentem *MHEOP*   creant *MEOPU*: credant *H*:
creat *Pantagathus*   magistratu *M$^c\Delta$*: magistratum *M*   2 Titinium
Δ: titilinium *M*   P. Maenium **N**: P. Maelium *Sigonius, cf.* 5. 12. 10:
P. Maenium ⟨Q. Manlium⟩ *Niebuhr*; *cf. C.I.L.* i^2 *p.* 118   L. Atilium
Mπ: l. latilium *H*: L. Atilium ⟨et insequentis P. Manilium⟩ *H. Hill*
tribubus *Δ*: tribunus *M*   P. Licinius *Ed. Rom.* 1469: l. licinius **N**

3 Quirites *Petrarch*: q̄r̄. *U*: q̄. R̄. *M*: q̄ *P*: *om. HE^c ras. O*: *quid scripserit E
parum liquet*   utilis *Aldus*: utilli *MHP*: utili *U*: utillime *EO*   in
insequentem *HE^{c}OU*: insequentem *MEP*   4 Etsi *OE*: sit *M*: et sit
HE^c: si et *P*: si *U*

fectae, sensus oculorum atque aurium hebetes, memoria
labat, uigor animi obtunsus. En uobis' inquit 'iuuenem', 5
filium tenens, 'effigiem atque imaginem eius quem uos antea tribunum militum ex plebe primum fecistis. Hunc ego
institutum disciplina mea uicarium pro me rei publicae
do dicoque, uosque quaeso, Quirites, delatum mihi ultro
honorem huic petenti meisque pro eo adiectis precibus
mandetis.' Datum id petenti patri filiusque eius P. Licinius 6
tribunus militum consulari potestate cum iis quos supra
scripsimus declaratus.

Titinius Genuciusque tribuni militum profecti aduersus 7
Faliscos Capenatesque, dum bellum maiore animo gerunt
quam consilio, praecipitauere se in insidias. Genucius 8
morte honesta temeritatem luens ante signa inter primores
cecidit; Titinius in editum tumulum ex multa trepidatione
militibus collectis aciem restituit; nec se tamen aequo loco
hosti commisit. Plus ignominiae erat quam cladis acceptum, 9
quae prope in cladem ingentem uertit; tantum inde terroris
non Romae modo, quo multiplex fama peruenerat, sed in
castris quoque fuit ad Veios. Aegre ibi miles retentus a fuga
est cum peruasisset castra rumor ducibus exercituque caeso 10
uictorem Capenatem ac Faliscum Etruriaeque omnem
iuuentutem haud procul inde abesse. His tumultuosiora 11
Romae, iam castra ad Veios oppugnari, iam partem hostium tendere ad urbem agmine infesto, crediderant; con-
cursumque in muros est et matronarum, quas ex domo
conciuerat publicus pauor, obsecrationes in templis factae,
precibusque ab dis petitum ut exitium ab urbis tectis 12
templisque ac moenibus Romanis arcerent Veiosque eum
auerterent terrorem, si sacra renouata rite, si procurata
prodigia essent.

Iam ludi Latinaeque instaurata erant, iam ex lacu Alba- 19
no aqua emissa in agros, Veiosque fata adpetebant. Igitur 2

5 mea *Δ*: ea *M*   7 tribuni *MᶜEᶜOU*: tribunis *H*: tribunus
EP   consilio *MᶜΔ*: consilium *M*
19 1 aqua emissa *Δ*: atque missa *M*

fatalis dux ad excidium illius urbis seruandaeque patriae,
M. Furius Camillus, dictator dictus magistrum equitum P.
3 Cornelium Scipionem dixit. Omnia repente mutauerat imperator mutatus; alia spes, alius animus hominum, fortuna
4 quoque alia urbis uideri. Omnium primum in eos qui a
Veiis in illo pauore fugerant more militari animaduertit,
effecitque ne hostis maxime timendus militi esset. Deinde
indicto dilectu in diem certam, ipse interim Veios ad con-
5 firmandos militum animos intercurrit; inde Romam ad scribendum nouum exercitum redit, nullo detractante militiam.
Peregrina etiam iuuentus, Latini Hernicique, operam suam
6 pollicentes ad id bellum uenere; quibus cum gratias in
senatu egisset dictator, satis iam omnibus ad id bellum
paratis, ludos magnos ex senatus consulto uouit Veiis captis
se facturum aedemque Matutae Matris refectam dedica-
7 turum, iam ante ab rege Ser. Tullio dedicatam. Profectus
cum exercitu ab urbe exspectatione hominum maiore quam
spe, in agro primum Nepesino cum Faliscis et Capenatibus
8 signa confert. Omnia ibi summa ratione consilioque acta
fortuna etiam, ut fit, secuta est. Non proelio tantum fudit
hostes, sed castris quoque exuit ingentique praeda est potitus; cuius pars maxima ad quaestorem redacta est, haud
9 ita multum militi datum. Inde ad Veios exercitus ductus,
densioraque castella facta, et a procursationibus quae multae temere inter murum ac uallum fiebant, edicto ne quis
10 iniussu pugnaret, ad opus milites traducti. Operum fuit
omnium longe maximum ac laboriosissimum cuniculus in
11 arcem hostium agi coeptus. Quod ne intermitteretur opus
neu sub terra continuus labor eosdem conficeret, in partes
sex munitorum numerum diuisit; senae horae in orbem
operi attributae sunt; nocte ac die nunquam ante omissum
quam in arcem uiam facerent.

3 repente] repentem *P, corr. P*^c: repetente *H*   imperator mutatus *Δ*:
imperatore mutatus *M*: imperatore mutato *M*^c   7 quam spe *M*^c*Δ*:
quam spem *M*: quam spes *E*^c   9 iniussu *MHE*^c*OPU*: iniussus *M*^c*E*
11 munitorum *MPU*: *add.* t̄m̄ *U*^{csl}: munimentorum *HEO*

Dictator cum iam in manibus uideret uictoriam esse, 20
urbem opulentissimam capi, tantumque praedae fore quantum non omnibus in unum conlatis ante bellis fuisset, ne 2
quam inde aut militum iram ex malignitate praedae partitae aut inuidiam apud patres ex prodiga largitione caperet,
litteras ad senatum misit, deum immortalium benignitate 3
suis consiliis patientia militum Veios iam fore in potestate
populi Romani; quid de praeda faciendum censerent?
Duae senatum distinebant sententiae, senis P. Licini, quem 4
primum dixisse a filio interrogatum ferunt, edici palam
placere populo ut qui particeps esse praedae uellet in castra
Veios iret, altera Ap. Claudi, qui largitionem nouam 5
prodigam inaequalem inconsultam arguens, si semel nefas
ducerent captam ex hostibus in aerario exhausto bellis
pecuniam esse, auctor erat stipendii ex ea pecunia militi
numerandi ut eo minus tributi plebes conferret; eius enim 6
doni societatem sensuras aequaliter omnium domos, non
auidas in direptiones manus otiosorum urbanorum praerepturas fortium bellatorum praemia esse, cum ita ferme
eueniat ut segnior sit praedator ut quisque laboris periculique praecipuam petere partem soleat. Licinius contra 7
suspectam et inuisam semper eam pecuniam fore aiebat,
causasque criminum ad plebem, seditionum inde ac legum
nouarum praebituram; satius igitur esse reconciliari eo 8
dono plebis animos, exhaustis atque exinanitis tributo tot
annorum succurri, et sentire praedae fructum ex eo bello
in quo prope consenuerint. gratius id fore laetiusque
quod quisque sua manu ex hoste captum domum rettulerit quam si multiplex alterius arbitrio accipiat. ipsum 9
dictatorem fugere inuidiam ex eo criminaque; eo delegasse ad senatum; senatum quoque debere reiectam rem
ad se permittere plebi ac pati habere quod cuique fors
belli dederit. Haec tutior uisa sententia est quae popu- 10
larem senatum faceret. Edictum itaque est ad praedam

___

20 6 praerepturas E^cOU: praerupturas *MEP*: praeruptur *H*　praedator ut *Δ*: praedato *M*　　　7 aiebat] agebat *HP*: *corr. P^c*

347

Veientem quibus uideretur in castra ad dictatorem proficiscerentur.

21   Ingens profecta multitudo repleuit castra. Tum dictator
auspicato egressus cum edixisset ut arma milites caperent,
2 'Tuo ductu,' inquit, 'Pythice Apollo, tuoque numine instinctus pergo ad delendam urbem Veios, tibique hinc decimam
3 partem praedae uoueo. Te simul, Iuno regina, quae nunc
Veios colis, precor, ut nos uictores in nostram tuamque mox
futuram urbem sequare, ubi te dignum amplitudine tua
4 templum accipiat.' Haec precatus, superante multitudine
ab omnibus locis urbem adgreditur, quo minor ab cuniculo
5 ingruentis periculi sensus esset. Veientes ignari se iam a suis
uatibus, iam ab externis oraculis proditos, iam in partem
praedae suae uocatos deos, alios uotis ex urbe sua euocatos
hostium templa nouasque sedes spectare, seque ultimum
6 illum diem agere, nihil minus timentes quam subrutis
cuniculo moenibus arcem iam plenam hostium esse, in
7 muros pro se quisque armati discurrunt, mirantes quidnam id esset quod cum tot per dies nemo se ab stationibus
Romanus mouisset, tum uelut repentino icti furore improuidi currerent ad muros.

8   Inseritur huic loco fabula: inmolante rege Veientium
uocem haruspicis, dicentis qui eius hostiae exta prosecuisset,
ei uictoriam dari, exauditam in cuniculo mouisse Romanos
milites ut adaperto cuniculo exta raperent et ad dictatorem
9 ferrent. Sed in rebus tam antiquis si quae similia ueris sint
pro ueris accipiantur, satis habeam; haec ad ostentationem
scenae gaudentis miraculis aptiora quam ad fidem neque
adfirmare neque refellere est operae pretium.

21 3 *post* accipiat *interpolat H* 52. 13 qui bustum (*pro* Vestalibus) nempe
usque ad 53. 2 puto qui: *post* raperent (21. 8) bustum nempe . . . puto qui
interpolat P: *uide ad loc.*   5 ignari π: signari *MH*   sua euocatos
*M*ᶜ*UP*ᶜ: sua uocatos *M*: suae uocatos *HOEP*   6 cuniculo *E*ᶜ*OU*: cuni-
culos *MHEP*   8 exauditam *HEU*: exaudita *ME*ᶜ*OP*   9 antiquis
si quae similia *Δ*: antiquissimi (*add.* s *M*ᶜˢˡ) quae silia *M*   ueris *Madvig*:
ueri **N**   ostentationem] hostentationem *M*: ostentionem *O, add.* ta
*O*ᶜˢˡ   est operae pretium *Δ*: opera et praetium est *M*

Cuniculus delectis militibus eo tempore plenus, in aede 10
Iunonis quae in Veientana arce erat armatos repente edidit,
et pars auersos in muris inuadunt hostes, pars claustra portarum reuellunt, pars cum ex tectis saxa tegulaeque a
mulieribus ac seruitiis iacerentur, inferunt ignes. Clamor 11
omnia uariis terrentium ac pauentium uocibus mixto mulierum ac puerorum ploratu complet. Momento temporis de- 12
iectis ex muro undique armatis patefactisque portis cum
alii agmine inruerent, alii desertos scanderent muros, urbs
hostibus impletur; omnibus locis pugnatur; deinde multa 13
iam edita caede senescit pugna, et dictator praecones
edicere iubet ut ab inermi abstineatur. Is finis sanguinis fuit. 14
Dedi inde inermes coepti et ad praedam miles permissu
dictatoris discurrit. Quae cum ante oculos eius aliquantum
spe atque opinione maior maiorisque pretii rerum ferretur,
dicitur manus ad caelum tollens precatus esse ut si cui 15
deorum hominumque nimia sua fortuna populique Romani
uideretur, ut eam inuidiam lenire quam minimo suo priuato
incommodo publicoque populi Romani liceret. Conuerten- 16
tem se inter hanc uenerationem traditur memoriae pro-
lapsum cecidisse; idque omen pertinuisse postea euentu
rem coniectantibus uisum ad damnationem ipsius Camilli,
captae deinde urbis Romanae, quod post paucos accidit
annos, cladem. Atque ille dies caede hostium ac direptione 17
urbis opulentissimae est consumptus: postero die libera 22
corpora dictator sub corona uendidit. Ea sola pecunia in
publicum redigitur, haud sine ira plebis; et quod rettulere
secum praedae, nec duci, qui ad senatum malignitatis
auctores quaerendo rem arbitrii sui reiecisset, nec senatui,
sed Liciniae familiae, ex qua filius ad senatum rettulisset, 2

12 pugnatur] pugnantur *MP*: *corr. M*c*P*c   13 deinde *M*c*Δ*: dedi
inde *M*   15 publicoque populi Romani *M*c*HUP*: publicoque
populo Romani *M*: publicoque r̄ populi *E*: publicoque populique
Romani *O*: publicoque populo Romano *Gron.*: populo Romano *Dobree*
16 pertinuisse *HE*c*U*: pertimuisse *MEOP*   euentu rem *Mπ*: euenturum
*M*c: rem *H*

pater tam popularis sententiae auctor fuisset, acceptum re-
ferebant.

3 Cum iam humanae opes egestae a Veiis essent, amoliri
tum deum dona ipsosque deos, sed colentium magis quam
4 rapientium modo, coepere. Namque delecti ex omni exercitu iuuenes, pure lautis corporibus, candida ueste, quibus
deportanda Romam regina Iuno adsignata erat, uenera-
5 bundi templum iniere, primo religiose admouentes manus,
quod id signum more Etrusco nisi certae gentis sacerdos
attractare non esset solitus. Dein cum quidam, seu spiritu
diuino tactus seu iuuenali ioco, 'Visne Romam ire, Iuno?'
6 dixisset, adnuisse ceteri deam conclamauerunt. Inde fabulae
adiectum est uocem quoque dicentis uelle auditam; motam
certe sede sua parui molimenti adminiculis, sequentis modo
7 accepimus leuem ac facilem tralatu fuisse, integramque in
Auentinum aeternam sedem suam quo uota Romani dictatoris uocauerant perlatam, ubi templum ei postea idem qui
8 uouerat Camillus dedicauit. Hic Veiorum occasus fuit,
urbis opulentissimae Etrusci nominis, magnitudinem suam
uel ultima clade indicantis, quod decem aestates hiemesque
continuas circumsessa cum plus aliquanto cladium intulisset
quam accepisset, postremo iam fato quoque urgente, operibus tamen, non ui expugnata est.

23 Romam ut nuntiatum est Veios captos, quamquam et
prodigia procurata fuerant et uatum responsa et Pythicae
sortes notae, et quantum humanis adiuuari consiliis potuerat
res ducem M. Furium, maximum imperatorum omnium,
2 legerant, tamen quia tot annis uarie ibi bellatum erat mul-
taeque clades acceptae, uelut ex insperato immensum gau-
3 dium fuit, et priusquam senatus decerneret plena omnia
templa Romanarum matrum grates dis agentium erant.
Senatus in quadriduum, quot dierum nullo ante bello, sup-
4 plicationes decernit. Aduentus quoque dictatoris omnibus

22 3 egestae Δ: aegestae M   4 delecti π: delicti MH   7 uouerat
Mᶜπ: uocauerant M: uocauerat H   8 plus MᶜΔ: pius M
23 1 Pythicae Δ: pithice M   4 dictatoris Δ: dicatoris M

ordinibus obuiam effusis celebratior quam ullius unquam
antea fuit, triumphusque omnem consuetum honorandi diei
illius modum aliquantum excessit. Maxime conspectus ipse 5
est, curru equis albis iuncto urbem inuectus, parumque id
non ciuile modo sed humanum etiam uisum. Iouis Solisque 6
equis aequiperatum dictatorem in religionem etiam trahebant, triumphusque ob eam unam maxime rem clarior quam
gratior fuit. Tum Iunoni reginae templum in Auentino 7
locauit, dedicauitque Matutae Matris; atque his diuinis
humanisque rebus gestis dictatura se abdicauit.

Agi deinde de Apollinis dono coeptum. Cui se decimam 8
uouisse praedae partem cum diceret Camillus, pontifices
soluendum religione populum censerent, haud facile iniba- 9
tur ratio iubendi referre praedam populum, ut ex ea pars
debita in sacrum secerneretur. Tandem eo quod lenissi- 10
mum uidebatur decursum est, ut qui se domumque religione exsoluere uellet, cum sibimet ipse praedam aestimasset
suam, decimae pretium partis in publicum deferret, ut ex eo 11
donum aureum, dignum amplitudine templi ac numine dei,
ex dignitate populi Romani fieret. Ea quoque conlatio plebis
animos a Camillo alienauit. Inter haec pacificatum legati 12
a Volscis et Aequis uenerunt, impetrataque pax, magis ut
fessa tam diutino bello adquiesceret ciuitas quam quod digni
peterent.

Veiis captis, sex tribunos militum consulari potestate 24
insequens annus habuit, duos P. Cornelios, Cossum et Scipionem, M. Valerium Maximum iterum, K. Fabium Ambustum iterum, L. Furium Medullinum quintum, Q. Seruilium

4 diei *Ed. Rom.* 1469: diem *MHEOP*cm*U*: unquam . . . illius *om. P,*
*rest. P*cm   5 ciuile *HE*c*U*: ciuilem *MEOP*   6 triumphusque]
rursus incipit V   7 dictatura se] dictator a se *MP: corr. M*c   8 religione **N**: religionem *V*   10 religione **N**: regione *V*   11 ut ex eo
N: rex eo *V*   ex] x *M*: decima *M*csl: ut *U*   12 ut fessa tam **N**:
uer[. . . . . . .] *V*: uerentibus ut fessa tam *Wodrig*
24 1 tribunos *VHOUM*c: tribus *MEP*: *add.* no *E*csl, ni *P*csl   P. **N**:
publicos *V*   (Ambustum) iterum **N**: tertium *Sigonius*: *defit V*: *cf.* 4.
61. 4   Q. *V*: om. **N**

351

2 tertium. Corneliis Faliscum bellum, Valerio ac Seruilio
Capenas sorti euenit. Ab iis non urbes ui aut operibus
temptatae, sed ager est depopulatus praedaeque rerum
agrestium actae; nulla felix arbor, nihil frugiferum in agro
3 relictum. Ea clades Capenatem populum subegit; pax
petentibus data; in Faliscis bellum restabat.

4 Romae interim multiplex seditio erat, cuius leniendae
causa coloniam in Volscos, quo tria milia ciuium Romanorum scriberentur, deducendam censuerant, triumuirique ad
5 id creati terna iugera et septunces uiritim diuiserant. Ea
largitio sperni coepta, quia spei maioris auertendae solacium
obiectum censebant: cur enim relegari plebem in Volscos
cum pulcherrima urbs Veii agerque Veientanus in conspectu
6 sit, uberior ampliorque Romano agro? Vrbem quoque urbi
Romae uel situ uel magnificentia publicorum priuatorum-
7 que tectorum ac locorum praeponebant. Quin illa quoque
actio mouebatur, quae post captam utique Romam a Gal-
8 lis celebratior fuit, transmigrandi Veios. Ceterum parti plebis, parti senatus habitandos destinabant Veios, duasque
urbes communi re publica incoli a populo Romano posse.
9 Aduersus quae cum optimates ita tenderunt ut morituros se
citius dicerent in conspectu populi Romani quam quicquam
10 earum rerum rogaretur; quippe nunc in una urbe tantum
dissensionum esse: quid in duabus urbibus fore? uictamne
ut quisquam uictrici patriae praeferret sineretque maiorem fortunam captis esse Veiis quam incolumibus fuerit?

2 bellum **N**: bellum dum *V*   sorti *V*: sorte **N**; *cf.* 4. 37. 6   arbor]
abor abor *H*: actor bor *P*   4 deducendam **N**: deducenda *V*   5 sit,
uberior *M*c*EOPU*: sit uuerior *M*: situ uerior *H*: uerior *V*   6 Romae
N: romanae *V*   8 parti plebis *G. W. Williams*: partim plebs *V*:
partem plebi *MEOP*: parte plebis *U*: partem plebis *H*   parti senatus
G. W. Williams: partim senatus *V*: partem senatus *MHEOP*: parte senatus *U*   habitandos destinabant Veios *G. W. Williams*: habitando di-
stina[bant Veios] *V*: destinabant habitandos Veios *MHEOU*: destinabant
ạ habitandos Veios *P*: destinabant ad habitandos Veios *Heerwagen* (*qui*
partem . . . partem *retinuit*)   communi re publica *Weissenborn*: communi re *V*: communes rei p. **N**   9 populi Romani] p̄iR *M*: P̄I̅R̅·
H: r̅i̅p *P*: r̅p̅. *E*: rei P. *O*: rei p̄. *U*

postremo se relinqui a ciuibus in patria posse: ut relinquant 11
patriam atque ciues nullam uim unquam subacturam, et T.
Sicinium—is enim ex tribunis plebis rogationis eius lator
erat—conditorem Veios sequantur, relicto deo Romulo, dei
filio, parente et auctore urbis Romae. Haec cum foedis 25
certaminibus agerentur (nam partem tribunorum plebi
patres in suam sententiam traxerant) nulla res alia manibus 2
temperare plebem cogebat quam quod, ubi rixae com-
mittendae causa clamor ortus esset, principes senatus primi
turbae offerentes se peti feririque atque occidi iubebant. Ab 3
horum aetatibus dignitatibusque et honoribus uiolandis dum
abstinebatur, et ad reliquos similes conatus uerecundia irae
obstabat.

Camillus identidem omnibus locis contionabatur: haud 4
mirum id quidem esse, furere ciuitatem quae damnata
uoti omnium rerum potiorem curam quam religione se ex-
soluendi habeat. nihil de conlatione dicere, stipis uerius 5
quam decumae, quando ea se quisque priuatim obligauerit,
liberatus sit populus. enimuero illud se tacere suam con- 6
scientiam non pati quod ex ea tantum praeda quae rerum
mouentium sit decuma designetur: urbis atque agri capti,
quae et ipsa uoto contineatur, mentionem nullam fieri. Cum 7
ea disceptatio, anceps senatui uisa, delegata ad pontifices
esset, adhibito Camillo uisum collegio, quod eius ante conceptum uotum Veientium fuisset et post uotum in potestatem
populi Romani uenisset, eius partem decimam Apollini
sacram esse. Ita in aestimationem urbs agerque uenit. Pecu- 8
nia ex aerario prompta, et tribunis militum consularibus
ut aurum ex ea coemerent negotium datum. Cuius cum
copia non esset, matronae coetibus ad eam rem consultandam habitis communi decreto pollicitae tribunis militum
aurum, et omnia ornamenta sua in aerarium detule-
runt. Grata ea res ut quae maxime senatui unquam fuit; 9

25 2 turbae Δ: urbe M: defit V   offerentes se HEOPᶜU: offerentes
esse P: offerrent esse M: defit V   5 obligauerit] abligauerit HEO
8 et omnia N: omnia Morstadt

honoremque ob eam munificentiam ferunt matronis habitum ut pilento ad sacra ludosque, carpentis festo profestoque
10 uterentur. Pondere ab singulis auri accepto aestimatoque ut
pecuniae soluerentur, crateram auream fieri placuit quae
donum Apollini Delphos portaretur.

11   Simul ab religione animos remiserunt, integrant seditionem tribuni plebis; incitatur multitudo in omnes principes,
12 ante alios in Camillum: eum praedam Veientanam publicando sacrandoque ad nihilum redegisse. Absentes ferociter
increpant; praesentium, cum se ultro iratis offerrent, uere-
13 cundiam habent. Simul extrahi rem ex eo anno uiderunt,
tribunos plebis latores legis in annum eosdem reficiunt; et
patres hoc idem de intercessoribus legis adnisi; ita tribuni
plebis magna ex parte iidem refecti.

26   Comitiis tribunorum militum patres summa ope euicerunt
ut M. Furius Camillus crearetur. Propter bella simulabant
parari ducem; sed largitioni tribuniciae aduersarius quae-
2 rebatur. Cum Camillo creati tribuni militum consulari
potestate L. Furius Medullinus sextum, C. Aemilius, L. Va-
3 lerius Publicola, Sp. Postumius, P. Cornelius iterum. Principio anni tribuni plebis nihil mouerunt, donec M. Furius
Camillus in Faliscos, cui id bellum mandatum erat, pro-
ficisceretur. Differendo deinde elanguit res, et Camillo
quem aduersarium maxime metuerant gloria in Faliscis
4 creuit. Nam cum primo moenibus se hostes tenerent tutis-
simum id rati, populatione agrorum atque incendiis uilla-
5 rum coegit eos egredi urbe. Sed timor longius progredi
prohibuit; mille fere passuum ab oppido castra locant, nulla
re alia fidentes ea satis tuta esse quam difficultate aditus,
asperis confragosisque circa, et partim artis, partim arduis
6 uiis. Ceterum Camillus, captiuum indidem ex agris secutus
ducem, castris multa nocte motis, prima luce aliquanto

---

12 redegisse *EOU*: redigisse *MH*: redigis *P, add.* se *P*^{cs1}: *defit V*
   26 1 summa ope euicerunt *Δ*: summam ope uicerunt *M*: summa ope
uicerunt *M*^c: *defit V*   5 passuum] passum *MP*   6 indidem
Kern: indicem *M*^c*Δ*: indecem *M*: *defit V*

superioribus locis se ostendit. Trifariam Romani munie- 7
bant; alius exercitus proelio intentus stabat. Ibi impedire
opus conatos hostes fundit fugatque; tantumque inde pauoris Faliscis iniectum est, ut effusa fuga castra sua quae
propiora erant praelati urbem peterent. Multi caesi uul- 8
neratique priusquam pauentes portis inciderent; castra
capta; praeda ad quaestores redacta cum magna militum
ira; sed seueritate imperii uicti eandem uirtutem et oderant
et mirabantur. Obsidio inde urbis et munitiones, et inter- 9
dum per occasionem impetus oppidanorum in Romanas
stationes proeliaque parua fieri et teri tempus neutro
inclinata spe, cum frumentum copiaeque aliae ex ante
conuecto largius obsessis quam obsidentibus suppeterent. 10
Videbaturque aeque diuturnus futurus labor ac Veiis
fuisset, ni fortuna imperatori Romano simul et cognitae
rebus bellicis uirtutis specimen et maturam uictoriam dedisset.

Mos erat Faliscis eodem magistro liberorum et comite uti, 27
simulque plures pueri, quod hodie quoque in Graecia manet,
unius curae demandabantur. Principum liberos, sicut fere
fit, qui scientia uidebatur praecellere erudiebat. Is cum in 2
pace instituisset pueros ante urbem lusus exercendique
causa producere, nihil eo more per belli tempus intermisso,
[dum] modo breuioribus modo longioribus spatiis trahendo
eos a porta, lusu sermonibusque uariatis, longius solito ubi
res dedit progressus, inter stationes eos hostium castraque
inde Romana in praetorium ad Camillum perduxit. Ibi 3

7 conatos Δ: conatus M: *defit* V   fundit fugatque] funditugatque
M, *add.* f M^{cs1}: fundi fugatque P, *add.* t P^{cs1} propiora EOP^{c}U: propriora
MHP: *defit* V   8 mirabantur] mirabatur MP   10 fortuna
HE^{c}OP^{c}U: fortunam MEP: *defit* V   et cognitae MHE^{c}OPU: [. . . .]
ecognitae E: incognitae *anon. apud Gronouium*   et maturam MHEOP:
maturam U: *defit* V

27 2 nihil eo more Δ: nihilomore M: *defit* V: *add.* minus M^{cs1} (*scil.*
nihilo minus more)   modo *Hertz*: dum modo N: tum modo *Gron.*: diu
modo *Weissenborn*: *defit* V   lusu π: lusus M: lusibus H: *defit* V   ubi res
M^{c}EOPH: urbi res M: ubi liberos U: *defit* V

4 scelesto facinori scelestiorem sermonem addit, Falerios se
in manus Romanis tradidisse, quando eos pueros quorum
5 parentes capita ibi rerum sint in potestatem dediderit. Quae
ubi Camillus audiuit, 'Non ad similem' inquit 'tui nec
populum nec imperatorem scelestus ipse cum scelesto mu-
6 nere uenisti. Nobis cum Faliscis quae pacto fit humano
societas non est: quam ingenerauit natura utrisque est erit-
que. Sunt et belli, sicut pacis, iura, iusteque ea non minus
7 quam fortiter didicimus gerere. Arma habemus non aduersus eam aetatem cui etiam captis urbibus parcitur, sed
aduersus armatos et ipsos qui, nec laesi nec lacessiti a nobis,
8 castra Romana ad Veios oppugnarunt. Eos tu quantum in
te fuit nouo scelere uicisti: ego Romanis artibus, uirtute
9 opere armis, sicut Veios uincam.' Denudatum deinde eum
manibus post tergum inligatis reducendum Falerios pue-
ris tradidit, uirgasque eis quibus proditorem agerent in
10 urbem uerberantes dedit. Ad quod spectaculum concursu
populi primum facto, deinde a magistratibus de re noua
uocato senatu, tanta mutatio animis est iniecta ut qui modo
efferati odio iraque Veientium exitum paene quam Capenatium pacem mallent, apud eos pacem uniuersa posceret
11 ciuitas. Fides Romana, iustitia imperatoris in foro et curia
celebrantur; consensuque omnium legati ad Camillum in
castra, atque inde permissu Camilli Romam ad senatum,
12 qui dederent Falerios proficiscuntur. Introducti ad senatum
ita locuti traduntur: 'Patres conscripti, uictoria cui nec
deus nec homo quisquam inuideat uicti a uobis et imperatore
uestro, dedimus nos uobis, rati, quo nihil uictori pulchrius
est, melius nos sub imperio uestro quam legibus nostris
13 uicturos. Euentu huius belli duo salutaria exempla prodita
humano generi sunt: uos fidem in bello quam praesentem

3 addit] addite *H*: addidit *U*   4 potestatem *Aldus*: potestate **N**:
defit V   6 didicimus **N**: dicimus *V*   10 magistratibus *VU*:
māg. *M*: mag *EP, add.* istratu *E*csl: magistratu *O*: m͞a͞c *H*   11 et curia
N: in curia *V*; *cf.* 7. 6. 12   celebrantur **N**: celebratur *V*   12 uictoria
cui *Δ*: uictoriam cui *M*: uictoria cumi *V*

uictoriam maluistis; nos fide prouocati uictoriam ultro de-
tulimus. Sub dicione uestra sumus; mittite qui arma, qui 14
obsides, qui urbem patentibus portis accipiant. Nec uos 15
fidei nostrae nec nos imperii uestri paenitebit.' Camillo et
ab hostibus et a ciuibus gratiae actae. Faliscis in stipendium
militum eius anni, ut populus Romanus tributo uacaret,
pecunia imperata. Pace data exercitus Romam reductus.

Camillus meliore multo laude quam cum triumphantem 28
albi per urbem uexerant equi insignis, iustitia fideque hostibus uictis cum in urbem redisset, taciti eius uerecundiam
non tulit senatus quin sine mora uoti liberaretur; crateram- 2
que auream donum Apollini Delphos legati qui ferrent,
L. Valerius, L. Sergius, A. Manlius, missi longa una naue,
haud procul freto Siculo a piratis Liparensium excepti deue-
huntur Liparas. Mos erat ciuitatis uelut publico latrocinio 3
partam praedam diuidere. Forte eo anno in summo magistratu erat Timasitheus quidam, Romanis uir similior quam
suis; qui legatorum nomen donumque et deum cui mittere- 4
tur et doni causam ueritus ipse multitudinem quoque, quae
semper ferme regenti est similis, religionis iustae impleuit,
adductosque in publicum hospitium legatos cum praesidio
etiam nauium Delphos prosecutus, Romam inde sospites restituit. Hospitium cum eo senatus consulto est factum dona- 5
que publice data.

Eodem anno in Aequis uarie bellatum, adeo ut in
incerto fuerit et apud ipsos exercitus et Romae uicissent
uictine essent. Imperatores Romani fuere ex tribunis mili- 6
tum C. Aemilius Sp. Postumius. Primo rem communiter
gesserunt; fusis inde acie hostibus, Aemilium praesidio
Verruginem obtinere placuit, Postumium fines uastare. Ibi 7
eum incomposito agmine neglegentius ab re bene gesta
euntem adorti Aequi terrore iniecto in proximos compulere

15 imperata N:]peractum V
28 1 cum triumphantem N: triumphantem V   redisset VᶜN: rediret
V   taciti V: tacite N   4 sospites HEᶜO: hospitès MEPU: defit V
6 rem HEᶜOPU: rem in ME: defit V   7 euntem] eundem HO

tumulos; pauorque inde Verruginem etiam ad praesidium
8 alterum est perlatus. Postumius suis in tutum receptis cum
contione aduocata terrorem increparet ac fugam, fusos esse
ab ignauissimo ac fugacissimo hoste, conclamat uniuersus
exercitus merito se ea audire et fateri admissum flagitium,
sed eosdem correcturos esse neque diuturnum id gaudium
9 hostibus fore. Poscentes ut confestim inde ad castra hostium
duceret—et in conspectu erant, posita in plano—nihil
10 poenae recusabant ni ea ante noctem expugnassent. Con-
laudatos corpora curare paratosque esse quarta uigilia
iubet. Et hostes nocturnam fugam ex tumulo Romanorum ut ab ea uia quae ferebat Verruginem excluderent,
fuere obuii; proeliumque ante lucem—sed luna pernox
11 erat—commissum est. Et haud incertius diurno proelium
fuit; sed clamor Verruginem perlatus, cum castra Romana
crederent oppugnari, tantum iniecit pauoris ut nequiquam retinente atque obsecrante Aemilio Tusculum palati
12 fugerent. Inde fama Romam perlata est Postumium exercitumque occisum. Qui ubi prima lux metum insidiarum effuse sequentibus sustulit, cum perequitasset aciem
promissa repetens, tantum iniecit ardoris ut non ultra sus-
13 tinuerint impetum Aequi. Caedes inde fugientium, qualis ubi ira magis quam uirtute res geritur, ad perniciem
hostium facta est; tristemque ab Tusculo nuntium nequiquam exterrita ciuitate litterae a Postumio laureatae
sequuntur, uictoriam populi Romani esse, Aequorum exercitum deletum.

29   Tribunorum plebis actiones quia nondum inuenerant
finem, et plebs continuare latoribus legis tribunatum et
patres reficere intercessores legis adnisi sunt; sed plus suis
2 comitiis plebs ualuit; quem dolorem ulti patres sunt senatus
consulto facto ut consules, inuisus plebi magistratus, crea-

7 Verruginem Δ: ueruginem *M*: *defit V*   10 ferebat] quaerebat
M, add. n *M*csl: frebat *U, add.* e *U*csl   diurno *HE*c *ras. OU*: diuturno
MEP: *defit V*   13 fugientium Δ: fugentium *M*: *defit V*
    29 2 ulti Δ: multi *M*: *defit V*

rentur. Annum post quintum decimum creati consules L.
Lucretius Flauus, Ser. Sulpicius Camerinus. Principio 3
huius anni ferociter quia nemo ex collegio intercessurus erat
coortis ad perferendam legem tribunis plebis nec segnius ob
id ipsum consulibus resistentibus omnique ciuitate in unam
eam curam conuersa, Vitelliam coloniam Romanam in suo
agro Aequi expugnant. Colonorum pars maxima incolumis, 4
quia nocte proditione oppidum captum liberam per auersa
urbis fugam dederat, Romam perfugere. L. Lucretio con- 5
suli ea prouincia euenit. Is cum exercitu profectus acie
hostes uicit, uictorque Romam ad maius aliquanto certamen
rediit. Dies dicta erat tribunis plebis biennii superioris 6
A. Verginio et Q. Pomponio, quos defendi patrum consensu
ad fidem senatus pertinebat; neque enim eos aut uitae ullo
crimine alio aut gesti magistratus quisquam arguebat praeterquam quod gratificantes patribus rogationi tribuniciae
intercessissent. Vicit tamen gratiam senatus plebis ira et 7
pessimo exemplo innoxii denis milibus grauis aeris con-
demnati sunt. Id aegre passi patres; Camillus palam sce- 8
leris plebem arguere quae iam in suos uersa non intellegeret
se prauo iudicio de tribunis intercessionem sustulisse, intercessione sublata tribuniciam potestatem euertisse; nam 9
quod illi sperarent effrenatam licentiam eius magistratus
patres laturos, falli eos. si tribunicia uis tribunicio auxilio
repelli nequeat, aliud telum patres inuenturos esse; consu- 10
lesque increpabat quod fide publica decipi tribunos eos
taciti tulissent qui senatus auctoritatem secuti essent.

Haec propalam contionabundus in dies magis augebat
iras hominum: senatum uero incitare aduersus legem 30
haud desistebat: ne aliter descenderent in forum, cum dies
ferendae legis uenisset, quam ut qui meminissent sibi pro
aris focisque et deum templis ac solo in quo nati essent

2 creati Δ: creati nuntiat M: *defit* V   L. Lucretius M: Lucretius Δ:
defit V   Ser. *Ed. Frob.* 1531: Sergius N: *defit* V   5 uicit Δ: uincit
M   rediit *Aldus*: redit N: *defit* V   8 euertisse *Rhenanus*: euertissent
N: *defit* V

2 dimicandum fore. nam quod ad se priuatim attineat, si suae
gloriae sibi inter dimicationem patriae meminisse sit fas,
sibi amplum quoque esse urbem ab se captam frequentari,
cottidie se frui monumento gloriae suae et ante oculos habere
urbem latam in triumpho suo, insistere omnes uestigiis lau-
3 dum suarum; sed nefas ducere desertam ac relictam ab dis
immortalibus incoli urbem, et in captiuo solo habitare
populum Romanum et uictrice patria uictam mutari.

4   His adhortationibus principes concitati, patres, senes
iuuenesque, cum ferretur lex, agmine facto in forum uenerunt, dissipatique per tribus, suos quisque tribules pren-
5 santes, orare cum lacrimis coepere ne eam patriam pro qua
fortissime felicissimeque ipsi ac patres eorum dimicassent
desererent, Capitolium, aedem Vestae, cetera circa templa
6 deorum ostentantes; ne exsulem, extorrem populum Romanum ab solo patrio ac dis penatibus in hostium urbem
agerent, eoque rem adducerent ut melius fuerit non capi
7 Veios, ne Roma desereretur. Quia non ui agebant sed
precibus, et inter preces multa deorum mentio erat, religiosum parti maximae fuit, et legem una plures tribus antiqua-
8 runt quam iusserunt. Adeoque ea uictoria laeta patribus
fuit, ut postero die referentibus consulibus senatus consultum fieret ut agri Veientani septena iugera plebi diuide-
rentur, nec patribus familiae tantum, sed ut omnium in
9 domo liberorum capitum ratio haberetur, uellentque in eam
spem liberos tollere.

31   Eo munere delenita plebe nihil certatum est quo minus
2 consularia comitia haberentur. Creati consules L. Valerius
Potitus, M. Manlius, cui postea Capitolino fuit cognomen.
Hi consules magnos ludos fecere, quos M. Furius dictator

---

4 concitati *HEOU*: contati *MP*: conciti *M*c: *add*. ci *P*cs1 (*scil*. concitati):
defit V   prensantes *HEPU*: pensantes *M, add*. r *M*cs1: prensare *O: defit V*
7 una *Petrarch*: unam Ω   8 familiae **N**: familiis *V*   domo **N**:
domus *V*

31 2 postea Capitolino fuit *Ogilvie*: Capitolino postea fuit **N**: Capitolino fuit postea *V; cf.* 2. 13. 1

uouerat Veienti bello. Eodem anno aedes Iunonis reginae 3
ab eodem dictatore eodemque bello uota dedicatur, cele-
bratamque dedicationem ingenti matronarum studio tradunt. Bellum haud memorabile in Algido cum Aequis 4
gestum est, fusis hostibus prius paene quam manus consere-
rent. Valerio quod perseuerantius caedem iis in fuga fecit,
triumphus, Manlio ut ouans ingrederetur urbem decretum
est. Eodem anno nouum bellum cum Volsiniensibus exor- 5
tum; quo propter famem pestilentiamque in agro Romano
ex siccitate caloribusque nimiis ortam exercitus duci nequi-
uit. Ob quae Volsinienses Sapienatibus adiunctis superbia inflati ultro agros incursauere; bellum inde duobus
populis indictum. C. Iulius censor decessit; in eius locum 6
M. Cornelius suffectus—quae res postea religioni fuit quia
eo lustro Roma est capta; nec deinde unquam in demortui 7
locum censor sufficitur—consulibusque morbo implicitis,
placuit per interregnum renouari auspicia. Itaque cum ex 8
senatus consulto consules magistratu se abdicassent, interrex
creatur M. Furius Camillus, qui P. Cornelium Scipionem, is
deinde L. Valerium Potitum interregem prodidit. Ab eo 9
creati sex tribuni militum consulari potestate ut etiamsi cui
eorum incommoda ualetudo fuisset, copia magistratuum rei
publicae esset.

Kalendis Quintilibus magistratum occepere L. Lucretius, 32
Ser. Sulpicius, M. Aemilius, L. Furius Medullinus septimum,
Agrippa Furius, C. Aemilius iterum. Ex his L. Lucretio 2

4 perseuerantius V: perseuerantior N   caedem iis in fuga fecit
Ogilvie: caed[. . .]is in fuga fuit V: gaedendis (caedendis Mᶜ) in fuga fuit
M: caedendis in fuga fuit HO: gerendis in fuga fuit EPU: cedendis in
fuga fuit Eᶜ: cedentes in fuga insecutus fuit Conway   5 caloribusque
N: caloribus V   nimiis ortam HEOPUᶜ: nimis exortam M: nimis ortam
VU   Sapienatibus V: salpinatibus Δ: scalpinatibus M: Sappinatibus
Mommsen: Capenatibus Baffioni   superbia inflati V: superbiam elati
M: superbia elati Δ   agros V: agros Romanos N   6 C. Iulius
HO: g. iulius V: iulius MEPU: add. ·c· Eᶜˢˡ   quia eo N: qui eo V
7 demortui N: mortui V   8 magistratu N: magistratus V   prodidit
N: prodict V
32 I M. Aemilius N: m. aemilius iterum V

et C. Aemilio Volsinienses prouincia euenit, Sapienates
Agrippae Furio et Ser. Sulpicio. Prius cum Volsiniensibus
3 pugnatum est. Bellum numero hostium ingens, certamine
haud sane asperum fuit. Fusa primo concursu acies; in fugam
uersa milia octo armatorum ab equitibus interclusa positis
4 armis in deditionem uenerunt. Eius belli fama effecit ne
se pugnae committerent Sapienates; moenibus armati se
tutabantur. Romani praedas passim et ex Sapienati agro et
5 ex Volsiniensi, nullo eam uim arcente, egerunt; donec
Volsiniensibus fessis bello, ea condicione ut res populo
Romano redderent stipendiumque eius anni exercitui praestarent, in uiginti annos indutiae datae.
6   Eodem anno M. Caedicius de plebe nuntiauit tribunis se
in Noua uia, ubi nunc sacellum est supra aedem Vestae,
uocem noctis silentio audisse clariorem humana, quae magi-
7 stratibus dici iuberet Gallos aduentare. Id ut fit propter
auctoris humilitatem spretum et quod longinqua eoque
ignotior gens erat. Neque deorum modo monita ingruente
fato spreta, sed humanam quoque opem, quae una erat,
8 M. Furium ab urbe amouere. Qui die dicta ab L. Apuleio
tribuno plebis propter praedam Veientanam, filio quoque
adulescente per idem tempus orbatus, cum accitis domum
tribulibus clientibusque, quae magna pars plebis erat, percontatus animos eorum responsum tulisset se conlaturos
9 quanti damnatus esset, absoluere eum non posse, in exsilium abiit, precatus ab dis immortalibus si innoxio sibi ea

---

2 Vols[inien]ses *V*: uolsiniensis **N**   Sapienates *Ogilvie*: sal sappinates
M: sappinates *H*: salp pinates *P*: salpinates *EOPᶜU*: Capenates *Baffioni*:
defit V   3 primo concursu *V*: concursu primo **N**   fugam uersa *V*:
fuga **N**   4 Sapienates *Ogilvie*: sappinates *MH*: salppinates *P*: salpinates *EOPᶜU*: Capenates *Baffioni*: *defit V*   armati se **N**: armatos
V   tutabantur] tutebantur *MP*: a *Pᶜˢˡ*: tutaebantur *H*   passim et ex
MU: passim sed ex *HEOP*: passim ex *V*   Sapienati *Ogilvie*: sa[*V*:
salpinati **N**: Capenati *Baffioni*   agro et ex **N**: agro et *V*   nullo **N**:
ullo *V*   5 indutiae **N**: indutias *V*   8 idem **N**: id *V*   clientibusque
quae *Ed. Ascens.* 1513: clientibus quae *MEO*: clientibusque *HPU*: *defit*
V   esset **N**: esset et *V*

iniuria fieret, primo quoque tempore desiderium sui ciuitati ingratae facerent. Absens quindecim milibus grauis aeris damnatur.

Expulso ciue quo manente, si quicquam humanorum 33 certi est, capi Roma non potuerat, aduentante fatali urbi clade legati ab Clusinis ueniunt auxilium aduersus Gallos petentes. Eam gentem traditur fama dulcedine frugum 2 maximeque uini noua tum uoluptate captam Alpes transisse agrosque ab Etruscis ante cultos possedisse; et inuexisse in 3 Galliam uinum inliciendae gentis causa Arruntem Clusinum ira corruptae uxoris ab Lucumone cui tutor ipse fuerat, prae-potente iuuene et a quo expeti poena, nisi externa uis quaesita esset, nequiret; hunc transeuntibus Alpes ducem 4 auctoremque Clusium oppugnandi fuisse. Equidem haud abnuerim Clusium Gallos ab Arrunte seu quo alio Clusino adductos; sed eos qui oppugnauerint Clusium non fuisse 5 qui primi Alpes transierint satis constat. Ducentis quippe annis ante quam Clusium oppugnarent urbemque Romam caperent, in Italiam Galli transcendere; nec cum his primum 6 Etruscorum sed multo ante cum iis qui inter Appenninum Alpesque incolebant saepe exercitus Gallici pugnauere.

Tuscorum ante Romanum imperium late terra marique 7 opes patuere. Mari supero inferoque quibus Italia insulae modo cingitur, quantum potuerint nomina sunt argumento, quod alterum Tuscum communi uocabulo gentis, alterum 8 Atriaticum mare ab Atria, Tuscorum colonia, uocauere Italicae gentes, Graeci eadem Tyrrhenum atque Adriaticum

---

33 1 fatali urbi clade N: fatalis urbi clades V   3 et inuexisse HEPU: et inuexasse O: ut inuexisse M: *defit* V   causa N: causam V   ipse fuerat V: is fuerat ipse Δ: (tutor)ęs fuer.at ipse M   poena . . . nequiret VMᶜ: poenae . . . nequirent HU: pene . . . nequirent O: paene . . . nequirent P: poenem . . . nequirent M   4 Clusium Gallos N: clusio gallus V   5 constat N: constant V   transcendere V: transcenderunt N   7 Tu-scorum N: Etruscorum V⁻   8 Atriaticum MP: adriaticum MᶜHEOU: hadriatium V   Atria MP: adria HEOU: *defit* V   Graeci VHEᶜ *ras.* O: graecia M: graeci ast U: graeci est P: graeci [. . .] E   Tyrrhenum VPᶜ: thyrrenum MHEOP: tyrrenum U   Adriaticum N: Hadriaticum V

9 uocant. Et in utrumque mare uergentes incoluere urbibus
duodenis terras, prius cis Appenninum ad inferum mare,
postea trans Appenninum totidem, quot capita originis
10 erant, coloniis missis, quae trans Padum omnia loca—ex-
cepto Venetorum angulo qui sinum circumcolunt maris—
11 usque ad Alpes tenuere. Alpinis quoque ea gentibus haud
dubie origo est, maxime Raetis, quos loca ipsa efferarunt ne
quid ex antiquo praeter sonum linguae nec eum incorruptum retinerent.

34   De transitu in Italiam Gallorum haec accepimus: Prisco
Tarquinio Romae regnante, Celtarum quae pars Galliae
tertia est penes Bituriges summa imperii fuit; ii regem
2 Celtico dabant. Ambigatus is fuit, uirtute fortunaque cum
sua, tum publica praepollens, quod in imperio eius Gallia
adeo frugum hominumque fertilis fuit ut abundans multi-
3 tudo uix regi uideretur posse. Hic magno natu ipse iam
exonerare praegrauante turba regnum cupiens, Bellouesum
ac Segouesum sororis filios impigros iuuenes missurum se
4 esse in quas di dedissent auguriis sedes ostendit; quantum
ipsi uellent numerum hominum excirent ne qua gens arcere
aduenientes posset. Tum Segoueso sortibus dati Hercynei
saltus; Belloueso haud paulo laetiorem in Italiam uiam
5 di dabant. Is quod eius ex populis abundabat, Bituriges,
Aruernos, Senones, Aeduos, Ambarros, Carnutes, Aulercos
exciuit. Profectus ingentibus peditum equitumque copiis
6 in Tricastinos uenit. Alpes inde oppositae erant; quas in-
exsuperabiles uisas haud equidem miror, nulladum uia,
quod quidem continens memoria sit, nisi de Hercule fabulis
7 credere libet, superatas. Ibi cum uelut saeptos montium
altitudo teneret Gallos, circumspectarentque quanam per
iuncta caelo iuga in alium orbem terrarum transirent,

8 uocant. Et *VMH*: uocante *EP*: uocant *E^{c}O*: uocantes *U*: uocant. Ei
Ed. Rom. 1469   *Defit V usque ad* 39. 5 barbaris   11 Raetis *Madvig*:
raetiis *M*: retiis *Δ*

34 3 Segouesum *U*: sigouesum *MHOEP*   4 Segoueso *HEPU*:
sigoueso *MO*   5 Tricastinos *Ed. Frob.* 1535: tricaspinos **N**   7 Ibi
Δ: sibi *M*   terrarum transirent *Δ*: sirent *M*

religio etiam tenuit quod allatum est aduenas quaerentes
agrum ab Saluum gente oppugnari. Massilienses erant ii, 8
nauibus a Phocaea profecti. Id Galli fortunae suae omen
rati, adiuuere ut quem primum in terram egressi occupauerant locum patientibus Saluis communirent. Ipsi per
Taurinos saltusque Iuliae Alpis transcenderunt; fusisque 9
acie Tuscis haud procul Ticino flumine, cum in quo consederant agrum Insubrium appellari audissent cognominem
Insubribus pago Aeduorum, ibi omen sequentes loci condi-
dere urbem; Mediolanium appellarunt. Alia subinde manus 35
Cenomanorum Elitouio duce uestigia priorum secuta eodem
saltu fauente Belloueso cum transcendisset Alpes, ubi nunc
Brixia ac Verona urbes sunt, locos tenuere. Libui considunt 2
post hos Saluique, prope antiquam gentem Laeuos Ligu-
res incolentes circa Ticinum amnem. Poenino deinde Boii
Lingonesque transgressi cum iam inter Padum atque Alpes
omnia tenerentur, Pado ratibus traiecto non Etruscos modo
sed etiam Vmbros agro pellunt; intra Appenninum tamen
sese tenuere. Tum Senones, recentissimi aduenarum, ab 3
Vtente flumine usque ad Aesim fines habuere. Hanc gentem Clusium Romamque inde uenisse comperio: id parum

---

7 Saluum *MEPU*: saluuiorum *H*: saluiorum *O*: *add.* ior *E*csl (*sc.*
saluiorum)   8 ii *M*: in *Δ*   Phocaea *O*: phoice *M*: phocea *EPU*:
phoce *H*   patientibus Saluis *Valesius*: patentibus siluis **N**   saltusque
Iuliae Alpis *ME*c ras. *O*: saltusque iuliae alte alpis *EP*: saltus quae
iuliae alte alpis *P*c: saltusque iuliae alta alpis *U*: saltusque iuriae alpes *H*
9 Ticino *EO*: ticeno *MHPU*   cognominem *Ed. Froben.* 1531: cognomine
N   Aeduorum] Haeduorum *ME*: heduorum *OP*: hedorum *H*: eduorum
U; *cf.* 5. 34. 5
35 1 Cenomanorum *Glareanus, cf. Plin. N.H.* 3. 130: germanorum **N**:
cf. Cic. pro Balbo 32   Elitouio *OU*: etytouio *M*: elytouio *EP*: ettoueo
H: Etitouio *Rhenanus*   Belloueso *OU*: belouiso *MH*: beloueso *E*: bel-
louiso *P*   2 Saluique *Ogilvie*: salluii qui *M*: salluuii qui *Δ*: Salluuii-
que *Madvig*; *cf.* 5. 34. 7   prope *Δ*: pro te *M*: protē *M*c: propter
Madvig   Poenino deinde *E*c: poeni nonne inde *M*: poeninon deinde
*M*c*O*c*E*: poeninen deinde *O*: peninon deinde *U*: poeni ñde inde *H*
3 Vtente] urente *O*: ufente *E*c*H*c   ad Aesim *MEP*: at aesim *E*c: atesim
H: adesim *U*: athesim *O*

certum est, solamne an ab omnibus Cisalpinorum Gallorum
populis adiutam.

4   Clusini nouo bello exterriti, cum multitudinem, cum formas hominum inuisitatas cernerent et genus armorum, audi-
rentque saepe ab iis cis Padum ultraque legiones Etruscorum
fusas, quamquam aduersus Romanos nullum eis ius societatis
amicitiaeue erat, nisi quod Veientes consanguineos aduersus
populum Romanum non defendissent, legatos Romam qui
5 auxilium ab senatu peterent misere. De auxilio nihil impetratum; legati tres M. Fabi Ambusti filii missi, qui senatus
populique Romani nomine agerent cum Gallis ne a quibus
nullam iniuriam accepissent socios populi Romani atque
6 amicos oppugnarent. Romanis eos bello quoque si res cogat
tuendos esse; sed melius uisum bellum ipsum amoueri si
posset, et Gallos nouam gentem pace potius cognosci quam
armis.

36   Mitis legatio, ni praeferoces legatos Gallisque magis quam
Romanis similes habuisset. Quibus postquam mandata edi-
2 derunt in concilio Gallorum datur responsum, etsi nouum
nomen audiant Romanorum, tamen credere uiros fortes esse
3 quorum auxilium a Clusinis in re trepida sit imploratum; et
quoniam legatione aduersus se maluerint quam armis tueri
socios, ne se quidem pacem quam illi adferant aspernari, si
Gallis egentibus agro, quem latius possideant quam colant
Clusini, partem finium concedant; aliter pacem impetrari
4 non posse. Et responsum coram Romanis accipere uelle et
si negetur ager, coram iisdem Romanis dimicaturos, ut nuntiare domum possent quantum Galli uirtute ceteros mortales
5 praestarent. Quodnam id ius esset agrum a possessoribus
petere aut minari arma Romanis quaerentibus et quid in
Etruria rei Gallis esset, cum illi se in armis ius ferre et
omnia fortium uirorum esse ferociter dicerent, accensis

3 Cisalpinorum $M^c\Delta$: a cis alpinorum M 5 legati tres *Petrarch*:
legati **N**   Ambusti *HU*: abusti *MEOP*   populique Romani *Petrarch*:
p̄r̄. *MEPU*: p̄. r̄. *O*: p̄ı̄r̄ *H*

36 3 maluerint P^cU: maluerit *MHWEOP*   quem **N**: cum *Morstadt*

utrimque animis ad arma discurritur et proelium conseritur.
Ibi iam urgentibus Romanam urbem fatis legati contra ius 6
gentium arma capiunt. Nec id clam esse potuit cum ante
signa Etruscorum tres nobilissimi fortissimique Romanae
iuuentutis pugnarent; tantum eminebat peregrina uirtus.
Quin etiam Q. Fabius, euectus extra aciem equo, ducem 7
Gallorum, ferociter in ipsa signa Etruscorum incursantem,
per latus transfixum hasta occidit; spoliaque eius legentem
Galli agnouere, perque totam aciem Romanum legatum esse
signum datum est. Omissa inde in Clusinos ira, receptui 8
canunt minantes Romanis. Erant qui extemplo Romam
eundum censerent; uicere seniores, ut legati prius mitterentur questum iniurias postulatumque ut pro iure gentium
uiolato Fabii dederentur. Legati Gallorum cum ea sicut 9
erant mandata exposuissent, senatui nec factum placebat
Fabiorum et ius postulare barbari uidebantur; sed ne id
quod placebat decerneret in tantae nobilitatis uiris ambitio
obstabat. Itaque ne penes ipsos culpa esset cladis forte 10
Gallico bello acceptae, cognitionem de postulatis Gallorum
ad populum reiciunt; ubi tanto plus gratia atque opes
ualuere ut quorum de poena agebatur tribuni militum consulari potestate in insequentem annum crearentur. Quo 11
facto haud secus quam dignum erat infensi Galli bellum
propalam minantes ad suos redeunt. Tribuni militum cum
tribus Fabiis creati Q. Sulpicius Longus, Q. Seruilius
quartum, P. Cornelius Maluginensis.

Cum tanta moles mali instaret—adeo occaecat animos 37
fortuna, ubi uim suam ingruentem refringi non uolt—ciuitas quae aduersus Fidenatem ac Veientem hostem aliosque
finitimos populos ultima experiens auxilia dictatorem multis
tempestatibus dixisset, ea tunc inuisitato atque inaudito 2
hoste ab Oceano terrarumque ultimis oris bellum ciente,

9 decerneret **N**: decernerent *Gron.*   11 quartum *Bekker*: quarto
MWπ: quartum . . . Cornelius *om. H*   Cornelius *H. J. Müller*: Seruilius
MWπ
   37 2 ultima *HWOE^cP^cU*: ultime *MPE*

3 nihil extraordinarii imperii aut auxilii quaesiuit. Tribuni
quorum temeritate bellum contractum erat summae rerum
praeerant, dilectumque nihilo accuratiorem quam ad media
bella haberi solitus erat, extenuantes etiam famam belli,
4 habebant. Interim Galli postquam accepere ultro honorem
habitum uiolatoribus iuris humani elusamque legationem
suam esse, flagrantes ira cuius impotens est gens, confestim
5 signis conuolsis citato agmine iter ingrediuntur. Ad quorum
praetereuntium raptim tumultum cum exterritae urbes ad
arma concurrerent fugaque agrestium fieret, Romam se ire
magno clamore significabant quacumque ibant, equis uiris-
que longe ac late fuso agmine immensum obtinentes loci.
6 Sed antecedente fama nuntiisque Clusinorum, deinceps
inde aliorum populorum, plurimum terroris Romam celeri-
7 tas hostium tulit, quippe quibus uelut tumultuario exercitu
raptim ducto aegre ad undecimum lapidem occursum est,
qua flumen Allia, Crustuminis montibus praealto defluens
alueo, haud multum infra uiam Tiberino amni miscetur.
8 Iam omnia contra circaque hostium plena erant et nata in
uanos tumultus gens truci cantu clamoribusque uariis hor-
rendo cuncta compleuerant sono.

38   Ibi tribuni militum non loco castris ante capto, non prae-
munito uallo quo receptus esset, non deorum saltem si non
hominum memores, nec auspicato nec litato, instruunt
aciem, diductam in cornua ne circumueniri multitudine
2 hostium possent; nec tamen aequari frontes poterant cum
extenuando infirmam et uix cohaerentem mediam aciem
haberent. Paulum erat ab dextera editi loci quem subsidiariis repleri placuit, eaque res ut initium pauoris ac fugae,
3 sic una salus fugientibus fuit. Nam Brennus regulus Gallorum in paucitate hostium artem maxime timens, ratus ad id

6 celeritas] celebritas *W*: celoeritas *H*: caeleitas *P*, *add.* ri *P*cs1
7 ad undecimum lapidem *Δ*: adpidem *M*   miscetur *P*c*U*: miscentur
MHWEOP

38 1 diductam] deductam *M*c*W*   2 fugientibus *WOU*: fugenti-
bus *MHEP*

captum superiorem locum ut ubi Galli cum acie legionum recta fronte concucurrissent subsidia in auersos transuersosque impetum darent, ad subsidiarios signa conuertit, si eos 4 loco depulisset haud dubius facilem in aequo campi tantum superanti multitudini uictoriam fore. Adeo non fortuna modo sed ratio etiam cum barbaris stabat. In altera acie 5 nihil simile Romanis, non apud duces, non apud milites erat. Pauor fugaque occupauerat animos et tanta omnium obliuio, ut multo maior pars Veios in hostium urbem, cum Tiberis arceret, quam recto itinere Romam ad coniuges ac liberos fugerent. Parumper subsidiarios tutatus est locus; 6 in reliqua acie simul est clamor proximis ab latere, ultimis ab tergo auditus, ignotum hostem prius paene quam uiderent, non modo non temptato certamine sed ne clamore quidem reddito integri intactique fugerunt; nec ulla caedes 7 pugnantium fuit; terga caesa suomet ipsorum certamine in turba impedientium fugam. Circa ripam Tiberis quo armis 8 abiectis totum sinistrum cornu defugit, magna strages facta est, multosque imperitos nandi aut inualidos, graues loricis aliisque tegminibus, hausere gurgites; maxima tamen pars 9 incolumis Veios perfugit, unde non modo praesidii quicquam sed ne nuntius quidem cladis Romam est missus. Ab dextro cornu quod procul a flumine et magis sub monte 10 steterat, Romam omnes petiere et ne clausis quidem portis urbis in arcem confugerunt.

Gallos quoque uelut obstupefactos miraculum uictoriae 39 tam repentinae tenuit, et ipsi pauore defixi primum steterunt, uelut ignari quid accidisset; deinde insidias uereri; postremo caesorum spolia legere armorumque cumulos, ut mos eis est, coaceruare; tum demum postquam nihil usquam 2

---

3 concucurrissent *M*: concurrissent *Δ*   4 superanti *Δ*: superante *M*   multitudini uictoriam *Δ*: multitudine cuiuictoriam *M*: multitudine uictoriam *M*^c   5 omnium *Gron.*: hominum *MHπ*: hominem *W* 7 nec *WU*: ne *MHOEP*: *add.* c *M*^{csl}   8 defugit *N*: diffugit *Gron.*: refugit *Wesenberg*   magna] magnas *MP*: *corr. M*^c*P*^c   10 monte *Δ*: montes *M*

hostile cernebatur uiam ingressi, haud multo ante solis occasum ad urbem Romam perueniunt. Vbi cum praegressi
equites non portas clausas, non stationem pro portis excu-
bare, non armatos esse in muris rettulissent, aliud priori
3 simile miraculum eos sustinuit; noctemque ueriti et ignotae
situm urbis, inter Romam atque Anienem consedere, ex-
ploratoribus missis circa moenia aliasque portas quaenam
4 hostibus in perdita re consilia essent. Romani cum pars
maior ex acie Veios petisset quam Romam, nemo superesse
quemquam praeter eos qui Romam refugerant crederet,
complorati omnes pariter uiui mortuique totam prope
5 urbem lamentis impleuerunt. Priuatos deinde luctus stupe-
fecit publicus pauor, postquam hostes adesse nuntiatum est;
mox ululatus cantusque dissonos uagantibus circa moenia
6 turmatim barbaris audiebant. Omne inde tempus suspensos
ita tenuit animos usque ad lucem alteram ut identidem iam
in urbem futurus uideretur impetus; primo aduentu, quia
accesserant ad urbem—; mansuros enim ad Alliam fuisse nisi
7 hoc consilii foret—deinde sub occasum solis, quia haud
multum diei supererat—ante noctem certe inuasuros—; tum
in noctem dilatum consilium esse, quo plus pauoris infer-
8 rent. Postremo lux appropinquans exanimare, timorique
perpetuo ipsum malum continens fuit cum signa infesta
portis sunt inlata. Nequaquam tamen ea nocte neque insequenti die similis illi quae ad Alliam tam pauide fugerat
9 ciuitas fuit. Nam cum defendi posse urbem tam parua relicta
manu spes nulla esset, placuit cum coniugibus ac liberis
iuuentutem militarem senatusque robur in arcem Capito-
10 liumque concedere, armisque et frumento conlato, ex loco

39 4 crederet *Petrarch*: crederent **N**: credere et *Heerwagen*: credidere et
Ogilvie   5 barbaris] *rursus incipit V*   6 omne *MHEPU*: omnes
VO   aduentu, quia *V*: aduentu qui $M^cH^cE^cO$: aduentus qui *MHEPU*
Alliam *VHEU*: aliam *MOP*   7 supererat **N**: supererunt *V*   certe
G. W. Williams: rati *V*: rati se **N**: ratis *Luterbacher*: enim *Walters*
8 timorique $M^c\Delta$: timorisque *M*: *defit V*   Alliam *VHEOU*: aliam *MP*
9 posse urbem *V*: urbem posse $MHEOP^cU$: urbem posset *P*   relicta **N**:
licta *P*   10 conlato *V*: collato *U*: conlata *MEP*: collata *O*: collatis *H*

inde munito deos hominesque et Romanum nomen defendere; flaminem sacerdotesque Vestales sacra publica a caede, 11
ab incendiis procul auferre, nec ante deseri cultum deorum
quam non superessent qui colerent. si arx Capitoliumque, 12
sedes deorum, si senatus, caput publici consilii, si militiaris
iuuentus superfuerit imminenti ruinae urbis, facilem iacturam esse seniorum relictae in urbe utique periturae turbae.
Et quo id aequiore animo de plebe multitudo ferret, senes 13
triumphales consularesque simul se cum illis palam dicere
obituros, nec his corporibus, quibus non arma ferre, non
tueri patriam possent, oneraturos inopiam armatorum.

Haec inter seniores morti destinatos iactata solacia. 40
Versae inde adhortationes ad agmen iuuenum quos in Capitolium atque in arcem prosequebantur, commendantes
uirtuti eorum iuuentaeque urbis per trecentos sexaginta
annos omnibus bellis uictricis quaecumque reliqua esset fortuna. Digredientibus qui spem omnem atque opem secum 2
ferebant ab iis qui captae urbis non superesse statuerant
exitio, cum ipsa res speciesque miserabilis erat, tum mulie- 3
bris fletus et concursatio incerta nunc hos, nunc illos sequentium rogitantiumque uiros natosque cui se fato darent,
nihil quod humani superesset mali relinquebant. Magna 4
pars tamen earum in arcem suos persecutae sunt, nec prohibente ullo nec uocante, quia quod utile obsessis ad minu-
endam imbellem multitudinem, id parum humanum erat.
Alia maxime plebis turba, quam nec capere tam exiguus col- 5
lis nec alere in tanta inopia frumenti poterat, ex urbe effusa

11 Vestales N: et Vestales V; cf. Aul. Gell. 1. 12. 14   deorum V: eorum
N (sc. sacrorum)   12 superfuerit N: superfuisset V   relictae N: relicta
V   periturae VMπ: peritura H, H. J. Müller   13 quo id aequiore
MHEPU: quod id aequiore O: quod iniquiore V: quod id iniquiore Jung
    40 2 Digredientibus N: degredientibus V   iis V: his N   3 rogi-
tantiumque MHE: rogantiumque OPU: rogitantium V   humani . . .
mali Finckh: humanis . . . malis Ω   4 imbellem multitudinem
VEO: inbellem multitudinem H: imbelle multitudinem M: in bello
multitudinem Mᶜ: in bellum multitudinem P: multitudinem in bellum U
5 alere N: haber[e] V

6 uelut agmine iam uno petiit Ianiculum. Inde pars per
agros dilapsi, pars urbes petunt finitimas, sine ullo duce aut
consensu, suam quisque spem, sua consilia communibus de-
7 ploratis exsequentes. Flamen interim Quirinalis uirginesque
Vestales omissa rerum suarum cura, quae sacrorum secum
ferenda, quae quia uires ad omnia ferenda deerant relin-
quenda essent consultantes, quisue ea locus fideli adserua-
8 turus custodia esset, optimum ducunt condita in doliolis
sacello proximo aedibus flaminis Quirinalis, ubi nunc despui religio est, defodere; cetera inter se onere partito ferunt
9 uia quae sublicio ponte ducit ad Ianiculum. In eo cliuo
eas cum L. Albinius de plebe homo conspexisset plaustro
coniugem ac liberos auehens inter ceteram turbam quae
10 inutilis bello urbe excedebat, saluo etiam tum discrimine
diuinarum humanarumque rerum religiosum ratus sacerdotes publicos sacraque populi Romani pedibus ire ferri-
que, se ac suos in uehiculo conspici, descendere uxorem
ac pueros iussit, uirgines sacraque in plaustrum imposuit et
Caere quo iter sacerdotibus erat peruexit.

41   Romae interim satis iam omnibus, ut in tali re, ad tuendam arcem compositis, turba seniorum domos regressi aduentum hostium obstinato ad mortem animo exspectabant.
2 Qui eorum curules gesserant magistratus, ut in fortunae
pristinae honorumque ac uirtutis insignibus morerentur,
quae augustissima uestis est tensas ducentibus triumphanti-

5 petiit N: petit V   6 communibus N: communi in V   7 uirgines-
que MHEPU: uirginales O: uirginem V   8 despui N: de spurio
V   se onere N: esonere V   ferunt Ed. Frob. 1531: feruntur Ω; cf. Val.
Max. 1. 1. 10   9 de plebe V: de plebe Romana N   liberos N:
libertos V   auehens Madvig: habens Ω: uehens Vascosanus; cf. Val.
Max. loc. cit.   excedebat VM^c ras. HEOU^c ras.: accedebat MP: ex add.
P^csl: ex[.]cedebat U   10 religiosum V: inreligiosum N   publicos
VMHEOP: publicas U, Vaasen   se ac suos N: ac suos V   Caere] cetera
HEO: caerae PU

41 1 regressi . . . exspectabant V: regressa . . . exspectabat N
2 ac V: aut N   tensas] tensa M^c ras.: censas V: terras O, add. ns
O^csl

busue, ea uestiti medio aedium eburneis sellis sedere. Sunt 3
qui M. Folio pontifice maximo praefante carmen deuouisse
eos se pro patria Quiritibusque Romanis tradant. Galli et 4
quia interposita nocte a contentione pugnae remiserant
animos et quod nec in acie ancipiti usquam certauerant
proelio nec tum impetu aut ui capiebant urbem, sine ira,
sine ardore animorum ingressi postero die urbem patente
Collina porta in forum perueniunt, circumferentes oculos ad
templa deum arcemque solam belli speciem tenentem. Inde, 5
modico relicto praesidio ne quis in dissipatos ex arce aut
Capitolio impetus fieret, dilapsi ad praedam uacuis occursu
hominum uiis, pars in proxima quaeque tectorum agmine
ruunt, pars ultima, uelut ea demum intacta et referta praeda,
petunt; inde rursus ipsa solitudine absterriti, ne qua fraus 6
hostilis uagos exciperet, in forum ac propinqua foro loca
conglobati redibant; ubi eos, plebis aedificiis obseratis, 7
patentibus atriis principum, maior prope cunctatio tenebat aperta quam clausa inuadendi; adeo haud secus quam 8
uenerabundi intuebantur in aedium uestibulis sedentes uiros,
praeter ornatum habitumque humano augustiorem, maiestate etiam quam uoltus grauitasque oris prae se ferebat
simillimos dis. Ad eos uelut ad simulacra uersi cum starent, 9
M. Papirius, unus ex iis, dicitur Gallo barbam suam, ut tum
omnibus promissa erat, permulcenti scipione eburneo in
caput incusso iram mouisse, atque ab eo initium caedis
ortum, ceteros in sedibus suis trucidatos; post principum 10
caedem nulli deinde mortalium parci, diripi tecta, exhaustis inici ignes.

2 uestiti medio **N**: uestitis medio *V*: uestiti in medio *Ogilvie, coll.* 1. 57. 9
eburneis *M^cOU*: eburnis *VMHEP*   3 Folio *V*: filio *ME*: flauio
M^{csl}: fabio *HE^{cm}OPU*; *cf. Plut. Cam.* 21. 3   4 contentione] continuatione *V*: contione *U, add.* ten *U^{csl}*   arcemque solam *VHE^cO*:
arcemque totam solam *M*: arcem totamque solam *EPU*   5 agmine
N: a[. . . .]e. . ṇ . . . . ị *V: fortasse* agmine ingenti   6 redibant *Petrarch*:
rediebant Ω   8 maiestate etiam quam *VEU*: maiestatem etiam qua
MHP: maiestatem etiam quam *OP^c*   9 ad eos **N**: adeo *V*   uelut
ad *V*: uelut **N**   iis *V*: his **N**   permulcenti **N**: [per]mulcent *V*

42   Ceterum, seu non omnibus delendi urbem libido erat, seu
ita placuerat principibus Gallorum et ostentari quaedam incendia terroris causa, si compelli ad deditionem caritate
2 sedum suarum obsessi possent, et non omnia concremari
tecta ut quodcumque superesset urbis, id pignus ad flecten-
dos hostium animos haberent, nequaquam perinde atque in
capta urbe primo die aut passim aut late uagatus est ignis.
3 Romani ex arce plenam hostium urbem cernentes uagosque
per uias omnes cursus, cum alia atque alia parte noua aliqua clades oreretur, non mentibus solum concipere sed ne
4 auribus quidem atque oculis satis constare poterant. Quo-
cumque clamor hostium, mulierum puerorumque ploratus,
sonitus flammae et fragor ruentium tectorum auertisset,
pauentes ad omnia animos oraque et oculos flectebant, uelut
ad spectaculum a fortuna positi occidentis patriae nec ullius
5 rerum suarum relicti praeterquam corporum uindices, tanto
ante alios miserandi magis qui unquam obsessi sunt quod
interclusi a patria obsidebantur, omnia sua cernentes in
6 hostium potestate. Nec tranquillior nox diem tam foede
actum excepit; lux deinde noctem inquietam insecuta est,
nec ullum erat tempus quod a nouae semper cladis alicuius
7 spectaculo cessaret. Nihil tamen tot onerati atque obruti
malis flexerunt animos quin etsi omnia flammis ac ruinis
aequata uidissent, quamuis inopem paruumque quem
8 tenebant collem libertati relictum uirtute defenderent; et
iam cum eadem cottidie acciderent, uelut adsueti malis
abalienauerant ab sensu rerum suarum animos, arma tantum ferrumque in dextris uelut solas reliquias spei suae intuentes.

42 1 delendi urbem *EOU*: delendae urbem *M*: delaendae urbem
H: delendae urbis *Rhenanus*: *defit V*   sedum *M*: *add.* i *M*cs1: sedium
Δ: *defit V*   2 perinde *Δ*: per igne *M*: *defit V*   primo *H. J.*
Müller: prima **N**: *defit V*; *cf.* 2. 46. 9   4 clamor *Petrarch*:
clamor sonitus **N**: *defit V*   ad spectaculum *Δ*: a spectaculum *M*; *cf.*
5. 41. 9   corporum *Δ*: id corporum *M*: *defit V*   6 diem *Δ*: die
M: *defit V*   quod a *Δ*: quod *M*: *defit V*   7 quin etsi *HPU*: qui
nec si *MEO*: *defit V*

Galli quoque per aliquot dies in tecta modo urbis nequi- 43
quam bello gesto cum inter incendia ac ruinas captae urbis
nihil superesse praeter armatos hostes uiderent, nec quicquam tot cladibus territos nec flexuros ad deditionem animos ni uis adhiberetur, experiri ultima et impetum facere
in arcem statuunt. Prima luce signo dato multitudo omnis 2
in foro instruitur; inde clamore sublato ac testudine facta
subeunt. Aduersus quos Romani nihil temere nec trepide;
ad omnes aditus stationibus firmatis, qua signa ferri uidebant ea robore uirorum opposito scandere hostem sinunt,
quo successerit magis in arduum eo pelli posse per procliue
facilius rati. Medio fere cliuo restitere; atque inde ex loco 3
superiore qui prope sua sponte in hostem inferebat impetu
facto, strage ac ruina fudere Gallos; ut nunquam postea nec
pars nec uniuersi temptauerint tale pugnae genus. Omissa 4
itaque spe per uim atque arma subeundi obsidionem parant;
cuius ad id tempus immemores et quod in urbe fuerat frumentum incendiis urbis absumpserant, et ex agris per eos
ipsos dies raptum omne Veios erat. Igitur exercitu diuiso 5
partim per finitimos populos praedari placuit, partim obsideri arcem, ut obsidentibus frumentum populatores agrorum praeberent.

Proficiscentes Gallos ab urbe ad Romanam experiendam 6
uirtutem fortuna ipsa Ardeam ubi Camillus exsulabat duxit;
qui maestior ibi fortuna publica quam sua cum dis homini- 7
busque accusandis senesceret, indignando mirandoque ubi
illi uiri essent qui secum Veios Faleriosque cepissent, qui
alia bella fortius semper quam felicius gessissent, repente 8
audit Gallorum exercitum aduentare atque de eo pauidos
Ardeates consultare. Nec secus quam diuino spiritu tactus
cum se in mediam contionem intulisset, abstinere suetus

43 1 nequiquam *HEOP^cU*: nequicquam *MP*: *defit V*   nec quicquam
P^cU: nequiquam *MHEO*: nequicquam *P*: *defit V*   facere in *M^cEOP^cU*:
faceret in *MP*: faceres *H*: *defit V*   2 firmatis *Δ*: firmati *M*: *defit
V*   successerit *Δ*: successerint *M*: *defit V*   4 eos ipsos *V*: ipsos **N**
6 exsulabat **N**: exululabat *V*   8 pauidos **N**: pauide *V*   suetus
M^cΔ: setus *V*: uetus *M*

44 ante talibus conciliis, 'Ardeates' inquit, 'ueteres amici,
noui etiam ciues mei, quando et uestrum beneficium ita
tulit et fortuna hoc eguit mea, nemo uestrum condicionis
meae oblitum me huc processisse putet; sed res ac commune
periculum cogit quod quisque possit in re trepida praesidii
2 in medium conferre. Et quando ego uobis pro tantis uestris
in me meritis gratiam referam, si nunc cessauero? aut ubi
usus erit mei uobis, si in bello non fuerit? Hac arte in patria
steti et inuictus bello, in pace ab ingratis ciuibus pulsus
3 sum. Vobis autem, Ardeates, fortuna oblata est et pro tantis
populi Romani beneficiis quanta ipsi meministis—nec
enim exprobranda apud memores sunt—gratiae referendae
et huic urbi decus ingens belli ex hoste communi pariendi,
4 qui effuso agmine aduentat. Gens est cui natura corpora
animosque magna magis quam firma dederit; eo in certamen omne plus terroris quam uirium ferunt. Argumento sit
5 clades Romana. Patentem cepere urbem: ex arce Capitolioque iis exigua resistitur manu: iam obsidionis taedio uicti
6 abscedunt uagique per agros palantur. Cibo uinoque raptim
hausto repleti, ubi nox adpetit, prope riuos aquarum sine
munimento, sine stationibus ac custodiis passim ferarum ritu
sternuntur, nunc ab secundis rebus magis etiam solito
7 incauti. Si uobis in animo est tueri moenia uestra nec pati
haec omnia Gallorum fieri, prima uigilia capite arma
frequentesque me sequimini ad caedem, non ad pugnam.
Nisi uinctos somno uelut pecudes trucidandos tradidero,
non recuso eundem Ardeae rerum mearum exitum quem
Romae habui.'

---

44 1 eguit *U*: [egu]it *V*: egit *MHO*: ego *E*: aegit *E*cs¹: ego ita *P*: ego id
*P*c: coegit *Madvig*   commune periculum *G. W. Williams*: communem
pericu[lum] *V*: periculum commune **N**   3 pro tantis populi Romani
VH: pro tantis prolatinis ·PR· *M*: pro tantis prolatis ·PR· *M*c: pro tantis
pristinis pĩr *EPU*: pro tantis (beneficiis) P.R. pristinis *O*   exprobranda *VHEOU*: exprobrande *M*: exprobrandae *E*c*P*: exprobranda ea
Alschefski   5 cepere **N**: ceperet *V*   iis *Aldus*: his **N**: *defit V*   palantur **Ω**: populantur *Wakefield*   7 Gallorum *Cobet*: Galliam **N**: a
Gallis *V*; *cf.* 6. 40. 17   frequentesque *V*: frequentes **N**

Aequis iniquisque persuasum erat tantum bello uirum 45
neminem usquam ea tempestate esse. Contione dimissa,
corpora curant, intenti quam mox signum daretur. Quo
dato, primo silentio noctis ad portas Camillo praesto fuere.
Egressi haud procul urbe, sicut praedictum erat, castra Gal- 2
lorum intuta neglectaque ab omni parte nacti cum ingenti
clamore inuadunt. Nusquam proelium, omnibus locis caedes 3
est; nuda corpora et soluta somno trucidantur. Extremos
tamen pauor cubilibus suis excitos, quae aut unde uis esset
ignaros, in fugam et quosdam in hostem ipsum improuidos
tulit. Magna pars in agrum Antiatem delati excursione ab
oppidanis facta circumueniuntur.

Similis in agro Veienti Tuscorum facta strages est, qui 4
urbis iam prope quadringentensimum annum uicinae, oppressae ab hoste inuisitato, inaudito, adeo nihil miseriti sunt
ut in agrum Romanum eo tempore incursiones facerent,
plenique praedae Veios etiam praesidiumque, spem ultimam
Romani nominis, in animo habuerint oppugnare. Viderant 5
eos milites Romani uagantes per agros et congregato agmine
praedam prae se agentes, et castra cernebant haud procul
Veiis posita. Inde primum miseratio sui, deinde indignitas 6
atque ex ea ira animos cepit: Etruscisne etiam, a quibus
bellum Gallicum in se auertissent, ludibrio esse clades suas?
Vix temperauere animis quin extemplo impetum facerent; 7
compressi a Q. Caedicio centurione quem sibimet ipsi praefecerant, rem in noctem sustinuere. Tantum par Camillo 8

45 1 primo *VH*: primae *Mπ*   fuere **N**: funere *V*   2 nacti **N**:
nati *V*   3 excursione *V*: incursione **N**; *cf*. 3. 38. 5   *post* oppidanis *add*. in palatos *Δ*, in palam *M*c *ras*.: *quid scripserit M non liquet*
4 miseriti *ME*c*OPU*: miseri *E*: miserti *M*c*H*: misertis *V*   plenique
N: plerique *V*   spem *V*: et spem **N**   oppugnare **N**: oppugnarii *V*
5 congregato *VM*c: congregatos **N**   6 Etruscisne *Rhenanus*: etruscin
MHP: etruscis *EOP*c*U*: etrusci *M*c: *defit V*   esse *Mπ*: esset *H*: *om. V*
7 compressi a Q. *VU*: conpresi a Q. *P*, *add*. s *P*cs1: compressiq. *E*, *add*.
a *E*cs1: compraessique *H*: conpressiq̄. *M*: compressi a *O*   Caedicio
V: caedidicio *MP*: caeditio *H*, *add*. di *H*cs1: cedio *O*: cedicio *EU*: sedicio
*M*c   praefecerant **N**: praefecerat *V*   8 Tantum par *Δ*: tantum
per *VM*: tantisper *M*c

defuit auctor: cetera eodem ordine eodemque fortunae
euentu gesta. Quin etiam ducibus captiuis qui caedi nocturnae superfuerant, ad aliam manum Tuscorum ad Salinas
profecti, nocte insequenti ex improuiso maiorem caedem
edidere, duplicique uictoria ouantes Veios redeunt.

46 Romae interim plerumque obsidio segnis et utrimque
silentium esse, ad id tantum intentis Gallis ne quis hostium
euadere inter stationes posset, cum repente iuuenis Romanus
2 admiratione in se ciues hostesque conuertit. Sacrificium
erat statum in Quirinali colle genti Fabiae. Ad id faciendum C. Fabius Dorsuo Gabino cinctu sacra manibus gerens
cum de Capitolio descendisset, per medias hostium stationes
egressus nihil ad uocem cuiusquam terroremue motus in
3 Quirinalem collem peruenit; ibique omnibus sollemniter
peractis, eadem reuertens similiter constanti uoltu gradu-
que, satis sperans propitios esse deos quorum cultum ne
mortis quidem metu prohibitus deseruisset, in Capitolium
ad suos rediit, seu attonitis Gallis miraculo audaciae seu
religione etiam motis cuius haudquaquam neglegens gens
est.

4 Veiis interim non animi tantum in dies sed numerus etiam
uiresque crescebant. Nec Romanis solum eo conuenienti-
bus ex agris qui aut proelio aduerso aut clade captae urbis
palati fuerant, sed etiam ex Latio uoluntariis confluentibus
5 ut in parte praedae essent, maturum iam uidebatur repeti
patriam eripique ex hostium manibus; sed corpori ualido
6 caput deerat. Locus ipse admonebat Camilli, et magna pars
militum erat qui ductu auspicioque eius res prospere
gesserant; et Caedicius negare se commissurum cur sibi aut
deorum aut hominum quisquam imperium finiret potius
quam ipse memor ordinis sui posceret imperatorem. Con-

8 nocte insequenti *V*: nocte insequente *OU*: noctem insequentem
MHEP
46 2 cinctu *V*: cinctus **N** 3 gens] *om. HOU*: *add. H*csl *U*csl
4 numerus etiam uiresque *V*: etiam uires **N**; *cf.* 25. 27. 8 palati **N**:
palatii *V* 6 cur sibi *M*: cursibus *Δ*: uel sibi *E*csl: *defit V*

sensu omnium placuit ab Ardea Camillum acciri, sed an- 7
tea consulto senatu qui Romae esset: adeo regebat omnia
pudor discriminaque rerum prope perditis rebus seruabant.
Ingenti periculo transeundum per hostium custodias erat. 8
Ad eam rem Pontius Cominius impiger iuuenis operam
pollicitus, incubans cortici secundo Tiberi ad urbem defertur. Inde qua proximum fuit a ripa, per praeruptum eoque 9
neglectum hostium custodia saxum in Capitolium euadit,
et ad magistratus ductus mandata exercitus edit. Accepto 10
inde senatus consulto ut comitiis curiatis reuocatus de
exsilio iussu populi Camillus dictator extemplo diceretur
militesque haberent imperatorem quem uellent, eadem
degressus nuntius Veios contendit; missique Ardeam legati 11
ad Camillum Veios eum perduxere, seu, quod magis credere
libet, non prius profectum ab Ardea quam compererit
legem latam, quod nec iniussu populi mutari finibus posset
nec nisi dictator dictus auspicia in exercitu habere. Lex
curiata lata est dictatorque absens dictus.

Dum haec Veiis agebantur, interim arx Romae Capito- 47
liumque in ingenti periculo fuit. Namque Galli, seu uesti- 2
gio notato humano qua nuntius a Veiis peruenerat seu sua
sponte animaduerso ad Carmentis saxo adscensu aequo,
nocte sublustri cum primo inermem qui temptaret uiam
praemisissent, tradentes inde arma ubi quid iniqui esset,
alterni innixi subleuantesque in uicem et trahentes alii alios,
prout postularet locus, tanto silentio in summum euasere ut 3

8 Cominius E^c: comminus *MEO*: quominus *HPU*: *defit V*   9 hostium
custodia E^cU: hostium custodiam *EOP*: hostiae custodiae *M*: hostium
custodiae *H*; *cf.* 24. 46. 1: *defit V*   10 senatus consulto ut *U*: *add.*
est U^{csl}: s[. .]c ut est *E*, ex E^{csl}: sc ut ex *O*: so ut est *P*: socute *M*: *om.*
H: *defit V*   degressus *Sigonius*: digressus *N*: *defit V*   11 seu quod
HEOP: seu *U*, *add.* quod U^{csl}: seu quo *M*: *defit V*   compererit *Madvig*:
comperit M^cHEOU: comperet *M*: conperit *P*: *defit V*

47 1 Galli . . . uestigio *om. M*   2 saxo adscensu] saxo ascensu
H^cE^cO: saxo in ascensu *ME*: saxum ascensu M^cU: saxos ascensu *H*: carmentis . . . aequo *om. P*: carmentis saxo in ascensu P^{cm}: *defit V*   trahentes
Δ: tradentes *M*: *defit V*

non custodes solum fallerent, sed ne canes quidem, solici-
4 tum animal ad nocturnos strepitus, excitarent. Anseres non
fefellere quibus sacris Iunonis in summa inopia cibi tamen
abstinebatur. Quae res saluti fuit; namque clangore eorum
alarumque crepitu excitus M. Manlius qui triennio ante
consul fuerat, uir bello egregius, armis arreptis simul ad
arma ceteros ciens uadit et dum ceteri trepidant, Gallum
qui iam in summo constiterat umbone ictum deturbat.
5 Cuius casus prolapsi cum proximos sterneret, trepidantes
alios armisque omissis saxa quibus adhaerebant manibus
amplexos trucidat. Iamque et alii congregati telis missili-
busque saxis proturbare hostes, ruinaque tota prolapsa acies
6 in praeceps deferri. Sedato deinde tumultu reliquum noctis,
quantum in turbatis mentibus poterat cum praeteritum quo-
7 que periculum sollicitaret, quieti datum est. Luce orta
uocatis classico ad concilium militibus ad tribunos, cum et
recte et perperam facto pretium deberetur, Manlius primum
ob uirtutem laudatus donatusque non ab tribunis solum
8 militum sed consensu etiam militari; cui uniuersi selibras
farris et quartarios uini ad aedes eius quae in arce erant
contulerunt—rem dictu paruam, ceterum inopia fecerat eam
argumentum ingens caritatis, cum se quisque uictu suo fraudans detractum corpori atque usibus necessariis ad honorem
9 unius uiri conferret. Tum uigiles eius loci qua fefellerat ad-
scendens hostis citati; et cum in omnes more militari se
animaduersurum Q. Sulpicius tribunus militum pronun-
10 tiasset, consentiente clamore militum in unum uigilem
conicientium culpam deterritus, a ceteris abstinuit, reum
haud dubium eius noxae adprobantibus cunctis de saxo
11 deiecit. Inde intentiores utrimque custodiae esse, et apud
Gallos, quia uolgatum erat inter Veios Romamque nun-

5 alii *MU*: aliis *HEOP*: *defit V*　　　8 inopia] inopiam *M*: inoppia *H*
9 qua *ME*ᶜ *ras. O*: quam *HEP*: quem *U*: *defit V*　　　Q. Sulpicius *Sigonius*,
cf. 36. 11: publius sulpicius *MUE*ᶜ: p. sulpicius *HOP*: pubblius sulpicius
E: *defit V*　　　10 conicientium] coicientium *MHP*: conientium *O*:
coitientium *E*: contientium *U*, *add.* i *U*ᶜˢˡ

tios commeare, et apud Romanos ab nocturni periculi memoria.

Sed ante omnia obsidionis bellique mala fames utrimque 48 exercitum urgebat, Gallos pestilentia etiam, cum loco 2 iacente inter tumulos castra habentes, tum ab incendiis torrido et uaporis pleno cineremque non puluerem modo ferente cum quid uenti motum esset. Quorum intolerantis- 3 sima gens umorique ac frigori adsueta cum aestu et angore uexati uolgatis uelut in pecua morbis morerentur, iam pigritia singulos sepeliendi promisce aceruatos cumulos hominum urebant, bustorumque inde Gallicorum nomine insignem locum fecere. Indutiae deinde cum Romanis 4 factae et conloquia permissu imperatorum habita; in quibus cum identidem Galli famem obicerent eaque necessitate ad deditionem uocarent, dicitur auertendae eius opinionis causa multis locis panis de Capitolio iactatus esse in hostium stationes. Sed iam neque dissimulari neque ferri ultra fames 5 poterat. Itaque dum dictator dilectum per se Ardeae habet, magistrum equitum L. Valerium a Veiis adducere exercitum iubet, parat instruitque quibus haud impar adoriatur hostes, interim Capitolinus exercitus, stationibus uigiliisque fessus, 6 superatis tamen humanis omnibus malis cum famem unam natura uinci non sineret, diem de die prospectans ecquod auxilium ab dictatore appareret, postremo spe quoque iam 7 non solum cibo deficiente et cum stationes procederent prope obruentibus infirmum corpus armis, uel dedi uel redimi se quacumque pactione possent iussit, iactantibus non obscure Gallis haud magna mercede se adduci posse ut obsidionem relinquant. Tum senatus habitus tribunisque militum 8

11 ab ... memoria *EOP*: ab ... memoriam *MH*: ob ... memoriam *U*: *defit V*

48 3 uexati *Rhenanus*: uexata **N**: *defit V*   morerentur] moreretur *HU* 4 uocarent *Δ*: uocare *M*: *defit V*   iactatus] lactatus *P*: lactatos *H* 5 equitum *OP^cU*: eque *MP*: eque ·i· *H*: aquae *E*: *defit V*   adducere *U*: abducere *MHEOP*   6 uigiliisque *Ed. Rom.* 1469: uigiliis *MHEPU*: et uigiliis *O*: *defit V*   ecquod] et quod *MHE^cPU*: eo quod *EO* 7 adduci *Ed. Rom.* 1469: abduci **N**: *defit V*   8 Tum] cum *H*: tunc *O*

negotium datum ut paciscerentur. Inde inter Q. Sulpicium
tribunum militum et Brennum regulum Gallorum conloquio
transacta res est, et mille pondo auri pretium populi genti-
9 bus mox imperaturi factum. Rei foedissimae per se adiecta
indignitas est: pondera ab Gallis allata iniqua et tribuno
recusante additus ab insolente Gallo ponderi gladius, auditaque intoleranda Romanis uox, Vae uictis.

49 Sed dique et homines prohibuere redemptos uiuere Romanos. Nam forte quadam priusquam infanda merces per-
ficeretur, per altercationem nondum omni auro adpenso,
dictator interuenit, auferrique aurum de medio et Gallos
2 submoueri iubet. Cum illi renitentes pactos dicerent sese,
negat eam pactionem ratam esse quae postquam ipse dictator creatus esset iniussu suo ab inferioris iuris magistratu
facta esset, denuntiatque Gallis ut se ad proelium expediant.
3 Suos in aceruum conicere sarcinas et arma aptare ferroque
non auro reciperare patriam iubet, in conspectu habentes
fana deum et coniuges et liberos et solum patriae deforme
belli malis et omnia quae defendi repetique et ulcisci fas sit.
4 Instruit deinde aciem, ut loci natura patiebatur, in semiru-
tae solo urbis et natura inaequali, et omnia quae arte belli
5 secunda suis eligi praeparariue poterant prouidit. Galli
noua re trepidi arma capiunt iraque magis quam consilio
in Romanos incurrunt. Iam uerterat fortuna, iam deorum
opes humanaque consilia rem Romanam adiuuabant. Igitur primo concursu haud maiore momento fusi Galli sunt
6 quam ad Alliam uicerant. Iustiore altero deinde proelio ad
octauum lapidem Gabina uia, quo se ex fuga contulerant,
eiusdem ductu auspicioque Camilli uincuntur. Ibi caedes
omnia obtinuit; castra capiuntur et ne nuntius quidem cladis
7 relictus. Dictator reciperata ex hostibus patria triumphans
in urbem redit, interque iocos militares quos incondites

8 Q. Sulpicium *Sigonius, cf.* 5. 36. 11: p. sulpicium **N**: *defit* V
9 allata *EOU*: ablata *MP*: alata *H*: *defit V*   uictis *Duker*; *cf. Festum* 510L.:
uictis esse Ω: uictis. Ecce *Rossbach*
49 2 renitentes *E^cOU*: retinentes *MHEP*: *defit V*

iaciunt, Romulus ac parens patriae conditorque alter urbis
haud uanis laudibus appellabatur.

Seruatam deinde bello patriam iterum in pace haud dubie 8
seruauit cum prohibuit migrari Veios, et tribunis rem intentius agentibus post incensam urbem et per se inclinata magis
plebe ad id consilium; eaque causa fuit non abdicandae post 9
triumphum dictaturae, senatu obsecrante ne rem publicam
in incerto relinqueret statu. Omnium primum, ut erat di- 50
ligentissimus religionum cultor, quae ad deos immortales
pertinebant rettulit et senatus consultum facit: fana omnia, 2
quod ea hostis possedisset, restituerentur terminarentur
expiarenturque, expiatioque eorum in libris per duumuiros
quaereretur; cum Caeretibus hospitium publice fieret quod 3
sacra populi Romani ac sacerdotes recepissent beneficioque
eius populi non intermissus honos deum immortalium esset;
ludi Capitolini fierent quod Iuppiter optimus maximus suam 4
sedem atque arcem populi Romani in re trepida tutatus
esset; collegiumque ad eam rem M. Furius dictator consti-
tueret ex iis qui in Capitolio atque arce habitarent. Expian- 5
dae etiam uocis nocturnae quae nuntia cladis ante bellum
Gallicum audita neglectaque esset mentio inlata, iussumque
templum in Noua uia Aio Locutio fieri. Aurum quod Gallis 6
ereptum erat quodque ex aliis templis inter trepidationem
in Iouis cellam conlatum cum in quae referri oporteret con-
fusa memoria esset, sacrum omne iudicatum et sub Iouis
sella poni iussum. Iam ante in eo religio ciuitatis apparuerat 7

7 parens *VHEOM*ᶜ: pares *MP*: add. te *P*ᶜˢˡ (*sc.* pater): pater *U*
8 intentius] nitentius *H*: itentius *EP*, corr. *E*ᶜ*P*ᶜ   9 dictaturae **N**:
dictatura *V*   relinqueret **N**: remitteret *V*

50 2 quod ea Ω: quoad ea *Mommsen*   hostis] hostes *MEP*   possedisset **N**: possedissent *V*   terminarentur expiarenturque *MP*ᶜ*U*: terminarentur expediarenturque *P*: expiarenturque *V*: terminarenturque
expiarenturque *HEO*   4 esset **N**: essent *V*   ex iis qui] ex eis qui
V: ex his qui **N**   5 templum *Mπ*: et templum *VH*   in Noua uia
Aio Locutio *Sigonius, cf. Aul. Gell.* 16. 17. 2: in noua ia locutio *M*: innouari
locutio *M*ᶜ: in noua uia ụịạ aut alio loco *V*: in noua iam locatione *EOU*:
in noua iam locutio *P*: innouat in locutio *H*   6 in quae *Mπ*: inique
H: quo re *V*   7 Iam ante **N**: antea *V*

383

quod cum in publico deesset aurum ex quo summa pactae
mercedis Gallis confieret, a matronis conlatum acceperant
ut sacro auro abstineretur. Matronis gratiae actae honosque
additus ut earum sicut uirorum post mortem sollemnis lau-
8 datio esset. His peractis quae ad deos pertinebant quaeque
per senatum agi poterant, tum demum agitantibus tribunis
plebem adsiduis contionibus ut relictis ruinis in urbem paratam Veios transmigrarent, in contionem uniuerso senatu
prosequente escendit atque ita uerba fecit.

51   'Adeo mihi acerbae sunt, Quirites, contentiones cum tribunis plebis, ut nec tristissimi exsilii solacium aliud habuerim,
quoad Ardeae uixi, quam quod procul ab his certaminibus eram, et ob eadem haec non si miliens senatus consulto
2 populique iussu reuocaretis, rediturus unquam fuerim. Nec
nunc me ut redirem mea uoluntas mutata sed uestra fortuna
perpulit; quippe ut in sua sede maneret patria, id agebatur,
non ut ego utique in patria essem. Et nunc quiescerem ac
tacerem libenter nisi haec quoque pro patria dimicatio esset;
cui deesse, quoad uita suppetat, aliis turpe, Camillo etiam
3 nefas est. Quid enim repetimus, quid obsessam ex hostium
manibus eripuimus, si reciperatam ipsi deserimus? Et cum
uictoribus Gallis capta tota urbe Capitolium tamen atque
arcem dique et homines Romani tenuerint et habitauerint,
uictoribus Romanis reciperata urbe arx quoque et Capitolium deseretur et plus uastitatis huic urbi secunda nostra

---

7 acceperant N: acceperat V   8 escendit PH: excendit V: ascendit
MEOPᶜU

51 1 contentiones HEᶜOP: he contentiones V: contiones MEU; cf.
4. 59. 5   quoad] quoard M, corr. Mᶜ: quo H: quod O   Ardeae N:
ardeam V   eram N: erat V   si miliens senatus consulto Mackenzie:
simile senatus consulti V: simille SīcS M: simillae ·s̄c̄· E: simillimae ·s̄c̄
O: simillae ·s̄īc̄· P: si me s̄c̄ U: sim ·ille· sic H   rediturus unquam N:
rediturumquam V   2 perpulit MEPU: perepulit O: pertulit VH:
perculit Vᶜ   in patria Δ: in patriam VM   3 repetimus Ω: repetiimus
Ed. Frob. 1531   quid obsessam] quod obsessam HE: corr. Eᶜ   manibus
N: manibeam V (sc. manibus eam)   ipsi N: obsidione V   et habitauerint V: habitauerint N

fortuna faciet quam aduersa fecit? Equidem si nobis cum 4
urbe simul conditae traditaeque per manus religiones
nullae essent, tamen tam euidens numen hac tempestate
rebus adfuit Romanis ut omnem neglegentiam diuini cul-
tus exemptam hominibus putem. Intuemini enim horum 5
deinceps annorum uel secundas res uel aduersas; inuenietis
omnia prospera euenisse sequentibus deos, aduersa spernentibus. Iam omnium primum, Veiens bellum—per quot 6
annos, quanto labore gestum!—non ante cepit finem, quam
monitu deorum aqua ex lacu Albano emissa est. Quid haec 7
tandem urbis nostrae clades noua? Num ante exorta est
quam spreta uox caelo emissa de aduentu Gallorum, quam
gentium ius ab legatis nostris uiolatum, quam a nobis cum
uindicari deberet eadem neglegentia deorum praetermissum? Igitur uicti captique ac redempti tantum poenarum 8
dis hominibusque dedimus ut terrarum orbi documento
essemus. Aduersae deinde res admonuerunt religionum.
Confugimus in Capitolium ad deos, ad sedem Iouis opti- 9
mi maximi; sacra in ruina rerum nostrarum alia terra
celauimus, alia auecta in finitimas urbes amouimus ab
hostium oculis; deorum cultum deserti ab dis hominibusque tamen non intermisimus. Reddidere igitur patriam et 10
uictoriam et antiquum belli decus amissum, et in hostes qui
caeci auaritia in pondere auri foedus ac fidem fefellerunt,
uerterunt terrorem fugamque et caedem.

Haec culti neglectique numinis tanta monumenta in re- 52
bus humanis cernentes ecquid sentitis, Quirites, quantum
uixdum e naufragiis prioris culpae cladisque emergentes
paremus nefas? Vrbem auspicato inauguratoque conditam 2
habemus; nullus locus in ea non religionum deorumque est

4 cum urbe *VHEO*: cum urbem *MP*: cum in urbe *M^cU*   conditae *V*:
positae **N**   hac **N**: huc *V*   5 prospera *V*: prospere **N**   9 terra
Gron.: terrae **N**: *defit V*

52 1 monumenta *HEO^cPU*: munimenta *MO*: *defit V*: momenta *Glareanus*   ecquid *HE^cPU*: et quid *EO*: nec quid *M*: *defit V*   sentitis,
Quirites] sentiis, Quirites *M*: sentiretis *H*

plenus; sacrificiis sollemnibus non dies magis stati quam
3 loca sunt in quibus fiant. Hos omnes deos publicos priuatosque, Quirites, deserturi estis? Quam par uestrum factum
⟨illi facto⟩ est quod in obsidione nuper in egregio adulescente, C. Fabio, non minore hostium admiratione quam
uestra conspectum est, cum inter Gallica tela degressus ex
4 arce sollemne Fabiae gentis in colle Quirinali obiit? An
gentilicia sacra ne in bello quidem intermitti, publica sacra
et Romanos deos etiam in pace deseri placet, et pontifices
flaminesque neglegentiores publicarum religionum esse
5 quam priuatus in sollemni gentis fuerit? Forsitan aliquis
dicat aut Veiis ea nos facturos aut huc inde missuros
sacerdotes nostros qui faciant; quorum neutrum fieri saluis
6 caerimoniis potest. Et ne omnia generatim sacra omnesque
percenseam deos, in Iouis epulo num alibi quam in Capi-
7 tolio puluinar suscipi potest? Quid de aeternis Vestae ignibus signoque quod imperii pignus custodia eius templi
tenetur loquar? quid de ancilibus uestris, Mars Gradiue
tuque, Quirine pater? Haec omnia in profano deseri placet
sacra, aequalia urbi, quaedam uetustiora origine urbis?
8   Et uidete quid inter nos ac maiores intersit. Illi sacra
quaedam in monte Albano Lauiniique nobis facienda tradi-
derunt. An ex hostium urbibus Romam ad nos transferri
sacra religiosum fuit, hinc sine piaculo in hostium urbem
9 Veios transferemus? Recordamini, agitedum, quotiens
sacra instaurentur, quia aliquid ex patrio ritu neglegentia
casuue praetermissum est. Modo quae res post prodigium
Albani lacus nisi instauratio sacrorum auspiciorumque re-
10 nouatio adfectae Veienti bello rei publicae remedio fuit? At

2 magis stati *E^c ras. P*: magistati *HO*: magis statu *E*: magis statuti *U*:
magistrati *M*: *defit V*   3 uestrum **N**: uestro *Gron.*: *defit V*   illi facto
addidi, exempli gratia: ei *add. Drak.*   quam uestra *M^cΔ*: quae uestram
M: quam uestram *P^c*   degressus *Sigonius*: digressus **N**: *defit V*: *cf.*
46. 10   Quirinali *Δ*: quirinale *M*: *defit V*   7 Gradiue *M^cΔ*: gradi
uei *M*: *defit V*   8 Lauiniique *Gron.*: lauinioque *MH*: lauinoque *π*:
defit V   nos transferri *OU*: nostras ferri *MPH*: *add.* n *P^csl et distinxit*: nos
tranferri *M^c*: nostras fr ri *E*: *add.* n *et* e *E^csl* (*sc.* nos transferri): *defit V*

etiam, tamquam ueterum religionum memores, et peregrinos
deos transtulimus Romam et instituimus nouos. Iuno regina
transuecta a Veiis nuper in Auentino quam insigni ob excel-
lens matronarum studium celebrique dedicata est die! Aio 11
Locutio templum propter caelestem uocem exauditam in
Noua uia iussimus fieri; Capitolinos ludos sollemnibus aliis
addidimus collegiumque ad id nouum auctore senatu con-
didimus; quid horum opus fuit suscipi, si una cum Gallis 12
urbem Romanam relicturi fuimus, si non uoluntate mansi-
mus in Capitolio per tot menses obsidionis, sed ab hostibus
metu retenti sumus? De sacris loquimur et de templis; 13
quid tandem de sacerdotibus? Nonne in mentem uenit
quantum piaculi committatur? Vestalibus nempe una illa
sedes est, ex qua eas nihil unquam praeterquam urbs capta
mouit; flamini Diali noctem unam manere extra urbem
nefas est. Hos Veientes pro Romanis facturi estis sacer- 14
dotes, et Vestales tuae te deserent, Vesta, et flamen peregre
habitando in singulas noctes tantum sibi reique publicae
piaculi contrahet? Quid alia quae auspicato agimus omnia 15
fere intra pomerium, cui obliuioni aut cui neglegentiae da-
mus? Comitia curiata, quae rem militarem continent, comi- 16
tia centuriata, quibus consules tribunosque militares creatis,
ubi auspicato, nisi ubi adsolent, fieri possunt? Veiosne haec 17
transferemus? an comitiorum causa populus tanto incommodo in desertam hanc ab dis hominibusque urbem con-
ueniet?

11 Aio Locutio *Gebhard*: aputu locutio *V*: allocutionis *H*: locutio
MEP: locatum *M*^{c}: locatio *U*: adlocutionis *O*: *add.* ad *E*^{cm}, nis *E*^{csl} (*sc.*
adlocutionis)   12 sed ab *V*: si ab **N**   13 tandem *Vπ*: tantem
MH   piaculi **N**: piaculum *V*   Vestalibus] *cf. ad* 21. 3, *ubi hunc locum*
usque ad 53. 2 puto (qui) *interpolauerant PH, quos P*^{2}*H*^{2} *notaui*   qua eas
V: qua eos *P*^{2}*H*^{2}: qua *Mπ*: qua fas *H*   noctem unam **Ω**: ultra trino-
ctum unam *H*^{2}: ultra noctum unam *P*^{2}: *fort.* ultra trinoctium unum
legendum est; cf. Aul. Gell. 10. 15. 14   14 deserent *VHEOP*^{2}*H*^{2}*U*:
desererent *MHP*   tantum *VMEPP*^{2}*U*: quantum *E*^{c}*OHH*^{2} reique
publicae *MHEOPU*: reipublicaeque *V*: reip *P*^{2}: r̄p *H*^{2} 17 transferemus *VΔH*^{2}: transferemur *M*: transferamus *P*^{2} an *VπH*^{2}*P*^{2}: a *MH*

53 At enim apparet quidem pollui omnia nec ullis piaculis
expiari posse; sed res ipsa cogit uastam incendiis ruinisque
relinquere urbem et ad integra omnia Veios migrare nec hic
2 aedificando inopem plebem uexare. Hanc autem iactari
magis causam quam ueram esse, ut ego non dicam, apparere
uobis, Quirites, puto, qui meministis ante Gallorum aduentum, saluis tectis publicis priuatisque stante incolumi urbe,
hanc eandem rem actam esse ut Veios transmigraremus.
3 Et uidete quantum inter meam sententiam uestramque
intersit, tribuni. Vos, etiamsi tunc faciendum non fuerit,
nunc utique faciendum putatis; ego contra—nec id mirati
sitis, priusquam quale sit audieritis—etiamsi tum migran-
dum fuisset incolumi urbe, nunc has ruinas relinquendas
4 non censerem. Quippe tum causa nobis in urbem captam
migrandi uictoria esset, gloriosa nobis ac posteris nostris;
nunc haec migratio nobis misera ac turpis, Gallis gloriosa
5 est. Non enim reliquisse uictores, sed amisisse uicti patriam
uidebimur: hoc ad Alliam fuga, hoc capta urbs, hoc circumsessum Capitolium necessitatis imposuisse ut desereremus
penates nostros exsiliumque ac fugam nobis ex eo loco
consciceremus quem tueri non possemus. Et Galli euertere
potuerunt Romam quam Romani restituere non uidebuntur
6 potuisse? Quid restat nisi ut, si iam nouis copiis ueniant—
constat enim uix credibilem multitudinem esse—et habitare in capta ab se, deserta a uobis hac urbe uelint, sinatis?
7 Quid? si non Galli hoc sed ueteres hostes uestri, Aequi
Volsciue, faciant ut commigrent Romam, uelitisne illos
Romanos, uos Veientes esse? an malitis hanc solitudinem
uestram quam urbem hostium esse? Non equidem uideo

53 1 At enim . . . posse *om.* N*H*²*P*²   quidem pollui omnia *Madvig*:
quidem p[. . . . .]nia *V*   2 stante **N**: tante *V*   transmigraremus **N**: transmigrarentur *V*   3 utique **N**: itaque *V*   urbe *V*:
tota urbe **N**   4 gloriosa] goriosa *H*: gloria *E, add.* os *E*ᶜˢˡ
5 reliquisse *Mπ*: relinquisse *H*: relinquise *V*   sed **N**: se *V*   Alliam]
aliam *MP*   desereremus] deseremus *HO: add.* er *H*ᶜˢˡ: djesẹeremus
P   Galli euertere] galliae uertere *M*: galiae uertere *P, corr. P*ᶜ: glli
euertere *H, corr. H*ᶜ   7 an *M*ᶜπ: am *M*: non *H: defit V*

quid magis nefas sit. Haec scelera, quia piget aedificare,
haec dedecora pati parati estis? Si tota urbe nullum 8
melius ampliusue tectum fieri possit quam casa illa conditoris est nostri, non in casis ritu pastorum agrestiumque
habitare est satius inter sacra penatesque nostros quam
exsulatum publice ire? Maiores nostri, conuenae pastores- 9
que, cum in his locis nihil praeter siluas paludesque esset,
nouam urbem tam breui aedificarunt: nos Capitolio atque
arce incolumi, stantibus templis deorum, aedificare incensa
piget? et, quod singuli facturi fuimus si aedes nostrae
deflagrassent, hoc in publico incendio uniuersi recusamus
facere?

Quid tandem? si fraude, si casu Veiis incendium ortum 54
sit, uentoque ut fieri potest diffusa flamma magnam partem
urbis absumat, Fidenas inde aut Gabios aliamue quam
urbem quaesituri sumus quo transmigremus? Adeo nihil 2
tenet solum patriae nec haec terra quam matrem appella-
mus, sed in superficie tignisque caritas nobis patriae pendet?
Equidem fatebor uobis, etsi minus iniuriae uestrae quam 3
meae calamitatis meminisse iuuat: cum abessem, quotiens-
cumque patria in mentem ueniret, haec omnia occurrebant,
colles campique et Tiberis et adsueta oculis regio et hoc
caelum sub quo natus educatusque essem; quae uos,
Quirites, nunc moueant potius caritate sua ut maneatis in
sede uestra quam postea, cum reliqueritis eam, macerent
desiderio. Non sine causa di hominesque hunc urbi con- 4
dendae locum elegerunt—saluberrimos colles, flumen opportunum, quo ex mediterraneis locis fruges deuehantur, quo
maritimi commeatus accipiantur, mare uicinum ad com-
moditates nec expositum nimia propinquitate ad pericula

8 ritu *M*ᶜ*Δ*: ritus *M*: *defit V*   9 nouam] nouem *E, corr. E*ᶜ:
om. H   atque arce *Wesenberg*: arce **N**: *defit V*   uniuersi *M*ᶜ*Δ*: uniuersis
M: *defit V*

54 3 Equidem *Ed. Rom.* 1470: et quidem **N**: *defit V*   eam, macerent
U: eam agerent *MP*: eam augeant *M*ᶜ: eam magerent *E*: ea macerent
*E*ᶜ*P*ᶜ: eam acerent *H*: eamacerent *O*: *defit V*   4 mare **N**: mari
Bauer: *defit V*

389

classium externarum, regionem Italiae mediam—ad incre-
5 mentum urbis natum unice locum. Argumento est ipsa
magnitudo tam nouae urbis. Trecentesimus sexagesimus
quintus annus urbis, Quirites, agitur; inter tot ueterrimos
populos tam diu bella geritis, cum interea, ne singulas
loquar urbes, non coniuncti cum Aequis Volsci, tot tam
ualida oppida, non uniuersa Etruria, tantum terra marique
pollens atque inter duo maria latitudinem obtinens Italiae,
6 bello uobis par est. Quod cum ita sit quae, malum, ratio
est expertis ⟨talia⟩ alia experiri, cum iam ut uirtus uestra
transire alio possit, fortuna certe loci huius transferri non
7 possit? Hic Capitolium est, ubi quondam capite humano
inuento responsum est eo loco caput rerum summamque
imperii fore; hic cum augurato liberaretur Capitolium,
Iuuentas Terminusque maximo gaudio patrum uestrorum
moueri se non passi; hic Vestae ignes, hic ancilia caelo
demissa, hic omnes propitii manentibus uobis di.'

55   Mouisse eos Camillus cum alia oratione, tum ea quae ad
religiones pertinebat maxime dicitur; sed rem dubiam decreuit uox opportune emissa, quod cum senatus post paulo
de his rebus in curia Hostilia haberetur cohortesque ex
praesidiis reuertentes forte agmine forum transirent, cen-
2 turio in comitio exclamauit: 'Signifer, statue signum; hic
manebimus optime.' Qua uoce audita, et senatus accipere
se omen ex curia egressus conclamauit et plebs circumfusa
adprobauit. Antiquata deinde lege, promisce urbs aedificari

4 regionem Italiae mediam *Madvig*; *cf.* 44. 8. 9, *Lucr.* 3. 140:
regionum Italiae medium *MHE*c*OPU*: geonum Italiae medium *E*: *defit V*
5 Argumento *EO*c*PU*: argumentum *O*: a frumento *M*: unice . . . nouae
urbis *om. H*: *defit V*   tot tam *EOU*: totam *MHP*: *add.* t *P*cs1: tot *M*c:
defit V   6 expertis talia *Seyffert*: expertis latos *EPU*: expertis *MHE*c*O*:
defit V   7 ancilia *M*c*OU*: ancilicia *MHEP*: *defit V*   demissa *EO*:
dimissa *MHP*c*U*: dimisa *P*: *defit V*

55 1 Mouisse eos *Mπ*: mouisset hos *H*: mouisse *V*   pertinebat **N**:
petiebat *V*   opportune emissa *M*: oportune emissa *OPU*: oportunae
emissa *E*: opportune missa *V*: oportunae missa *H*   praesidiis *VO*:
praesidis *E*, *add.* i *E*cs1: praediis *MHP*: praeliis *U*   comitio **N**: comitia *V*

coepta. Tegula publice praebita est; saxi materiaeque 3
caedendae unde quisque uellet ius factum, praedibus
acceptis eo anno aedificia perfecturos. Festinatio curam 4
exemit uicos derigendi, dum omisso sui alienique discrimine
in uacuo aedificant. Ea est causa quod ueteres cloacae, 5
primo per publicum ductae, nunc priuata passim subeant
tecta, formaque urbis sit occupatae magis quam diuisae
similis.

4 derigendi *Zingerle*: dirigendi *MHEOPU*: digerendi *U*: *defit V*   dum
N: cum *V*   5 quod *Perizonius*: ut Ω

Subscriptio Titi Liui Nicomachus dexter uc̄ emendabi (*corr. M^c*) ad
exemplum parentis mei clementiani: ab urbe condī. uictorianus uc̄
emendabam domnis simmachis. EXPLICIT LIBER V INCIPIT LIBER VI
FELICITER *M*   TITI LIVII NICOMACHVS DEXTERV̄· EMENDAVI·
AD EXEMPLV̄ PARENTIS MEI· CLEMENTIANI · ABVRBE · COND̄ · VICTORIA-
NVS EMENDABĀ . DOMNIS SYMMACHIS LIB̄ . V . EX · PŁ · INCIP̄ . LIB̄ · VI *H*
TITI LIVII . NICOMACHVS . DEXTERV̄. EMENDAVI AD EXEMPLV̄ PARENTIS MEI
CLEMENTIANI. AB VRBE COND̄. VICTORIANVS EMENDABAM DOMNIS SYMMA-
CHIS. LIB̄ .V. EXPŁ. *E*   Titi Liuii Nichomachus Dexterum Emendaui
Ad Exemplum Paren^tis Mei Clementiani Ab urbe cond̄ Victorianus
Emendabam Domnis Simmachis   Liber V Explicit *O*   TITI LIVI
LIBER V. EXPLICIT INCIPIT LIBER VI. FELICITER *P*   TITI LIVII AB VRBE
CONDITA LIBER .V. EXPLĪC. INCIPIT LIBER .VI. *U*